☀ **pmv**REISEFÜHRER

3. Auflage Frankfurt a.M. 2014

PETER MEYER VERLAG

FRANKFURT AM MAIN

*Sehen & Erleben, Ausgehen & Vergnügen
Mit 10 Stadtrundgängen*

ANNETTE SIEVERS

IMPRESSUM

Unsere Inhalte werden ständig gepflegt, aktualisiert und erweitert. Für die Richtigkeit der Angaben übernimmt der Verlag jedoch keine Haftung. | © 3. Auflage 2014
Umschlag- und Reihenkonzept, insbesondere die Kombination von Griffmarken und Schlagwort-System auf dem Umschlag, sowie Text, Gliederung und Layout, Karten, Tabellen, Piktogramme und Illustrationen sind urheberrechtlich geschützt. | Abdruck und Einspeisung in elektronische Medien, auch auszugsweise, nur mit Genehmigung des Verlags. | **Druck & Bindung:** Druckerei Hassmüller Graphische Betriebe GmbH & Co. KG Frankfurt a.M., www.hassmueller.de
Umschlaggestaltung: pmv, Agentur 42, www.agentur42.de, Foto: Annette Sievers | **Fotos:** Annette Sievers. Wenn nicht anders angegeben, alle Rechte beim Verlag, siehe Nachweis beim jeweiligen Bild. Wir danken allen Unterstützern | **Karten:** pmv | **Bezug:** über Prolit, Fernwald-Annerod, oder über den Verlag, Vertrieb@PeterMeyerVerlag.de, ℡ 069/40562570 | **ISBN 978-3-89859-200-0**

In Deutschland klimaneutral und auf umweltfreundlich hergestelltem PEFC-Papier gedruckt. Unsere Nachhaltigkeitserklärung finden Sie unter www.PeterMeyerVerlag.de. Besuchen Sie uns auch auf Facebook und erfahren Sie mehr über ökologische Freizeitgestaltung.
f facebook.com/PeterMeyerVerlag.de

INHALT

Hintergrundwissen
Der besondere Tipp

FRANKFURT: DICHTUNG UND WAHRHEIT ODER SOLL UND HABEN?

Als Gegenpol zu dem vielzitierten Klischee der reichen, allein an Wirtschaft, Börsenkursen und Kommerz orientierten Bankenmetropole muss als Synonym für Kultur und Schöngeist meist der gute alte Goethe herhalten. Doch wo dazwischen liegt »unser« Frankfurt wirklich? Dies aufzudecken ist die Aufgabe dieses Stadtführers, der sich damit gleichermaßen an Gäste, Neubürger und Einheimische wendet.

Das wahre Frankfurt zu finden, ist allerdings gar nicht so einfach.

Zu schnell ist der Wandel, laufend wird am Image poliert, Altes weggerissen, neue Türme werden hochgezogen und ganze Stadtviertel neu konzipiert. Gleichzeitig ist es beruhigend, wie viel Historisches Bestand hat in dieser Stadt, die Metropole sein will, aber mit 680.000 Einwohnern noch recht kuschelig ist. Wer eine Weile hier lebt, hat sich schnell ein vertrautes Netzwerk geschaffen. Und da sitzen sie dann, die scheinbar zur Elite der Pulsgeber gehören, im Straßencafé in der Sonne und haben's gar nicht mehr eilig, die urbane Dorfgemeinschaft wieder zu verlassen.

Das macht Frankfurt einstimmig so anziehend: Seine Gegensätze. Die Hektik des wichtigsten Verkehrsknotenpunktes des Landes und das gedrosselte Tempo in den Stadtvierteln. Die kalt glänzenden, hoch aufragenden Bankentürme und die altväterliche Behäbigkeit des Römers. Die schicken Anzüge, deren Träger im Fernsehen mit wichtiger Miene Börsenkurse beobachten, aber mittags lässig am Mainufer auf dem Rasen lagern. Auf der einen Seite der Wille, altes Kulturgut zu bewahren und in den Museen bedeutsame Schätze anzusammeln, auf der anderen aber das gnadenlose Niederreißen selbst denkmalgeschützter Häuser. Macht ja nichts, wir können sie ja wieder aufbauen - vielleicht so in 60 Jahren.

Die Debatte darüber, ob man die mittelalterliche Altstadt wieder aufbauen sollte oder nicht, hat zumindest gezeigt, dass es in der Stadt doch eine ganze

Menge »echter« Frankfurter gibt, die an ihrem Bild von Heimat hängen. Sie sind es auch, die die Gemütlichkeit prägen, wenn auf den langen Holzbänken der Apfelwein- wirtschaften zusammenge- rutscht wird. Sie sind aller- dings deutlich in der Min- derheit und als solche besonders schützenswert. Alle 15 Jahre, sagt die Sta-

Annette Sievers zeigt gern alles: Auf dem Domturm

© Wolfgang Kling

tistik, hat sich die komplette Einwohnerschaft Frank- furts einmal ausgetauscht. So ist jeder irgendwann einmal neu hierher gekommen, glücklich Fuß gefasst zu haben und nun sein neu erworbenes Insider-Wis- sen über die besten Plätze der Stadt an den Näch- ten weitergeben zu können. Vielleicht macht ja das die Stadt so weltoffen und die Menschen so aufge- schlossen gegenüber den anderen?

Damit würde eine gute Tradition fortgesetzt, denn Frankfurts Bürger rühmen sich seit jeher, besonders liberal und tolerant gegenüber Fremden zu sein. Wieso auch nicht? Schließlich wurden schon zur Rö- merzeit die Handelswege festgelegt, und die Verbin- dungen der Kaufleute reichten weit ins übrige Europa hinein. Großzügigkeit und Offenheit fällt bei erfolg- reichen Geschäften leicht, zumal, wenn man sich kai- serlicher Privilegien sicher sein und sich obendrein Wahl- und Krönungsstadt nennen kann. Da war schon früh viel Geld im Spiel! Und das ist es auch heute noch, hat Frankfurt doch einen der höchsten Kul- turetats in Deutschland und kann sich entsprechend schmücken.

Was die Stadt so alles zu bieten hat, was sich zu ent- decken lohnt und interessant zu wissen ist, können Sie hier auf 416 prall gefüllten Seiten nachlesen. Die

Ist dies nun ein Reiseführer oder ein Stadtbuch? Auf jeden Fall ist es mein Herz- stück. Dass mir seine Neubearbeitung neben meinen Aufgaben als Verlegerin möglich war, habe ich meinen fleißi- gen Helferinnen im Ver- lag zu danken, nament- lich Christina Wendeln, die unermüdlich Öff- nungszeiten und Preise abtelefoniert hat. Dan- ken möchte ich auch allen Informanten und Scouts, den Kolleginnen aus den Presseabteilun- gen sowie Michael Damm für seinen Text- beitrag zum Jazz. Und Ihnen, liebe Leser, danke ich für die Weiter- empfehlung von (Reise-) Buch und Verlag!

Grundlage dafür entstand zu einer Zeit, als ich selbst noch relativ neu in der Stadt war. Mit Begeisterung hatte ich mich erst in die Erkundung meiner Wahlheimat gestürzt, um sie dann 1991 mit den Augen der (frisch gebackenen) Reisejournalistin zu beschreiben. Die Stadt ist dabei so zu meiner eigenen geworden, dass es mir schwer fällt, irgendetwas wegzulassen und nicht zu erwähnen. Doch der Not des begrenzten Buchumfangs gehorchend, musste eine strenge Auswahl getroffen werden: Beschrieben wird in diesem Buch der engere Stadtkreis, Randbezirke wie Eschersheim oder Bergen-Enkheim mussten draußen bleiben (diese finden Sie z.T. in anderen pmv-Büchern). Zum Glück bin ich meine eigene Lektorin und konnte mit mir ein paar Ausnahmen aushandeln. So finden Sie in der neu bearbeiteten 3. Auflage Höchst nebst selbst gezeichneten Stadtplan beschrieben und auch auf den Lohrberg möchte ich nicht verzichten. Er ist ein guter Ausgangspunkt, um sich dem Trubel der Straßen zu entziehen und in Ruhe von oben herab auf das Gebilde mit der attraktiven Skyline zu blicken. Vielleicht mit einem Buch in der Hand, das Ihnen sagt, wo es am schönsten ist und was es Interessantes zu entdecken gibt …!

In diesem Sinne wünsche ich Ihnen viel Freude auf Ihren Entdeckungstouren!
Annette Sievers

PS: Was sich selbstverständlich laufend ändern kann, sind Öffnungszeiten, Preise und ähnlich nützliche Angaben. Als ein auf praktische Reiseführer spezialisierter Verlag wissen wir, dass es trotzdem hilfreich ist, konkret mit diesen Angaben versorgt zu sein. Wir freuen uns, wenn uns Leser und Anbieter mit neuen Tipps auf dem Laufenden halten.

In eigener Sache

Alle Adressen, auch »Der besondere Tipp«, beruhen auf einer persönlichen Recherche und Auswahl der Autoren und sind weder bezahlte Einträge noch sonst wie fremdfinanziert. Wir freuen uns daher, wenn Sie unsere Arbeit durch Buchkauf und -verkauf oder Weiterempfehlung unterstützen.

Schreiben Sie an:

pmv Peter Meyer Verlag
Schopenhauerstraße 11
60316 Frankfurt am Main
as@PeterMeyerVerlag.de
www.PeterMeyerVerlag.de

Treffen Sie uns auf facebook.com/PeterMeyerVerlag mit vielen guten Tipps rund ums Reisen und Ausfliegen!

DIE ANFÄNGE: DOM & RÖMER

Der Römer: Rathaus und die »Gut Stubb« zugleich

© Annette Sievers

VOM SUMPF ZUR KRÖNUNG

Zwischen Dom und Römerberg liegt der Ursprung von Frankfurts Stadtentwicklung. Hier sind alle Epochen der Stadtgeschichte nachzuvollziehen: Von den Römern über die Franken bis zum Mittelalter, als sich der Wohlstand der Stadt immer mehr festigte. Dies nicht zuletzt durch die große Verbundenheit mit den Kaisern des Heiligen Römischen Reiches Deutscher Nation, durch die Frankfurt zur Freien Reichsstadt wurde.

Der Ursprung: Ein Hügel im Sumpf

Keimzelle der Stadt ist der Domhügel, der Schutz vor dem Mainhochwasser bot. Er war seit der **Altsteinzeit** sporadisch und seit der **Mittleren Steinzeit** (9000 – 4000 v.Chr.) nachweislich kontinuierlich besiedelt. Als der Mensch in der **Jungsteinzeit** sesshaft wurde, das Land kultivierte und die Töpferei erfand, ließ er sich auch im Raum Frankfurt nieder. Solche Siedlungen aus *Bandkeramischer Zeit* – der Name leitet sich von den Verzierungen der Töpferwaren ab – sind in und um Frankfurt des Öfteren entdeckt worden. Bedeutende Funde

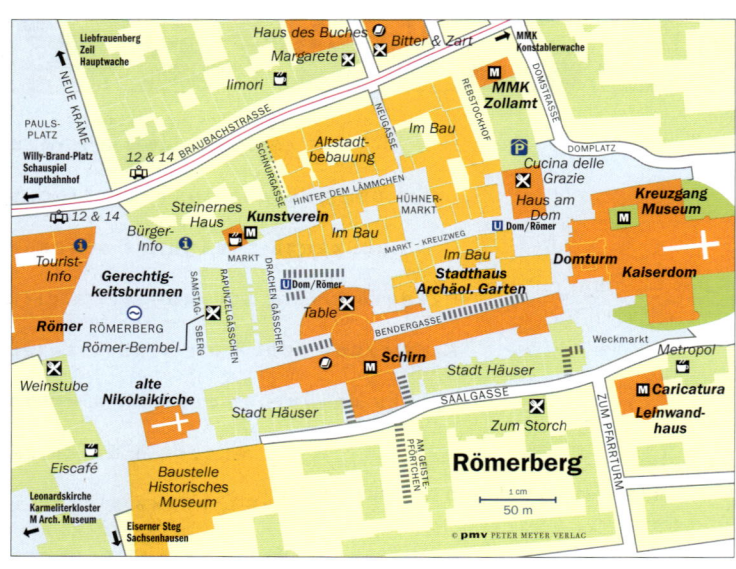

dieser 7000 Jahre zurückliegenden Zeit wurden auf dem *Praunheimer Ebelfeld*, das sich zwischen Ludwig-Landmann-Straße und der Nidda befindet, gemacht. Die Fundstelle zeichnet sich dadurch aus, dass der Nachweis menschlicher Anwesenheit durch alle Epochen erbracht werden konnte. Man hielt bereits Haustiere, wie das 1914 in einem Moor an der Nidda gefundene Skelett eines *Urs* (Auerochse) beweist.

Die Funde aus der **Bronzezeit** hingegen sind weniger zahlreich. Erst die ab 450 v.Chr. beginnende *La Tène-Kultur* (Jüngere Eisenzeit) findet mit den **Kelten** eine weite Verbreitung im Frankfurter Gebiet. Die Kelten sind nicht zuletzt durch die sensationellen Funde am Glauberg in der östlichen Wetterau stärker ins öffentliche Bewusstsein getreten. Dabei hat Frankfurt seinen eigenen Keltenfürst: 1966 wurde beim Bau der B664 im Frankfurter Stadtwald das reich ausgestattete Grab eines etwa 50-jährigen Mannes der frühkeltischen Zeit (um 700 v.Chr.) entdeckt. Das Skelett und die Grabbeigaben – importierte Bronzegefäße, Bronzeschwert, goldtauschiertes Eisenmesser und Pferdegeschirr – sind im **Archäologischen Museum** zu sehen.

Römer und Germanen

Nach der Eroberung Galliens 51 v.Chr. durch *Julius Caesar* wurde der Rhein zur Grenze des **Römischen Reiches.** Die Absicht, Germanien bis zur Elbe zu unterwerfen, schlug fehl, und die Römer begnügten sich mit der militärischen Sicherung des Maingebietes durch den *Limes.* Dieser Verteidigungswall verlief entlang den Taunushöhen. In seinem Schutz entwickelten sich im 1. Jahrhundert n.Chr. *Villae rusticae,* **Landgüter,** Straßen, Bauernhöfe und kleine städtische Zentren, wie in *Nida,* am Nordufer der *Nidda.* Der römische Name Nida, der auf einen keltischen Ursprung zurückgeht, ist durch einen Inschriften-

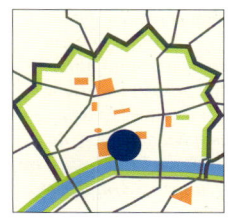

☀ *Die **Kelten** konnten kunstvolle Gegenstände aus Glas und nützliche Dinge wie z.B. Scheren aus Bronze herstellen. Sie kultivierten Dinkel und Saubohnen und kannten neben der Töpferscheibe auch Drechselbank und Webspindel, wie Funde aus der Goldgrube am Taunushang belegen.*

☀ **Tipp:** Im ↗ **Archäologischen Museum** sind zu sehen: ein in Bergen gefundener 120.000 Jahre alter Faustkeil, Samen, Werkzeuge und das Skelett eines Urs aus den neolithischen Siedlungen von Praunheim, Höchst und Niedereschbach, bronzezeitliche Grabfunde aus dem Stadtwald und Gegenstände eisenzeitlicher Siedlungen aus dem Taunus.

Etwa 50 römische **Landhöfe** *kann man auf Frankfurter Stadtgebiet nachweisen, die alle der Versorgung von Nida dienten. So auch die Villa rustica im heutigen* ↗ **Günthersburgpark,** *die aus Hof, Wohnhaus des Pächters und zwei Wirtschaftsgebäuden bestand.*

fund gesichert. Das Militärlager entwickelte sich während der römischen Besatzungszeit zu einem Zentrum mit Marktplatz, Theater und großer Therme. Nach dem Abzug der Truppen zu Beginn des 2. Jahrhunderts stieg Nida gar zum zivilen Hauptort des Verwaltungsbezirkes *Civitas Taunensium* auf. Händler, die ihre Waren aus dem germanischen Hinterland über den Taunuspass bei der Saalburg nach Mainz brachten, machten hier Station. Main und Nidda dienten als Transportweg. Mehrere Ziegeleien und Töpfereien zwischen dem heutigen Höchst und Nied produzierten für den enormen Bedarf an Ziegeln für Dächer und die bei den Römern so beliebte Fußbodenheizung sowie an Geschirr, Urnen, Öllampen, Trink- und Vorratsgefäßen. Auf den Resten von Nida wuchs später *Heddernheim.* Weitere Spuren sind von den Trabantenvierteln ↗ **Römerstadt** und *Nordweststadt* überbaut. Zwar wurden damals in den frühen 70er-Jahren einige archäologische Untersuchungen am Militärlager vorgenommen, doch das meiste ist für immer verschwunden. Umso größer die Freude, wenn, wie im Mai 2013 geschehen, doch noch Römisches gefunden wird, das zudem Rückschlüsse auf die zivile Zeit Nidas erlaubt: Entdeckt wurde ein großer Steinkeller; sorgfältig verputzte Wände mit falschen Fugenstrichen, Fenstern und Nischen für Öllämpchen, Zargentür und Holzeinbauten sowie einem Steinfundament in der Mitte lassen auf einen Kult- oder Versammlungsraum schließen. Vielleicht haben hier die Bankfurter Vorfahren bereits dem schnöden Mammon gehuldigt …

Auch auf Frankfurter Stadtgebiet waren die Römer aktiv: Auf dem **Domhügel** errichteten sie um 75 n.Chr. eine kleine Militärstation, die als Vorposten des Mainzer Legionslagers und als Stapelplatz für Waren von und nach Nida diente. Eine Badeanlage hatte man selbstverständlich auch hier. Nach einem Überfall der **Chatten** wurde der Stützpunkt befestigt, eine Mauer umschloss das trocken gelegte Areal. Eine weitere Therme, groß genug für 150 Mann, kam hinzu; ihre Mauerreste sind zu Füßen des Doms erhalten.

Die Furt der Franken

Die **Alemannen** drängten 260 n.Chr. die Römer hinter die Rheingrenze zurück. Saalburg und Nida wurden aufgegeben, der Domhügel verwaiste. Während der Völkerwanderungszeit eroberten 250 Jahre später die **Franken** unter dem Geschlecht der **Merowinger** (die »lang Gelockten«) das Maingebiet und besiedelten das fruchtbare Land. Es entstanden überall fränkische Höfe und Siedlungen, deren erste schriftliche Zeugnisse ein älteres Datum besitzen als Frankfurt: **Bockenheim** 767, Ginnheim 772, Preungesheim 778 und Rödelheim 788.

Franconofurd wurde urkundlich erstmals anlässlich einer Reichsversammlung und Synode **Karls des Großen** am 22. Februar 794 erwähnt. Die Synode war die trotzige Gegenveranstaltung zu der von Nicäa, zu der die byzantinische Kaiserin Karl nicht eingeladen hatte. Die geografische Lage an einer Furt im Main prädestinierte den Ort für seine politische und wirtschaftliche Bedeutung. Wegen der Kirchen- und Reichsversammlung muss er aber schon zuvor von Bedeutung gewesen sein, denn in der Urkunde wird Frankfurt als »bekannter Ort« umschrieben.

Unter den karolingischen Herrschern genoss die **Pfalz Frankfurt,** die bei Abwesenheit des Kaisers von einem Vogt verwaltet wurde, Ansehen und wurde sogar Hauptstadt des Ostfrankenreiches. *Ludwig der Deutsche,* ein Enkel Karls des Großen, gründete 852 die *Salvatorkirche,* auf deren Fundamenten der heutige ↗ **Dom** steht.

Zwar wurde im Jahr 1071 von einer königlichen Zollstätte berichtet, aber die politische Bedeutung der

Aus jener Zeit stammt das Grab des **Merowinger**-*Mädchens unter dem* ↗ **Dom.**

*Alle Ortschaften, die auf die Silbe -***heim** *enden, sind fränkische Siedlungen.*

Die bekannteste Legende um den Namen **Franconofurd** *erzählt, dass Karl der Große auf der Flucht vor den Sachsen an den Main kam, wo jedoch dichter Nebel den Übergang verhinderte. Der König flehte zu Gott, woraufhin eine weiße Hirschkuh mit ihrem Kalb erschien, den Main durchquerte und so den Franken die Furt zeigte. Am rettenden Ufer entstand die Stadt, am linken Mainufer* ↗ **Sachsenhausen.**

Stadt sank unter den **Ottonen,** die sich mehr nach Oberitalien orientierten.

Die Freie Reichsstadt

Die **Staufer,** die sich Frankfurt wieder zuwandten, legten den Grundstein für die enge Verbundenheit der Pfalz mit den Kaisern des *Heiligen Römischen Reiches Deutscher Nation.* **Friedrich I. Barbarossa** war 1152 der erste Herrscher, der in der Frankfurter Salvatorkirche (Dom) zum König gewählt wurde. Seitdem entwickelte sich Frankfurt von einer Pfalz (*palatium*) zu einer Stadt (*civitas*), deren politische Bedeutung durch den Bau einer Königsburg dokumentiert wird. Am **Saalhof,** der *aula regia,* wie die Burg nach ihrem Saal im Obergeschoss genannt wurde, errichtete man im 12. Jahrhundert eine Kapelle, die heute als ältestes erhaltenes Gebäude in das ↗ Ⓜ **Historische Museum** integriert ist.

Die städtische Wirtschaft blühte durch den Handel, der auf eine verkehrsgünstige Infrastruktur, seit 1222 durch eine Brücke zwischen »hibbdebach« und »dribbdebach« gegeben, angewiesen war. Händler und Kaufleute kamen in die Stadt, und nach dem Besuch der Messe hatten die Menschen Zeit, um sich die angebotenen Waren anzusehen. Gleichzeitig entstand nach dem alljährlichen Kirchweihfest ein Jahrmarkt mit Gauklern und allerhand fahrendem Volk. Daraus entwickelte sich mit der Zeit eine **Warenmesse,** die 1240 in einem Schutzbrief von *Friedrich II.* erstmals urkundlich erwähnt wird und fortan regelmäßig im Herbst auf dem Römerberg stattfand. Unmittelbar beim staufischen Saalhof befand sich der Warenhafen – jüngst belegt durch die beim Neubau des Historischen Museums entdeckte Hafenmole.

Während der Messezeiten verdoppelte sich die Anzahl der Menschen in der Stadt – es herrschte ein reges Treiben in den engen Gassen. Aber nicht nur zur

✹ *Friedrich I. (1122 – 1190) aus dem Haus der Staufer war 1147 – 1152 zunächst Herzog von Schwaben, bevor er am Main zum Rex Romanorum gewählt und 1155 zum Kaiser des Heiligen Römischen Reiches gekrönt wurde. Sein Beiname* **Barbarossa** *rührt von seinem roten Bart her.*

Messe war allerhand los, auch bei der Königswahl kamen viele Fremde und brachten Geld in die Stadt. Normalerweise lebten hier etwa 8000 Menschen: die reichen Patrizier (Adelige), Bürger – vermögende Kaufleute, Handwerker und Gelehrte – Juden und sogenanntes Gesinde.

Die Messe auf dem Marktplatz, dem Römerberg: So ähnlich wird es auch im 14. Jahrhundert zugegangen sein

Ein weiterer Kaiser, dem die Frankfurter bis heute sehr verbunden sind, war *Ludwig der Bayer,* der 1330 eine zweite Messe zur Fastenzeit, die **Frühjahrsmesse,** genehmigte. Damit legte er den Grundstein für den heutigen Weltruf Frankfurts als Messestadt. Außerdem ermächtigte der Kaiser die Frankfurter, die **Befestigungsanlagen** zu erweitern, da es innerhalb der staufischen Stadtmauer zu eng geworden war. Es entstand von 1333 bis 1513 eine 3,5 km lange Befestigungsanlage, die im heutigen Stadtbild als grüner *Anlagenring* zu erkennen ist. Diese Zickzack-Umfassung, deren einzig erhaltenes Stadttor der ↗ **Eschenheimer Turm** ist, war durch weit vorgelagerte Wälle geschützt, deren Durchgänge noch heute zu sehen sind: die *Sachsenhäuser Warte, Bockenheimer Warte, Friedberger Warte* und *Galluswarte.*

1349 ließ sich *Günther Graf von Schwarzburg* von Ludwigs Anhängern zum König wählen und wurde darin von den Frankfurtern auch bestätigt. Doch hatte man die Rechnung ohne den machthungrigen *Karl IV.,* König von Böhmen, gemacht, der sich drei Jahre zuvor in Bonn – »dem falschen Ort« – zum Gegenkönig bestimmt hatte und Günther von Schwarzburg militärisch bald zum Aufgeben zwingen konnte. Dieser

✺ Die Entwicklung zur Stadt lässt sich auch anhand des Baus der ersten Stadtmauer, der ↗ **Staufenmauer,** nachvollziehen, deren Überreste an der Konstablerwache zu sehen sind.

✷ *In der **Goldenen Bulle,** »bulla aurea«, wurde das Zeremoniell von Wahl und Krönung der römisch-deutschen Könige durch die 7 Kurfürsten und das Mehrheitswahlrecht, das die Wahl von Gegenkönigen verhinderte, sowie die bisherige Rechtsprechung als Gesetzbuch festgehalten. Außerdem wurde damit der Anspruch der deutschen Könige auf die geistige Nachfolge des Römischen Reiches dokumentiert. Damit zum Kaiser des »Heiligen Römischen Reiches« deklariert, stellten sie sich auf die gleiche Stufe wie der Papst. Dieses bis 1806 wichtigste Verfassungsgesetz des Reiches wurde 2013 in das UNESCO Welterbe aufgenommen.*

✷ *Der **Schultheiß,** Stellvertreter des Königs, war Richter, Steuereinnehmer und Befehlshaber der Truppen, die Frankfurt stellen musste. Damit war der Schultheiß der mächtigste Mann der Stadt. Er residierte im ↗ **Saalhof,** der bis 1372 Reichsgut gewesen war.*

starb kurz darauf (vermutlich an der Pest) und wurde mit Königsehren im ↗ Bartholomäus-Dom beigesetzt. Der »rechte Ort« für das Krönungszeremoniell war seit 936 Aachen, was Karl noch im gleichen Jahr nachholte. Und er ersann eine Neuordnung der Wahl- und Krönungsregeln: die **Goldene Bulle,** ein mit Goldsiegel versehenes Gesetzesbuch.

Darin bestätigte Karl IV. **1356** Frankfurt offiziell als Wahlstadt der deutschen Kaiser. Krönungsstadt blieb Aachen. Im Laufe der Zeit gelang es den reichen Frankfurtern, dem Kaiser einige Privilegien abzukaufen, und als Karl IV. sehr verschuldet war, erwarb die Stadt am **2. Juni 1372** gegen die Summe von 12.800 Gulden auch noch das **Amt des Schultheißen.** Dadurch wurde Frankfurt zu einer **freien reichsunmittelbaren Stadt:** Von nun hatte sie nur noch den Kaiser als Reichsoberhaupt über sich. Sie besaß eigene Gerichtsbarkeit, eigene Finanzhoheit, konnte also Steuern erheben, war Mitglied des Reichstages und frei bei der Verwaltung eigener Angelegenheiten. Knapp 500 Jahre währte dieser Status und verhalf Frankfurt zu einem stabilen Wohlstand.

Die Frankfurter hatten sich nicht nur selbst dem Kaiser abgekauft, sondern erhielten obendrein den angrenzenden Königsforst Dreieich. Zwei Jahre später wurde den Bürgern auch erlaubt, in ihrem Wald Holz zu schlagen. Dieses Privileg wird noch heute am Dienstag nach Pfingsten, dem ↗ **Wäldchestag,** mit einem Volksfest im Stadtwald gefeiert.

Frei und doch nicht frei

Die selbstbewusste Stadt war den feudalistischen Nachbarn ein Dorn im Auge – auf dem anderen Auge schielten sie nach der fetten Beute. Provoziert durch die *Ritter von Kronberg* bewaffneten sich die stolzen Frankfurter **1389** und zogen Richtung Taunus. Rechtzeitig hatten die Ritter ihre Bundesgenossen zu Hilfe geholt, sodass den Frankfurtern eine schnelle Niederlage bereitet wurde. Noch lange wurden die Frankfurter an dieses schmachvolle Abenteuer erinnert, denn die hohen Lösegeldzahlungen drückten böse auf den Stadtsäckel. Eine der Folgen war, dass die Stadt sich kein neues Rathaus bauen konnte, sondern **1405** die Privathäuser *Römer* und *Goldener Schwan* (später ein drittes) kaufte und sie zum Rathaus vereinte. Zu Messezeiten wurde das heutige Wahrzeichen Frankfurts weiterhin von Kaufleuten genutzt, die in den breiten durchgehenden Hallen des ↗ **Römers** ihre Tische mit Tuchen und Stoffen aufschlugen. Der Rat förderte diese Zweckentfremdung seiner Räumlichkeiten, denn die Stadtkasse füllte sich zur Messe ordentlich auf. Der **Rat**, das Selbstverwaltungsorgan der Stadt, setzte sich aus drei Bänken mit je 14 Ratsherren zusammen. Auf der ersten Bank saßen die ältesten Ratsherren und die Schöffen, die zweite war den jüngeren vorbehalten. Ratsherr konnten nur Adlige, Akademiker und reiche Kaufleute werden; das Amt war erblich. Den reichen »ratsfähigen« Zünften (Handwerker) blieb mit 12 Sitzen die dritte Bank, der Rest des Volkes musste sich mit zwei Sitzen begnügen. Die Macht teilten sich die Patriziergeschlechter *Alten-Limpurg* und *Frauenstein*, während die Mehrheit der **Bevölkerung** von der politischen Mitbestimmung ausgeschlossen war.

Stehen treu zueinander: Grabplatte des Patrizierpaares Holzhausen im Dom

© Annette Sievers

Um das Jahr 1440 hatte Frankfurt 9000 **Einwohner,** von denen ein Drittel von Beruf Gärtner waren.

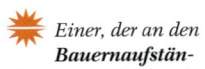

Einer, der an den **Bauernaufständen** *maßgeblich beteiligt gewesen war, hatte kurz zuvor die herrlichen Fresken im* ↗ **Karmeliterkloster** *gemalt. Für seine Aufständigkeit musste Jörg Ratgeb 1526 sterben.*

Diese Konstellation führte immer wieder zu Unfrieden. So auch 1525 zur Zeit der **Bauernkriege,** als dem Rat von der Bürgerschaft eine Petition mit 46 Artikeln überreicht wurde. Man verlangte Mitspracherecht bei kirchlichen Angelegenheiten, höhere Löhne, eine gerechtere Verteilung der Vermögenssteuer und eine Senkung der Abgaben bei lebenswichtigen Waren. Die Fürsten schlugen den **Bauernaufstand** blutig nieder; infolgedessen brauchte auch der Rat dem Artikelbrief keine Beachtung mehr zu schenken.

Bewegte Reformationszeit

Während der Reformation bekannte sich die Stadt **1533** zum **Protestantismus.** Im *Religionskrieg* 1546/47 erlitt Frankfurt, verbündet mit anderen protestantischen Städten und Fürsten, gegen Kaiser *Karl V.* eine beträchtliche Niederlage. Aus Angst, die Messeprivilegien zu verlieren, baten die Frankfurter den Kaiser um Verzeihung und ließen das kaiserliche Heer innerhalb der Stadtmauern Quartier beziehen. Der *Schmalkaldische Krieg* kostete die Frankfurter viel Geld: Erst hatten sie die Protestanten unterstützt, dann den Kaiser mit Zahlungen besänftigt und 1552 schließlich wurden sie von der protestantischen Streitmacht belagert, weil sich 30.000 kaiserliche Soldaten in der Stadt aufhielten!

Nach Friedensverhandlungen bedankte sich der Kaiser bei den Frankfurtern mit dem **Münzprägerecht.** Die Protestanten erhielten **Religionsfreiheit,** die Belagerung wurde aufgehoben.

Frankfurt wird Krönungsstadt

Die Stadt gewann an kaiserlichem Ansehen. Und profitierte sie gegenüber dem abgelegenen Aachen von ihrer verkehrsgünstigen Lage. So ließen sich seit *Maximilian II.* (1562) die Imperatoren in Frankfurt auch die Reichsinsignien überreichen und die Krone aufs

Schlussstein: Der Frankfurter Adler im Dom
© Annette Sievers

erwählte Haupt setzen. Nach der Zeremonie im **Dom** zog der neue Kaiser mit den Kurfürsten in feierlicher Prozession von der Kirche zum Festbankett in den **Römer.** Auf dem **Römerberg** fand ein riesiges Volksfest statt, bei dem ein Festochse gebraten wurde, silberne Krönungsmünzen unters Volk geworfen wurden und reichlich roter und weißer Wein (Stadtfarben Frankfurts) aus dem Reichsbrunnen floss.

❯ Wie die tolerante Handels- und reiche Kaiserstadt zur Vorkämpferin der deutschen Demokratie wurde ↗ Zeit der Revolution: Paulskirche.

TOUR 1

ZWISCHEN DOM UND RÖMER

Von der ersten fränkischen Besiedelung über das Entstehen der Warenmessen bis hin zur Wahl und Krönung der deutschen Kaiser fanden alle Ereignisse auf und um den Römerberg statt. Noch heute werden wichtige Kundgebungen vor dem Römer, dem Rathaus Frankfurts, durchgeführt. Über die historischen Sehenswürdigkeiten hinaus bietet das alte Zentrum mit der Schirn, dem Museum für Moderne Kunst und dem Steinernen Haus kunstinteressierten Besuchern ein vielfältiges Angebot.

WO ALLES BEGANN:
DER DOMHÜGEL

Ach, herrje: Die Stelle, an der alles begann, ist momentan nicht zu sehen – ein Bauzaun versperrt die Sicht auf den **Archäologischen Garten** und versaut mir den Einstieg in den chronologischen Rundgang. Der Ursprung der Stadtentwicklung soll in die Bauten der neuen ↗ Altstadt integriert werden und dann (ab

❯ 60311 Hist. Zentrum. Der Rundgang dauert 2,5 Std. Wer einschließlich der Museen und Kunsthäuser alles sehen möchte, sollte 5 – 6 Std rechnen. **Bahn/Bus:** U4, 5 Dom/Römer, Ausgang Dom, oder Straba 11, 12 Römer/Paulskirche.

Dort, wo die Keimzelle Frankfurts zu verorten ist, prangt derzeit ein Nichts. Bauzäune versperren Sicht und Weg. Doch nicht sie sind Grund zur Aufregung, sondern das, was dort entsteht: Die Rekonstruktion der Frankfurter Altstadt. Zumindest eines guten Teils davon. Weichen musste dafür das

EINE PUPPENSTUBE FÜR DIE STADT DER WOLKENKRATZER

Technische Rathaus, *ein in den 1970er-Jahren als modern gefeierter Waschbetonbau für die »technischen Ämter« des Dezernats IV – Planen, Bauen, Wohnen und Grundbesitz, zu denen ausgerechnet die Denkmal- und Stadtplanungsämter gehören (sie haben Ende 2009 ein aufwändig umgestaltetes Domizil am Börneplatz bezogen).*

Bebaut wird das frei gewordene Gelände zwischen Braubachstraße, Dom und Schirn nun nach hitzigen Debatten, deren Echo anhält, mit Rekon-

*struktionen von sechs Altstadthäusern sowie ergänzenden modernen Häusern mit Läden und Restaurants. Je mehr Bauherren sich finden, die ein Haus rekonstruieren, desto mehr »**Altstadt**« soll es geben. Die Mehrkosten für die nach alten Fotos und Dokumenten gebauten Rekonstruktionen, die doppelt so teuer werden wie ein Neu-*

Mit dem unverstellten Blick wird's bald vorbei sein: Altstadt-Baustelle vor Dom und Schirn

© Annette Sievers

*bau, will die Stadt tragen, zu deren Lasten auch der Wertverlust der nicht
so hoch und dicht bebauten Grundstücke geht. Mit einer Fertigstellung des
schätzungsweise 110 Mio Euro schweren Vorhabens ist nicht vor 2015 zu
rechnen.*

*Die kleinteilige Bebauung soll ein paar Gassen und den alten **Hühnermarkt** wiedererstehen lassen. Auch die modernen Häuser sollen durch das
Verwenden von Holz, Putz, Bauschmuck etc. die Anmutung »Altstadt« vermitteln. Insgesamt geht es um rund 30 Häuser, die nicht nur an der Stelle
des Technischen Rathauses ihren Platz beanspruchen. Der hohe **Tisch** vor
der Schirn, funktionsloser Kontrapunkt zur Rotunde, musste zu Staub, der
Archäologische Garten wird überbaut werden. Die Blickachse vom Römerberg zum Dom wird durch die Häuserzeile zwischen **Rotem Haus** und
Goldener Waage verstellt sein, das **Steinerne Haus** hinter der Marktneu-
bebauung in die zweite Reihe rücken.*

*Es gibt viele **Argumente** für und gegen diese Bebauungspläne. Doch allein
die Diskussion darüber zeigt in krasser Weise Frankfurts Umgang mit seiner Architektur und Geschichte. Einerseits werden Denkmäler für die wachsende Hochhauskulisse geopfert (die Elsässer-Großmarkthalle für die EZB,
das Eiermann-Gebäude für Hochtief, das Zürich Hochhaus für den Opernturm), andererseits sollen Rekonstruktionen alle Zerstörungen von 1945
und früher vertuschen (Altstadt, Palais Thurn und Taxis). Wo bleibt da die
Geschichte derer, die zwischen Krieg und Moderne aufgewachsen sind?
Dass sich Frankfurt immer wieder neu erfinden muss, achtlos das, was gestern schön und gut war, verwirft, ist typisch für diese selbstverliebte, dyna-
mische Stadt, in der selbst die Rolltreppen schneller laufen als in anderen
Städten.*

❶ DomRömer GmbH, Liebfrauenberg 39, Hist. Zentrum. ✆ 069/653000740.
www.domroemer.de. Bauherrin des DomRömer-Quartiers ist die Stadt Frankfurt am Main, vertreten durch die Tochtergesellschaft DomRömer GmbH. Aufsichtsratsvorsitzender der DomRömer GmbH ist Bürgermeister und Planungs-
dezernent Olaf Cunitz. Ein Gestaltungsbeirat steht der Stadt beratend zur
Seite. Dessen Vorsitzender ist Professor Christoph Mäckler.

❶ Freunde Frankfurts e.V., Schellgasse 8, Sachsenhausen. ✆ 069/615918.
www.freunde-frankfurts.de. Di – Fr 14 – 17 Uhr. Der Verein setzt sich für Erhalt und Wiederaufbau historischer Bauwerke in Frankfurt – besonders der
Altstadt – ein und veranstaltet Theater, Lesungen und Ausstellungen, um die
Frankfurter Mundart zu pflegen; ↗ Theater Rezi*Babbel.

Die Schern

2016?) wieder zu sehen sein. Zu den ältesten Fundamenten der Stadtgeschichte gehören nämlich die römischen Badeanlagen, die karolingische Königshalle und spätmittelalterliche Handwerks- und Handelshäuser. Eng beieinander und verwinkelt standen die Fachwerkhäuser – bis zur Bombennacht 1944. Sie werden derzeit aus einem unbestimmten Heimatgefühl heraus teilweise wieder aufgebaut, teilweise modern nachgeahmt. Auch das *Haus Esslinger* am historischen Hühnermarkt wird wieder aufgebaut. Dort hat das Kind *Goethe* einst zwei Jahre bei seiner Tante verbracht, als das Elternhaus am Großen Hirschgraben umgebaut wurde. Außer Bauzäunen ist freilich nicht viel zu sehen, aber die neue Altstadt wird bestimmt sehr schön und vielleicht kommen Sie dann einfach wieder …

Auf der Südseite des Domhügels zieht sich der postmoderne Arkadenbau der ↗ **M Schirn Kunsthalle** bis kurz vor den Dom hin. Der Name **Schirn** stammt von den offenen Verkaufsständen der Metzgerzunft, die sich an dieser Stelle bis 1944 befanden. In der schmalen, heute durch den langen Gang der Kunsthalle überbauten *Bendergasse* war nicht mehr Platz, als auf einem Fensterbrett Würste und Schinken auszulegen; abends wurden die Läden einfach zugeklappt. Bis 1986 blieb das Trümmergelände unbebaut. Heute finden in der 140 m langen »Kegelbahn«, wie die Schirn spöttisch genannt wird, auf 2000 qm Ausstellungsfläche hochkarätige internationale Kunstschauen statt. Dazu gehört das ↗ **Café Restaurant Table.**

DER KAISERDOM

Um es gleich zu sagen: Der Dom ist gar kein Dom, denn Frankfurt war nie Bischofssitz. Nur seine Bedeutung als Wahl- und Krönungskirche der deutschen Kaiser brachte ihm die Bezeichnung »Kaiserdom« ein. Es geht also um die Kirche *St. Bartholomäus,* auf deren prächtigen Turm aus rotem Mainsandstein der Blick bis zum Ende der Altstadt-Neubebauung noch frei ruhen kann.

Als man sich zur 1200-Jahr-Feier der Stadt rüstete (794 – 1994), wurde bei Renovierungsarbeiten im Dom ein Grab gefunden. Es beinhaltete die Gebeine eines 4- bis 5-jährigen **Mädchens,** goldene Armreifen, Perlenohrringe, Fingerringe, Gewandfibeln, eine Halskette und eine Riechdose sowie die Urne eines weiteren Kindes. Anhand der reichen Grabbeigaben identifizierte man das Mädchen als eine Fürstentochter aus der Merowingerzeit Ende des 7. Jahrhunderts. Eine Sensation! Die Stadt alterte auf einen Schlag um mindestens 100 Jahre …

*Das Grab des **Merowinger-Mädchens** ist am West-Eingang des Doms durch eine Sandsteinplatte markiert. Im ↗ **Dommuseum** sind die Funde ausgestellt.*

852 ließ *Ludwig der Deutsche* genau über dem Grab die romanische **Salvatorkirche** errichten. Um das Jahr 1000 schenkte Otto III. dem Stift die Hirnschale des heiligen **Bartholomäus,** die er von seinem jüngsten Romaufenthalt mitgebracht hatte. Bei der Erweiterung des Westchores wurde 1239 auch der Altar erneuert und nun dem beliebten Apostel geweiht. Bartholomäus hatte in Kleinasien und Indien missioniert, wo er als Wunderheiler den Märtyrertod fand: Er wurde erschlagen und gehäutet, weshalb Abbildungen ihn mit seiner eigenen Haut überm Arm darstellen. Nicht von ungefähr ist er nicht nur Patron der Winzer, sondern auch der Gerber.

Um 1250 wurde das romanische Langhaus mit einer frühgotischen Halle überbaut. Im **14. Jahrhundert** folgten der gotische Chor, das nörd-

Zwischen Hochchor und Skramentshäuschen: Eingang zur Wahlkapelle der Kaiser

© Annette Sievers

Der Dom vor dem Brand: Ansicht von Frankfurt 1831 (Domenico Quaglio)

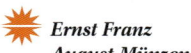 **Ernst Franz August Münzenberger,** *1833 – 1890, seit 1870 Stadtpfarrer, durfte beim Umbau nur auf die innere Gestaltung Einfluss nehmen, was er ab 1880 eifrig tat. Er erwarb im Umland Altäre und Altarteile für den ausgebrannten Dom, die er restaurieren und zu 6 ganzen Altären zusammenpuzzeln ließ. So sind zwar viele gotische Altarteile erhalten geblieben, dafür aber in Zusammenstellungen, die eine Zuordnung und Datierung erschweren.*

liche (1346) und das südliche Querhaus (1352). Unter dem Stadt- und Dombaumeister ↗ *Madern Gerthener* begannen 1415 die Planungen zu einem Westturm, doch der Bau wurde aus Geldmangel vorzeitig mit einer niedrigen Notkuppel 1514 beendet. Nach dem schweren **Dombrand von 1867,** bei dem auch fast die gesamte Innenausstattung bis auf einige Reste im Hochchor verloren ging, baute der Regensburger Dombaumeister *Franz Josef Denzinger* den Dom um. Der Turmvorhalle fielen Teile des Kreuzgangs samt Stiftsgebäude zum Opfer, was den Unmut des Pfarrers **Münzenberger** erregte.

Das Hallenlanghaus wurde 6 m höher angelegt, der Domturm nach den ursprünglichen Plänen vollendet. 1992 wurde die ursprüngliche bunte Farbigkeit wiederhergestellt.

🕐 *Geöffnet Mo – Do 9 – 20, Fr 13 – 20, Sa, So 9 – 20 Uhr. Hl. Messe Mo – Fr 8 und 12.30, Sa 18, So 10, 12 (kroatisch) und 18 Uhr.*

Der Domturm: Der schönste Ausblick Frankfurts

»Alles was uns lieb und theuer, was uns heilig und werth: unsere Tempel fraß das Feuer, unsere Freiheit fraß das Schwert« – so seufzte 1867 *Friedrich Stoltze* stellvertretend für ganz Frankfurt, als die Freie Stadt von den Preußen annektiert war und obendrein der Domturm abbrannte, just als der Kaiser sich zum Antrittsbesuch anschickte. Schon damals galt der Domturm als das Wahrzeichen Frankfurts und Symbol seiner politischen Bedeutung für das Reich. Und nü perdu! Zum Wiederaufbau des Turms gab der Kaiser schnell reichlich. Als 130 Jahre später eine Sanierung des brüchigen Turms anstand, hätte man sich so einen großzügigen Gönner gewünscht … Denn der Bartholomäus-Dom gehört interessanterweise nicht der katholischen Kirche, sondern mit 7 weiteren Kirchen der Stadt Frankfurt. Diese muss laut **Dotationsvertrag** die Häuser für die Gemeinden zugänglich halten und für den Unterhalt der Kirchen aufkommen. Also auch für die Renovierung des Doms und die Erneuerung des 95 m hohen **Domturms.** So musste die Stadt die rund 5 Mio Euro teure Sanierung des gotischen Bauwerks fast allein stemmen. Seit 2010 kann man aber die 328 Stufen zur schönsten Aussicht auf Stadt und Umland wieder emporsteigen, was sich zum Abendrot besonders lohnt.

Was den Turm an sich so besonders macht, ist seine filigrane Leichtigkeit, die im Kontrast zur Wuchtigkeit des Unterbaus steht und durch die zarten Fialen, Spitzen und Kreuzblumen, die sich um das abschließende Oktogon scharen, erzeugt wird. Der Anblick ist so, wie Baumeister *Madern Gerthener* das 1415 einst haben wollte. Aus Geldmangel wurde der Bau aber 100 Jahre später unvollendet eingestellt, der Westturm erhielt bloß eine schlichte

1830 wurde der in Deutschland einmalige **Dotationsvertrag** zwischen der Freien Stadt Frankfurt und den christlichen Gemeinden geschlossen. Er übereignete ihr den Besitz der Kirchen, die Stadt musste im Gegenzug für den Unterhalt der Kirchen, des Geläuts und des Personals aufkommen. Der Vertrag besteht bis heute, derzeit gibt es 8 Dotationskirchen: die evangelischen Kirchen St. Katharinen, St. Peter, Dreikönigs-, St. Nikolai und die Heiliggeistkirche mit dem Dominikanerkloster sowie die katholischen Kirchen St. Leonhard und Liebfrauen und den Dom.

Kuppelhaube. Nach dem schmachvollen Dombrand ergänzte Dombaumeister *Franz Joseph von Denzinger* 1877 demonstrativ, was dem Turm an Höhe gefehlt hatte: Wir sind die Kaisermacher.

🕐 *Regina Lukas, 60311 Hist. Zentrum. ✆ 069/ 78089255, www.domturm-frankfurt.de. Bahn/Bus: täglich geöffnet, aber wetterabhängig, bitte vorher auf Webseite informieren. Zeiten: 9 – 18 Uhr. Preise: 3 €; Schüler und Studenten 1,50 €. Infos: Führung 10 – 25 Pers inkl. Türmerwohnung und Glockenstube 1 x im Monat März – Aug ab 19 Uhr, 5 € (Karten müssen min. 1 Tag vorher gekauft werden), Tage ↗ Webseite.*

Sehenswertes im Dom

In der Turmvierung steht die 1509 geschaffene spätgotisch-barocke **Kreuzigungsgruppe** von *Hans Backofen.* Der Mainzer Bildhauer arbeitete stark mit leicht erkennbaren Kontrasten (beispielsweise der »gute«, sprich bekehrte und deswegen Christi zugewandte nackte Schächer und der abgewandte, mit mittelalterlicher Landmannstracht bekleidete »böse« Räuber). Im Mittelalter besaß der Dom 25 Altäre, von denen heute nur noch der *Maria-Schlaf-Altar* übrig geblieben ist. Der spätmittelalterliche Terrakotta-Altar steht im nördlichen Querschiff leicht zurückgesetzt. Er zeigt die sterbende Muttergottes, zu der, einer Eingebung folgend, die Apostel geeilt sind. Die Darstellung ist vielleicht das erste plastische Beispiel eines Marientods in Deutschland. Die 12 Apostel trauern auf sehr bewegende Weise. Gestiftet wurde das goldverzierte Werk 1434. Den Stifter, der Kaufmann Werstadt, der

Ausdrucksstarke Innigkeit: Maria Schlaf Altar
© Annette Sievers

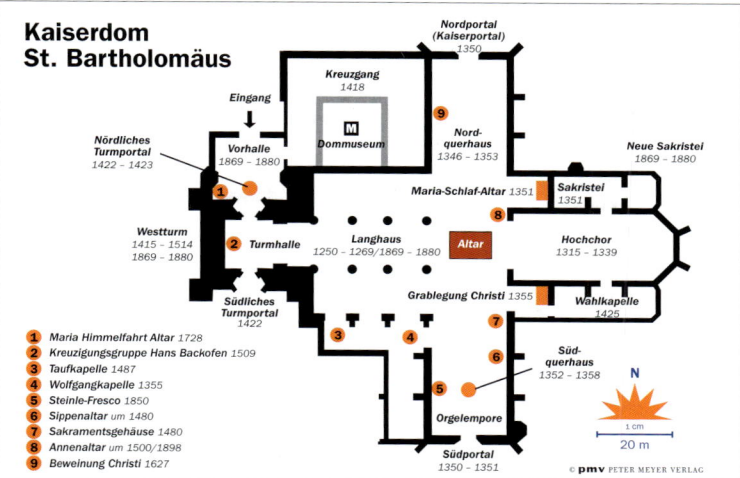

Kaiserdom St. Bartholomäus

- Eingang
- Nordportal (Kaiserportal) 1350
- Kreuzgang 1418
- M Dommuseum
- Nordquerhaus 1346 – 1353
- Neue Sakristei 1869 – 1880
- Nördliches Turmportal 1422 – 1423
- Vorhalle 1869 – 1880
- Maria-Schlaf-Altar 1351
- Sakristei 1351
- Westturm 1415 – 1514 1869 – 1880
- Turmhalle
- Langhaus 1250 – 1269/1869 – 1880
- Altar
- Hochchor 1315 – 1339
- Südliches Turmportal 1422
- Grablegung Christi 1355
- Wahlkapelle 1425
- Südquerhaus 1352 – 1358
- Orgelempore
- Südportal 1350 – 1351

① Maria Himmelfahrt Altar 1728
② Kreuzigungsgruppe Hans Backofen 1509
③ Taufkapelle 1487
④ Wolfgangkapelle 1355
⑤ Steinle-Fresco 1850
⑥ Sippenaltar um 1480
⑦ Sakramentsgehäuse 1480
⑧ Annenaltar um 1500/1898
⑨ Beweinung Christi 1627

N

1 cm
20 m

© **pmv** PETER MEYER VERLAG

den Handel mit Venedig beherrschte, sieht man mit Frau und 17 Kindern an der linken Seitenwand des Altars.

Zur ursprünglichen Ausstattung gehören auch die plastisch sehr schön gestalteten **Grabplatten** der Frankfurter Rittergeschlechter *Johann* und *Gudela Holzhausen* (1393 bzw. 1371), *Günther Graf von Schwarzburg,* der Gegenkönig Karls IV. 1349, sowie *Rudolf von Sachsenhausen* (1370), der zudem Stadtschultheiß gewesen war, die heute gegenüber in die Wand eingelassen sind.

Zum **Hochchor** führen drei Stufen empor, er war einst durch einen Lettner den Blicken der Gemeinde entzogen. Das geschnitzte *Chorgestühl* und der *Bartholomäusfries* darüber sind original erhalten und stammen aus den Erbauungszeit des Doms. Der Fries zeigt die Häutung des Heiligen. Der Hochaltar ist zwar gleich alt, stammt aber aus Sachsen, wo ihn Pfarrer Münzenberg auf einem Kirchendachboden entdeckt hatte. Durch eine Tür in der Chor-Südwand

*Der **Sippenaltar** ist einer von Münzenbergs zusammengesetzten Altären. Die beiden Flügel können nicht über dem Mittelteil geschlossen werden, weil sie nicht passen. Die Tonfiguren der Predella und die neugotische Bekrönung des Altars passen stilistisch ebenfalls nicht. Vielleicht stammen sogar noch nicht einmal die beiden Flügel vom gleichen Altar oder gleichen Maler, da sie die Szenen nicht in der üblichen chronologischen Reihenfolge erzählen.*

Kaiserkrönungen im Dom
*1562: Maximilian II. (Königskrönung)
1612: Matthias
1619: Ferdinand II.
1658: Leopold I.
1711: Karl VI.
1742: Karl VII.
1745: Franz I.
1764: Joseph II. (Königskrönung)
1790: Leopold II.
1792: Franz II.*

schritten einst die Kurfürsten zur Klausur in die Wahlkapelle.

Im südlichen Querschiff ist an der Ostwand ein hohes, reich verziertes **Sakramentshäuschen** zu sehen. Der Entwurf dazu stammt vom Dombaumeister *Madern Gerthener*. Dort wird die Reliquie des *Apostels Bartholomäus* aufbewahrt, deren Echtheit selbstverständlich nicht belegt ist. Sie wird an hohen Feiertagen und zum *Bartholomäusfest* am 24. August gezeigt.

Auch wenn bis auf den Maria-Schlaf-Altar alle anderen keine Original-Dom-Altäre sind, besitzen sie aber doch interessante Details, wie im südlichen Querschiff der **Sippenaltar.** Im holzgeschnitzten Mittelteil ist die Sippe der Jungfrau Maria mit ihrer Mutter Anna dargestellt, die flache Predella beherbergt Tonfiguren der 12 Apostel und die beiden Flügel aus bemaltem Holz stellen die Verklärung Christi und das Mannawunder in der Wüste dar, 2 Szenen aus dem Neuen und Alten Testament.

Nicht vergessen werden darf ein andächtiger Blick in die rechts vom Hochchor gelegene **Wahlkapelle,** wo ab 1356 die sieben (ab 1648 acht) Kurfürsten so taten, als entschieden sie erst dort über den neuen König. Eine kleine Tür führt an der Skulpturengruppe **Grablegung Christi** (um 1435 gestiftet) vorbei hinein. Dort standen sich mit rotem Samt ausgekleidete Stühle für die 3 kirchlichen (Erzbischöfe von Mainz, Trier, Köln) und 4 weltlichen (König von Böhmen, Pfalzgraf bei Rhein, Herzog von Sachsen, Markgraf von Brandenburg; Herzog von Bayern) Kurfürsten gegenüber. Wertvolle Gobelins deckten Wände und Bibliotheksregale ab, am Altar wurde gemeinsam gebetet.

Sehenswert sind des Weiteren 2 Bilder: Rechts der Orgelempore ist der aus dem 19. Jahrhundert stammende Rest der **Wandmalerei** von *Eduard von Stein-*

le zu sehen. Der Wiener Nazarener hatte während Denzigers Umbaumaßnahmen den ganzen Innenraum mit biblischen Szenen ausgemalt. Diese wurden 1948 beim Wiederaufbau jedoch ungeachtet ihres Wertes abgeschlagen. Die Szene zeigt Konrad III., der *Bernhard von Clairvaux,* den Gründer des Zisterzienserordens, mit einer Kreuzzugspredigt beauftragt.

Im nördlichen Chor ist die »Beweinung Christi« erwähnenswert. Die Szene folgt der Kreuzesabnahme, wurde 1627 von *Anthonius van Dyck* gemalt und 1825 von *Franz Brentano,* ein Stiefbruder von *Clemens Brentano* und *Bettina von Armin,* gestiftet. Im **Kreuzgang** – dem kleinen Teil, der von Denzigers Umbauten verschont blieb – ist das ↗ M**Dommuseum** untergebracht.

☀ **Tipp:** Täglich um 15 Uhr informiert eine kostenlose Führung über die Sehenswürdigkeiten des Gotteshauses.

RUND UM DEN DOM

Am Domplatz eröffnete 2007 das **Haus am Dom,** eine Einrichtung des Bistums Limburg. Als »Plattform zwischen Kirche und Gesellschaft« bietet es Erwachsenenbildung, Vorträge und Seminare an. Auch ein ↗ ✕**Café Restaurant** gehört dazu.

ℹ K *Haus am Dom, Domplatz 3, 60311 Hist. Zentrum. www.hausamdom-frankfurt.de. Zu den Veranstaltungen des Haus am Dom gehört auch ↗ (Freiluft-)Kino.*

→ Fahrgasse – Weckmarkt (südlich vom Dom) bzw. Domgasse – Braubachstraße (nördlich vom Dom).

Leinwandhaus

Das Gebiet rund um den Dom war einst dicht bebaut. Hier lebten bis zu ihrer Verbannung in die ↗ **Judengasse** auch viele jüdische Händler in vom Bartholomäusstift gepachteten Häusern. Nach Osten begrenzte die **Fahrgasse** die Altstadt. Sie war die wichtigste Handelsstraße des mittelalterlichen Frankfurts und führt direkt auf die Alte Brücke zu, einst einzige Verbindung über den Main und nach Süden.

✕ **Cucina delle Grazie,** Haus am Dom. ✆ 069/8008718520. www.cucina-delle-grazie.com. Mo – Sa 10 – 22, So 11 – 18 Uhr. Im Sommer mit Terrasse und längeren Öffnungszeiten. Moderne italienische Küche. Pasta um 9, Hauptgerichte um 15, Tiramisu 3,70 €.

Die Frankfurter Elle an der Hauswand vom Leinwandhaus: Sie maß 54,73 cm und war damit 2 cm kleiner als z.B. die Leipziger Elle
© Annette Sievers

Café Metropol,
Weckmarkt 13 – 15, ℗ 069/288287. www.metropolcafe.de. Di – Do 9 – 1, Fr, Sa 9 – 2, So 9 – 24 Uhr. In dem hohen Raum stehen locker verteilt Holztische, der Blick durch die großen Fenster geht ins Grüne. Dort, im Hof des 50er-Jahre Häuservierecks, sitzt man fern von Touristen-Hektik. Kinderfreundlich, mit wechselnder Tageskarte, Biofrühstück und Kuchen.

Südlich des Doms steht am Weckmarkt das 🗗 **M Leinwandhaus.** Seine Ursprünge gehen auf ein »großes steinernes Judenhaus« zurück, bevor es um 1396 von *Madern Gerthener* als zweigeschossiger gotischer Steinbau neu errichtet wurde. Das hohe Walmdach ähnelt dem des 🗗 **Steinernen Hauses.** Das Leinwandhaus diente zunächst als Stadtwaage. Im Zuge des wachsenden Handels mit Leinwand, Garn, Flachs und Hanf wurden hier auch außerhalb der Messezeiten Stoffballen gewogen und vermessen. Der Händler musste ein Mess- und Hausgeld zahlen und Ware von über 100 **Ellen** Länge vom Leinwandmesser ausmessen lassen.

Nachdem das Leinwandhaus im Laufe der Jahrhunderte schon Gefängnis, Tanzsaal, Lazarett, Schwurgericht und sogar Schlachthaus gewesen war, erheitert nun seit 2008 das 🗗 **M Caricatura, Museum für Komische Kunst** die Besucher.

Durch die Braubachstraße zum Römer

Durch die alte Domstraße geht es zum 1991 eröffneten 🗗 **M Museum für Moderne Kunst.** Das »Tortenstück«, wie der Volksmund in Anspielung auf die Form das Gebäude nennt, präsentiert in seinen an sich schon sehenswerten Räumen zeitgenössische Kunst. Die **Braubachstraße,** die Anfang des 20. Jahrhunderts in die Altstadt hineingeschnitten wurde und durch die die Straßenbahn zuckelt, vereint renommierte Kunstgalerien, volkstümliche Antiquitätenläden, feine Konfisserien und den Sitz des Börsenvereins des Deutschen Buchhandels im 🗗 *Haus des Buches.*

Auf der südlichen Straßenseite liegt nahe dem Restaurant Zum Steinernen Haus ein Durchgang, die

ehemalige **Schnurgasse.** Ihr Tor schloss einst die Altstadt nach außen ab, von ihm ist noch ein gotisches Gewölbe erhalten. Der Durchgang zur Vorderseite des ↗ *Steinernen Hauses* ist durch die Altstadt-Bauarbeiten zurzeit verschlossen.

Steinernes Haus

Das **Steinerne Haus** mit einem hohen Walmdach und einem dekorativen Wehrgang stammt aus dem Jahre 1464. Mit seinen Ladenarkaden gilt es als typisches Beispiel für ein mittelalterliches Patrizierhaus, einst gehörte es der Familie Melem. Es wurde nach dem Zweiten Weltkrieg mit stark modernisiertem Inneren wieder aufgebaut, denn der ↗ **M Frankfurter Kunstverein** veranstaltet hier seine interessanten Ausstellungen.

Ilmori, Braubachstraße 24. ✆ 069/97768247. www.iimori.de. Mo – Fr 9 – 21, Sa 10 – 21, So 10 – 19 Uhr. Eine Theke voller geheimnisvoller Köstlichkeiten wie Algenpralinen oder Grünetee-Törtchen. Japanisches Restaurant im 1. Stock.

☀ *Im Mittelalter war ein* **Steinernes Haus** *zwischen den Fachwerkhäusern aus Holz eine bemerkenswerte, feuerfeste Sache.*

DER RÖMERBERG, DIE »GUT STUBB«

Bahn/Bus: U4 Dom/Römer, Straba 11, 12 Römer/Paulskirche. **Infos:** Ende Juli/Anfang August findet hier das Mainfest statt. Sehr beliebt und deswegen stark besucht ist der Frankfurter Weihnachtsmarkt, ↗ Feste.

Das politische Zentrum war im Mittelalter als **Markt- und Messeplatz** auch wirtschaftlicher Mittelpunkt der Freien Reichsstadt. Hier fanden Turniere, Schützenfeste, Theaterfestspiele und Volksfeste aller Art statt. Das Spektakel der Wahl und seit 1562 der Krönung der Kaiser des Heiligen Römischen Reiches Deutscher Nation war von großer staatspolitischer Bedeutung. Bevor die Herrschaften mit großem Gepränge vom Dom zum Römer zogen, wurden Holztribünen vor den Häusern errichtet und die Fensterplätze teuer vermietet – deswegen die überdurchschnittlich vielen Fenster in den umliegenden Häusern.

Das Rathaus – der »Römer«

Tipp: Im Römer sind das **Standesamt** und die ↗ **Tourist-Information,** Mo – Fr 9.30 – 17.30, Sa, So 9.30 – 16 Uhr.

Auf der Westseite des Römerbergs liegt das weltbekannte Wahrzeichen Frankfurts und der Namensgeber des Platzes, der **Römer.** Die spätgotischen Staffelgiebel der Häuser *Alt Limpurg, Zum Römer* und *Loewenstein* sind auf fast jedem Souvenir verewigt. Zwar lag nach den Bombenangriffen des Zweiten Weltkriegs die Altstadt in Trümmern, der aus Stein gebaute Römer darf sich dennoch zu den ältesten Rathäusern Deutschlands zählen. Im Jahr 1322 bereits erwähnt eine Urkunde ein **Haus zum Römer,** das einer Familie Frosch gehörte. Der Rat der Stadt Frankfurt kaufte 1405 die zwei Bürgerhäuser *Zum Römer* und *Goldener Schwan* für 600 Gulden und eine jährliche Leibrente von 65 Gulden und baute die Häuser zum Rathaus um. Im Erdgeschoss entstanden große Hallen für die Stände der Kaufleute während der Messen, im 1. Stock befanden sich die Repräsentations- und Tagungsräume der Stadtverwaltung. Der Rat brauchte immer mehr Platz, sodass nach und nach die umliegenden Bürgerhäuser hin-

Das Büro des derzeitigen **Oberbürgermeisters** *Peter Feldmann (SPD) liegt zur Paulskirche hin. Der 1958 geborene Politologe ist Mitglied des Aufsichtsrates der Fraport, des RMV, der Stadtwerke, der ABG Holding und der Nassauischen Heimstätte sowie Aufsichtsratsvorsitzender der Messe und der Schirn Kunsthalle.*

zukamen, insgesamt 11. Nicht zuletzt die wachsende Bevölkerungszahl in der Zeit der Industrialisierung ab 1871 brachte mehr Verwaltungsaufgaben mit sich und machte einen Ausbau nötig. Mittlerweile nennt sich der gesamte Gebäudekomplex zwischen Römerberg, Bethmannstraße, Buchgasse und Limpurgergasse »der Römer«.

Das **Glockentürmchen** auf dem Dach ist von 1702. Die **Figuren** über dem steinernen »**Erscheinungsbalkon**«, beides repräsentative Zutaten aus wilhelminischer Zeit, stellen jene Kaiser dar, die von großer Bedeutung für die Stadtentwicklung waren, von links nach rechts: *Friedrich Barbarossa, Ludwig der Bayer, Karl IV.* und *Maximilian II.*

Vor dem Römer steht der **Gerechtigkeitsbrunnen** mit einer bronzenen *Justitia* von 1887. Ihr Vorbild aus Stein gestaltete 1611 *Johannes Hocheisen* (Original im Hist. Museum). Anders als sonst üblich trägt die Frankfurter Göttin der Gerechtigkeit keine Augenbinde, sondern blickt schnurstracks Richtung Rathaus, das Richtschwert zeigt nach oben: Sie schaut mit beiden Augen den Ratsleuten auf die Finger.

Links vom Rathaus durch die *Limpurgergasse* kommt man zur **Fried-Lübbecke-Anlage,** benannt nach dem »Altstadtvater« (1883 – 1965). Er hatte 1922 den Bund tätiger Altstadtfreunde gegründet, um das »holdselige Gassengewirr« zu erhalten und zu sanieren. Seine Bemühungen wurden 1944 in Schutt und Asche gelegt, umso mehr würde er sich über die aktuelle Entwicklung freuen. In der Mitte der Anlage steht der *Schöppenbrunnen* von 1776. Gegenüber be-

Der Ursprung des Namens **Römer** *ist ungeklärt. Vielleicht trieb die Familie Frosch mit Rom Handel, aber sehr wahrscheinlich hatten hier die aus Rom angereisten Kaufleute während der Messe ihre Verkaufsstände.*

Gerechtigkeitsbrunnen: Justitia schaut den Ratsleuten auf die Finger
© Annette Sievers

© Annette Sievers

🔵 **Weinstube,** Eingang in der Limpurger-gasse 2, Frankfurt. ☏ 069/212-33680. Mo – Fr 7.30 – 13 Uhr. Seit 1803 ist der Weinberg auf dem ⬈ **Lohrberg** im Besitz der Stadt. Seit 1994 hat ihn *Armin Rupp,* Winzer in 10. Generation, gepachtet und kann 10.000 Flaschen Riesling abfüllen. Seinen Sitz hat das städtische Weingut in Hochheim a.M., von dort kommt der meiste städtische Weißwein. Pro-bieren und kaufen kön-nen Sie im Gewölbekeller im Prunkportal des *Hau-ses Silberberg* außer Wein auch edle Liköre.

findet sich, an der Innenseite des Eingangs zum **Rö-merhöfchen,** die Verkaufsstelle des 🔵 **Weinguts der Stadt Frankfurt.**

Durch das Römerhöfchen mit dem *Herkulesbrunnen* geht es über die barocke Wendeltreppe (1741) zum **Kaisersaal.** Die 52 Kaiser des Heiligen Römischen Reiches hängen hier von Karl dem Großen bis Franz II. in überlebensgroßen Bildern an den Wän-den. Entstanden sind die größtenteils nach der Fan-tasie gemalten Bilder zwischen 1838 und 1853 durch Maler wie *Philipp Veit, Alfred Rethel* und *Edu-ard von Steinle.* In einer Vitrine ist die *Goldene Bulle* bzw. eine Nachbildung der Reichsverfassung von 1356 ausgestellt, in der Karl IV. Frankfurt offiziell zur Wahlstadt der deutschen Kaiser ernannte. Im Kaisersaal empfängt die Stadt Frankfurt bekannte Persönlichkeiten. Im nebenan liegenden **Limpurg-saal,** ausgestattet mit einem riesigen Brüsseler Wirk-teppich von 1670 und einem barocken Frankfurter Schrank, tagten einst die Stadtverordneten. Heute verleiht die Stadt dort ihre Ehrenplaketten.

Auch heute wird im Römer noch getagt. Nach den Zer-störungen im Zweiten Weltkrieg errichtete man im 1. Obergeschoss einen modernen **Magistratssaal,** wo die **Bürgermeister,** der Kämmerer, 6 hauptamt-liche und 14 ehrenamtliche Stadträte über die Ge-schicke der Stadt beraten, sowie im 2. Stock den **Ple-narsaal** für die Frankfurter Stadtverordnetenver-sammlung.

🕐 *Kaisersaal Mo – So 10 – 13 und 14 – 17 Uhr.*
 Preise: Eintritt 2 €, ermäßigt 0,50 €.

Samstagsberg

Gegenüber dem Rathaus liegt der Samstagsberg mit sieben Fachwerkhäusern. Samstagsberg heißt er deshalb, weil auf diesem Hügel, einst durch den *Braubach* vom Römerberg getrennt, allwöchentlich

Die Stadtverordnetenversammlung (Gemeindevertretung) ist das oberste Entscheidungs- und Beschlussorgan der Stadt Frankfurt am Main. Abhängig von der Einwohnerzahl besteht sie aus 93 Mitgliedern, die ehrenamtlich tätig sind. Bei den Kommunal-

DIE STADTVERORDNETEN-VERSAMMLUNG

wahlen werden die Stadtverordneten von den Bürgern Frankfurts auf die Dauer von fünf Jahren gewählt. Seit 2012 verteilen sich die Mandate hauptsächlich auf CDU (28), die Grünen im Römer (24) und SPD (19).

Zu den Aufgaben der Stadtverordnetenversammlung gehört die Wahl des **Magistrats** *(Stadtregierung) – mit Ausnahme des/der Oberbürgermeisters/in. Der oder die wird von den Frankfurter und den in Frankfurt wohnenden EU-Bürgern direkt gewählt. Die Stadtverordnetenversammlung kontrolliert die Führung der Stadtverwaltung, beschließt über den Haushalt, erlässt spezielle Satzungen, z.B. über die Erhebung städtischer Steuern oder zu Bebauungsplänen. Sie tagt einmal im Monat im Plenarsaal des Römers; die Sitzungen sind grundsätzlich öffentlich, Termine unter www.frankfurt.de.*

am Samstag Markt gehalten wurde. Die historische Rekonstruktion der »Ostzeile« wurde nach 40 Jahren politischer Auseinandersetzung 1983 verwirklicht. Da keine alten Pläne vorlagen, mussten die Häuser anhand von Zeichnungen und Fotografien wiederhergestellt werden. Die Namen der Häuser von Nord nach Süd lauten: *Großer Engel, Goldener Reif, Wilder Mann, Kleiner Dachsberg/Schlüssel, Großer Laubenberg, Kleiner Laubenberg* und – schräg hinter der Nikolaikirche – *Schwarzer Stern.* Kritiker sprechen von »Spielzeughäuschen«, die wegen erheblicher Baumängel schon viel Spott auf sich zogen. Unbestritten ist, dass den meisten Touristen die schmucke Kulisse gefällt, vor der man schon mal den ersten Apfelwein kosten kann, z.B. im ✕ **Römer-Bembel.** Der Große Engel und sein dahinter liegendes Pendant *Kleiner Engel* besitzen schöne

✕ **Römer-Bembel,** Römerberg 20 – 22, City. ✆ 069/288383. www.roemer-bembel.de. Täglich 11 – 24 Uhr. Mitten auf dem Römerberg kann man sich die ersten hessischen Spezialitäten schmecken lassen. Die Küche ist gutbürgerlich, die Portionen groß, der Apfelwein zwar nicht selbst gekeltert, aber dafür mit viel rustikaler Romantik umgeben. Hier kehren Touristen, aber auch die städtischen Angestellten ein.

Der Römer-Bembel: Fachwerkgemütlichkeit in der Global City
© Congress + Tourismus GmbH

Zugespitzt: Turm der Alten Nikolaikirche
© Annette Sievers

Schnitzereien aus dem 16. Jahrhundert, am Eckbalken zum Rapunzelgässchen zum Beispiel sind Adam und Eva unter einem Apfelbaum dargestellt. Jahrhundertelang nahm niemand Anstoß an dem nackten Paar. Erst gegen Ende des 19. Jahrhunderts erregten die beiden das öffentliche Gemüt und mussten entfernt werden. Die heutige Replik ergänzt die übrigen Figuren, manche volkstümlich witzig, andere dämonenhaft.

Die Alte Nikolaikirche

An der Südseite des Römerbergs liegt die Alte Nikolaikirche. Die anmutige Kirche mit dem weiß-roten, originalgetreuen Verputz und dem hohen Walmdach geht auf eine staufische Saalkirche aus Buntsandstein zurück, die Kaiser Konrad III. als Hofkapelle gedient hatte. 1290 wurden um den kleineren Vorgängerbau neue Mauern hochgezogen, bevor man die inneren Wände niederlegte. Die Rundbogenfenster des 48 m hohen Kirchturms sind noch romanisch, die darüber liegenden bereits frühgotisch. Vereinzelt ist dunkler Basalt verwendet worden; auch das frühgotische Tympanon an der Westmauer ist aus dem harten Gestein. Im 15. Jahrhundert war die Nikolaikirche Mittelpunkt der bürgerlichen Almosenpflege, danach wurde sie im spätgotischen Stil zur Ratskirche umgebaut. Im 16. Jahrhundert diente sie als Getreidespeicher und Warenlager für Kaufleute. Für Gottesdienste wird die evangelische Kirche wieder seit 1721 genutzt. Die gotisch verzierte Galerie auf dem Dach diente dem Rat bei Festivitäten auf dem Römerberg stets als (teuer verkaufte) Zuschauertribüne. Den Bomben des Zweiten Weltkriegs hat sie wenig zerstört widerstanden. Dennoch ist in der zweischiffigen Hallenkirche von der mittelalterlichen Ausstattung nur wenig erhalten. Bei der Renovierung 1992 erhielt sie u.a. eine schöne moderne Beleuchtung sowie eine neue Orgel. Das breite Langhaus wird von einem vierstrahligen Kreuzrippengewölbe überspannt, dessen Schlusssteine in der Mitte ebenso wie die Pfeilerkapitelle mit Figuren und floralen Motiven verziert sind. Die Kirche ist dem Patron der Schiffer geweiht, sein Bild ist mit Mitra und Bischofsstab im mittleren Schlussstein des Deckengewölbes zu sehen. An der inneren Südwand befinden sich 2 Epitaphien. Diese Grabplatten wurden für **Siegfried zum Paradies** (1386 gest.) und seine zweite Frau *Katharina zum Wedel* (1378 gest.) vom Dombaumeister *Madern Gertheiner* geschaffen. An der Ostwand ist eine Rokokokanzel von 1771 erhalten, die aus der abgerissenen Peterskirche stammt. Die Fenster wurden von der Frankfurter Künstlerin *Lina von Schauroth* (1874 – 1970) Anfang der 30er-Jahre und 1951 geschaffen.

🕐 *Ev. Luth. Kirche, 60311 Hist. Zentrum. www.musik-altnikolai.de. Zeiten: April – Sep täglich 10 – 20, Okt – März 10 – 18, Advent 10 – 21 Uhr. Gottesdienst So 9.30 Uhr. Juni – Sep Fr Abendkirche ab 20 Uhr mit Programm.*

VOM RÖMER ZUM MAIN

Deutlich ist zurzeit das ↗ **Historische Museum** auszumachen – es handelt sich um die große Baustelle Richtung Main. Während der Neubau bis 2016 entsteht, kann man schon die alten, ins Museum integrierten Bereiche erkunden.

Rechter Hand sieht man das um 1600 entstandene **Haus Wertheym** mit 🕐**Konditorei**. Es ist von rund 2000 Fachwerkhäusern der Altstadt das nach dem Zweiten Weltkrieg einzige erhaltene. Die meisten Altstadthäuser waren durch Gänge und Keller miteinander verbunden, vom Eschenheimer Turm bis zum

Siegfried zum Paradies war ein einflussreicher Politiker mit Verbindungen zum Kaiser. In erster Ehe mit der Tochter des reichsten Frankfurters verheiratet, konnte sich der Marburger die Bürgerrechte leisten, stieg bis zum Schultheiß auf. Er verhinderte durch geschickte Kaufverträge, dass Hanau, dem der Forst von Dreieich zugefallen war, die Macht über Frankfurt übernehmen konnte. Doch seine Neider sahen in ihm ebenfalls eine Gefahr und kauften im Namen des Rates dem Kaiser das Amt des Schultheiß samt dem Forst ab – Frankfurt wurde dadurch faktisch zur ↗ *Freien Reichsstadt*. Siegfried blieb immerhin das Amt des Ältesten Bürgermeisters.

➡ Saalhof, Rententurm, Bernusbau und Eiserner Steg

*Halt, Zoll! Der Renten-
turm lag am Hafen*
© Annette Sievers

Römerberg konnte man unterirdisch flüchten. Das Haus Wertheym wurde deswegen beständig mit Mainwasser nass gehalten, um bei Bränden den Fluchtweg zum Main hin offen zu halten.

Die Gasse heißt **Fahrtor** und ist ein Hinweis auf die mittelalterliche Stadtmauer, die den Römerberg vom Main und den Hafenanlagen abtrennte. Das Stra-ßenniveau lag 4,5 m tiefer als heute – der Beweis trat bei Ausschachtungen für das Historische Mu-seum zu Tage. Die Sensation war aber nicht die al-te Straßenpflasterung, sondern ein schwerer Ei-chenbalken, dessen Fälldatum auf 1303 festgelegt werden konnte! Er ist Teil der staufischen Hafen-mole. Sie wird im Eingangsbereich des neuen Mu-seums zu sehen sein.

Das Fahrtor wurde bewacht vom **Rententurm.** Dieser spätgotische Wehrturm von 1456 steht der (heute nur noch gedachten) Linie der Stadtmauer etwas vorgesetzt, um den optimalen Blick mainauf- und -ab-wärts zu gewähren. Denn hier resi-dierte der Rentmeister und kassier-te die Hafengebühr von den Schif-fern. Im 3. Stock des vierstöckigen, quadratischen, mit Spitzhaube und Erkertürmchen abgeschlossenen Baus sieht man auf beiden Stra-ßenseiten eine Turmuhr, deren his-torisches Uhrwerk wieder funktio-niert.

Das Museum umfasst zudem den am Mainkai gelegenen barocken **Bernusbau.** Die Vorfahren der Fa-milie Bernus waren als Glaubens-flüchtlinge aus Italien an den Main gekommen. Mit dem Tuchhandel reich geworden, konnte sie 1682 den heruntergekommenen Saalhof

von der Stadt erwerben und daraus ein dreige-
schossiges Bürgerpalais mit Giebelfassade formen
(1715 – 1717).

Ein weiterer Zweig der Familie, *Margaretha Constan-
tina Bernus,* ließ daneben ein weiteres Wohnhaus errichten. Der neoromanische **Burnitzbau** (1842) erinnert an Steinernes und Leinwandhaus und ist nach
seinem Architekten *Rudolf Burnitz* benannt; er ist
auch vom Bau der ↗ Börse her bekannt.

Am Burnitzbau klebt wie eine Beule die **Saalhofkapelle.** Es ist eine bedeutende Beule: Sie war Teil
einer Burganlage, die Kaiser Konrad III. um 1160
am Main errichten ließ. Der *Saalhof* bestand aus Pa-
las (Wohnbereich), Bergfried und jener Kapelle. Im
Historischen Museum sind die zugehörigen Brunnen,
Kanäle mit Sickergrube, Mauerreste und Kellerräume zu besichtigen.

Der Eiserne Steg

Die Innenstadt ist mit Sachsenhausen über den
Eisernen Steg aus dem Jahre 1869 verbunden. Wie
Vieles in Frankfurt, so ist auch die Fußgängerbrücke
aufgrund einer Bürgerinitiative entstanden, denn die
bis dahin einzige Brücke ließ ein gefahrloses Queren
des Mains nicht mehr zu: Zu viele Bierfuhrwerke und
Fiaker waren auf der ↗ *Alten Brücke* unterwegs. Um
den Bau der neugotischen Eisenkonstruktion zu finanzieren, musste jeder, der rüber wollte, Brücken-
zoll zahlen: 1 Kreutzer oder pro Jahr 6 Gulden. 1886
kam der Steg in städtischen Besitz und die Über-
querung war von nun an kostenlos. Deutsche spreng-
ten am Ende des Zweiten Weltkriegs die Brücke; die
175 m lange Verbindung ist eine Nachbildung. Die
Frankfurter lieben ihren Steg über alles, und nicht nur
das: Verliebte frönen hier der Unart, Schlösser mit
ihren Namen anzuketten, doch nur die wenigsten
schaffen es, fürs Hochzeitsfoto auf die Brücke zu-

Romantik: Bei so viel Sicherheitsdenken wird's einem ganz bang – dann lieber im MainStrand einkehren und auf die Liebe anstoßen!

Foto: Daniela Sahling, Annette Sievers

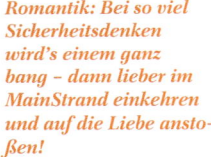 **MainStrand,** Schaumainkai/Eiserner Steg, Sachsenhausen. 0173/3182223. www.main-strand.de. Mo – Fr ab 15, Sa, So, Fei ab 12 Uhr. Schöner Platz zum Sehen und Gesehenwerden direkt unterm Eisernen Steg, bei schlechtem Wetter bietet die Lounge im Brückenkopf Unterschlupf.

rückzukommen. Egal. Der Eiserne Steg bietet in jedem Fall die schönste Sicht auf die Uferpromenaden.

❍ **Die Beschreibung »Dribbdebachs« lesen Sie unter ↗ (Alt-)Sachsenhausen (vom Eisernen Steg nach links) bzw. ↗ Museumsufer (flussabwärts).**

VOM RÖMER ZUM KARMELITERKLOSTER
Die Leonhardskirche

Auf der rechten Seite des Untermainkais, vom Eisernen Steg aus an den weiß getünchten Türmchen gut zu erkennen, liegt die nach dem Dom älteste Kirche der Altstadt, die Leonhardskirche. Ihre Südseite bildete einen Teil der mainwärtigen Stadtmauer, ihr Westportal lag gleich hinter dem Tor. Stauferkönig *Friedrich II.* stiftete 1219 das Grundstück und um 1220 wurde mit dem Bau der dreischiffigen spätromanischen Basilika begonnen. Aus dieser Zeit sind die 30 m hohen Apsidentürme, Teile der Westfront und 2 Portale im Inneren der Kirche erhalten. Ein Kollegialstift mit angegliederter Schule wurde 1317 errichtet und konnte sechs Jahre später eine

Armreliquie des heiligen Leonhard von einem Wiener Abt erwerben. Unter Stadtbaumeister *Madern Gerthener* kam 1425 der gotische Chor hinzu. Zu Beginn des 16. Jahrhunderts wurde das romanische Langhaus durch eine dreischiffige Halle ersetzt und erhielt im Norden und im Süden je ein Seitenschiff. Nach der Reformation nutzten 1792 französische Truppen die Kirche als Vorratsmagazin, später als Durchgangslager für preußische Kriegsgefangene. Auch die Buchhändler aus der Buchgasse hatten zwischendurch mal hier ein Lager.

Sehenswert sind die spätromanischen **Portale** im Inneren (!), das eine mit Christus und Maria und das andere mit Jakobus und zwei Pilgern, sowie das wunderschöne **Hängende Gewölbe** am Ende des nördlichen Seitenschiffs, dem Salvatorchörlein. Es wurde 1508 von *Hans Baitz* geschaffen und besteht aus 4 sich frei im Raum kreuzenden Bogenrippen aus Sandstein. Wie ein Tropfen hängt an ihnen der wappengeschmückte Schlussstein. Ebenfalls **sehenswert** sind das 1501 entstandene *Abendmahlsbild* von Hans Holbein dem Älteren (Original im Städel) und der *Marienaltar* von 1515. Er stammt aus der Sammlung des Dompfarrers ↗ *Münzenberg*. Die schöne mittelalterliche *Farbverglasung* des Hochchors ist, wie die übrige Kirche, ausnahmsweise halbwegs heil durch den Krieg gekommen und zeigt Wappen und Bilder verschiedener Patrizier, die als Stifter auftraten, so z.B. Siegfried zum Paradies. 2007 wurden umfangreiche Renovierungs- und Sicherungsmaßnahmen durchgeführt, die vor allem dem Dach, den Turmhauben und einer Außenschutzverglasung vor den alten Fenstern galten. Der Außenputz und die Bauzier wurden nach historischem Vorbild neu gemacht.

Nach der äußeren Restaurierung wurde 2011 mit einer grundlegenden Innensanierung begonnen. Da-

✳ *Da St. Leonhard schon bald eine Station auf dem Pilgerweg zum Grab des Apostels Jakobus in Santiago de Compostela wurde, ist der Erwerb der **Reliquie** sicher kein Zufall, liegt doch die Grabeskirche des Heiligen in St. Léonard de Noblat ebenfalls am Jakobsweg. Die 3 schlanken Bronzefiguren auf dem Vorplatz, 1989 von Franziska Lenz-Gerharz gestaltet, erinnern mit Hut, Wanderstab und Jakobsmuschel-Symbol daran.*

bei sind im Boden der Kirche bislang 70 Gräber teils bedeutender Frankfurter Bürger gefunden worden.

🕐 *Filialkirche des Doms sowie Pfarrkirche der int. englischsprachigen kath. Gemeinde, www.stleonhards.org. ✆ 069/2970320, 283177 (engl.), www.dom-frankfurt.de. Zeiten: Wegen Renovierung geschlossen bis Frühjahr 2014. Sonst Di – Sa 10 – 12 und 15 – 18, So 9 – 13 und 15 – 18 Uhr. Messe So 11.30.*

⊘ In der Karmelitergasse liegen das 🄼 Archäologische Museum und dahinter das Karmeliterkloster. Durch die Buchgasse, unter deren Arkadenbögen die Papierhändler einst zu Messezeiten ihr Papier fassweise feilboten, dann rechts durch die Limpurgergasse und wieder links durch den hinteren Hof des Römers gelangen Sie in die Braubachstraße und stehen geradewegs vor der ↗ Paulskirche.

Das Karmeliterkloster und sein Kunstschatz der Ratgeb-Fresken

Das Refektorium sowie der Kreuzgang des Klosters (Baubeginn um 1250) beherbergen **Wandmalereien** von **Jörg Ratgeb** aus dem 16. Jahrhundert. Sie gelten als die größten und schönsten vorbarocken Wandbilder nördlich der Alpen und stellen damit einen kunsthistorischen Schatz dar.

Als Ratgeb 1514 die Bilder im Karmeliterkloster malte, löste er sich zum ersten Mal von den älteren Traditionen und Vorbildern wie *Grünewald,* denen er vorher noch verpflichtet gewesen war. Auf den weiten Wandflächen des Kreuzganges und um 1517 des Refektoriums konnte er sich richtig ausleben: Er nutzte Höhe und Breite voll aus, füllte sie mit einer Flut von Geschehnissen und Figuren und konnte sogar eine Raumillusion erzeugen. Alle Bilder wurden in *Secco-Technik,* das heißt auf den trockenen Putz aufgetragen. Ihre bunten Farben waren von großer Leuchtkraft.

💥 *Das **Buchgassenfest** im November in den Räumen der Caritas erinnert mit Buchausstellung und Lesungen an die Zeit der hiesigen Papierhändler.*

📖 Einmal im Monat findet in den Räumen des Karmeliterklosters das **Frankfurter Erzählcafé** statt, 1990 vom Institut für Sozialarbeit gegründet und seit 1998 feste Veranstaltungsreihe des *Instituts für Stadtgeschichte.* In der Tradition der Oral History lassen zumeist ältere und alte Menschen Ereignisse der jüngeren Geschichte, insbesondere der Stadtgeschichte, Revue passieren. Der Eintritt, der auch einen Umtrunk im Anschluss beinhaltet, beträgt 5 €. www.stadtgeschichte-ffm.de/veranstaltungen/erzaehlcafe.html.

In dem lang gestreckten **Kreuzgang** (1460 – 69 angelegt) erzählt Ratgeb die *Lebens- und Leidensgeschichte Christi*. Ursprünglich gab es 40 Abschnitte, beginnend bei der Schöpfungsgeschichte und endend mit der Heilsgeschichte, doch diese Bilder sind durch Umbauten unter den Preußen sowie im Krieg verloren gegangen. Etliche Bereiche der Malerei konnten rekonstruiert werden, sie erkennt man am pointilistischen Malstil. Die Abschnitte sind jeweils von Architekturelementen eingerahmt, Spruchbänder geben jeweils die Bibelstelle an, auf die sich die Geschichte bezieht. So konnte sowohl das leseunkundige Volk die Botschaften verstehen als auch die bibelfesten Kaufleute über die Szenen diskutieren. Denn diese logierten während Messezeiten und auf der Durchreise gern bei den Bettelmönchen. Die sorgten für deren Seelenheil, zumal wenn ordentlich gespendet wurde. Doch die meisten Fresken wurden von Einheimischen gestiftet, überwiegend aus dem Haus Alt Limpurg. 21 Tafeln erläutern die Szenen und erwähnen die Stifter.

Im **Refektorium** wird die *Ordensgeschichte* erzählt: Der Legende nach gründeten ihn die Propheten Elias und Elisäus (Elisas), deren Wundertaten dargestellt sind. In Wirklichkeit geht der Orden auf eine Einsiedler-Kolonie zurück, die 1155 von dem Kreuzfahrer *Berthold von Kalabrien* auf dem Berg Karmel gegründet wurde. Die Umgestaltung zum Bettelorden erfolgte 1245, nachdem die Mönche von den »Heiden« aus dem Heiligen Land vertrieben wurden und sie mit Hilfe Ludwigs des Heiligen ins Abendland zurückgekehrt waren. Das Fresko beginnt am Platz des Priors und erzählt von rechts nach links die Geschichte der Gründung durch Elias, die Taten des Elisas, die Verfolgung und Ermordung der Mönche und schließlich ihre Rettung. Die einzelnen Sequenzen innerhalb des monumentalen Land-

M **Kunst im Karmeli-terkloster,** Münzgasse 9, Hist. Zentrum. ✆ 069/212-38425. www.stadtgeschichte-ffm.de. Mo – Fr 10 – 18, Sa, So 11 – 18 Uhr; Lesesaal Mo – Fr 8.30 – 17 Uhr. Wechselausstellungen einheimischer, moderner Künstler, oft auch sehr experimentell, im Refektorium. Eintritt 6 €, ermäßigt 3 €, variiert für Sonderausstellungen.

schaftspanoramas sind schwer zu entschlüsseln, da sowohl die Propheten als auch die Ordensbrüder sich in nichts voneinander unterscheiden. Vielleicht Ratgebs Wunsch nach Gleichheit?

🕐 *Dr. Michael Fleiter, Münzgasse 9, 60311 Hist. Zentrum. ✆ 069/212-38425, www.stadtgeschichte-frankfurt.de. **Bahn/Bus:** U1 – 5, 8, Straba 11, 12 Willy-Brandt-Platz. **Zeiten:** Mo – Fr 8.30 – 18, Sa, So 11 – 18 Uhr. Lesesaal im Dormitorium (1. Stock) Mo – Fr 8.30 – 17 Uhr. **Preise:** Eintritt frei, Audioguide 2 €; Das Fresko wurde 2006 restauriert und ist frei zugänglich. **Infos:** Siehe auch ↗ Archäologisches Museum. Rollstuhl geeignet: Behindertengerecht.*

Jörg Ratgeb, *um 1485 in Schwäbisch Gmünd geboren, wird im Stuttgarter Steuerbuch 1522 als »des Schürtzjakob Sohn« und Maler genannt. Zu diesem Zeitpunkt war er bereits liiert (1508) und Vater mehrerer Kinder, lebte*

EIN GRAFITTI-KÜNSTLER FÜR GERECHTIGKEIT

in Stuttgart, Maulbronn, Hirschhorn und Frankfurt am Main (wo er jeweils in Klöstern Refektorien ausmalte), und seit 1520 wieder

*als Bürger in Stuttgart. Ab da lässt sich sein Lebensweg als »**Sozialrevolutionär**« weiterverfolgen: Nicht nur weil seine Frau eine Leibeigene war, sondern aus Gerechtigkeitssinn stellt er sich bei Ausbruch des Bauernkrieges 1524 auf die Seite der süd- und mitteldeutschen Bauern, die, angeheizt durch die Reformation, für die Aufhebung der Leibeigenschaft sowie des Frondienstes kämpfen. Der bis dahin »Schürtz-Jürgen« genannte Mann wird von den Stuttgarter Bauern zu ihrem Sprecher und Ratgeber gemacht. 1525 nimmt er in einer Abordnung an Verhandlungen mit den Fürsten und dem österreichischen Heer teil. Doch die Zersplitterung des Bauernheeres führt schnell zur Niederwerfung des Aufstandes. Ratgeb gerät in Gefangenschaft und wird im Namen Österreichs zur Vierteilung bei lebendigem Leib verurteilt. Als das Urteil 1526 auf dem Marktplatz in Pforzheim durch 4 Rösser vollstreckt wird, stirbt einer der besten deutschen Maler. Sieger sind die Fürsten, Verlierer die Bauern: Sie erhalten erst mit der Revolution 1848 ihre volle Freiheit.*

ZEIT DER REVOLUTION: PAULSKIRCHE

Fasching bedeutet im protestantischen Frankfurt nicht gerade Ausnahmezustand, aber ein bisschen Aufmüpfen ist schon

© Annette Sievers

REFORMATION UND REVOLUTION

Die Verbundenheit zu den deutschen Kaisern, der Status als Freie Reichsstadt und der einer weltoffenen Handelsstadt hatten in Frankfurt ein liberales Bürgertum entstehen lassen, dessen Gesinnung sich während der Epoche der bürgerlichen Revolutionen festigte. Höhepunkt jener Zeit sind die Beratungen der ersten demokratisch gewählten Nationalversammlung in der Paulskirche mit der Absicht, eine deutsche Einheit herzustellen.

*Ab 1550 zogen etwa 2000 **Glaubensflüchtige** aus den spanischen Niederlanden ins liberale Frankfurt. Durch ihr Können im Druckgewerbe, Tuchhandel oder in der Goldschmiedekunst entwickelte sich mit ihnen der Typus des Händler-Bankiers und damit die Börse.*

Aufrührer: Fettmilch, Gerngroß und Schopp

Dass der Wahl- und Krönungsort katholischer Kaiser in einer evangelischen Reichsstadt lag, führte schon früh zu einem toleranten Klima, das die religiösen Überzeugungen den wirtschaftlichen Überlegungen unterzuordnen verstand. So fand Mitte des 16. Jahrhunderts eine große Zuwanderung von vertriebenen **niederländischen Calvinisten** statt. Die »Welschen«, so nannte man die aus dem Nachbarland Kommenden, revolutionierten das Seiden- und Färbereigewerbe durch Mechanisierung. Die ganze Wirtschaftsstruktur änderte sich nachhaltig und durch die Einfuhr billiger Tuche aus England und den Niederlanden ging die Wollweberei zugrunde. Um 1600 war die Bevölkerungszahl von 12.000 auf 20.000 gestiegen, was zwar einen Bauboom auslöste, doch die Verarmung breiter Schichten war unaufhaltsam: Die Abgaben waren hoch, Lebensmittel teuer und Arbeit rar.

Fettmilch-Aufstand und Pogrom

Der Funke im Pulverfass explodierte 1614 im **Fett-milch-Aufstand** – benannt nach dem Anführer, dem Krämer und Lebküchler *Vincenz Fettmilch*. Seit 1612 hatten die Zünfte wiederholt Forderungen nach bürgerlichen Freiheiten, einem öffentlichen Kornmarkt zur Regelung des Getreidepreises und Abschaffung der Wucherzinsen bei gleichzeitiger Verringerung der jüdischen Gemeinde gestellt (nebenbei: die Zinsen bei christlichen und jüdischen Geldverleihern waren fast gleich). Obendrein sollte der Rat seine Privilegien offenlegen! Dieser stellte sich stur. Nach zweijährigen Verhandlungen und langwierigen Untersuchungen, bei denen Intrigen und Veruntreuung öffentlicher Gelder durch die Ratsmitglieder zu Tage kamen, wurde der Stadtrat schließlich zum Rücktritt gezwungen. Die angestaute Wut der verarmten Bevölkerung entlud sich am **22. August 1614** in der Ausplünderung und Vertreibung aller Juden aus Frankfurt. Ende September endlich verlas ein Herold des Kaisers vor dem Römer die Achterklärung gegen die Rädelsführer *Fettmilch*, *Gerngroß* und *Schopp*, alle drei Antisemiten und bei den Juden z.T. hoch verschuldet. Doch die Aufständischen gaben nicht auf, da die Reichsacht die Rechtshoheit einer Freien Stadt verletzte. Die benachbarten Fürsten nutzten die Gelegenheit und verhängten, um die Stadt zu schwächen, ein Wirtschaftsembargo. Die Situation spitzte sich zu: Frankfurt stand am Rande eines Bürgerkrieges! Bevor es dazu kommen konnte, lieferten die Zünfte Fettmilch an die kaiserlichen Gesandten aus. Die Aufständischen wurden 1616 öffentlich auf dem *Rossmarkt* enthauptet, Fettmilch zusätzlich nachträglich geviertelt, sein Haus in der Töngesgasse abgerissen und durch einen Schandpfahl ersetzt. Ihre Schädel sowie ein vierter, der des Sachsenhäuser Seidenfärbers *Ebel*, wurden auf Spießen am Brücken-

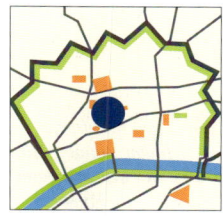

»Unter den altertümlichen Resten war mir, von Kindheit an, der auf dem Brückenturm aufgesteckte Schädel eines Staatsverbrechers merkwürdig gewesen, der von dreien oder vieren, wie die leeren eisernen Spitzen auswiesen, seit 1616 sich durch alle Unbilden der Zeit und Witterung erhalten hatte. So oft man von Sachsenhausen nach Frankfurt zurückkehrte, hatte man den Turm vor sich, und der Schädel fiel ins Auge.«

Johann Wolfgang von Goethe: Aus meinem Leben. Dichtung und Wahrheit (4. Buch).

47

kopf zur Schau gestellt. Dort hielt sich zumindest einer über die Jahrhunderte und taucht fast 200 Jahre später in Goethes »Dichtung und Wahrheit« wieder auf.

Die Juden durften unter **kaiserlichem Schutz** wieder in die ↗ **Judengasse** einziehen. Die Errungenschaften der Stadtrevolution wurden allesamt vernichtet, die Zünfte mussten horrende Entschädigungen an den Kaiser zahlen und ihr Einfluss im Rat ging noch weiter zurück. Noch heute wird der Aufstand unterschiedlich bewertet. Während die einen von Revolution des Proletariats sprechen, verbinden andere Antisemitismus und geschäftliche Interessen der Aufrührer mit den Ereignissen.

Der kurz darauf folgende **Dreißigjährige Krieg** mit seinen verheerenden Folgen machte sich anfangs in Frankfurt vor allem durch die Leere in der Stadtkasse bemerkbar. Politisch bestand die Stadt geschickt auf ihrer Neutralität, musste aber 1631 den Einmarsch *Gustav Adolfs von Schweden* erlauben. Nach 1635 wurde die schwedische Besatzung vertrieben, aber Pest, Hunger und die Teuerung kosteten Tausenden von Menschen das Leben. Erst nach dem Friedensschluss in Münster 1648 konnten die Händler und Kaufleute wieder zahlreich erscheinen und die wirtschaftliche Entwicklung der Stadt fördern.

Kaiser adé — es lebe Napoleon!

Während der nordosteuropäische Handelsverkehr zunehmend über Leipzig abgewickelt wurde, baute Frankfurt seine Kontakte nach Westeuropa aus. Die Wirtschaftsform des Mittelalters, repräsentiert durch das regional beschränkte Zunftwesen, hatte ausgedient. Durch den internationalen Handel setzte sich in Frankfurt zu Beginn des 18. Jahrhunderts eine vornehme französische Lebensart durch, von Italien ließ sich »Europas Kaufhaus« in Wissenschaft und Kunst

*✷ Die Frankfurter Juden standen seit 1616 unter **kaiserlichem Schutz,** seither blieben sie von Vertreibung verschont. Ihre Zahl wuchs von wenigen Hundert auf 3000 im 18. Jahrhundert an. Dies lag vor allem am Zuzug verfolgter Juden, denn die Zahl der gestatteten Eheschließungen war für die Juden auf 12 pro Jahr beschränkt, ↗ Jüdische Geschichte.*

inspirieren. Als Folge des ↗ **Großen Judenbrandes** (1711) und des **Großen Christenbrandes** (1719) begann eine lebhafte Bautätigkeit, die das alte Stadtbild mit barocken Bauten teilweise neu gestaltete (z.B. Deutschordenhaus und Hauptwache).

Hundert Jahre nach *Fettmilch* klagte die Bürgerschaft abermals ihre Rechte vor dem Rat ein, diesmal mit mehr Erfolg: Die Stadtverfassung wurde **1732** reformiert. Der Rat musste sich fortan ständig überprüfen lassen. Dazu wurde eine Bürgervertretung, die *Einundfünziger* (51er), eingerichtet, die ein Auge auf das städtische Finanzwesen warf.

In der zweiten Hälfte des 18. Jahrhunderts besetzten die **Franzosen** Frankfurt fünfmal. Als eine der Folgen

Frankfurt 1681 aus der Vogelsperspektive: Die Befestigungsanlage ist heute als grüner Anlagenring um die Innenstadt wiederzuerkennen. Oben, über die Alte Brücke verbunden, liegt Sachsenhausen

Stich von Merian, Bildquelle: Institut für Stadtgeschichte Frankfurt a.M.

✸ *Die Bezeichnung* **Großer Christen-brand** *lehnt sich an das vorherige Brandunglück an, war aber in den Ausmaßen noch verheerender. Etwa 400 Häuser im Handwerkerviertel rund um die Töngesgasse brannten nieder, weil jemand sein Nachtlicht brennen gelassen hatte.*

✸ *Die 1763 von* **Johann Christian Senckenberg** *gegründete Stiftung ist eine der bedeutendsten in Frankfurt. Sein ganzes Vermögen (95.000 Gulden) floss in die medizinische und anatomische Forschung, ein Bürgerhospital, in dem Arme gratis behandelt wurden, und einen ↗ botanischen Garten. Während das Bürgerhospital 1909 an die Nibelungenallee verlegt wurde, kamen die anderen Senckenbergischen Institute an die 1912 gegründete Universität, ↗* **Naturmuseum Senckenberg.**

der ersten Besatzungszeit 1759 – 1763 wurden die Häuser durchnummeriert, das Straßenpflaster verbessert und die Straßenbeleuchtung eingeführt. 1764 befanden sich so viele Besucher zur **Wahl und Krönung Joseph II.** in der Freien Reichsstadt, dass Frankfurt aus allen Nähten platzte. In seinen Memoiren »Dichtung und Wahrheit« (5. Buch) schildert *Goethe* ausführlich die Pracht, welche die Stadt inszenierte und die einziehenden Kurfürsten und Wahlmänner mit ihrem Gefolge erzeugten. »Alles fuhr und ging in Galakleidern, so daß man zuletzt nur die ganz goldenen Anzüge bemerkenswert fand.« Zeitgleich traf der 15-jährige Goethe übrigens eine junge Frau namens *Gretchen* … In der Mitte des 18. Jahrhunderts treten erste große Stifter, die sich um Gemeinwohl und Bildung sorgen, wie **Johann Christian Senckenberg,** in Erscheinung.

Als letzter Kaiser wurde **Franz II.** in Frankfurt am **14. Juli 1792** feierlich gewählt und gekrönt. Während sich in anderen Teilen der Welt das aufgeklärte Bürgertum mit Revolutionen der absolutistischen Fürstenstaaten entledigte, wurden im Deutschen Reich die Traditionen und das veraltete Feudalsystem beklatscht. Realpolitisch hatte das Reich mit seiner Zersplitterung keine Macht mehr. Deswegen verwundert es nicht, dass kurz nach der kaiserlichen Krönung die französische Revolutionsarmee in Frankfurt einmarschieren konnte, aber kurze Zeit später von hessischen und preußischen Verbänden wieder vertrieben wurde. Vier Jahre später wurde bei erneuter französischer Besatzung und Kanonade das über 300 Jahre alte Judenghetto zerstört. Hohe Kontributionsforderungen der Franzosen erhöhten den Schaden. Die **Säkularisation 1803** entschädigte die Frankfurter dagegen, als der beträchtliche Besitz des katholischen *Bartholomäusstifts,* das *Dominikaner-* und das *Karmeliterkloster* an die Stadt übergingen.

Frankfurt wird Großherzogtum

Ein Jahr von großer Bedeutung war **1806:** Das *Heilige Römische Reich Deutscher Nation* ging nach fast tausendjähriger Geschichte durch den Thronverzicht *Franz II.* unter, gleichzeitig standen Napoleons Truppen vor Frankfurt. **Napoleon** beendete die Selbstständigkeit der Stadt und fügte sie als **Großherzogtum Frankfurt** in den **Rheinbund** ein, der aus dem deutschen Fürstentum-Flickenteppich erstmals eine Einheit machte. Das freilich willkürlich zusammengestellte Großherzogtum umfasste *Frankfurt, Aschaffenburg, Wetzlar*, das *Bistum Fulda* und die *Grafschaft Hanau.* Als Verwalter wurde der umsichtige Fürstprimas **Carl Theodor von Dalberg** eingesetzt. Sein Domizil wurde das ↗ **Palais Thurn und Taxis.** Für die mittlerweile 50.000 Einwohner war der Verlust der Selbstständigkeit ein herber Schlag, doch mit der Zeit fanden sich die geschäftstüchtigen Frankfurter mit der Situation ab, denn die Kontinentalsperre Napoleons schaltete die britische Konkurrenz aus und bescherte ihren Geschäften einen Aufschwung – nicht zuletzt durch den blühenden Handel mit Schmuggelware aus Englands Kolonien. Und schließlich wirkte sich eine Reihe von Reformen anregend auf das Kulturleben der Stadt aus: Die alte Stadtbefestigung wurde geschleift und begrünt. Die **Juden** erkauften **1811** ihre **bürgerliche Gleichstellung,** die damit erlangte Gleichberechtigung aller Konfessionen veränderte das Leben nachhaltig. Zeitgleich als Ausdruck des Bildungseifers wurden die *Musterschule* und das jüdische *Philanthropin* gegründet, beide nahmen Schüler unterschiedlicher Glaubensbekenntnisse auf. Mit Napoleons Niederlage **1813** in der *Völkerschlacht von Leipzig* ging auch das künstliche Großherzogtum unter und Frankfurt erlangte seine **Selbstständigkeit** wieder, die auf dem Wiener Kongress 1815 bestätigt wurde.

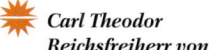 *Carl Theodor Reichsfreiherr von Dalberg, 1744 – 1817,* war Bischof und Erzbischof von Konstanz und Worms bzw. Mainz und Regensburg, Kurfürst und Kurerzkanzler. Nach dem Ende des Hl. Röm. Reichs war er Fürst von Aschaffenburg und Großherzog von Frankfurt und fungierte unter Napoleon als Fürstprimas des Rheinbunds. Nach Napoleons Abgang verlor er seine weltlichen Amtswürden und betätigte sich als Schriftsteller.

Rund 440.000 Gulden kosteten den rund 3000 Frankfurter **Juden** die Bürgerrechte, ↗ *Der lange Weg in die Freiheit.*

Vom Rheinbund zum Deutschen Bund

Napoleons Rheinbund wollten die 39 Königreiche, Herzogtümer, Landgrafschaften und Freien Städte nicht aufrechterhalten. Es kam deshalb zur Gründung des **Deutschen Bundes.** Um den Frankfurtern über den finanziellen Verlust der aufwändigen Kaiserwahl und -krönung hinweg zu helfen, wurde der Sitz des Deutschen Bundes hierher in das *Palais Thurn und Taxis* verlegt.

Das nun **Freie Stadt** genannte Frankfurt gab sich **1816** eine bürgerliche Verfassung, die *Konstitutions-Ergänzungsakte,* in der die Vertretung der Bürgerschaft einer gesetzgebenden Versammlung übertragen wurde. Der 20-köpfige Rat hieß fortan Senat. In der Bürgervertretung saßen 45 Vertreter »vollberechtigter Bürger«. Um ein solcher werden zu können, mussten 5000 Gulden Mindestvermögen nachgewiesen werden, was kaum der Hälfte der 40.000 Frankfurter möglich war. Den Juden wurden die politischen Rechte wieder aberkannt.

Dennoch profitierte das beginnende 19. Jahrhundert in verstärktem Maße von dem **Gemeinsinn der Frankfurter Bürger,** zu denen sich trotz aller Nachteile, die sie erleiden mussten, auch die Juden zählten. Die Bankiers *Rothschild* und *Bethmann* fehlten auf keiner Gründungsurkunde und stifteten große Summen für Museen, Schulen und Bibliotheken. Der Kaufmann *Johann Friedrich Städel* bereicherte mit seiner Sammlung und gleichnamigen Stiftung das kulturelle Leben der Stadt. Es fehlte den Frankfurtern nicht an Bildung und Besitz – nur an politischer Mitbestimmung.

Vormärz und Revolution 1848

Die Bundesversammlung des Deutschen Bundes war keine Volksvertretung, sondern ein Gesandtenkongress, der mit der Zeit immer mehr zu einem Organ der Unterdrückung und Kontrolle demokratischer

Eintrittskarte zur Demo-
kratie: Die ersten
»Berathungen« fanden
im Kaisersaal statt, doch
der erwies sich als zu
klein für das, was
danach kommen sollte

Bestrebungen wurde. Die nationaldemokratische Bewegung des **Vormärz** forderte daher vor allem die
Meinungs-, Presse- und Versammlungsfreiheit. Frankfurt war zwar Sitz der restaurativen Bundesversammlung, aber gleichzeitig wegen seiner bürgerlichen Freiheiten Anziehungspunkt für verfolgte demokratische Studenten anderer Staaten. Auch der
Frankfurter Journalist **Ludwig Börne** setzte sich in
der von ihm herausgegebenen »Wage« leidenschaftlich für die Demokratie ein. Als im April **1833** rund
30 Studenten die **Hauptwache stürmten,** griff die zu-
sammengelaufene Menge zwar nicht zu den bereit-
gestellten Gewehren. Doch als dann die aufge-
schreckte Bundesversammlung mehr Schutz forderte
und ein Kontingent aus Österreichern und Preußen
nach Frankfurt verlegt wurde, passte das den freien
Städtern ebenso wenig.

Um den **wirtschaftlichen Anschluss** nicht zu verpassen, trat Frankfurt 1836 dem *Preußischen Zollverein*
bei. Mit dem Wegfall der Zollgrenzen florierten die
Geschäfte wieder. Vier Jahre nachdem die erste Eisenbahn in Deutschland dampfte, wurde **1839** die
⚲ **Taunusbahn** von Frankfurt nach Wiesbaden eingeweiht. In den folgenden Jahren wurde konsequent
das Eisenbahnnetz sternförmig von Frankfurt aus vo-

✴ Als Juda Löw
Baruch 1786 in
Frankfurt geboren, pro-
movierte **Börne** in Gießen zum Staatswissen-
schaftler. 1811 öffnete
ihm die im neuen Groß-
herzogtum gewährte
Rechtsgleichheit der
Frankfurter Juden die
Verwaltungslaufbahn.
Aber mit der Wiederher-
stellung der alten Ord-
nung durch den Wiener
Kongress wurde der
»Polizeiaktuar« Börne
1815 zwangspensioniert.
Drei Jahre später wech-
selte er Namen und Kon-
fession und arbeitete
fortan mit satirisch-
scharfem Ton als Publi-
zist. Als solcher setzte er
sich gegen Chauvinis-
mus, Antisemitismus
und elitäres Denken ein.
Er starb 1837 in Paris.

rangetrieben. Westlich und östlich der Stadt entwickelte sich langsam die Industrie.

Durch die veränderte Wirtschaftsstruktur entstand ein frühindustrielles Bürgertum, während das Handwerk und die Bauern gegen die internationale und die industrielle Konkurrenz nicht mehr bestehen konnten. Viele hofften durch eine politische Umgestaltung auf mehr soziale Gerechtigkeit. Eine Wirtschaftskrise 1847/48 verschärfte die Spannungen: In ganz Europa, außer England und Russland, kam es im **März 1848** zu **Aufständen** gegen die bestehende feudale Ordnung. Zentrum der Auseinandersetzungen in Deutschland war Frankfurt. Am 3. März versammelten sich bürgerliche Demokraten auf der Reitbahn. Ihre Hauptforderungen waren Pressefreiheit und staatsbürgerliche Gleichstellung ohne Rücksicht auf Konfession. Als der Senat das Thema verschieben wollte, stürmten die empörten Bürger den Römer. Eiligst wurde die Pressefreiheit beschlossen und verkündet. Als der preußische König die Waffen auf das Volk richten ließ, warfen die Frankfurter dem preußischen Gesandten bei der Bundesversammlung die Fenster ein. In ganz Deutschland setzten sich die demokratischen Kräfte durch.

Tagungsort 1848: Die Paulskirche in einem zeitgenössischen Aquarell

»Wiege der Demokratie«: Das Pauls-kirchen-Parlament tagt

Aus den revolutionären Straßenkämpfen entwickelte sich der Wunsch nach einer Nationalversammlung, die eine gesamtdeutsche Verfassung ausarbeiten und eine regierungsfähige Zentralgewalt bestimmen sollte. Am 30. März trafen in Frankfurt über 500 Vertreter des Deutschen Bundes zu Beratungen des **Vorparlaments** ein, das die Wahl zur **Nationalversammlung** beschloss. Die gewählten Volksvertreter begaben sich am **18. Mai 1848** in die ↗ **Paulskirche,** wo sie über die Bildung eines Nationalstaates mit demokratischer

Verfassung debattierten. Präsident des »Professorenparlaments« war der liberal gesinnte *Heinrich von Gagern*. In leidenschaftlichen und langwierigen Sitzungen arbeiteten die Parlamentarier die »Grundrechte des deutschen Volkes« aus, in denen die Rechts- und Chancengleichheit aller Staatsbürger gesetzlich verankert wurde – Frauen durften daran allerdings nur vom Zuschauerrang aus teilnehmen.

Diskutierten sich die Köppe heiß: Die Parlamentarier der ersten Stunde

Ende des Jahres offenbarte sich jedoch die politische Ohnmacht der Nationalversammlung an der *Schleswig-Holstein-Frage*, in deren Verlauf sich die Paulskirche in die Abhängigkeit der Fürsten begab. Die Frankfurter mochten dem plötzlichen Umschwung und der damit verbundenen Preisgabe der nationalstaatlichen Idee nicht folgen: Am 18. September kam es zu heftigen **Straßenkämpfen.** Als zwei Abgeordnete der reaktionären Fraktion von einer angetrunkenen Meute Handwerksburschen durch die Vorstadtgärten gejagt und erschlagen wurden, griffen die monarchistischen Truppen ein. Die Revolution war gescheitert.

Nachdem Österreich sich wieder der Monarchie zuwandte, verabschiedete die Nationalversammlung am 27. März 1849 die **Reichsverfassung** und trug *Friedrich Wilhelm IV.* die **Kaiserkrone** an. Der preußische König hielt aber nichts von einem demokratischen Volkskaisertum und lehnte die Krone aus Frankfurt ab. Preußens Militär sorgte bis zum Herbst 1849 brutal für das Ende der demokratischen Bewegung in ganz Deutschland. Eine Massenauswanderung nach Amerika war die Folge.

⊙ *Der Abstieg zur Provinzstadt unter preußischer Herrschaft und der gleichzeitige industrielle Aufschwung während der Kaiserzeit sind Thema unter ↗ Gründerzeit: Bahnhof & Messe.*

✺ *Am 21. März 1848 hatte Friedrich Wilhelm IV. noch voller Überschwang ausgerufen »Ich habe heute die alten deutschen Farben angenommen und mich und mein Volk unter das ehrwürdige Banner des Deutschen Reichs gestellt«. Aber als man ihm die* **Kaiserkrone** *anbot, wies er sie entrüstet als »Schweinekrone« und »Wurstprezel« zurück, die nicht von Gottes Gnaden, sondern von Bäckern und Metzgern käme und der »der Ludergeruch der Revolution« anhafte.*

TOUR 2

VON DER PAULSKIRCHE ZUR »NEUSTADT«

Außerhalb der mittelalterlichen Stadtmauer wurden seit dem 15. Jahrhundert in einem breiten grünen Graben Hirsche gehalten. Die Ratsmitglieder konnten so in Stadtnähe auf die Pirsch gehen, was sie aufs weibliche Geschlecht auszudehnen pflegten. 1580 wurde den losen Sitten ein Ende bereitet, der Graben zugeschüttet und als Bauland verkauft. Reiche Bürger und Protestanten aus Flandern errichteten hier in der »Neustadt« stattliche Häuser mit Gärten dahinter.

Eins der berühmtesten Häuser im *Großen Hirschgraben* ist das der Familie Goethe, ↗ Ⓜ **Goethe-Haus.** Heute wird die Einheit der alten Neustadt durch die schnöde Berliner Straße zerschnitten, die man nach dem Krieg als Schneise im Schutt angelegt hatte.

➡ 60311 Hist. Zentrum. Die Tour bis zur Staufenmauer dauert 1 – 1,5 Std. **Bahn/Bus:** Straba 11, 12 Römer/ Paulskirche, U4, 5 Dom/ Römer, Ausgang Römer. Rückweg mit S & U ab Konstablerwache. **WC:** Am südlichen Paulsplatz gibt es saubere öffentliche Toiletten.

✴ *Unter den **Parlamentariern** bildeten sich drei Fraktionen heraus, welche die heutige Parteieneinteilung vorwegnahmen, damals aber noch nach ihren Versammlungsorten benannt waren: Die demokratische Linke bestand u.a. aus dem Deutschen und Nürnberger Hof, die liberale Mitte aus den Parteien, die sich im Württemberger, Augsburger und Pariser Hof trafen, und die konservative Rechte traf sich im Café Milani am Rossmarkt.*

DIE PAULSKIRCHE

Ursprünglich standen an der Stelle der heutigen Paulskirche Kloster und Kirche des *Barfüßer-Ordens.* 1529 ging dessen Besitz an die Stadt über und als diese lutherisch wurde, wurde die Kirche zur evangelischen Hauptkirche Frankfurts. Da sie etwas baufällig war, musste sie 1789 abgerissen werden. Erst nach 44-jähriger Bauzeit – verzögert durch Geldmangel und die französische Besatzungszeit – konnte der klassizistische Rundbau eingeweiht werden. Für die ovale Form hatte man sich entschieden, damit der Pfarrer von jeder Stelle aus gut zu sehen sein würde. 500 Sitzplätze und noch einmal 1200 Stehplätze auf der Empore gaben den Ausschlag dafür, dass sich hier, und nicht im kleineren Kaisersaal des Römers, die 547 Demokraten zum **Vorparlament** trafen, um eine verfassungsgebende Nationalversammlung einzuberufen. Unter Glockengeläut und Kanonendonner zogen die **Parlamentarier** am **18. Mai 1848** vom Römer in die Paulskirche. Leidenschaftlich debattierten die Abgeordneten 99 Sitzungen lang über die Grundrechte des deutschen Volkes. Die Resonanz in der Bevölkerung war überwältigend. Auf der Galerie drängten sich stets die Besucher und ganz Frankfurt schmückte sich mit den Farben Schwarz, Rot, Gold. Das Parlament scheiterte jedoch an der fehlenden Durchsetzbarkeit seiner Ziele – 1849 übernahm die evangelische Gemeinde die Paulskirche wieder als Gotteshaus.

Nach 1945 wurde das **Symbol der deutschen Demokratie** – Frankfurt hatte ja die Absicht, Hauptstadt zu werden (↗ Zerstörung & Aufbau) – als erstes Gebäude wieder aufgebaut. Mit Hilfe von **Spenden** aus ganz Deutschland wurde das Gebäude pünktlich zum 100. Jahrestag, am **18. Mai 1948,** als städtischer Veranstaltungssaal wiedereröffnet. Die durch den Krieg dezimierte evangelische Gemeinde erhielt von der Stadt als Entschädigung die Instandsetzung der Nikolaikirche, die damit zur ↗ **Dotationskirche** wurde. Bei diesem Tausch ist es bis heute geblieben. Die Paulskirche wird ausschließlich für eher unpolitische Anlässe genutzt, wie z.B. zur Verleihung des *Friedenspreises des Deutschen Buchhandels* jährlich während der Buchmesse im Oktober.

Symbol der deutschen Demokratie: Die Paulskirche

© Annette Sievers

✳ **Spenden** *waren in jeder Form willkommen: Geld der Parteien, Baumaterial aus diversen Städten, kistenweise Wein von der Mosel und 2000 Zigarren aus Bad Orb!*

Paulskirche als Gedenk-ort: Den Opfern des Naziterrors und an einer anderen Stelle den Bürgern, die Widerstand geleistet haben

© Annette Sievers

Seit 1988 prangt in der Wandelhalle das **Rundbild** »Einzug der Abgeordneten in die Paulskirche am 18. Mai 1848« von *Johannes Grützke* (geb. 1937 in Berlin), das den Einmarsch der Volks vertreter in grotesken Bildern auf 32 m Länge und 3,5 m Höhe darstellt. Unter die Gesichter der Abgeordneten mischte der Künstler aus der damaligen DDR Portraits zeitgenössischer Personen. Familien- und Arbeiterszenen sowie die auf einer Bahre getragene, bekanntlich abgelehnte Kaiserkrone sollen den Bezug zu Freiheit und Demokratie symbolisieren.

An der Rückseite der Paulskirche, dort wo die Touristenbusse halten, erinnert ein gefesselter Mensch in Stein an die **Opfer des Naziterrors,** 1964 von *Hans Wimmer* gestaltet. In den Sockel sind 53 Namen von Vernichtungslagern eingemeißelt. Die Touristen haben kaum Zeit für einen verständnislosen Blick auf das Mahnmal und Frankfurter ahnen wahrscheinlich nichts von ihm.

🕐 *Paulsplatz 11, 60311 Hist. Zentrum.* ℂ *069/21238526, 281098, denkmalamt@stadt-frankfurt.de.* **Bahn/Bus:** *U4, 5, Straba 11, 12 Dom/Römer.* **Zeiten:** *Täglich 10 – 17 Uhr.* **Preise:** *Eintritt frei.*

TREFFPUNKT LIEBFRAUENKIRCHE

Die **Neue Kräme,** Fußgängerzone Richtung Zeil und zum Liebfrauenberg, war schon immer Einkaufsstraße. Ein Laden neben dem anderen bot im Mittelalter Geschirr, Gläser und anderen »Kram« an. Heute ist das Angebot vielfältiger, Eisdielen und das schön altmodische 🔎 📷 **Café am Liebfrauenberg** machen das Bummeln angenehm.

Auf dem **Liebfrauenberg** liegt hinter dem barocken *Springbrunnen* (1770) mit den Flussgöttern am Fu-

Blumenmarkt am Liebfrauenberg: Fr 9 – 18.30 Uhr.

ße eines Obelisken die katholische **Liebfrauenkirche.** Sie gilt als die spirituelle Oase im Großstadtdschungel, stets trifft man Leute im Gebet an, Obdachlose, die sich hier aufwärmen, oder Menschen, die zur Beichte wollen.

Gestiftet wurde der Bau 1308 von *Wigel von Wanebach,* seines zeichens Bürgermeister und Schöffe der Stadt. Der einflussreiche Patrizier konnte nicht nur die Baustelle zwischen Stadtmauer und Pferdemarkt bestimmen, für die etliche Häuschen weichen mussten, sondern auch den Papst dazu bringen, einen Ablassbrief herauszubringen: Wer für den Bau der Liebfrauenkirche Geld gab, konnte seine Seele vor dem Fegefeuer retten.

Kurz nachdem 1310 mit dem Bau der spätgotischen Hallenkirche begonnen wurde, erhob der Mainzer Erzbischof 1325 Liebfrauen zur Kollegiats-Stiftskirche. Die Grabplatte Wigel von Wanebachs, auf einem Löwen stehend und mit dem Kirchenmodell in seiner linken Hand, ist im nördlichen Seitenschiff zu sehen – seine Seele scheint gerettet. Weitere Epitaphien zeigen ebenfalls Stiftsherren und -damen. Da sie früher auf dem Boden lagen, sind sie oft etwas abgetreten. Um 1420 wurde das **Dreikönigs-Tympanon** von **Madern Gerthener** geschaffen. Es befindet sich rechts vom Chor über dem ehemaligen Südportal, welches 1824 klassizistisch überbaut wurde und nun in die Taufkapelle führt. Wenn Sie am Bronzetaufbecken stehen, müssen Sie sich also umdrehen, um die figurenreiche Darstellung der Anbetung durch die Heiligen Drei Könige zu sehen. Das filigrane Relief gilt als das Hauptwerk des Bildhauers und Dombaumeisters. Den Krieg hat es durch Auslagerung überlebt. Ein Lichtschalter rechts verhilft zur Aufhellung.

Bald danach errichtete man eine zweite Sakristei, die heutige **Anbetungskapelle.** Nach der Errichtung

*★ **Madern Gerthener,** (1360 – 1430), war ein angesehener Steinmetz, Stadtbaumeister der Freien Reichsstadt und ab 1390 auch ihr Dombaumeister. Er war an vielen Bauten beteiligt, so z.B. am Leinwandhaus, dem Umbau des Römers, der Liebfrauen- und der Leonhardskirche.*

Eins meiner Lieblingsstücke: Das verborgene Tympanon von Liebfrauen

© Annette Sievers

✳ *Die Kapuziner und Franziskanerinnen berufen sich auf Franz von Assisi (1182 – 1226). Ihre Hauptaufgaben sehen sie im Gebetsleben und der Hinwendung zu den Menschen, insbesondere Armen, Schwachen und Kranken. Ihr Domizil in Frankfurt hatten sie im Antoniterkloster in der Töngesgasse, das 1803 abgerissen wurde (etwa dort, wo sich das Parkhaus Konstablerwache befindet).*

ℹ **Katholischer Kirchenladen,** Liebfrauenstraße 2, ☏ 069/ 13104-67. www.kirchen-laden-frankfurt.de. Mo, Mi – Fr 10 – 18, Di 10 – 14, Sa 10 – 16 Uhr. Informationen über die kirchlichen Angebote in Frankfurt, offenes Forum, Beratung und Sektenbeauftragter.

ℹ **FES Service Center,** Liebfrauenberg 52 – 54, 0180/ 33722-550. www.fes-frankfurt.de. Mo – Fr 10 – 18, Sa 10 – 16 Uhr. Infos & Tipps rund ums Thema Müll und Müllentsorgung.

des Turms 1495, der aus Platzmangel Teil der Stadtbefestigung werden musste (einen Durchgang und auch die Zeil gab es noch nicht), wurde der **Chorraum** mit einem schönen Sterngewölbe neu gebaut. Und das zu einer Zeit, als katholische Messen offiziell verboten waren, denn Frankfurt bekannte sich ab 1522 zum evangelisch-lutherischen Glauben. Der Kreuzaltar ist aus der Renaissance, die Heiligenfiguren über dem Hochaltar und an den Säulen sind um 1765 entstanden. Sie sind die einzigen Zeugen der früheren Rokokoausstattung. So gut wie alles Übrige ist neu – die Zerstörungen des Zweiten Weltkrieges … 2008 wurde die eindrucksvolle Orgel der Firma Göckel mit 54 Registern und 3370 Pfeifen eingeweiht, die ein warmes, romantisches Klangbild besitzt. Finanziert wurde sie zur Hälfte vom Römer und aus Spenden.

Die Pfarrkirche ist seit 1917 **Klosterkirche der Kapuziner.** Heute wird Liebfrauen von zwei Ordensgemeinschaften getragen, den **Kapuzinern** und **Franziskanerinnen,** die im Viertel viele soziale Aufgaben übernommen haben. Sehr erfolgreich sind die neun Mönche und drei Nonnen, die nicht im Kloster, sondern gegenüber in der Töngesgasse wohnen, in der sogenannten **Cityseelsorge.** Während die Gemeinde nur rund 200 Mitglieder zählt, besuchen am Wochenende gut 10 x so viele Menschen ihre Gottesdienste. Das Männerkloster schließt sich an den **Klosterhof** an, wo in der Lourdesgrotte unter einer Madonna täglich Hunderte von Kerzen von Menschen aller Nationen und wahrscheinlich auch Konfessionen angezündet werden.

🕐 *60311 Hist. Zentrum. ☏ 069/297296-0, www.liebfrauen.net. Bahn/Bus: S1 – 6, 8, 9, U1 – 3, 6 – 8 Hauptwache. Zeiten: Täglich 5.30 – 21 Uhr (im Sommer auch länger) geöffnet. Messe: Täglich mehrere Eucharistiefeiern sowie Laudes, Gebet am Mittag mit 10 Min Musik und Vesper. Preise: Eintritt frei.*

KLEINMARKTHALLE

Zwischen Ziegelgasse und Hasengasse liegt zurückgesetzt die sehenswerte Kleinmarkthalle, der überdachte **Zentralmarkt** in Frankfurt. In typischer Marktatmosphäre kann man an den Ständen vorbeischlendern, frisches Obst erstehen sowie Gemüse, Fleisch vom Fasan bis zum Fohlen, lebende Süßwasserfische, Gambas, Venusmuscheln und Hummer, Blumen und Samen, Gewürze, Nüsse, Trockenfrüchte, italienische Trüffel, französische Pralinen, Frankfurter Bethmännchen, Schweizer Käse, Wein, Honig, Kaviar, angerührte Salate und Aufstriche, exotische und internationale Spezialitäten ... Alles in hervorragender Qualität, oft aus biologischem Anbau. Die Marktleute strecken einem immer wieder auffordernd etwas zum Probieren hin – die Verführung gelingt nur allzu oft!

Nachdem der Samstagsberg für die vielen Marktstände zu klein geworden war, wurde 1879 die Kleinmarkthalle eingeweiht. Ursprünglich zwischen Hasen- und Fahrgasse gelegen, war sie Klein- und Großmarkt zugleich. Nach der Zerstörung im Zweiten Weltkrieg wurde sie 1954 an der heutigen Stelle wiedereröffnet. Sie bietet auf 1500 qm Fläche 156 Standeinheiten mit 63 Händlern Platz. Sie pflegen den besonderen Charme

☀ *Rechts vor der Kleinmarkthalle in der Ziegelgasse steht ein interessantes Denkmal aus Granitstelen. Es ist dem Frankfurter* **Otto Hahn** *gewidmet (1879 – 1968), dem Entdecker der Kernspaltung des Urans (17. Dez 1938), wofür er 1945 den Nobelpreis erhielt.*

Käse aus Sardinien, scharf wie der Schirokko: In der Kleinmarkthalle werden Sehnsüchte geweckt

© Annette Sievers

ZEIT DER REVOLUTION: PAULSKIRCHE

Markt-Stubb, Frankfurt. ✆ 069/ 21997944. www.kleinmarkthalle.de. Frühstück und Mittagstisch nach Hausfrauenart im 1. OG der Kleinmarkthalle zu hausfrauenfreundlichen Preisen.

der denkmalgeschützten Halle mit der ungewöhnlich schrägen Fensterfront auf der Nordseite und lehnen sich – von ihrer Kundschaft unterstützt – gegen Modernisierungspläne der Stadt auf, die nicht nur sanieren, sondern in die Halle gar »Event-Charakter« einziehen lassen wollte. So gibt es bereits einen prämierten Umbauplan eines Dresdener Architekturbüros. Doch wegen der hohen Kosten von min. 12,5 Mio € bleibt die Kleinmarkthalle bis auf Weiteres wie sie ist – und ist sich selbst »Event« genug.

🕐 *HFM Managementgesellschaft für Hafen und Markt mbH, Hasengasse 7, 60311 Hist. Zentrum. ✆ 069/ 212-33696 (Marktaufsicht), www.kleinmarkthalle.de. Bahn/Bus: Eingang Ziegelgasse: S- und U-Bahn Hauptwache, Eingang Hasengasse: S- und U-Bahn Konstablerwache. Zeiten: Mo – Fr 8 – 18, Sa 8 – 16, Advent Sa 8 – 18 Uhr. Infos: Hunde nicht erlaubt. Fotografieren nur mit Einständnis.*

DIE KLEINE ZEIL: TÖNGESGASSE

Der Lebkuchenbäcker ↗ Vinzenz Fettmilch betrieb in der Töngesgasse einen aufwändigen Hausstand.

1236 errichteten Mönche des Antoniterklosters in der Nähe der Stadtmauer ein Kloster mit Unterkunftsangebot für durchreisende Kaufleute, etwa dort, wo heute das Parkhaus Konstablerwache steht. Die *Antonitergasse* war lange Zeit die reichste und begehrteste Handelsstraße Frankfurts. So gab es hier Niederlassungen der Familie Bethmann, Bolongaro, Nestlé und Leonhardi. Die Antoniter wurden von den Kapuzinern abgelöst, die sich schließlich dem Kloster der Liebfrauenkirche anschlossen. 1803 wurde das Kloster niedergerissen. Die *Anthonier gaszin* schliff sich zur *Thonies gasse* ab, woraus Töngesgasse wurde.

↪ Zur Geschichte der Antoniter ↗ Karmeliterkloster.

1944 blieb von allen Häusern der Gasse nur das mit der Nummer 37 übrig, die Neubebauung trägt die Handschrift der 50er-Jahre. So kommt es, dass der ↗ Ⓜ **Stoltze-Turm** heute etwas versteckt im Hof der Sparkasse liegt. Etliche kleine Geschäfte machen die Parallelstraße zur »kleinen Zeil«.

Stoltze-Museum der Frankfurter Sparkasse

Friedrich Stoltze (1816 – 1891), Sohn eines Gastwirts aus dem mittelalterlichen Gewerbehof »Rebstock«, ist Frankfurts wichtigster und heute noch glühend verehrter Mundartdichter. Seinen anhaltenden Ruhm erwarb sich der humorvolle Volkspoet unter anderem als Herausgeber des satirisch-bissigen Faschingsblatts »Krebbel- und Warme-Brödersche-Zeitung« sowie der »Frankfurter Latern«, in der er Frankfurts Politik und Politiker glossierte. Aber auch die Weltpolitik und vor allem den Preußen Bismarck nahm Stoltze mit spitzer Feder aufs Korn.

»Es is kaa Stadt uff der weite Welt,
Die so merr wie mei Frankfort gefällt,
Un es will merr net in mein Kopp enei:
Wie kann nor e Mensch net von Frankfort sei!«

Praktisch bewegte sich Stoltze nie aus Frankfurt heraus – allerdings eher unfreiwillig, denn in den angrenzenden Fürstentümern warteten stets irgendein Haftbefehl auf den aktiven Demokraten!

Das Museum befindet sich in einem alten Treppenturm aus dem 16. Jahrhundert, der zum historischen *Schönborner Hof* gehörte. Rund 120 Stufen muss man erklimmen, um die kleine Dauerausstellung über das Leben und Werk des Mundartdichters anhand von Texten, Bildern und Karikaturen zu sehen.

Café Mozart, Töngesgasse 23 – 25, City. © 069/291954. www.cafemozart-frankfurt.de. Mo – Sa 8 – 21, So, Fei 9 – 21 Uhr. Gediegenes Traditionscafé mit echtem Frankfurter Kranz, mittags auch Grüne Soße – so richtig was zum Abschalten.

Manche von Stoltzes Sprüchen hört man heute noch oft: »Ach, gehn se fort un bleiwe se doch noch e bissi da.«

Hier tafeln Demokraten: In manch einer Ebbelwoistubb prangt Stoltzes Frankfurt-Bekenntnis

© Annette Sievers

M *Petra Breitkreuz, Töngesgasse 34 – 36, 60311 City. © 069/2641-4006, www.frankfurter-sparkasse.de/stoltze.* **Bahn/Bus:** *S1 – 6, 8, 9, U4 – 7, Straba*

→ Hinter der Katharinenkirche erinnert ein Denkmal-Brunnen an den Schriftsteller. Er soll dann an den neuen alten *Hühnermarkt* umziehen, wo Stoltze aufgewachsen ist.

✷ *Die Fahrgasse führte als Haupthandelsstraße von Süden kommend durch die Bornheimer Pforte, im Westen lagen die Mainzer und die Bockenheimer **Pforte**. Letztere nannte man auch Katharinenpforte, da sie an der* ↗ ***Katharinenkirche** aus der Stadt hinausführte.*

*12, 18, Bus 30, 36 Konstablerwache. **Zeiten:** Mo, Di, Do, Fr 9.30 – 17, Mi 9.30 – 20 Uhr. **Preise:** Eintritt frei (beim Pförtner klingeln). **Infos:** Kostenlose Gruppenführungen nach Vereinbarung.*

Das älteste Stück Stadtmauer

Am Ende der Töngesgasse stößt man, die Fahrgasse querend, auf ein kurzes Stück Stadtbefestigung mit 15 Blendbögen aus rotem Gestein. Die 7 m hohe, 3 m dicke **Staufenmauer** stammt aus dem 12. Jahrhundert und zeigt die Grenze des früh- bis hochmittelalterlichen Frankfurts. An der inneren Seite war ein Wehrgang angebracht, dessen Auflager zu erkennen sind. Der Verlauf der staufischen Stadtbefestigung, die erst ab 1333 geöffnet wurde, ist an Töngesgasse/Zeil, Hirsch- und Holzgraben zu erahnen. Nur 3 **Pforten** führten aus der Stadt hinaus, und auch als die Neustadt mit der ↗ Zeil ab dem 14. Jahrhundert wuchs, mussten die Leute noch die 3 Tore benutzen, um den dahinter liegenden Stadtgraben zu überwinden. Ende des 15. Jahrhunderts war die Mauer größtenteils abgebrochen und diente nur noch als Brandmauer für die Häuser. Als solche sind noch weitere, versteckte Abschnitte der staufischen Stadtmauer erhalten.

Unter ihren Bögen hindurch gerät man in den Hinterhof der Konstablerwache, zu der man links durch eine Durchfahrt gelangt. Anzumerken ist, dass diese Straße früher ein Teil der ↗ Judengasse war, in die ab 1462 die Juden verbannt waren.

Mittelalter: Ausgerechnet in diesem 50er-Jahre Eck hat die älteste Stadtmauer überdauert

© Annette Sievers

GRÜNDERZEIT: BAHNHOF & MESSE

*Das Bahnhofsviertel:
Rotlichtbezirk und
Lebensraum*

© Annette Sievers

INDUSTRIEALISIERUNG UND KAISERZEIT

Nach dem Scheitern von 1848 war der Traum vom demokratischen Nationalstaat mit Frankfurt als Zentrum ausgeträumt. Die nächsten Jahre standen ganz im Zeichen der beschleunigten industriellen Revolution und der Entwicklung Preußens zur europäischen Großmacht. Immerhin kam es 1856 in Frankfurt zu innerstädtischen Reformen: Justiz und Verwaltung wurden endgültig getrennt, die Bänke wurden abgeschafft und unter den 88 Mitgliedern der gesetzgebenden Versammlung waren nun auch 4 Juden.

Unter den mittlerweile 75.000 Einwohnern befand sich eine immer größer werdende Anzahl von Arbeitern. Zwar dominierten in Frankfurt noch Handel und Banken, doch ging die allgemeine wirtschaftliche Entwicklung nicht an der Stadt vorüber: Die neue Art der Kapitalbeschaffung über Aktiengesellschaften und die technologischen Entwicklungen machten aus Deutschland innerhalb kürzester Zeit einen Industriestaat. Die verarmten Landarbeiter zogen in die Städte und stellten mit den arbeitslosen Handwerkern das neue **Industrieproletariat.** Durch ein Überangebot an Arbeitskraft war die Entlohnung sehr ge-

Alt und neu: Im heutigen Bahnhofsviertel ist der Kontrast zwischen Arm und Reich besonders scharf

ring. Kinderarbeit, 18-Stunden-Tag und menschenunwürdige Behausungen kennzeichneten das soziale Elend. **1861** werden in Frankfurt und anderswo in Deutschland **Arbeiterbildungsvereine** gegründet. Der Herausgeber der »Frankfurter Zeitung« *Leopold Sonnemann,* liberal-bürgerlich gesinnter Bankier, stritt sich heftig mit den Anhängern Lassalles über den politischen Kurs des Arbeiterbildungsvereins. Sonnemann war über 30 Jahre der Kopf der bürgerlichen Linken in Frankfurt, ✐ *Jüdische Geschichte.* Gestützt auf den Frankfurter Bildungsverein wurde 1863 in Leipzig der *Allgemeine Deutsche Arbeiterverein* von **Ferdinand Lassalle** ins Leben gerufen, die erste Arbeiterpartei. Forderungen waren das allgemeine, gleiche Wahlrecht und die Errichtung von staatlich unterstützten Produktionsgenossenschaften.

Unter preußischer Besetzung

Nachdem sich die Zünfte jahrzehntelang dagegen gewehrt hatten, kam es **1864** zur längst überfälligen Einführung der **Gewerbefreiheit** in Frankfurt. Wirtschaftlich bewahrte sich Frankfurt damit seine Chancen, doch politisch setzte die Stadt auf die falsche Karte. Der preußisch-österreichische Dualismus im Kampf um die Vormachtstellung in Deutschland gipfelte **1866** im Austritt Preußens aus dem Deutschen Bund. Es kam zum Krieg. Unverhohlen äußerte die Freie Stadt Frankfurt österreichische Sympathien. Doch auf dem Schlachtfeld von Königgrätz siegten die Preußen – und marschierten am **16. Juli 1866** in Frankfurt ein. Die Kontributionszahlungen bestanden aus 5,5 Mio Gulden Silber und wurden in 8 Eisenbahnwaggons nach Berlin gebracht! Doch die Preußen, arrogant im Auftreten, verlangten zusätzlich noch einmal das Fünffache! Als der Bürgermeister **Viktor Fellner** gar eine Liste der Frankfurter mit großem Vermögen an die Preußen ausliefern sollte, nahm

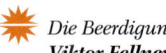 *Der Schriftsteller und Politiker **Ferdinand Lassalle** (1825 – 1864) war als erster Präsident des Allgemeinen Deutschen Arbeitervereins (ADAV) der Gründer der Vorgängerorganisation der heutigen SPD und gilt damit als einer der Gründerväter der deutschen Sozialdemokratie.*

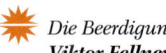 *Die Beerdigung **Viktor Fellners** (1807 – 1866) geriet zur Demonstration, obwohl die Preußen die Beerdigung extra auf morgens um halb fünf angesetzt hatten. 6000 Bürger nahmen auf dem Hauptfriedhof von Fellner Abschied. Sein Schwager überreichte dem preußischen Landrat die leere Namensliste und den Strick, mit dem sich Fellner erhängt hatte …*

sich dieser, in der Zwickmühle von Pflichtbewusstsein und Ehrhaftigkeit, das Leben.

Frankfurt wird Provinzstadt

Das Schicksal Frankfurts war besiegelt: Die unabhängige Reichsstadt wurde preußische Provinzstadt. Ausgerechnet in der Nacht zum 15. August 1867, dem Tag des Kaiserbesuchs, **brannte der Dom** – für die Frankfurter ein Symbol für den Untergang der Freien Stadt. Wilhelm I. staunte nicht schlecht, als er am Bahnsteig von den Honoratioren mit schwarzer Armbinde begrüßt wurde. Um die Herzen der Frankfurter zu gewinnen, stiftete der preußische Herrscher eine große Summe für den Wiederaufbau des Doms. Die neuen Machtverhältnisse erforderten eine Umwandlung der freistädtischen Verfassung in eine **Gemeindeverfassung.** Am 18. Juli 1867 wurde zum ersten Mal in der Stadtgeschichte die Stadtverordnetenversammlung gewählt, deren Parlamentarier die Stadträte wählten. Der preußische König jedoch bestimmte den Oberbürgermeister. Als erster trat 1868 **Dr. Daniel Heinrich Mumm von Schwarzenstein** dieses Amt an. In den 12 Jahren seiner Amtszeit versuchte v. Mumm mit dem Bau der *Neuen Börse,* der *Unter-* und *Obermainbrücke* (heute Ignatz-Bubis-Brücke), der *Kleinmarkthalle* und des *Opernhauses* den großstädtischen Charakter der Stadt zu fördern. Am Ende des **deutsch-französischen Krieges 1870/71** unterzeichneten im Hotel »Zum Schwan« im Steinweg Bismarck und die französische Delegation den Vertrag, der als **Friede von Frankfurt** in die Geschichtsschreibung einging.

Unbeeindruckt von der Weltgeschichte empörten sich die Frankfurter über ganz andere Dinge: Die beabsichtigte Erhöhung des Bierpreises um 25 % führte zu einem Aufstand mit 20 Toten! Doch das haben die ebbelwoiverliebten Frankfurter längst vergessen.

*In die Amtszeit des blaublütigen Frankfurters **Mumm von Schwarzenstein** (1818 – 1890) Jurist, fällt auch der Bau des ↗ **Eisernen Stegs,** der die bis dahin einzige Brücke über den Main entlasten sollte.*

*Ein Gedenkstein im Steinweg 12 erinnert an die Zusammenkunft. Bismarck kommentierte die Wahl des Ortes mit den Worten: »Ich wünsche von Herzen, dass der **Friede von Frankfurt** auch den Frieden für Frankfurt und mit Frankfurt bringen werde.«*

Frankfurt im Gründerzeitfieber

Die vornehmlich an Handel und Banken orientierte Stadt gewann durch die **Eingemeindungen** von *Bornheim* (1877), *Bockenheim* (1895), *Seckbach* (1900), *Ober- und Niederrad* (1900) neues Wirtschaftsgebiet hinzu, wo sich neu gegründete **Industrie** ansiedelte. In *Fechenheim* wurden 1870 von *Leo Gans, Leopold Cassella* und *Artur Weinberg* die »Cassella Werke« errichtet. *Heinrich Roessler* rief 1873 die »Degussa« ins Leben. Im benachbarten und damals noch unabhängigen *Höchst* wurde 1880 eine Aktiengesellschaft namens »Hoechst« gegründet. 1881 meldeten **Wilhelm Merton, Leo Ellinger** und **Zacharias Hochschild** die »Frankfurter Metallgesellschaft« an.

Die Stadtbevölkerung wuchs bis zur Jahrhundertwende durch Stadterweiterung und verstärkten Zuzug von 80.000 auf über 228.000 Menschen an! Die Probleme, die der Nachfolger v. Mumms, **Dr. Johann Franz von Miquel,** 1880 übernahm, waren vielfältiger und komplizierter Art. Seine umsichtige Stadt-

1864: Die Kaiserstraße gibt's noch nicht, der Hauptbahnhof wird dort errichtet, wo links der Rangierbogen der Privatbahnen liegt

Plan von Delteskamp, Bildquelle: Institut für Stadtgeschichte Frankfurt a.M.

✴ *Die meistens **jüdischen Großunternehmer** und namhaften Bankiers waren Stifter und Gründer öffentlicher Einrichtungen: der Palmengarten 1871, der Zoo 1874, die Oper 1880 und die Universität 1914.*

✺ *Als preußischer
Finanzminister
entwickelte der ehemali-
ge Marxist und bekehrte
konservative Liberale*
Johannes Franz Miquel
*(1828 – 1901, 1887
geadelt) ein revolutionä-
res Steuersystem mit
Einkommen-, Vermö-
gen- und Gewerbesteuer
sowie das Kommunalab-
gabengesetz. Nach ihm
ist nicht nur die Miquel-
sche Steuerreform, son-
dern auch ein Teil des
Anlagenrings benannt.*

✺ *Die **Internationale
Elektrotechnische
Ausstellung** fand auf
dem Gelände der ehema-
ligen Westbahnhöfe statt.
Bei der Ausstellung
wurde erstmals die leis-
tungsstarke Fernübertra-
gung von Strom
demonstriert, der im
175 km entfernten Lauf-
fen am Neckar erzeugt
wurde. 1000 Glühbirnen
leuchteten am Eingang
den Besuchern entgegen
und sogar ein künst-
licher Wasserfall wurde
elektrisch angetrieben!*

politik jedoch schonte die Finanzen und bereitete
den Weg für die Metropole der kommenden Jahre.
Der *Main*, der oft genug trocken fiel und dann nicht
mehr schiffbar war, wurde kanalisiert, gebaut wurden *Schlachthof, Westhafen* und *Hauptbahnhof* sowie
die erste *Kläranlage*. Der Steuerfachmann empfahl
sich durch sein Tun und wurde 1890 preußischer Finanzminister.

In der Gründerzeit entfaltete sich eine Menge Pracht,
doch nicht zuletzt auf Kosten der Menschen, die unterhalb des Existenzminimums lebten und keiner politischen Mitbestimmung für würdig befunden wurden. Der Ruf nach besseren Arbeitsbedingungen
wurde immer lauter und stellte für die Regierenden
eine politische Gefahr dar. Das **Sozialistengesetz** von
1878 verbot jegliche politische Aktivität der Arbeiter
und richtete sich gegen die »gemeingefährlichen Bestrebungen der Sozialdemokratie«. Die Polizei über-
wachte sogar Beerdigungen: So auch die Beisetzung
des Sozialdemokraten *Hugo Hillers* 1885 auf dem
Frankfurter Hauptfriedhof. Rote Blumen und die Grab-
rede reizten die anwesende Polizei so sehr, dass sie
plötzlich auf Männer, Frauen und Kinder einschlug
und sie über die Gräber jagte. Ein Jahr nach der Aufhebung des Sozialistengesetzes 1890 kamen in Bockenheim Arbeiter zusammen und gründeten den
Deutschen Metallarbeiter Verband – heute als IG-Me-
tall die größte Einzelgewerkschaft der Welt.

1884 fuhr die erste elektrische **Straßenbahn** zwischen
Frankfurt und Offenbach. Der Glaube an die Industrialisierung wurde auch durch die mythischen Figuren »Dampfkraft« und »Elektrizität« ausgedrückt,
die den am 18. August 1888 eingeweihten **Hauptbahnhof** zierten – den damals größten Bahnhof Europas!
Die drei Jahre später ausgerichtete **Internationale
Elektrotechnische Ausstellung** beeindruckte die 1,2
Mio Besucher tief und überzeugte sie von den un-

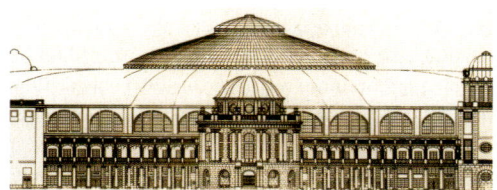

geahnten Möglichkeiten der neuen Techniken. 1900 und 1904 fanden die ersten Automobilausstellungen statt, 1908 wurde die ↗ **Festhalle** als fester Ausstellungsort eingeweiht.

Eine der größten Aufgaben der Gründerzeit war es, die Folgen der Industrialisierung und des Bevölkerungszuwachses in die **Stadtplanung** einzubeziehen. Bekannt als der »Städtebauer«, erließ der neue Oberbürgermeister **Dr. Franz Adickes** eine Bauordnung, die ein System von Radial- und Ringstraßen schuf, das bis heute das Stadtbild prägt. Die Straßen verbanden die neu entstandenen Viertel West-, Nord- und Ostend untereinander sowie den Hauptbahnhof mit der Innenstadt. In Adickes Amtszeit von 1890 bis 1912 wurden Arbeitsvermittlungsstellen eingerichtet, das Wohnungsamt eröffnet und Volksbildungsheime gegründet. Dem geborenen Kommunalpolitiker gelang es 1902, mit der »Lex Adickes« – einer Bodenreform, die es erlaubte, Grundstücke gegen den Willen der Eigentümer zugunsten einer Zwangsgenossenschaft zu enteignen – der Spekulation einen Riegel vorzuschieben und keine Elendsquartiere wie in London entstehen zu lassen.

Zeitgleich steuerte das Kaiserreich in die Katastrophe. Seit dem Abgang Bismarcks 1890 begab sich das Reich zunehmend in die außenpolitische Isolation. Wilhem II. rüstete auf und hetzte chauvinistisch zum Völkerhass. Ende September 1913 rief **Rosa Luxemburg** bei einer **Anti-Kriegsdemonstration** in Fechen-

☀ *Auch **Adickes'** Grab (1846 – 1915) ist auf dem Frankfurter Hauptfriedhof zu finden. Die Adickesallee, Teil des Alleenrings, ist nach ihm benannt sowie der Lange Franz, der nördliche Turm am Rathaus.*

☀ ***Rosa Luxemburg** (1871 – 1919) war die bedeutendste Vertreterin der europäischen Arbeiterbewegung der Jahrhundertwende. Entschieden trat sie gegen Krieg und Kolonialismus und für die Solidarität des internationalen Proletariats ein. Zusammen mit Karl Liebknecht wurde sie von einem Offizier der Reichswehr in Berlin ermordet.*

heim: »Wenn uns zugemutet wird, die Mordwaffe gegen unsere französischen oder anderen ausländischen Brüder zu erheben, so sagen wir: Nein, das tun wir nicht!« Daraufhin wurde sie am 20. Februar 1914 vom Frankfurter Landgericht zu einem Jahr Gefängnis verurteilt.

Unbeeindruckt von der Zivilcourage und Menschlichkeit einer Rosa Luxemburg stürmten die Deutschen mit heller Begeisterung in den **Ersten Weltkrieg.** Über 10.000 Frankfurter kehrten nicht mehr heim.

Die 20er-Jahre

Obwohl Ende September **1918** offensichtlich war, dass der Krieg verloren war, wollte *Wilhelm II.* seine Marine zu einer weiteren Schlacht aussenden. Es kam zum **Matrosenaufstand,** der das ganze Land erfasste. Am 7. November 1918 trafen 150 Kieler Revolutionäre in Frankfurt ein. Gemeinsam mit hiesigen Sozialisten besetzten sie Zeitungshäuser, das Polizeipräsidium und den Römer. Ihr Hauptquartier befand sich im noblen Hotel »Frankfurter Hof«. Zwei Tage später dankte der Kaiser ab, *Friedrich Ebert* wurde Reichskanzler und Frankfurts **Bürgermeister Voigt** sicherte den Arbeiterräten seine Loyalität und ein Kontrollrecht zu. Auf dem Römer wehte die rote Fahne.

Die Arbeiter- und Soldatenräte verloren jedoch durch Zugeständnisse an Militär und Industrie an Durchsetzungskraft; das Rätesystem mündete in die parlamentarische Demokratie der **Weimarer Republik.** Sie stand jedoch unter starkem Druck, sowohl von Links als auch von Rechts. 1919, im Jahr der Ermordung *Rosa Luxemburgs* und *Karl Liebknechts,* fand in Frankfurt die erste **Messe** nach dem Krieg statt. Die *Internationale Mustermesse* erregte großes Interesse; selbst Friedrich Ebert, inzwischen Reichspräsident, gab sich die Ehre.

*Adickes Nachfolger, **Georg Voigt** (1866 – 1927) hatte während seiner 12 Frankfurter Jahre nichts als Probleme: Krieg, Revolution, Inflation. Zwar konnte er die Universität vor einer Pleite retten, unterlag aber 1924 seinem Parteifreund Ludwig Landmann, der als bisheriger Wirtschaftsdezernent als Problemlöser galt.*

Das Neue Frankfurt von
Ludwig Landmann & Ernst May

Gleichwohl litt Frankfurt unter den Nachkriegsunruhen. Die wirtschaftlichen Schwierigkeiten lähmten auch die Baubranche, es herrschte größte Wohnungsnot. In den überbelegten Wohnungen vermieteten die verarmten Arbeiter ihre Betten, die hygienischen Verhältnisse waren schlimm. Am 2. Oktober **1924** begann in Frankfurt die »**neue Ära Landmann**«. Der aus Mannheim stammende Jurist **Ludwig Landmann** prägte das moderne Frankfurt: Es kam zur Gründung städtischer Versorgungsgesellschaften, und an der Nidda entstand unter Leitung Ernst Mays das »Neue Frankfurt«.

Der Leiter des neu geschaffenen Amtes für Städtebau und Siedlungswesen sah im »modernen Wohnungsbau« eine politische und soziale Aufgabe. Licht, Luft und Sonne sollten die neuen Vorstadtsiedlungen auszeichnen, die als Trabantenstädte durch einen Grüngürtel von der Großstadt getrennt sein sollten. Frei stehende Einfamilienhäuser für den Mittelstand spielten bei dem in Frankfurt geborenen **Ernst May** eine untergeordnete Rolle, ihm ging es um bezahlbaren Wohnraum für die Arbeiter- und Angestelltenfamilie. Zwei- und Mehrfamilienhäuser, in Reihe oder als Zickzack-Band gebaut, jedes mit optimaler Lichtnutzung und einem kleinen Nutzgarten zur Selbstversorgung mit Gemüse bei gleichzeitig größter Funktionalität waren seine Visionen. So entstanden die Siedlungen *Praunheim, Rö-*

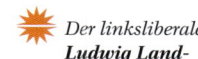 *Der linksliberale **Ludwig Landmann** (1868 – 1945) war nicht nur Frankfurts erster (und bis 2012 einziger) jüdischer OB, sondern auch Initiator der Wohnungsbaugesellschaft Nassauische Heimstätten, die auch Arbeiterfamilien eine Wohnung garantieren sollte. Der amtierende OB Peter Feldmann kann sich nicht nur auf jüdische Wurzeln berufen, sondern auch an die Wohnungsbau-Tradition Landmanns anknüpfen.*

Betont sachlich: Nach dem Schwulst der Gründerjahre verzichtet May auf Zierrat

© Annette Sievers

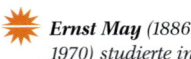 **Ernst May** *(1886 – 1970) studierte in London und schuf nach ähnlichem Konzept wie beim Neuen Frankfurt in Russland, Uganda, Bremen, Hamburg und Wiesbaden-Klarenthal Siedlungen, die internationale Maßstäbe setzten.*

merstadt, *Höhenblick* und *Westhausen* sowie in der Stadt weitere Reihenhäuser wie z.B. am *Bornheimer Hang,* die *Heimatsiedlung* in Sachsenhausen und die ⬈ *Hellerhofsiedlung* im Gallus. Rationalisierung und Verbilligung des Baus waren nötig, um seinen Generalbauplan umsetzen zu können. Deshalb führte May das Plattenbauverfahren mit vorgefertigten Betontafeln ein. So konnten innerhalb kurzer Zeit 15.000 Wohneinheiten entstehen. Mays soziales Bauen war nicht sehr weit vom sozialistischen Bauen entfernt! Die **Eingemeindung** der umliegenden Ortschaften *Fechenheim, Schwanheim, Griesheim, Sossenheim, Höchst* und *Nied* am 1. April 1928 unterstützte den wirtschaftlichen Aufschwung. Überregionale Bedeutung hatten die Eröffnung des **Flughafens Rebstock** 1926, der Bau der **Großmarkthalle** am Osthafen, von Mar-

Die Römerstadt, 1927 bis 1928 auf dem ehemaligen römischen Siedlungsgebiet **Nida** *gebaut, ging als erste Großsiedlung in die deutsche Baugeschichte ein. Zugleich gilt diese Siedlung, die Ausdruck der »Neuen Sachlichkeit« ist, als gelungenste May'sche Siedlung. Die römischen Siedlungsspuren*

DAS ERNST-MAY-DENKMAL NAMENS RÖMERSTADT

wurden dabei allerdings rücksichtslos überbaut. Ein Faltblatt, das im ⬈ **Archäologischen Museum** *erhältlich ist, informiert über die spärlichen Spuren.*

Schon damals waren die Häuser in der Römerstadt mit Zentralheizung, Bad und einer voll eingerichteten Küche, die als **»Frankfurter Küche«** *– gewissermaßen ein Prototyp der Einbauküche – in die Architekturgeschichte Eingang fand, ausgestattet. Die Frankfurter Küche war von* **Margarete Schütte-Lihotzky** *(1897 – 2000) so konzipiert, dass den Hausfrauen, ganz im Sinne Ford'scher Ökonomie, ein reibungsloser und effektiver Arbeitsablauf ermöglicht wurde. Besonders bei kleinen Angestellten und Beamten fanden die neuen Wohnungen schnell dankbare und begeisterte Abnehmer. Sämtliche Wohnungen besaßen zudem ein komplettes Stromnetz, was zu jener Zeit noch einer Sensation glich.*

tin Elsässer 1928 als gigantischer Umschlagplatz für Süd- und Westdeutschland umgesetzt, sowie die Planung der **Autobahn** von Hamburg über Frankfurt nach Basel durch die »HaFraBa«.

⊃ *Die Ära Landmann, das Neue Frankfurt und der Aufstieg Frankfurts zur Großstadt wurden mit der Machtübernahme der Nationalsozialisten 1933 jäh beendet, ↗ Zerstörung & Aufbau.*

M **ernst-may-haus,** Im Burgfeld 136, Römerstadt. ✆ 069/1534388-3. www.ernst-may-museum.de. Besichtigung Di – Do 11 – 16, Sa, So 12 – 17 Uhr, Führungen nach Vereinbarung. Eintritt 4 €, Kinder 2 €.

TOUR 3

ZWISCHEN MAIN UND MESSE

Dort, wo sich im Westen der Stadt einst Eisenbahn-, Hafen- und Industrieanlagen ausbreiteten, macht sich heute ein neues Gründerzeitfieber zu schaffen. Der Hafen ist bereits schickes Wohnquartier, auf dem Güterbahngelände entsteht gerade eins.

DAS BAHNHOFSVIERTEL

Im Bahnhofsviertel kommen Frankfurts Weltoffenheit und Vitalität, sein Hang zu Kontrasten und sein Verhältnis zum Geld am schönsten und auffälligsten zum Vorschein. Seit seinem Entstehen in der preußischen Kaiserzeit hat das Viertel schon einiges an Wandel aushalten müssen. Als Vestibül des Kopfbahnhofs wurde es um 1900 mit herrschaftlichen Wohn- und Geschäftshäusern gefüllt, deren Bauschmuck jedoch mit kaufmännischer Sparsamkeit kalkuliert war. Viele der Häuser haben den letzten Krieg fast unbeschadet überstanden, nicht jedoch die Jahre der Vernachlässigung, Unentschlossenheit und dann wieder wilden Bautätigkeit. Hier gilt es heute, das zu retten, was Frankfurts spiegelglatte Geldtürme erst so interessant erscheinen und sie

→ 60311 Bahnhofsviertel. Ein Gang über die Kaiserstraße und durchs Bahnhofsviertel dauert etwa 1 Std, Westhafen, Gutleutviertel, Gallus und Messe nicht mit eingerechnet. **Bahn/Bus:** Alle S-Bahnen, U4 und U5 sowie oberirdisch Straba 11, 16, 17, 21 und Bus 45, 46 (Museumsuferlinie), 47, 61, 78, 653 und OF-50 fahren den Hbf an. Westhafen, Gutleut, Gallus und Europaviertel sind am besten per Fahrrad zu erkunden.

GRÜNDERZEIT: BAHNHOF & MESSE

aus jeder x-beliebigen Umgebung hervortreten lässt: die historische Bausubstanz zu ihren Füßen.

Das Tor zur Stadt: Der Bahnhof

Großer Bahnhof: Portal des Kopfbahnhofs
© Congress + Tourismus GmbH

Im Eisenbahnfieber baute die private Aktien-Gesellschaft der *Taunusbahn* 1838 vor dem *Gallustor,* etwa dort, wo heute der Willy-Brandt-Platz auf die Gallusanlage trifft, den ersten Bahnhof. Die Züge fuhren zum Wiesbadener Taunusbahnhof, ungefähr auf der Strecke der heutigen S1. Bald darauf zogen andere Gesellschaften nach, ließen ihre Eisenbahnen von eigenen Bahnhöfen aus nach Mainz, Heidelberg und Kassel fahren. 1872 kaufte Preußen die privaten Eisenbahngesellschaften auf und legte die zu klein gewordenen Bahnhöfe der Taunus-, Main-Weser- und Main-Neckar-Bahn zu einem **Centralbahnhof** zusammen. Dieser entstand bis 1888 an der Wendekurve der vormaligen Bahnhöfe. Die 600 m lange Brache, die dadurch zwischen Stadt und Bahnhof entstand, wurde in den folgenden 20 Jahren durch die *Kaiserstraße* und ihre Gründerzeitbauten gefüllt. 2013 feierte der Bahnhof sein 125-jähriges Bestehen – der Pomp konnte dennoch kaum an den der Einweihung heranreichen. Mit 18 Gleisen galt er damals als der größte Bahnhof Europas, was die Konkurrenz-Messestadt Leipzig 1915 um 2 Gleise toppen musste. Mit inzwischen 25 Gleisen, über 350.000 Reisenden pro Tag, die einen der 342 Fern-, 290 Nahverkehrs- und 1100 S-Bahnzüge nutzen, ist der Frankfurter Bahnhof jedoch zweifelsohne das wichtigste **Drehkreuz** Deutschlands.

Auf der 220 m breiten **Empfangshalle** aus gelbem Sandstein thront die monumentale Figurengruppe des über 6 m hohen *Atlas,* dem die personifizierte Dampfkraft und Elektrizität die Himmelskugel tragen helfen. Die Figuren an der Uhr stellen Morgen und Abend dar. Dahinter befinden sich die drei **Perron-**

✳ *Als Kopfbahnhof hat es Frankfurt schwer, **Drehkreuz** zu bleiben. Zwar hält die Hälfte aller ICE und Sprinter in Frankfurt, aber schon jetzt passieren einige nur den Flughafen und den Frankfurter Südbahnhof.*

hallen von jeweils 56 m Breite, 170 m Länge und fast 30 m Höhe, die 1924 um zwei weitere Hallen auf 25 Gleise vergrößert wurden. Die Hallen werden von einer hohen, lichten Stahlkonstruktion überwölbt, deren 30.000 qm Glasfläche bis 2006 aufwändig restauriert wur-

de. Die Weite wird seitdem allerdings durch Einheits-Einkaufspavillons am **Querbahnsteig** gekappt, die den Ankommenden die Sicht auf den großen neoklassizistischen Bogen des Hauptausgangs verstellen und die Orientierung erschweren. Das Versprechen, auch den Rest des Bahnhofs zu sanieren – so die heruntergekommene B-Ebene und den lieblosen Vorplatz – hat die Bahn noch nicht eingelöst. So ist der einst als Trichter zur Stadt gedachte Bahnhofsvorplatz nach wie vor ein Schandfleck, auf dem sich manch unschöne Szene abspielt.

Spannend: Die lichte Eisenkonstruktion überspannt den gesamten Bahnhof

© Annette Sievers

❷ **Bahnhof:** *Zugang zu den 25 oberirdischen Gleisen vom Querbahnsteig aus, an dem Reisezentrum, Fahrkartenschalter und -automaten liegen. Zugänge zu den unterirdischen S-Bahn-Gleisen (101 – 104) vor Gleis 16 bzw. 22 sowie über die B-Ebene (Abgang in der Empfangshalle), dort fahren auch die U-Bahnen 4 und 5 ab.* **Bus:** *An der Südseite des Hbf befindet sich der Busbahnhof für internationale und deutschlandweite Verbindungen, so z.B. nach Köln, Stuttgart, Tübingen, München, Leipzig, Darmstadt – Heidelberg – Freiburg – Zürich und Gießen – Kassel – Braunschweig – Magdeburg – Berlin. Zu den Anbietern gehören Berlin Linien Bus (DB), Deutsche Touring, FlixBus, City2City und Aldi.* **Post:** *Gegenüber Gleis 23, mit Postbank, Mo – Fr 7 – 19, Sa 9 – 16*

✺ *Den Lokomotivführern fiel es früher offenbar nicht leicht, ihre schweren Stahlrösser immer rechtzeitig zum Halten zu bringen, denn oft fuhren sie über den Prellbock hinaus. Der Orient-Express schoss am 6. Dez 1901 gar bis in den wilhelminischen Speisesaal hinein – mit über 80 km/h! Am 15. Juni 1993 wiederholte sich das Unglück fast: Ein Zug überfuhr den Prellbock und kam erst kurz vor einem Kiosk zum Stehen.*

www.einkaufsbahn-hof.de. Täglich 8 – 20 Uhr. Im Bahnhof und in der B-Ebene befinden sich rund 80 Läden wie Lebensmittelgeschäfte, Schuster, Imbiss, Apotheke und Reisebank.

Hbf – Münchener Straße – links Moselstraße – Kaiserstraße und Kaiserpassage – links Taunusstraße – Hbf.

Wochenmarkt am Kaisersack, Sackgassen-Ende der Kaiserstraße, Di und Do 9 – 19 Uhr. Der »Kaisermarkt« bietet den Angestellten aus den umliegenden Büros neben Gemüse vor allem Snacks und Gelegenheit, auf die Schnelle einen Prosecco zu verkosten.

Der **Wiesenhüttenplatz** ist eine lauschige Grünanlage ganz in der Nähe des Hauptbahnhofs. Ein kleiner bewirtschafteter **Sommergarten** lädt zur Verschnaufpause ein.

*Uhr. **Schließfächer** und Gepäckaufbewahrung befinden sich in der nördlichen Vorhalle. **WC:** Öffentliche Toiletten vor Gleis 9.*

*Die ↗ **Touristinformation** befindet sich in der Empfangshalle, links vom Eingang; Mo – Fr 8 – 21, Sa, So, Fei 9 – 18 Uhr, 24. und 31. Dez 9 – 13 Uhr.*

Das Leben im Bahnhofsviertel

Bahnhofsvorplatz und Bahnhofsviertel sind durch Straßenbahnschienen und Straße getrennt, die Kaiserstraße ist dadurch zur Sackgasse, ihr Ende zum **Kaisersack** geworden. Er ist zwar so etwas wie der Sammelpunkt all jener, die außerhalb der Gesellschaft stehen. Doch nach dem Willen der Stadtplaner sollen Kaisersack und das Bahnhofsviertel ihr Schmuddelimage ablegen. Vorbei soll es sein mit dem »Milieu« – den Planungen hinkt man allerdings um Jahre hinterher.

Das Viertel, so nah am Bahnhof, lebt seit jeher von und mit den vielen Ethnien, die hier durchziehen, vorübergehend oder für immer bleiben. Keine Sprache, die hier nicht gesprochen würde, kaum eine Region, die nicht durch einen Laden oder ein Lokal vertreten wäre. Italienische Pasta, indische Süßigkeiten, koreanische Suppen, pakistanische Trockenfrüchte, persische Fleischbällchen, afrikanische Haarteile, frischer spanischer Fisch, deutsche Brathähnchen, irisches Bier, brasilianische Cocktails, mexikanische Tortillas, türkisches Kebab … Durch die **Münchener Straße** und ihre Seitenstraßen zu schlendern, offenbart einem eine köstliche fremde Welt, in der sich jeder zuhause fühlen kann, schließlich sind alle fremd. Längst sind die ausländischen Gaststätten nicht mehr nur Treffpunkt für die Landsleute; asiatische und orientalische Küche haben auch begeisterte Anhänger bei den deutschen Gästen gefunden.

Diese kosmopolitische Stimmung will man nun aufgreifen und vermarkten. Die abgewirtschafteten Gründerzeitbauten sollen saniert, die als Büro- oder Gewerberaum zweckentfremdeten Flächen wieder zu Wohnungen werden. 10 Mio Euro will sich die Stadt laut Planungsbeschluss von 2005 das Programm »**Wohnen im Bahnhofsviertel**« kosten lassen, zu dem im eigens dafür eingerichteten ❶ **Stadtteilbüro** die Bewohner ihre Meinung abgeben dürfen. Nur, welche Bürger, fragt man sich, schließlich hat man das Bahnhofsviertel über Jahrzehnte seinem Schicksal überlassen. Von ehemals 11.000 Bewohnern haben sich bis 2006 nur rund 2400 der Entvölkerung des Viertels widersetzt. Die einst gewachsene Struktur ist zerstört. Das, was nun entstehen wird, soll solventere Mieter ansprechen. Oder gar Eigentümer, wie beim denkmalgeschützten Eckhaus an der Münchener Straße 38, wo 12 schicke Privatwohnungen mit städtischen Fördermitteln entstehen. Hauseingänge mit Portiers, Dachterrassen und grüne Innenhöfe gehören zu den Träumen der Stadtplaner. Künstler und Studenten kann man sich als dekorativ-buntes Element auch vorstellen, sogar WGs, doch bisher sieht es so aus, als seien die Mieten für Studenten selbst in WGs noch zu hoch, wie die *Wohnrauminitiative Frankfurt* feststellte. Immerhin: Die Bevölkerungszahl im Viertel ist wieder um 1000 gestiegen (2012).

Der Erhalt der in Frankfurt so selten gewordenen alten Gebäude steht bei dem Projekt »Wohnen im Bahnhofsviertel« an oberster Stelle. Dabei hätte man alles viel einfacher haben können: Die Gründerzeit-

Gründerzeit-Selbstbewusstsein: Im Bahnhofsviertel lohnt ein zweiter Blick auf die Häuser

© Annette Sievers

❶ **Stadtteilbüro Bahnhofsviertel,** Moselstraße 6a, Frankfurt. ✆ 069/25667669. Mo, Fr 11 – 14, Di, Mi 16 – 19, Do 17 – 18 Uhr. Seit 2007 erhalten Bewohner hier Beratung und Unterstützung, um das Bahnhofsviertel als Wohnort attraktiver zu machen.

Nachtvogel

© Annette Sievers

✳ *»Trotz aller Belastungen, denen das Leben und Wohnen hier ausgesetzt sind, ist die Bevölkerung des Bahnhofsviertels stärker durch ihre Vertreibung durch Investoren bedroht, als durch das Milieu mit Junkies, Knackies oder Kriminellen.« Martin Berg, ehemaliger Arbeitskreis Bahnhofsviertel, 1990.*

bebauung des Viertels hatte fast geschlossen den Krieg überstanden. Erker, Türmchen, Konsolen, Girlanden und Medaillons verzieren die Fassaden aus rötlichem Sandstein. Von besonderer Pracht ist der **Friedrichsbau,** ein von einem Türmchen bekröntes Eckhaus an der **Moselstraße.** Doch der schleichende Zerfall der Häuser wurde in den 90ern durch Bauspekulation beschleunigt, die Lücken wurden mit Neubauten oder **Hochhäusern** gefüllt – oder stehen als gähnendes Mahnmal leer, wie lange Zeit die entkernte Insolvenzruine *Jürgen Schneiders* am Anfang der Kaiserstraße.

Dabei hat sich die **Kaiserstraße** bereits vom alten Negativimage des Viertels getrennt. Hier liegen teure Boutiquen und moderne Bistros neben großen Sex-Kinos, Verlage residieren in alten Industriebauten und Agenturgemeinschaften in den Hinterhäusern. Man kokettiert mit der eigenen Toleranz gegenüber den Benachteiligten, die unübersehbar in den Hauseingängen lungern und noch nicht einmal mehr Kraft zum Betteln haben.

Die Zahl **Obdachloser** und **Drogenabhängiger,** die sich in den Straßen rund um den Bahnhof herum drücken, ist gleichbleibend hoch. Nicht immer wurde konsequent an einer Verbesserung der Situation der Suchtkranken gearbeitet, stattdessen mit rigiden »Säuberungsaktionen« das Problem nur vertagt. Methadon- und Aufklärungs-Programme, die unter Rot-Grün 1989 (↗ City & Zeil) begonnen wurden, haben sich als wirksamer erwiesen und werden bis heute fortgeführt. Der als vorbildlich bezeichnete »**Frankfur-ter Weg**« besteht aus einer Mischung von Hilfe und Repression. Hilfe bedeutet vorbeugende Aufklä-rungsarbeit unter Jungendlichen, Beratungsstellen, **Drogen-Cafés** und **Druckräumen** unter Aufsicht von Sozialarbeitern sowie Unterstützung beim Ausstieg und der Wiedereingliederung in die Gesellschaft, z.B. durch Ausbildungsprogramme. Repression heißt ganz klar, Druck auszuüben auf die Abhängigen, sie aus dem öffentlichen Raum zu vertreiben. Unter dem Kürzel **OSSIP** geht man die Sache seit 2004 noch di-rekter an: Offensive Sozialarbeit, Sicherheit, Inter-vention und Prävention sind die Felder, bei denen Drogenhilfe und Polizei, Drogenreferat und Ord-nungsamt zusammenarbeiten.

So ist es tatsächlich gelungen, die Zahl der Dro-gentoten seit 1990 deutlich zu mindern: Von damals 108 Drogentoten konnte die Zahl auf 30 – 33 ge-senkt werden. Problematisch sind das billiger ge-wordene Heroin und der Mischkonsum von Crack, der zweithäufigsten Droge, Ecstasy, Kokain, ir-gendwelchen Tabletten und Alkohol, die ihre an sich schon verheerende Wirkung in unkontrollierten Kom-binationen noch verstärken. Gleichzeitig ist das Durchschnittsalter der Toten auf 35 Jahre gestie-gen, was auf die hohe Akzeptanz von Hilfsangeboten zurückgeführt wird. Nach einer Szenebefragung des Drogenreferats nutzen 97 % mindestens einmal pro Woche Angebote der ambulanten Drogenhilfe. Auch dass man heute das Bahnhofsviertel durchqueren kann, ohne alle paar Meter auf Fixer zu stoßen, die sich gerade zitternd einen Schuss in ihre dünnen Ar-me oder Beine setzen, gehört zum Erfolg des Pro-gramms. Oder auch zum Misserfolg: Denn auf offe-ner Straße wird eher Crack geraucht. Und diejeni-gen Suchtkranken, die sich nicht Hilfe suchend an die Drogen-Cafés wenden, sind nun über die ganze

*1300 Patienten werden derzeit im Rahmen des **Frankfurter Wegs** unter Aufsicht mit der Ersatzdroge Metha-don versorgt. Vielver-sprechender war das Heroin-Programm, an dem 7 Großstädte bis Mitte 2007 erfolgreich teilnahmen und bei dem in Frankfurt 61 Schwerstabhängige künstliches Heroin kon-sumieren durften. Aus »Kostengründen« wurde das Programm vom Bund gekippt, die Union verweigert die Zulassung des Diamorphins als Medikament.*

*Die **Drogen-Cafés** sind Ruheinseln für die Kranken. Hier können sie billig eine Cola und eine Suppe kriegen, duschen, schla-fen oder sich in einem der 4 Druckräume in der Stadt mit neuen Spritzen ihren Schuss setzen.*

*Zu den Sperrgebieten, in denen jegliche Form von Prostitution verboten ist, gehören Sachsenhausen und das Bahnhofsviertel. In diesem ist das Karree zwischen Mosel- und Weserstraße sowie Nidda- und Taunusstraße als **Toleranzzone** ausgewiesen. Dort darf dem Gewerbe nachgegangen werden – nicht jedoch öffentlich. Der Straßenstrich darf nur in bestimmten, weit abgelegenen Straßenzügen stattfinden. Unsichtbar für die Gesellschaft, gefährlich für die Frauen.*

Stadt verstreut und den organisierten Dealern aus Mazedonien oder Marokko stärker ausgeliefert. Ähnliches trifft auf das **Rotlichtmilieu** zu: Sex-Shops, Spielhöllen, schmuddelige Seitenstraßen, Hehler, Kleinkriminelle, Junkies, Obdachlose, Prostituierte, Schlägertypen – dem schlechten Ruf des Bahnhofsviertels, das in den jährlichen Kriminalstatistiken Frankfurts mit vielen Delikten (besonders beim Raub) stets an erster Stelle steht, sollte die seit 1989 gültige **Sperrgebietsverordnung** entgegenwirken. Erlaubt ist die Prostitution seitdem nur noch in speziell dafür ausgewiesenen **Toleranzzonen.** Nicht nur Soziologen sehen darin einen typischen Ausdruck der bürgerlichen Doppelmoral, denn natürlich sind die Probleme des Viertels mit Ausgrenzung und Auslagerung nicht zu lösen. Und wenn die Großunternehmen und -banken in direkter Nachbarschaft jener Toleranzzone ihre Wolkenkratzer aufpflanzen, hat das nicht nur mit Demonstration von Macht und wirtschaftlicher Potenz zu tun, sondern drückt auch die herrschende Doppelmoral der Gesellschaft aus.

Saarkarree

An der Nordseite des Hauptbahnhofs reihen sich etliche seriöse Hotels, auch der ↗ Regionalverband Rhein-Main und alle Fraktionen haben hier ihre Büros. Zwischen Post- und Niddastraße liegt das **Saarkarree** mit einem italienischen Lokal und der ☕ **Bar mc2.** Der Wohnblock machte 2009 den Anfang, um in die ehemals schmuddelige, vom Milieu des Bahnhofsviertels mitgenommene Gegend mehr Bürgerlichkeit zu transportieren. Der neue Wohnblock mit Blick aufs Gleisbett zwischen Rudolf- und Hafenstraße schließt dann nur die Lücke zum großen Areal der **Commerzbank.** Fast selbstironisch lässt die auf dem Adam-Riese-Platz bunte Kühe unter mageren Kirschbäumchen lagern. Was die wohl wiederkäuen?

GUTLEUTVIERTEL

Nahtlos geht das Bahnhofsviertel in das **Gutleutviertel** über, das südlich vom Hauptbahnhof liegt und vom ehemaligen Westhafen begrenzt wird. Dort ist seit 1993 ein exklusives Quartier zum Wohnen und Arbeiten entstanden, dessen moderne Glasbauten im Kontrast zum alten Industrierevier stehen. Gleich zu Beginn ihrer Machtübernahme Frankfurts errichteten die Preußen 1877 die **Gutleutkaserne** für ein Infanterieregiment. Der rote, burgähnliche Backsteinbau wurde später sowohl von den Nazis als auch von der US-Army militärisch genutzt. Seit 1986 sind dort und dahinter die *Verwaltungshochschule* und die 5 *Finanzämter* der Stadt eingezogen; neckische bunte Hütchen auf dem Dach sollen als Wegweiser fungieren. Gegenüber findet das Leben des

@ www.stoppt-zwangs-prostitution.de: Hier erfahren Freier, wie sie versklavte Huren erkennen und melden können.

🔒 **Wochenmarkt Saarkarree,** Niddastraße, Ecke Ludwigstraße nördlich vom Hbf, Mi 10 – 18 Uhr.

 mc2, Niddastraße 101 – 103. www.mc2lounge.de. Mo – Fr 10 – 1 Uhr. Tagsüber Espresso und abends Drinks aus einer ganzen Batterie von Flaschen, Kaffee 2,10 €, Latte Macchiato 2,70 €, Drinks um 7 €, Tapas ab 1,80 €.

➡ 60327 Gutleutviertel. **Bahn/Bus:** Bus 35, 46, Straba 12, 16, 21 Baseler Platz.

 Seit mindestens 1286 kümmerten sich in einem Spital weit draußen vor den Toren der alten Stadt die **guten Leute** *einer frommen Bruderschaft um die Leprakranken. Das Spital wurde 1619 aufgegeben, das Gelände verfiel.*

Industriedesign von 1898: Druckwasserwerk
Foto: Daniela Sahling

✕ **Druckwasserwerk,**
Rotfeder-Ring 16,
Gutleutviertel-Westhafen.
✆ 069/2562877-00.
www.restaurant-druckwas-
serwerk.de. Mo – Fr
11.30 – 24, Sa ab 18,
So ab 10 Uhr, So Brunch
10 – 12.30 und 12.30 –
16 Uhr.
Das alte Druck-
wasserwerk von 1898, in
dem mit 2 Dampfmaschi-
nen die Energie für die
Krananlagen gewonnen
wurde, unterhalb der
Main-Neckar-Brücke hat
sich zu einer beliebten
Location für Privatfeiern
und einem guten Restau-
rant gemausert.

➜ 60327 Westhafen.
Bahn/Bus: Bus
35, 46, Straba 12, 16,
21 Baseler Platz.

Vertels statt: Zwi-
schen Werft- und
Speicherstraße und
am Rottweiler Platz
stehen zwischen Alt-
bauten gelungene
Sozialwohnungen,
die zu 70 % von Aus-
ländern belegt sind.
Am westlichen Ende
der Gutleutstraße
gibt es noch große
Industrieanlagen, so zum Beispiel den **Gutleuthafen**
aus den 60er-Jahren, dessen Kaimauern aus Stahl-
spundwänden bestehen und in welchem hauptsächlich Schüttgut verladen wird. Ihm gegenüber
liegt das Briefzentrum der Post. Auffallend in ihrer Architektur sind das **Prüfamt E-Werk** mit einer besonderen Kuppelkonstruktion aus Beton und das
Heizkraftwerk, das mit Kraft-Wärme-Kopplung arbeitet und an seinem hohen Schornstein zu erkennen ist. Die fein gemahlene Kohle für das Kraftwerk
wird über die Entladeanlage nahe der Main-Neckar-
Brücke zugeführt.

DER NEUE WESTHAFEN

Das Gutleutviertel wurde ab 1993 nach Süden durch
die Umstrukturierung des ehemaligen **Westhafens**
erweitert. Als Binnenhafen wurde er 1886 von Oberbürgermeister *Miquel* feierlich eingeweiht, nachdem
unter preußischer Regierung der Main kanalisiert
und so der alte Winterhafen hochwassersicher gemacht worden war. Von den **wilhelminischen** La-
gerhäusern und dem großen Getreidesilo war nach
dem Krieg nichts mehr übrig. An ihrer Stelle entstanden ewig lange Lagerhallen und triste Büro-

häuser für Import-Exportfirmen, die nach und nach schlossen. Die perfekte Kulisse für »Ein Fall für Zwei« & Co.

Unter dem Motto »**Wohnen am Fluss**« ist zwischen Friedens- und Main-Neckar-Brücke verkehrsgünstig gelegen ein neuer Stadtteil aus dem aufwändig von Altlasten befreiten Boden gestampft worden. Den Anfang machte 2003 der **Westhafen Tower,** auf Frankforderisch: *das Gerippte.* Denn der 112 m hohe, kreisrunde und vollverglaste Turm besitzt eine rautenförmige Verstrebung, die bewusst an ein Apfelweinglas erinnern soll. Damit endet die Volkstümlichkeit allerdings. Denn rund um das 560 m lange Hafenbecken verwirklichten die Investoren modernste Büro- und Wohnhäuser, die nicht für die typische Ebbelwoi-Klientel gedacht ist. Am *Westhafen Pier,* dem *Westhafen Torhaus* und dem *Haus am zentralen Platz* sollen 3500 Menschen arbeiten können, während in den 12 Würfeln auf der früheren Mole in 850 Wohnungen Platz für 1600 Singles und Familien entstanden ist. Der Kaufpreis einer 4-Zimmer-Wohnung soll bei 6000 € pro qm gelegen haben. Die Mieten liegen bei 1400 € aufwärts pro 100 qm. Die 6-geschossigen Quader mit versetzt angeordneten großen Balkonen ragen auf der Nordseite in das 75 m breite Hafenbecken hinein. Dort gibt es eigene Anlegeplätze für die Privatboote. Die Stelzen, auf denen die Häuser stehen, scheinen allerdings schlecht gegründet zu sein, zumindest hat sich gleich nach Bezug der Häuser ein Venedig-Effekt eingestellt: reihenweise Risse in den Wänden, Wasser in den Tiefgaragen …

➜ **Marina Westhafen,** Bachforellenweg 51, ✆ 069/281101, www.marina-westhafen.eu. Von Land und vom Wasser aus erreichbare Café-Bar mit Liegeplatzvermietung.

✖ **L'Osteria,** Speicherstraße 1. ✆ 069/24247020. www.losteria.de. Mo – Sa 11 – 24, So, Fei 12 – 24 Uhr. Bella Italia im neuen Viertel, bringt mit Verve Pizza und Pasta zu einem der vielen Plätze drinnen oder draußen, alles picobello.

Hier ist alles ein bissi größer, selbst das Gerippte: Westhafen und Tower

© Annette Sievers

DAS GALLUS

➜ 60327 Gallus.
Bahn/Bus: RB 30,
32, 34, 40, S3 – 6, Stra-
ba 11, 21 Galluswarte.
Hellerhofsiedlung: Bus
52 Schlossborner Straße,
Straba 11, 21 Rebstö-
cker Straße.

✳ *Galluswarte* soll
sich von der Gal-
genwarte ableiten, da es
hier seit 1333 ein Gal-
genfeld gegeben hat.

⬆ **Hellerhof GmbH,**
Eppenhainer Straße
46, ☎ 069/2608-425.
http://abg-fh.de. Mo
8.30 – 12, Di, Do 15 –
18 Uhr. Wohnungsver-
mittlung.

Auf der Nordseite des Bahnhofs erstreckt sich zwischen den Gleisanlagen und dem neuen Europaviertel bis zur Mönchhofstraße das Gallus. Von den
Einheimischen wird das rund 120 Jahre alte Viertel
auch liebevoll »Kamerun« genannt, wobei heute niemand mehr genau sagen kann, wie die Bezeichnung
zustande kam. Für die alten »Kameruner« beschränkt
sich das Gallus auf den Bereich rund um die **Galluswarte,** dort findet mit dem ↗ 🚇 **Gallustheater** und diversen Kneipen auch das gesellschaftliche Leben
statt.

Entstanden ist dieser Teil Frankfurts rund um die
Adlerwerke, Eisengießerwerke und andere Fabriken
im Laufe des ausgehenden 19. und beginnenden
20. Jahrhunderts, als man kräftig in neue Indus-
trieunternehmen investierte. Typische Arbeitersied-
lungen nach damals modernstem Zuschnitt wuch-
sen heran. Zum Beispiel die **Hellerhofsiedlung,** die
1904 von der Wohnungsbaugesellschaft *Hellerhof
AG* für die Arbeiter des Unternehmers *Phillipp Holzmann* errichtet wurde. Die Häuser aus rotem Klin-
ker an der Schlossborner und Rebstöcker Straße
setzten neue Maßstäbe: Sie hatten vom Badezim-
mer getrennte Toiletten! 1929 wurde die Siedlung
nach den Maßstäben Ernst Mays und nach Plänen
des Niederländers *Mart Stam* um 1200 Wohnungen
bis zur Krifteler Straße erweitert. Sie verfügten über
Einbauküche, Fernheizung, Warmwasser und Balkon
oder Terrasse. Die eigentliche Hellerhofsiedlung entstand dann nach Plänen des NS-*Reichsheimstät-
tenwerks* mit sehr viel einfacherer Ausstattung – dieser Teil wurde durch den Krieg stark zerstört und
erst spät modernisiert.

Die Art von Produktionsstätten, die sich seit den
1990er-Jahren im Gallus angesiedelt hat, kann den
Bewohnern, darunter gut 40 % Ausländer, kaum Ar-

beit geben. So befinden sich an der Mainzer Landstraße unter dem Dach der Societäts-Medien GmbH
alle drei großen Frankfurter Zeitungen: die *Frankfurter Allgemeine Zeitung* und deren Volksausgabe
Frankfurter Neue Presse sowie die SPD-nahe *Frankfurter Rundschau,* die ihren Abstiegskampf 2012
ausgerechnet an den konservativen Konkurrenten
verloren hat. Entlang der **Frankenallee** firmieren weitere Dienstleistungsunternehmen, Versicherungen
und Banken, die den Kamerunern keinen Job bieten
können. Die Arbeitslosigkeit im Gallus liegt mit 7 %
daher deutlich überm städtischen Durchschnitt von
5,3 %.

In der **Schmidtstraße** haben sich zwischen Neu- und
Gebrauchtwagen-Centern in einer ehemaligen Fabrik
diverse Medienunternehmen zur **Kommunikations-
fabrik** zusammengeschlossen. Das **LAB,** Labor der
Moderne, bietet Musik-, Tanz- und Theaterschaf-
fenden Proberäume, so auch der *Forsythe Company* und der HfMDK. Etwas weiter wird im ↗ 🎵 **Musik-
bunker** experimentelle Musik, Pop und Punk geprobt,
während im ↗ 🎵 **Das Bett** Konzerte stattfinden.

Die Adlerwerke als KZ

Rund 15.000 Menschen lebten Anfang des 20. Jahrhunderts im Gallus. Die meisten waren bei den **Adlerwerken** beschäftigt, in denen es einmal über 10.000
Arbeitsplätze gegeben hat. In der 1886 von *Heinrich
Kleyer* (1853 – 1932) gegründeten Firma wurden
die berühmten Adler-Fahrräder gebaut. Später stieg
das Unternehmen in die erste Schreibmaschinen-
Serienproduktion und schließlich in die Auto- und
Motorrad-Produktion ein. Schon während des Ersten Weltkriegs wandelte sich das Unternehmen zu einem Rüstungsbetrieb, während des Nationalsozialismus stieg es zum größten Produzenten von Schüt-
zenpanzer-Fahrgestellen auf. Auf dem Gelände der

🔵 **Gallusmarkt,** Fran-
kenallee zwischen
Schwalbacher und Krifte-
ler Straße, Fr 8 – 18.30
Uhr. Umfangreiches Ange-
bot von Fleisch und Wurst
über Gemüse, Obst und
Backwaren bis hin zu
Käse und Blumen.

🔵 Wer sich für Indus-
triegeschichte inte-
ressiert, kann sich das
Faltblatt *Route der Indus-
triekultur Rhein-Main,
Frankfurt am Main –
Mitte,* Nr. 16, bei der Ge-
schäftsstelle KulturRegi-
on FrankfurtRheinMain
gGmbH, Poststraße 16,
für 5 € besorgen,
www.krfrm.de. Da Frank-
furt nie ein ausgespro-
chener Industriestandort
war, sind die Besichti-
gungspunkte oft keine
Produktionsstätten, son-
dern Denkmäler oder
auch Parkhäuser.

angrenzenden ehemals jüdischen Unternehmen entstanden ab 1941 Baracken, in denen etwa 2000 Zwangsarbeiter aus Frankreich und Russland hausen mussten. Laut dem **Verein LAGG** schuftete hier das drittgrößte Zwangsarbeiterheer Frankfurts, nach den *IG Farben* und den *Vereinigten Deutschen Metallwerken, VDM.* 1944 reichten die Arbeitskräfte nicht mehr aus und man forderte KZ-Häftlinge an, die Adlerwerke wurden zum »**KZ Katzbach**«. Die meisten der insgesamt 1600 hierher verschleppten KZ-Häftlinge waren Deportierte aus dem Warschauer Ghetto. Nur die wenigsten überlebten Hunger, Verwahrlosung, Kälte, Krankheiten und Prügel. Das Konzept im KZ Katzbach hieß »Vernichtung durch Arbeit«. Die Verantwortlichen wurden nach dem Krieg nicht zur Rechenschaft gezogen, die *Dresdner Bank,* die 48 % der Aktien hielt, zahlte erst 1998 eine Art Entschädigung – an die 10 letzten Überlebenden.

Nach dem Zusammengehen mit anderen, nicht weniger namhaften Unternehmen wurden die Beschäftigten der Adlerwerke AG 1993 in die Arbeitslosigkeit entlassen. 1997 wurde das burgähnliche Backsteingebäude von der DB-AG als Verwaltungsbau übernommen. Die Adlerwerke existieren als *Adler Real Estate AG* weiter. In der Firmendarstellung sind die Zeitsprünge großzügig gehalten: www.adler-ag.de/htm/unternehmen_historie.php.

T ↗ *Gallustheater, Kleyerstraße 15 – 31, nahe Galluswarte, 60327 Gallus.*

DAS NEUE EUROPAVIERTEL

Bis Ende 2019 entsteht zwischen Gallus und Messe auf dem ehemaligen Gelände des Güter- und Rangierbahnhofs für 5 Mrd Euro das **Europaviertel** – »Mehr Platz für Reiche« titelte die FR. Und tatsächlich: Auch wenn ein qm-Preis von 9000 € für eine

ⓘ **Initiative gegen das Vergessen,** Leben und Arbeiten in Gallus und Griesheim, LAGG e.V., Kleine Hochstraße 5, Gallus. http://kz-adlerwerke.de.

➜ 60327 Europaviertel. **Bahn/Bus:** U4, Straba 16, 17, Bus 32, 50 Festhalle/Messe. Straba 11 Güterplatz.

280 qm Luxuswohnung nur die Spitze darstellte, wird bei einem Kaufpreis von 2500 € pro qm für eine 47 qm kleine 2-Zimmer-Wohnung, die dann für 470 € Kaltmiete auf den Markt kommt, nicht nur dem Kameruner Kleinverdiener Angst und Bange. Das Viertel gliedert sich entlang einem breiten

Boulevard in Wohnblocks mit so viel versprechenden Namen wie *Parisien, Central & Park* oder gar *Harmonie.* Euphemistisch verschleiern sie den düsteren Blockcharakter der dicht an dicht gebauten Hochhäuser. Allein zwischen Güterplatz und Emser Brücke sind Hochhausblocks mit 2000 Wohneinheiten für 13.000 neue Bewohner entstanden. Gleichzeitig sollen 37.000 Arbeitsplätze in den Bereichen Handel und Dienstleistung entstehen. Westlich vom verwaist daliegenden **Europagarten** befinden sich nahe dem Messeparkhaus die **Helenenhöfe,** gebaut von der

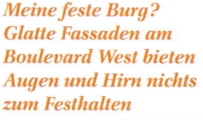

Meine feste Burg? Glatte Fassaden am Boulevard West bieten Augen und Hirn nichts zum Festhalten

© Annette Sievers

Skyline Plaza, Europa-Allee 6, Europaviertel. www.skyline-plaza.de. Mo – Mi 9.30 – 20, Do – Sa 9.30 – 22 Uhr. Zwischen Güterplatz und Messe gelegene bunte Ellipse mit 170 Geschäften, Parkhaus und großer Dachterrasse mit tollem Blick auf die Messe (System-Gastro Alex, Mo – Do 8 – 1, Fr – Sa 8 – 3 Uhr). Essen und Trinken von McDonald's über Eiscafé La Luna bis zur Restaurantkette La Tagliatella – oder selbst versorgend bei Rewe (Mo – Sa 7 – 22 Uhr).

Buntes Mega-Ei mit Dachterrasse

© Annette Sievers

*Kitas, Schulen, eine Kirche, Läden, Hotels und Gastronomie sollen das neue Viertel beleben. Der **Europagarten,** wo derzeit nur Jogger und Hundebesitzer ihre einsamen Bahnen ziehen, deckt übrigens einen Autotunnel ab. Auch die U5, die bis Ende 2019 fertig werden soll, kriegt dann hier ihre Station.*

AGB. Sie machen die 30 % »bezahlbaren Wohnraum« aus, auf die sich Stadt und Bauträger einigen konnten. Im Klartext sind das 48 Eigentumswohnungen bis 3850 € Kaufpreis (oder 13 € Kaltmiete) und 397 Sozialwohnungen à 5,50 € pro qm.

Auch an Studenten hat man gedacht: Der Investor *Groß & Partner* baut an der Mainzer Landstraße, Ecke Güterplatz eine achtgeschossige Wohnanlage mit dem polyphonen Namen »Westsite Living«. Die 113 1- bis 3-Zimmer-Mietwohnungen sind für »Berufseinsteiger und Pendler« gedacht, 10 Penthouse-Wohnungen garantieren zumindest den dortigen Bewohnern Luft. Die anderen zahlen 12,50 – 14 € pro qm und versorgen sich im geplanten Penny im Erdgeschoss – mehr ist ja dann auch nicht mehr drin.

DAS KAUFHAUS DER DEUTSCHEN: DIE MESSE

Seit etwa 1150 wurden in der Stadt rund um den Dom Warenmessen abgehalten, die mit der Zeit immer größer und wichtiger wurden. Kaufleute aus allen Himmelsrichtungen kamen, um zu kaufen und zu verkaufen, um mit Kollegen zu fachsimpeln und zu feiern.

Damals glich die Messe noch stark einer Kirmes, was sie eigentlich auch war: nach der *missa,* der liturgischen Feier im Dom, fand einmal im Jahr im Herbst eine »**Kleinmesse«,** ein Jahrmarkt, statt, der allein schon Anlass war, die Menschen von Nah und Fern herbeizulocken. Eine günstige Gelegenheit für clevere Geschäftsleute, ihre Waren nebenbei unters Volk zu bringen. Die Waren, die auf Frachtkähnen und Pferdekarren nach Frankfurt geschafft wurden, und die gefüllten Geldsäckel der heimkehrenden Kaufleute lockten auch Spitzbuben, Wegelagerer und Räuber an. Im Jahr 1240 war das Spektakel derart angewachsen, die Straßen aber so unsicher geworden, dass *Friedrich II.,* Römischer Kaiser, König von Sizilien und selbst ernannter König von Jerusalem, die Kaufleute unter seinen persönlichen Schutz stellte: Die Landesherren mussten nun den Händlern Geleitschutz geben – die erste urkundliche Erwähnung der Messe und Beweis ihrer Wichtigkeit. Bald wurde nicht mehr nur mit Korn, Vieh, Wolle, Holz und Dingen des täglichen Bedarfs gehandelt, sondern auch mit Metallen, Blei, Erz, Eisen, Zinn, mit Leinen und Tuch, Hanf, Flachs, Gewürzen und Lebensmitteln. Kaiser *Ludwig der Bayer* genehmigte 1330 eine zweite Messe zur Fastenzeit, die **Frühjahrsmesse.** Der Grundstein für den heutigen Weltruf Frankfurts als Messestadt war damit gelegt.

Im 15. Jahrhundert kamen immer mehr Händler aus dem Ausland, die Pelze und Felle, Farbstoffe, besondere Gewürze wie Pfeffer, Lorbeer, Ingwer, Muskatnuss und das begehrte Safran aus Italien, dem Balkan, aus dem Norden oder dem Orient mitbrachten. Der Glanz des Luxus zog in die Altstadtgassen ein, wenn 3 Wochen lang kostbares Glas aus Venedig, Geschmeide, Gold und Silber, Weine, Seide und Bücher ausgestellt wurden. In den weiten Hallen des Römers konnte seit 1405 das Handelsgut angemessen präsentiert werden. Bis 1459, dem Eröffnungsjahr der Leipziger Messe, waren sie größter europäischer Warenumschlagplatz.

Buchmessenblick: Das Pressezentrum und der Jahn-Turm von Halle 3 aus gesehen

© Annette Sievers

☀ **Tipp:** Anlässlich der Light & Building findet seit 2004 die **Luminale** inzwischen im ganzen Rhein-Main-Gebiet statt. Dabei werden Gebäude von außen und innen effektvoll ausgeleuchtet oder Lichtskulpturen aufgebaut.

Zu den wichtigsten **Konsumgütermessen** gehören Ambiente, Tendence, paperworld, Christmasworld, Beautyworld, Collectione und Hair & Beauty, bei den **technischen Messen** stehen Light & Building, ISH, IFFA, Texcare, Material Vision und The Design Annual obenan, **wichtig sind** außerdem die IAA bzw. Automechanika, die Textil- und Musikmessen und natürlich nicht zu vergessen die Buchmesse im Oktober, die weltgrößte ihrer Art. www.messe-frankfurt.com.

Friedrich-Ebert-Anlage, 60327 Bockenheim. **Bahn/Bus: Eingang City,** Friedrich-Ebert-Anlage: U4, Straba 16, 17, Bus 32, 50 Festhalle/Messe. **Eingang Torhaus:** S3 – 6, Bus 30, 32, 34, 40 Messe. **Zeiten:** Besichtigung nur während Messen möglich – dann stundenlang. **Kinderbetreuung:** Dr. Andreas Wolf, ✆ 069/75755755, andreas.wolf@messe-frankfurt.com.

Als Handelsstadt am Kreuzungspunkt Europas und zunehmend auch für den Handel mit Kolonialwaren aus der »Neuen Welt« hatten in Frankfurt auch die reinen Geldgeschäfte Bedeutung. Münzen der verschiedensten Länder und Währungen, Schuldscheine und diebstahlsichere Wechselbriefe führten 1585 zur offiziellen Festsetzung der Wechsel- und Geldkurse – die ↗ **Börse** war geboren.

Während der Messezeiten verdoppelte sich die Anzahl der Menschen in der Stadt und schon damals kam es zu Engpässen bei der Unterbringung der Gäste; Patrizier, Frankfurter Kaufleute und Bürger vermieteten von privat Zimmer und Kellerräume. Heute kommen bis zu 45.000 Aussteller aus aller Welt und rund 1,6 Mio Besucher jährlich, um sich auf den 41 Messen und Ausstellungen, davon ein Dutzend der weltweit größten Branchenveranstaltungen, zu informieren – und noch immer ist die Unterkunftsfrage ein leidiges Thema. Zwar gibt es 40.000 Gästebetten in Frankfurt, doch 60 % des Hotelangebots liegen im Luxus- und First-Class-Bereich – und die Zimmerpreise erhöhen sich zur Messe gerne mal um 150 %.

Die Messe heute

Heute stehen auf dem 578.000 qm großen Messegelände im Westen der Stadt 10 vielfältig verwendbare Hallen sowie die Festhalle für Messen und Ausstellungen, Kongresse, Konzerte und Sportveranstaltungen zur Verfügung. Verwaltet und gemanagt wird die Messe Frankfurt von weltweit 1833 Mitarbeitern der 1907 gegründeten GmbH, die zu 60 % der Stadt und zu 40 % dem Land Hessen gehört. 929 Mitarbeiter sind bei dem Unternehmen in Frankfurt angestellt, die Zahl der indirekt von der Messe profitierenden Arbeitsplätze beläuft sich deutschlandweit auf rund 32.500. Zu dem jährlichen

Umsatz von 537 Mio Euro tragen 28 Tochtergesellschaften und 50 Sales Partner rund um den Globus bei. Damit gehört sie zu den weltweit umsatzstärksten Messegesellschaften, wobei Frankfurt ihr wichtigster Standort ist.

Der Messeturm

Schon nach seiner Fertigstellung 1990 war der **Messeturm** zum Wahrzeichen »Mainhattans« geworden. Zum einen, weil er damals (bis 1997) mit 256,5 m Frankfurts höchstes Bürohaus war, zum anderen, weil sich seine Form so deutlich von jener der Geldtürme abhebt. Der mit pyramidialem Abschluss gekrönte Skyscraper erinnert in Farbe und der abgestuften, sich verjüngenden Form an das Wahrzeichen des mittelalterlichen Frankfurts, zu dessen Füßen einst die Messen stattfanden – den sandsteinroten Kaiserdom. Mit seinem Art-Deco-Obelisk verweist der Architekt *Helmut Jahn* auf seine Vorbilder und Chicagoer Herkunft. Die 52 Bürogeschosse, die mit 24 Aufzügen zu erreichen sind, sind entgegen amerikanischem Vorbild leider nicht für Normalsterbliche zugänglich. Auf ein Restaurant in luftiger Höhe wartet Frankfurt vergeblich.

Grand Dame der Messe: Die Festhalle

Das älteste Gebäude der Messe, die *Festhalle,* wurde 1908 vor den Toren der Stadt errichtet und war damals der größte Kuppelbau Europas. Unter der 40 m hohen Kuppel haben bei den Sechs-Tage-Radrennen, Eiskunstshows oder

*Vor dem **Messeturm** ist die Skulptur des **Hammering Man** von Jonathan Borofsky Blickfänger. Der Arm des »hämmernden Mannes« bewegt sich symbolisch für den Pulsschlag einer arbeitsamen Stadt.*

*Vorarbeiter:
Hammering Man*

© Annette Sievers

*Grabstein, Toaster, Guillotine – die Spottnamen für das postmoderne **Torhaus** belegen ein Missverständnis. Denn Oswald Mathias Ungers ging es hier nicht um reine Funktionalität, sondern um die schiere Idee, für die Messe ein symbolisches Tor zu schaffen. Mit dem spiegelnden, von einem mit Quadraten gefüllten Rechteck umklammerten, mit 117 m vergleichsweise niedrigen Turm erteilte Ungers 1986 der pure Macht ausstrahlenden Bankenarchitektur zudem eine witzige Absage.*

Maritim Hotel Frankfurt, Theodor-Heuss-Allee 3, im Kongresszentrum, Frankfurt. ✆ 069/7578-0. www.maritim.de. Mit Wellness-Bereich und japanischem Restaurant Sushi Sho.

Konzerten bis zu 13.500 Besucher Platz. Das erste Ereignis, das noch vor der feierlichen Eröffnung durch Kaiser *Wilhelm II.* im Mai 1909 die Schaulustigen anzog, war ein *Turnfest* mit 15.000 Turnern! Im selben Jahr wird die erste *Internationale Luftschifffahrtsausstellung* zelebriert, bei der Frankfurts erste Fluggäste dem auf dem Rebstockgelände gelandeten Zeppelin entstiegen. In guter alter Tradition waren rund um die Festhalle Vergnügungsbuden aufgestellt: der erste aeronautische Rummelplatz mit Flugzeugkarussells und Schießbuden, in denen man auf Ballone zielte. Landwirtschafts- und Automobilausstellungen, eine Trauerfeier für *Rosa Luxemburg,* die internationale Arbeiterolympiade, Musikmessen, die erste ACHEMA 1930 und natürlich die klassischen Messen zum Frühjahr und Herbst waren die großartigen, richtungsweisenden Ereignisse. Mit *Hitlers* Auftritt 1936 in der Festhalle begann für die »grande dame« eine unrühmliche Zeit, da auch hier Juden und Verfolgte zusammengetrieben wurden, um in KZ verschleppt und ermordet zu werden. Nach dem Krieg wurde die ausgebrannte Halle bald wieder aufgebaut, 1948 fand bereits wieder eine Herbstmesse statt.

Inzwischen steht die von *Friedrich von Thiersch* entworfene neoklassizistische Halle, die Kritiker einst ein »architektonisches Parvenütum schlimmster Art« nannten, unter Denkmalschutz. Nach der Renovierung 1986 und 2006 besitzt der alte Bau – heute die Halle 2 der Messe – modernste Technik mit Hebebühnen, flexiblen Tribünen und einer verbesserten Akustik.

ZERSTÖRUNG & AUFBAU: ZEIL & CITY

*Im Gedärm des Wals:
Mit etwas Glück spuckt
er Sie auch wieder aus
dem Myzeil aus*

FRANKFURT ZWISCHEN 1933 UND HEUTE

Das Hochgefühl der Weimarer Republik kippte 1929 mit der einsetzenden Weltwirtschaftskrise schlagartig. Auch im Frankfurter Stadtsäckel schrumpften die Finanzmittel. Erstes Opfer war die städtische Messegesellschaft: Die Frühjahrsmesse fand 1929 für 19 Jahre zum letzten Mal statt. Auch die anderen städtischen Unternehmen waren tief in den roten Zahlen. Ende 1932 erklärte die Stadt Frankfurt ihre Zahlungsunfähigkeit.

In der Republik gab es seit 1930 keine parlamentarische Mehrheit für eine Regierung mehr, Reichspräsident von Hindenburg wurde zum einzigen Machtfaktor. Enttäuscht hofften die Menschen auf eine autoritäre Lösung der wirtschaftlichen und sozialen Probleme. Kommunisten und Sozialdemokraten bekämpften sich erbittert, sodass Reichspräsident *von Hindenburg* am 30. Januar **1933** ungehindert *Adolf Hitler* zum Reichskanzler ernennen konnte. Getragen von der Mehrheit des national gesinnten Bürgertums und weiten Teilen der Arbeitslosen entwickelte sich aus der konservativen Erneuerung der totalitäre Führerstaat.

Sinnbild für sinnlose Zerstörung: Eine Gedenkplatte auf dem Römerberg erinnert an die Bücherverbrennung vom 10. Mai 1933

© Annette Sievers

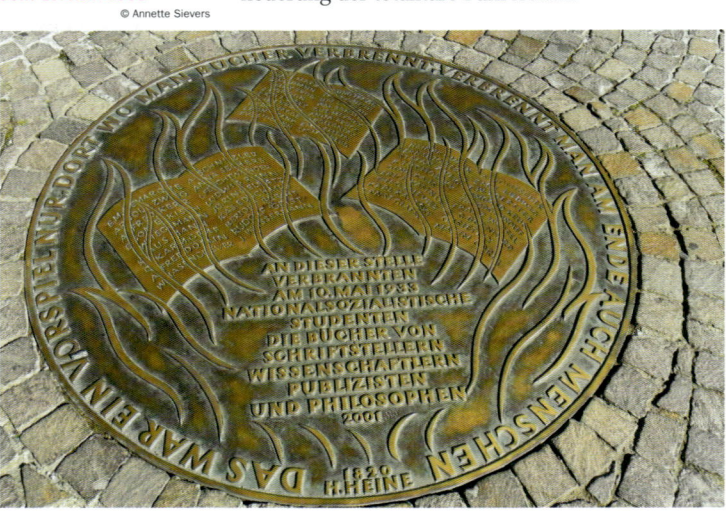

Nazi-Zeit im liberalen Frankfurt

Am 4. Februar hatte Hermann Göring die zwangs-
weise Auflösung sämtlicher Gemeindevertretungen
angeordnet. Nach dem Reichstagsbrand am 28. Februar wurden sogleich Meinungs-, Vereins- und Versammlungsfreiheit außer Kraft gesetzt. So waren die
Reichstagswahlen am 5. März 1933 und die Wahl zur
Stadtverordnetenversammlung eine Woche später
längst keine freien Wahlen mehr. Dennoch: Die
NSDAP erhielt in Frankfurt 44,1 bzw. 47,9 % der Stimmen! Für die absolute Mehrheit zog sie die Kampf-
front Schwarz-Weiß-Rot (3,9 %) mit ins Stadtparlament. Durch das **Ermächtigungsgesetz** vom 23. März
1933 machte Hitler den Reichstag überflüssig. Die
»Gleichschaltung« wurde vorangetrieben: Frankfurts
sozialdemokratischer Polizeipräsident *Ludwig Stein-
berg* war schon im Februar abgesetzt worden, nun
wurde der ganze öffentliche Dienst »gesäubert«: Mitglieder der Arbeiterparteien, Liberale, Parteilose und
jüdische Mitarbeiter mussten gehen und der SPD-
Bürgermeister *Karl Schlosser* wurde in »Schutzhaft«
genommen. Das Amt des Oberbürgermeisters übernahm von dem geflohenen ↗ *Ludwig Landmann*
Dr. Friedrich Krebs. Die Blut-und-Boden-Ideologie
verlangte eine Vernichtung des liberalen, demokratischen und sozialistischen Gedankengutes. Am
10. Mai 1933 wurden auf dem Römerberg unter dem
Jubel der Menschen, darunter etliche Studenten und
Professoren, **Bücher verbrannt.** *Max Beckmann* floh
nach langjähriger Lehrtätigkeit an der Städel-Schule
1933 ins Ausland. Alle Bilder von »undeutschen« Ma-
lern wie *Corinth, Gaugin, van Gogh, Munch* und *Ma-
tisse* wurden aus dem Städel entfernt. Ebenso die
Denkmäler *Heinrich Heines* und *Friedrich Eberts.* Kul-
tureller Höhepunkt im nationalsozialistischen Frankfurt wurden die – 1932 von einem jüdischen Inten-
danten eingeführten – *Römerbergfestspiele.*

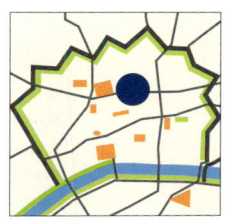

 *Ermächtigungs-
gesetze* gab es
schon früher, doch Hitler
nutzte die Möglichkeit,
an Reichsrat und Reichs-
präsident vorbei Gesetze
zu erlassen, zur Etablie-
rung seiner Diktatur.

*Der Jurist **Fried-
rich Krebs** (1894 –
1961) war seit 1929 eifri-
ges Mitglied der NSDAP.
Als OB sah er sich als
»Führer der Gemeinde«,
dessen Pflicht es sei, aus
dem »Vorposten der
Demokratie« eine »deut-
sche Stadt« zu zimmern.
Dazu gehörte, das »mit-
telalterlich-germanische
Gemeinwesen« mit der
Altstadt als mytholo-
gisch-ideologischem Zen-
trum wiederzubeschwö-
ren. Krebs wurde 1947
als »Mitläufer« aus der
Entnazifizierung entlas-
sen.*

Genauso wie die Kultur musste der Alltag »gesäubert« werden. Das Frankfurter **Straßenverzeichnis** war ein reiches Betätigungsfeld: Die Gallusanlage hieß »Adolf-Hitler-Anlage«, die Untermainbrücke »Adolf-Hitler-Brücke«, der Untermainkai »Herrmann-Göring-Ufer«, der Börsenplatz »Platz der SA« und der Rathenauplatz »Horst-Wessel-Platz«.

Die Stadt des Handels und der Messen wurde von den Nazis **1936** paradoxerweise zur »Stadt des deutschen Handwerks« ernannt. Das liberale Frankfurt wurde von den nationalsozialistischen Führern nicht sehr geschätzt. Zwei Ehrenbürger der Stadt, *Adolf Hitler* und *Herrmann Göring,* statteten dem Ort der ersten deutschen demokratischen Nationalversammlung nur sporadisch Besuche ab. Das Hetzblatt »Der Stürmer« meldete nach einem Besuch des »Führers«, Frankfurt sei eine »verjudete und bolschewistisch verseuchte Stadt«.

Nach der Ausschaltung politischer Gegner kam die Ausgrenzung nicht-arischer Menschen aus dem alltäglichen Leben dran – neben Sinti und Roma vor allem **jüdische Mitbürger** – und schließlich deren staatlich organisierte Ermordung, ⟋ *Das jüdische Frankfurt.*

※ Die Verbundenheit mit den 29.000 **jüdischen Mitbürgern** *drückte der Botanik-Professor Martin Möbius in seinem an Dr. Krebs gerichteten Brief aus: »Wir Frankfurter müssen uns ja vor den die Stadt besuchenden Fremden schämen, dass hier die Judenhetze in einer so gehässigen und geschmacklosen Weise betrieben wird, während gerade Frankfurt seinen jüdischen Mitbürgern für eine Fülle von Stiftungen zum Wohl der Stadt dankbar sein müsste.«*

Überwachung, Widerstand, Resignation

Das totalitäre System sicherte seine Macht durch ein **Überwachungssystem,** das seine Bedeutung vor allem durch die Grausamkeit, mit der man gegen »Verdächtige« vorging, erlangte. Nur etwas mehr als 100 Spitzel arbeiteten der *Geheimen Staatspolizei* in Frankfurt zu, um die »Volksgemeinschaft zu reinigen«. Im Westend, in der Lindenstraße 27, befand sich seit 1941 der Sitz der Gestapo. SA und SS hatten eigene Folterkeller in der Mörfelder Landstraße 166, in der Gabelsbergerstraße, im alten Bockenheimer Krankenhaus und in der Klingerschule. Die Todesurteile der willfährigen Justiz wurden in der Haftanstalt Preungesheim an rund 100 Personen vollstreckt.

Es gab aber auch organisierten **Widerstand:** Die »Vegetarische Gaststätte« im Steinweg war ein getarnter Treffpunkt des *Internationalen Sozialistischen Kampfbundes. Franz Metz,* einer derjenigen, die durch die »Gleichschaltung« arbeitslos geworden waren, eröffnete in der Sandgasse 17 das »Café Metz« und später im Baumweg 16 eine Weinstube, wo sich die Sozialdemokraten trafen. Und hinter der fingierten Adresse »Firma A. Holz, Frankfurt, Zeil 25« steckte in Wirklichkeit die Widerstandskämpferin *Lore Wolf* von der *Roten Hilfe* der KPD. Alle Verbindungsadressen deckte die Gestapo auf. Etwa 2000 Frankfurter starben im aktiven Widerstand.

Die Vorbereitungen von Staat, Wirtschaft und Gesellschaft zur »Ausrottung der jüdisch-bolschewistischen Führungsschicht im Reich« und der Gewinnung »von Lebensraum für die germanische Herrenrasse« führten zwangsläufig zum **Krieg.** Bereits seit 1934 wurden überall im Reich **Luftschutzbunker** errichtet. Als Deutschland am 1. September 1939 Polen überfiel, trat auch für Frankfurt die Verdunklungsordnung in Kraft. Die Propaganda der Nazis erklärte die Heimat zur »Front«, rief zu Metallspenden für die Rüstungsindustrie auf und versuchte verstärkt, mit Todesurteilen Kritik im Keim zu ersticken. Wer couragiert seinen jüdischen Nachbarn half, musste mit dem Tod rechnen. Die Frankfurter Juden wurden am helllichten Tag vor den Augen ihrer Mitbürger durch die Stadt zur ↗ Großmarkthalle getrieben, von wo sie ab Oktober 1941 in die Vernichtungslager deportiert wurden. Im Herbst **1943** meldete Gauleiter *Jakob Sprenger,* Frankfurt sei »judenfrei«. Parteileute, die sich bei der Ermordung verdient gemacht hatten, wurden mit dem Kriegsverdienstkreuz ausgezeichnet. Zur gleichen Zeit kamen über 500 Menschen

Treffpunkte des **Widerstands** *waren bestimmte Cafés und Kneipen in der Altstadt, Bornheim und Fechenheim. Sogar im Hausener Strandbad traf man sich konspirativ. Am Wochenende kam man, als Familienausflug getarnt, im Taunus zusammen.*

Rund 30 **Luftschutzbunker** *stehen noch immer im Frankfurter Stadtgebiet verteilt. Nach dem Krieg wurden sie als Flüchtlingslager, Archive und Lager genutzt, heute oft als Musikübungsraum (↗* **Gallus***) oder, wie in der Friedberger Anlage, als museale Gedenkstätte,* ↗ **Bunker 9. November.**

Blick zurück im Zorn: Die Nymphe schaut auf die Rückseite des Poelzig-Baus, einst Sitz der IG Farben und der amerikanische Militärverwaltung

© Kunstkontakt

beim ersten **Großangriff** auf Frankfurt ums Leben. Durchhalteparolen auf Plakaten wie »Frankfurt wird gehalten« hingen an den Häuserwänden. In den Nächten des **18.** und **22. März 1944** wurde die Frankfurter Altstadt restlos zerstört. 5000 Menschen starben, Tausende von Gebäuden waren zerstört und die Mehrzahl der Überlebenden obdachlos. Nach 12 Jahren Diktatur der »germanischen Herrenrasse« war Frankfurt mit 12 Mio Kubikmeter Schutt bedeckt und von den ehemals 550.000 Einwohnern lebten noch 269.000. Am 29. März 1945 meldeten die amerikanischen Truppen die Einnahme Frankfurts.

Nach dem Krieg

Als die amerikanischen Streitkräfte am 27. März 1945 über die Wilhelmsbrücke (heute Friedensbrücke) in Frankfurt einmarschierten, lag die Stadt zu vier Fünfteln in Trümmern. Von der ehemals historischen Altstadt, im Wesentlichen der Bereich um den Römer, stand zu dieser Zeit so gut wie nichts mehr. Nach dem Abwurf von rund 2 Mio Brandbomben hatte man, so erzählen Zeitzeugen, freien Blick von der Hauptwache bis zum Mainufer. Die **amerikanischen Militärs** hatten ihr Hauptquartier im ↗ **Poelzig-Bau,** dem ehemaligen Verwaltungsgebäude des IG-Farben-Konzerns, im Westend eingerichtet. Von dort lenkten sie den Demokratisierungsprozess in der amerikanischen Zone. Der erste Frankfurter Bürgermeister *Wilhelm Hollbach,* ein Redakteur der ehemaligen *Fankfurter Zeitung* (1949 wurde daraus die *Frankfurter Allgemeine Zeitung*), wurde noch von den neuen Machthabern eingesetzt, bevor am **26. Mai 1946** das erste **Stadtparlament** gewählt wurde. Bei einer Stimmenmehrheit von Sozialdemokraten und Kommunisten zeichnete sich schon damals eine Entwicklung ab, die für die Stadt über viele Jahrzehnte bestimmend sein sollte: Die Sozialdemokraten ließen sich den Römer bis 1977 nicht mehr nehmen.

Die Hauptstadtfrage

Mit der ersten roten Römermehrheit nach dem Krieg gelangte **Walter Kolb** ins Rathaus, der Sorge dafür trug, dass der Stadt mit Messe und Flughafen eine wirtschaftliche Zentralstellung gesichert wurde. Weitaus interessanter als die kommunalen Vorkommnisse jener Tage waren die Ereignisse um das Schicksal Deutschlands, das zunächst von Frankfurt aus bestimmt wurde. 1947 trafen sich im Börsensaal Amerikaner und Briten, um den **Bi-Zonenrat** ins Leben zu rufen. Ein Jahr später leiteten die *Frankfurter Dokumente* die Einheit der 3 westlichen Besatzungszonen ein und besiegelten damit die Gründung der **Bundesrepublik Deutschland** (BRD). Mit der **Währungsreform** am 20. Juni 1948, die zuvor in aller Stille von der *Bank Deutscher Länder* vorbereitet worden war, nahm der wirtschaftliche Aufstieg der Bundesrepublik seinen Ausgang. Das Geld, die Deutsche Mark (DM), das den »neuen« Bundesbürgern an diesem Tag ausgehändigt wurde, war in den Vereinigten Staaten gedruckt worden.

Bis zur Gründung der BRD ein Jahr nach der Währungsreform fungierte Frankfurt als provisorische Bundeshauptstadt. Doch bei der Abstimmung zur **Hauptstadtfrage,** bei der auch Bonn zur Disposition stand, entschied sich eine knappe Mehrheit für die Kleinstadt am Rhein. In das Bundestagsgebäude, mit dessen Bau Frankfurt selbstbewusst begonnen hatte, zog später der Hessische Rundfunk ein.

 ***Walter Kolb***
(1902 – 1956), Jurist, SPD. 1932 Landrat in Preußen, von den Nazis suspendiert, 1944 in Buchenwald inhaftiert. Sehr beliebter, weil zupackender OB, war für den raschen Aufbau Frankfurts, der Messe und des Flughafens verantwortlich.

*Da Berlin in der sowjetischen Besatzungszone lag, die das Gebiet als ihr Territorium reklamierte und somit West-Berlin eine Enklave in der DDR darstellte, musste bis zur Wiedervereinigung Deutschlands eine Stadt gefunden werden, die die **Hauptstadt-Funktion** übernahm. Bonns Kandidatur wurde durch den Rheinländer Konrad Adenauer (CDU) favorisiert, unterstützt von der britischen Besatzungsmacht. Frankfurt indes, Favorit der SPD, wurde aufgrund seiner demokratischen Tradition geschätzt. Am 10. Mai 1949 erhielt Bonn in geheimer Abstimmung des Parlamentarischen Rates mit 33 zu 29 Stimmen die Mehrheit.*

Aufbau kommt vor Schönheit

Von seiner historischen Altstadt und den zahllosen
Fachwerkbauten – Frankfurt soll vor dem Krieg die
Stadt mit den meisten Fachwerkhäusern gewesen
sein – war nach dem Bombardement nicht viel übrig
geblieben. Um die Trümmer zu beseitigen oder für
die Wiederverwendung aufzubereiten, gründete der
Stadtrat eigens eine *Trümmerverwaltungsgesellschaft*.
Zunächst musste der Schutt noch per Hacke und
Schaufel weggeräumt werden, um Straßen wieder
frei zu bekommen und eine Feldbahn anlegen zu
können. Der »Trümmerexpress« beförderte alles bis
zum heutigen Dippemess-Platz am Ratsweg, wo aus
dem Schutt neue Steine gepresst wurden. Ansonsten
ging die Neubebauung mit viel Beton und Zement
voran, wobei eine Stadtlandschaft entstand, von der
sich Planer und Architekten heute voller Abscheu ab-
wenden. Eine Rekonstruktion der Altstadt wurde damals noch verworfen, Wohnungen waren wichtiger.
Dem Straßenbau wurde in den Planungen der Vor-
rang eingeräumt, sodass sich bald breite Schneisen,
wie Berliner oder Kurt-Schumacher-Straße, auf denen der Autoverkehr von Jahr zu Jahr dichter wurde,
durch die Innenstadt zogen.

Wirtschaftswunder und Kriminalität

»Keine andere bundesrepublikanische Stadt prosperierte so rasch und scheinbar widerspruchslos wie Frankfurt« (Höpfer/Kuhn). Nachdem die Trümmer fortgeschafft waren, setzte ein ungeheurer Bauboom, besonders in der Innenstadt, ein. Dabei wurde Frankfurt zum puren Ausdruck wirtschaftlicher Interessen. Was gebaut wurde, musste nicht unbedingt schön sein, sondern sollte möglichst viel einbringen. So entstand eine der hässlichsten, wenngleich auch umsatzstärksten Einkaufsstraßen in der BRD: die ↗ **Zeil.** Dank der Arbeitsplätze, die innerhalb kürzester Zeit zur Verfügung standen, wuchs die Bevölkerung in nur 10 Jahren, von 1946 bis 1956, um 200.000 auf insgesamt 623.172 Einwohner an.

Mit den zuziehenden Menschen kamen neue gesellschaftliche und politische Schwierigkeiten auf die Stadt zu. Ab 1961 nahm die Mainmetropole einen Spitzenplatz in der **Kriminalstatistik** ein, den sie bis heute nicht abgegeben hat. Schon Ende der 50er-Jahre machte die hessische Großstadt wegen der Ermordung der Luxus-Prostituierten **Rosemarie Nitribitt** (1933 – 1957) Schlagzeilen in der Regenbogen-Presse. In den Gazetten wurde die Wirtschaftswunderstadt zum »Klein-Chicago«, in dem Mord und Tot-

Filmtipp: *Das Mädchen Rosemarie,* 1958 von Rolf Thiele, 1996 von Bernd Eichinger verfilmt.

ROSEMARIE NITRIBITT

Stiftstraße 36, 4. Stock: Auf der Couch liegt mit verrenkten Gliedern, einer Platzwunde am Kopf und Würgemalen am Hals die 24 Jahre alte Prostituierte Rosemarie Nitribitt. Ihre Kunden sind Wirtschaftsbosse, Anwälte, Ärzte, Politiker, die sie mit einem Mercedes-Cabrio aufreißt. Die Polizei behauptet, ihre Kundenkartei gefunden zu haben, woraufhin sich etliche Freier freiwillig melden – lauter kleine Leute. Der Mörder ist nicht darunter. Doch die Legende ist bereits festgeschrieben und mit ihr der erste große Wirtschaftswunder-Skandal.

schlag an der Tagesordnung seien; ↗ Ⓜ **Kriminalmuseum.**

Die SPD baut und baut

In den ersten 30 Jahren nach Kriegsende zählte die Stadt **5 verschiedene Oberbürgermeister.** Der erste demokratisch gewählte OB, *Walter Kolb,* starb während seiner zweiten Amtszeit. Sein Nachfolger wurde 1956 **Werner Bockelmann,** der 1963 den Bau der U-Bahn veranlasste. Über Jahre hinweg trieben riesige Dampframmen unter lautem Getöse, neben dem immer stärker werdenden Autoverkehr, die Streben für das ehrgeizige Unternehmen in die Erde. Bockelmanns Nachfolger **Willi Brundert** konnte 1968 den ersten U-Bahn-Abschnitt in Richtung Nordweststadt für den Verkehr freigeben. Frankfurt hatte damit, nach Berlin und Hamburg, die dritte U-Bahn in Westdeutschland. In den Folgejahren wurde das U-Bahn-Netz der Stadt stetig ausgebaut. Sein Nachfolger *Walter Möller* starb 1971 nach nur einem Jahr im Amt, danach machte **Rudi Arndt** mit markigen Worten auf sich aufmerksam.

Arndt sah sich mit weitreichenden gesellschaftspolitischen Protesten konfrontiert – und in politische Skandale verwickelt. Diese hatten vor allem mit den Bauplänen der Stadt zu tun, aus dem Wohngebiet des ↗ **Westends** ein Büroviertel mit dichter Hochhausbebauung zu machen. Dubiose Häuseraufkäufe, Mietervertreibung mit allen Mitteln und undurchsichtige Kreditgeschäfte brachten Bürgerinitiativen und Studenten im ↗ **Häuserkampf** auf die Straße. Kredite an die Immobilienspekulanten wurden auch von der Hessischen Landesbank vergeben. Ihrem Vorstand gehörte u.a. Rudi Arndt an.

Zu Krawallen kam es auch wegen der Gebührenerhöhung im öffentlichen Nahverkehr, die in der studentischen Forderung vom »**Null-Tarif**« gipfelten. Wäh-

✹ *Werner Bockelmann (1907 – 1968), Jurist, Onkel von Udo Jürgens. In seine Zeit fallen U-Bahn-Bau, Nordweststadt und das erste Hochhaus: Das Zürichhaus musste indes inzwischen dem Opernturm weichen.*

✹ *Willi Brundert (1912 – 1970), als Mitglied der Soz. Arbeiterjugend im Widerstand, wurde in der DDR als angeblicher Westagent 8 Jahre inhaftiert, 1958 Flucht in die BRD und SPD-Karriere.*

✹ *Rudi Arndt (1927 – 2004), ab 1964 für die SPD in der hessischen Landesregierung aktiv. Mit 44 Jahren war er der jüngste OB Frankfurts. Nach seinen eigenen Erzählungen warnte die RAF ihre Leute: »Bitte nicht gefangen nehmen, mit dem hält es keiner länger als 8 Stunden aus.«*

rend Arndts Regierungszeit wurde die Zeil, bis dahin Frankfurts verkehrsreichste Straße, in eine Fußgängerzone umgewandelt, nur die Straßenbahn durfte bis zur Einweihung der U-Bahn noch hier fahren.

Einen besonderen Namen machte sich der Oberbürgermeister als er bei einem Treffen mit Frankfurter Jungsozialisten empfahl, die im Wiederaufbau befindliche ↗ **Alte Oper** in die Luft zu sprengen. Denn wie bereits beim ersten Bau des Opernhauses 1871 schraubten sich auch diesmal die Baukosten in astronomische Höhen und heizten die Diskussionen an. Die unbedachte Äußerung (die er später dementierte) brachte dem jüngsten Frankfurter OB den Spitznamen »Dynamit-Rudi« ein.

Neben all den Schlagzeilen hatte die Main-Stadt obendrein den Ruf, sie sei »kulturlos«. Daran konnte auch die Berufung von *Hilmar Hoffmann,* dem ehemaligen Leiter der Oberhausener Filmfestspiele, zunächst nichts ändern. Zwar wurde durch seine Initiative 1971 das erste *Kommunale Kino* in der Bundesrepublik eröffnet, doch Hoffmanns Konzept von der »Kultur für alle« blieb von der SPD-geführten Stadtregierung unbeachtet; ↗ Ⓜ **Filmmuseum.**

Die CDU zieht in den Römer ein

1977 mussten die Sozialdemokraten erstmalig die Verantwortung an die Christdemokraten abgeben. **Walter Wallmann** (1932 – 2013) wollte nun nicht nur das Aussehen der Stadt aufwerten, sondern auch ihr ramponiertes Image. Wallmann griff dankbar die Idee Hilmar Hoffmanns von einem Museumsufer auf und machte den SPD-Mann prompt zu seinem Kulturdezernenten. So entstand in den 80er-Jahren jene Serie von Museumsbauten, die auf vielfältige Weise für Publicity sorg(t)en, ↗ **Museumsufer.**

Der Etat für die kulturellen Anstrengungen wuchs von 1970 bis 1990 von 68 Mio DM auf die 6-fache

»Wurde in den 60er-Jahren dem Auto durch vehementen Straßenbau Tribut gezollt, begann in den 70er-Jahren in Frankfurt »die Betonierung des Luftraums« (Keil/Ronneberg).

Schnee von gestern? Am 2. Nov 1980 demonstrierten 15.000 Menschen gegen die Abholzung des Stadtwaldes und den Bau der Startbahn West

© pmv, Foto Michael Kapp

Die Bewegung gegen die Startbahn West war etwas Besonderes: Rentner, Arbeiter, Studenten, Pfarrer, ganze Familien standen zusammen, um den Wald zu retten, hielten ihn durch das »Hüttendorf« besetzt und demonstrierten gegen die Polizeihundertschaften an

© pmv, Foto Michael Kapp

Summe an, was knapp 12 % des gesamten Haushalts ausmachte. Mit dieser Politur waren die wirklichen Probleme natürlich nicht in den Griff zu bekommen. »Krankfurt« litt weiter vor sich hin. Besonders im und um das Bahnhofsviertel konzentrierte sich das Verbrechen, das mit Schmiergeldzahlungen und Erpressungen auch auf die Stadtpolitik Einfluss nahm. Zur selben Zeit wurden politische Gegner mit Polizeihundertschaften eingeschüchtert, so die **Startbahn-West-Gegner** und die Demonstranten gegen den anwachsenden Rechtsradikalismus. Am **28. September 1985** stirbt bei einer Demonstration gegen Neonazis der 36-jährige Maschinenschlosser und aktive Helfer des JUZ Bockenheim *Günther Sare:* Er wurde vom Strahl eines Wasserwerfers der Polizei erfasst und dann überrollt.

Rot-Grünes Zwischenspiel

Mit den Kommunalwahlen **1989** kehrten mit knapper Mehrheit die Sozialdemokraten in den Römer zurück, und erstmals übernahmen auch die Frankfurter **Grünen** Verantwortung in der Stadtregierung. Eine der Grundbedingungen für die Koalition mit den Sozialdemokraten war die Schaffung eines *Amtes für*

Multikulturelle Angelegenheiten (AmkA; ↗ »Der typi-sche Frankfurter ist keiner«). Mit knapp 26 % aus-ländischer Mitmenschen hatte (und hat) Frankfurt den höchsten Ausländeranteil aller deutschen Städte zu verzeichnen. Leiter des neu geschaffenen Dezer-nats wurde der ehemalige Wortführer der französi-schen Studentenbewegung: *Daniel Cohn-Bendit*. Sein Weggefährte und Kumpel aus Häuserkampftagen, **Joschka Fischer,** war zu der Zeit nicht nur zum zwei-ten Mal Umweltminister in der Hessischen Landes-regierung, sondern außerdem Stellvertreter von Mi-nisterpräsident *Hans Eichel*.

Die linke alternative Szene Frankfurts war damit in den **90er-Jahren** angekommen: Studentenbewegte, Häuserbesetzer und Anti-Startbahn-Aktivisten ha-ben inzwischen als Verleger, Künstler, Publizisten oder Politiker einen festen Platz im gesellschaftlichen Stadtleben. Viele ehemals alternative Projekte konn-ten sich Dank ihnen professionalisieren. Die rot-grüne Familien-, Frauen-, Migranten- und Drogenpolitik gibt Frankfurt bis heute ein menschlicheres Gesicht. Und nicht zuletzt sorgte Rot-Grün mit seiner Um-weltpolitik für mehr Grün in und um die Stadt he-rum. Heute ist man stolz und froh, 70 km **Grüngür-tel** zu besitzen, der für Frischluft in der Innenstadt sorgt.

Frankfurt wächst in die Höhe

Doch beim **Gang durch die Institutionen** waren die ehemals Bewegten scheinbar politikmüde geworden. Jedenfalls lag die Wahlbeteiligung bei Frankfurts ers-ter **Oberbürgermeisterdirektwahl 1995** bei nur 55,8 %. Mit 51,9 % der Stimmen zog **Petra Roth** (1944 in Bre-men geb.) in den Römer ein – und blieb bis Mitte 2012. Zunächst regierte ein Viererbündnis aus CDU, SPD, FDP und den Grünen, ab **2007** ging es nur in Koalition mit den Grünen: Neben Petra Roth steht

---

Der Polit-Rocker aus der Häuser-kampfszene, der mit den ausgetretenen Turnschu-hen bei seiner ersten Ver-eidigung zum Minister angetreten ist, der Taxi-fahrer mit dem großen historischen Wissen und dieser rhetorisch gewandten Schnauze, der Marathonmann, der das Nordend noch immer für die Grünen gewon-nen hat, der, der Außen-minister und Vizekanz-ler, mal dick, mal dünn gewesen, zum 4. Mal verheiratet und heute Professor in den USA ist, das ist »unser« Joschka.

Die **GrünGürtel-Frei-zeitkarte** zeigt 70 km Rad- und 62 km Wanderwege rund um Frankfurt, mit Ausflugszie-len, Grillplätzen, Gaststät-ten u.a.m. Kostenlos in der ↗ **Bürgerberatung** und bei der ↗ **Verkehrs-insel** an der Hauptwache.

---

*Der **Gang durch die Institutionen**, den die Generation der 68er anstrebte, sollte Politik und Universitä-ten von innen heraus radikal verändern.*

Alles zum Wohle Frankfurts: Petra Roth beim Schoppepetzen auf dem Römerberg (2008)
© Annette Sievers

Jutta Ebeling, Grünen-Politikerin mit langjähriger Erfahrung, an der Spitze (1946 in Oberfranken geb.). Die Grünen mussten sich für ihren Beitritt in die Koalition viel Kritik gefallen lassen, hatten sie doch vor der Wahl bestimmte Positionen konträr zur CDU belegt. So gab es gegenseitige Stillhalteabkommen in den Fragen des Flughafen- und des Autobahnausbaus, eine Kehrtwende bei Videoüberwachung und der Einführung eines freiwilligen Polizeidienstes in Frankfurt.

Eintracht herrscht beim »Unsere Großstadt soll schöner werden«-Thema, dem erklärten Ziel von Petra Roth. Die langjährige Städtetag-Präsidentin hat aus Frankfurt eine »Global City« gemacht, eine Europastadt im wahrsten Sinne des Wortes, die sich intensiv um die Integration ihrer rund 160.000 Mitmenschen aus 180 Ländern kümmert. Dabei wollte sie der »Zukunft eine Heimat« geben – und meinte damit sowohl den Wiederaufbau der Nostalgie-Altstadt als auch den des ↗ Fürstenpalais Thurn und Taxis – sowie gleichzeitig dem Städtebau eine »funktionale Urbanität« verpassen, womit Petra Roths Vorliebe für **Hochhaustürme** nach New Yorker Vorbild zu Tage trat, die sich seit ihrem Amtsantritt allmählich über die ganze Stadt verteilten und nun viel Schatten werfen.

In Frankfurt herrscht akute Wohnungsnot. Innerhalb von nur 6 Jahren wuchs die Stadt um 50.000 auf 700.000 Einwohner bis 2012. **Peter Feldmann,** seit Juli 2012 als OB im Amt, hat sich daher vorgenommen,

☀ *Der Hochhaus-Bebauungsplan ist noch nicht abgeschlossen. Das jüngst beschlossene Projekt wird ein Doppelhochhaus an der Mainzer Landstraße sein, das von der Hoch Tief bis 2017 gebaut wird.*

den zur Verfügung stehenden Wohnraum zu vergrößern. Gleichzeitig muss die Stadt familienfreundlicher werden, will man die hohe Rate von Single-Haushalten senken (53,5 %) und den Anforderungen des Arbeitsmarkts entgegenkommen. So entstehen ganze Stadtteile inklusive familiengerechter Infrastruktur neu (am Wasserpark, Riedberg, das ↗ Europaviertel), in alten Wohngebieten wird »nachverdichtet« oder leer stehende Büroflächen (immerhin 13 %) werden umgenutzt.

Problematisch dabei ist die sich ausbreitende **Gentrifizierung:** Vormals für Studenten, Unter- oder Mittelschicht bezahlbare Mieten steigen durch von Investoren vorangetriebene Umwandlung in Eigentum so stark an, dass die bisherigen Bewohner an den Rand der Stadt gedrängt werden. Die gewachsene Struktur der Wohnviertel ändert sich mit einem Mal. So ist selbst im Gentrifizierungs-Pionier-Viertel Westend (↗ Häuserkampf) ein Quadratmeterpreis von 40 € nur noch für eine unsichtbare Elite finanzierbar, im Nordend und Bornheim ist der Strukturwandel schon weit fortgeschritten und das traditionelle Arbeiter- und Migrantenviertel Ostend wird gerade durch den ↗ EZB-Neubau lautlos weggeputzt. Das protestgewohnte Frankfurt der 70er- und 80er-Jahre schweigt dazu. Noch?

Frankfurt hebt ab

Wachstum auf Teufelkommraus galt unter Petra Roths Ägide auch für den Luftraum. Der mit Abstand größte Flughafen Deutschlands und europaweit drittgrößter in punkto Passagieraufkommen sollte weiter wachsen, so ein Beschluss im Jahr 2000. Kurz darauf erfolgte der Börsengang, die Flughafenbetreibergesellschaft heißt nun **Fraport AG,** als OB war Petra Roth Aufsichtsratsmitglied. Die neue **Nordwest-Landebahn** verursachte schon im Vorfeld viel Lärm, um

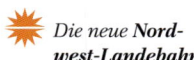 *Die neue **Nordwest-Landebahn** ist eine reine Landebahn. Nur kleinere Maschinen können auf ihr landen, da sie zu kurz ist bzw. große Flugzeuge zu laut sind. Nachts darf auf ihr generell nicht gelandet werden. Die jetzige Nordbahn wird zur Centerbahn und vor allem als Startbahn genutzt. Die Startbahn 18 West bleibt wie gehabt eine Startbahn. Die jetzige Südbahn ist die zweite Landebahn.*

 *Jeder hat die Wahl: Muss ich wirklich Kurzstrecke oder für 3 Tage nach Ibiza fliegen? Als Reiseführerverlag hat pmv Konsequenzen gezogen und publiziert seit 2009 nur noch Ziele, die per Bahn zu erreichen sind.*

Daniel Cohn-Bendit, 1945 in Montauban geboren, 1965 Abitur an der Odenwald-Schule, Soziologie-Studium in Nanterre, Sprecher der Pariser Mai-Revolution, 1968 Landesverweis. Engagement in Frankfurt in der Kinderladen-Bewegung, der Gruppe Revolutionärer Kampf und beim »Pflasterstrand«. Zählte mit Joschka Fischer zur Sponti-Szene. Seit 1994 für die Grünen im EU-Parlament.

Berami – Berufliche Integration e.V., Burgstraße 106, © 069/913010-0. www.berami.de. Mo – Fr 8 – 16 Uhr. Beratung für Migrantinnen und Aussiedlerinnen.

© Fraport AG

den Kahlschlag des Bannwaldes, die sicherheitskritische Lage des Chemiewerkes Ticona und ein Nachtflugverbot. Dass die zu erwartende Lärmbelästigung nach Inbetriebnahme der neuen Landebahn 2011 tatsächlich nicht nur bestimmte Stadtteile am Rande in Mitleidenschaft ziehen würde, sondern die gesamte Stadt *und* Rhein-Main-Region, hatte sich bis dahin wohl kein Verantwortlicher ausgemalt. Erst recht nicht den nimmermüden Protest der betroffenen Bürger – von Oberrad, Sachsenhausen, Flörsheim undundund. Zwar gilt ein vom Hessischen Verwaltungsgerichtshof verhängtes **Nachtflugverbot** zwischen 23 und 5 Uhr – für das OB Roth dann plötzlich auch war, bietet es doch jetzt genügend Lücken für Ausnahmen. Doch bei derzeit täglich 660 Starts und 660 Landungen und einer geplanten Steigerung von 83 Flugbewegungen pro Stunde auf 91 (bis 2020 gar auf 126) schwillt der Lärmpegel unaufhaltsam an. Praktisch vom Hessischen Ried bis in den Rheingau, von Mainz bis zum Spessartrand werden die Menschen von einem Lärmteppich zugedeckt, der zwischen 46 und 60 Dezibel liegt (Zahlen der Fraport AG 2013).

Zum Weiterlesen: www.fluglaerm.de, www.atmosfair.de. www.bi-sachsenhausen.de.

Der Zuzug von Fremden war in einer Freien Reichsstadt und Handelsstadt wie Frankfurt traditionell hoch. Das mittelalterliche Frankfurt ließ es zum Teil zu, verdiente es doch nicht schlecht an den Emigranten. Wer Frankfurter Bürger werden wollte, musste sich gegen viele Gulden einkaufen. Die größte Gruppe der Ausländer stellten jedoch Handwerksgesellen und Gesinde, das zwar den Schutz durch seinen Dienstherren genoss, aber ansonsten rechtlos blieb. So waren sie beispielsweise von der städtischen Armen- und Krankenfürsorge ausgeschlossen. Während der

DER TYPISCHE FRANKFURTER IST KEINER

Reformationszeit, als Frankfurt protestantisch geworden war, kamen Glaubensflüchtlinge in die Stadt: Engländer, Wallonen, Flamen, Niederländer, im 17. Jahrhundert Hugenotten, im 18. Italiener und natürlich immer wieder Juden. Nicht nur die Andersartigkeit der Fremden machte den Leuten zu schaffen, sondern auch die Konkurrenz, weshalb es mit der viel beschworenen Frankfurter Liberalität immer wieder mal haperte.

Nach dem Zweiten Weltkrieg setzte der Zuzug wieder ein. Bis 1973 – als in Deutschland der Anwerbestopp den weiteren Zuzug von »Gastarbeitern« verhindern sollte – lebten 115.000 Arbeitsemigranten in Frankfurt. Damit war Frankfurt die Stadt mit dem höchsten Ausländeranteil in Deutschland. Um die Integration zu fördern und ausländerfeindlichen Tendenzen zuvor zu kommen, wurde 1989 unter der damals rot-grünen Stadtregierung das **Amt für multikulturelle Angelegenheiten** geschaffen, ihr erster Leiter war **Daniel Cohn-Bendit.** Da Emigrantinnen noch stärker als Männer mit Integrations-Problemen konfrontiert sind, wurde das in Deutschland einzigartige **Berami** ins Leben gerufen.

1990 – 94 stürmte dem Multikulti-Image der Stadt der Ghanaer **Anthony Yeboah** voran. Der Eintrachtspieler war der erste Kicker aus dem tropischen Afrika, der in der Bundesliga zum Mannschaftskapitän aufsteigen konnte. Eine Saison lang trugen alle Bundesligaspieler Shirts mit dem Slogan »Mein Freund ist Ausländer«, eine Reaktion auf neonazistische Tendenzen der Wendezeit. Doch in der Stadt mit dem höchsten Ausländeranteil in Deutschland (knapp 26 %, Berlin 14,5 %) funktioniert der bürgerliche Widerstand gegen Rechts sehr gut, sodass Neonazi-Aufmärsche immer wieder gestoppt werden. Man muss nur aufstehen.

TOUR 4
DURCH DIE CITY

Die Zeil eignet sich bestens für eine Besichtigungstour und Stadtdurchquerung. Schließlich zieht sie sich einen Kilometer von Osten über die Konstabler- bis zur Hauptwache. Links und rechts bietet sie viel Erwähnenswertes. Und wer den Bummel über die Fressgasse hinaus bis zur Alten Oper ausdehnt, wird auch mit mancher Sehenswürdigkeit aus Frankfurts jüngster Geschichte belohnt. Dabei vermischen sich je nach Abschnitt die Gerüche aus den Parfümerien mit der heißen, verbrauchten Luft aus den Kaufhäusern, den Bratwurstständen, Crêperien und Fischgeschäften zu einer typisch großstädtischen Geruchsmelange.

60313 City.
Bahn/Bus: U6, 7 Zoo oder S1 – 6, 8, 9 und U4 – 7 Konstablerwache. **Zeiten:** Wer nur flanieren will, der wird mit einem Vormittag auskommen. Wer allerdings einen Einkaufsbummel plant, sich in den Kaufhäusern der Zeil und den Edel-Boutiquen der Goethestraße umsehen möchte, der sollte mehr Zeit mitbringen, denn zwischen Konstablerwache und Alter Oper öffnen sich Konsuminteressierten Tür und Tor. **Infos:** www.cityforum-profrankfurt.de, www.zeil-online.de.

*Die Schäfergasse gibt in ihrem Namen noch einen Hinweis auf den **Viehmarkt.***

HANDEL UND WANDEL: DIE ZEIL

Schon im Frühmittelalter wurde auf der Zeil Handel getrieben: Außerhalb der ↗ **staufischen Stadtmauer** aus der Zeit *Friedrich Barbarossas* lag der städtische **Viehmarkt.**
Die Stadt wuchs und wuchs, **1333** musste die Stadtmauer geöffnet werden. 50 Jahre später stand bereits auf der Nordseite des ehemaligen Viehmarktes (auf der Südseite befand sich noch der Stadtgraben) eine neue Häuserreihe. Sie wurde damals schon allgemein bloß »die Zeil« genannt. Im **17. Jahrhundert** wurde sie zur Prachtstraße ausgebaut. Zu *Goethes* und **Schillers** Zeiten muss sie mit ihren Patrizierhäusern und herrschaftlichen Hotels noch viel Charme besessen haben, denn selbst die beiden sonst so mäkeligen Dichterfürsten schwärmten davon. Die ersten Läden etablierten sich erst im 19. Jahrhundert, das erste mehrstöckige Kaufhaus wurde **1907** eröffnet. 1895 wurde zwischen Hauptwache und Stiftstraße die Hauptpost in einem reprä-

sentativen Gebäude eröffnet – nur ums Eck von der einstigen *Thurn-und-Taxis-Poststation*. Bis zur nationalsozialistischen Zeit gab es auf der Zeil einige große jüdische Kaufhäuser, Mode- und Pelzgeschäfte sowie Cafés. Besonders bekannt waren das Warenhaus *Wronker* und das Kaufhaus *Schmolle* (Hertie, heute Karstadt).

Der Krieg hat die Gründerzeitbauten zerstört, den Rest besorgte der Wiederaufbau, bei dem die Straße um 8 m verbreitert wurde. **1950** eröffnete als erstes der Kaufhof, 1965 zog Hertie nach. Noch ist die Zeil eine zweispurige Straße, in deren Mitte die Straßenbahnen fahren. Unter dem SPD-Oberbürgermeister *Rudi Arndt* wurde die Zeil 1973 zur Fußgängerzone, 10 Jahre später sind S- und U-Bahnbau abgeschlossen und statt der Straßenbahnschienen zieren 4 Baumreihen die Zeil. Seitdem haben Fußgänger und Radfahrer vollends Besitz von ihr genommen.

Dem jeweiligen **Zeitgeschmack** entsprechend werden die großen Kaufhäuser oder nur ihre Fassaden ständig umgestaltet. Alteingesessene Unternehmen wie das Kaufhaus *M. Schneider* konnten dem Diktat der international operierenden Ketten nichts entgegensetzen und sind verschwunden (1998). Stattdessen sind vielfach austauschbare Handy- und Billigläden eingezogen, so etwa der Textildiscounter Primark. Der uniformen Gesichtslosigkeit der Hauptgeschäftsstraße, die mit München und Köln um den Platz der beliebtesten Einkaufsmeile Deutschlands konkurriert, will man mit Glaspalästen wie der *Zeilgalerie* (1992 eröffnet) oder dem Forum ↗ **Palais Quartier** mit dem spektakulären Einkaufszentrum *MyZeil* (2008 eröffnet) entgegenwirken. Doch ausgereifte Konzepte für mehr Attraktivität und gegen die abendliche Tristesse fehlen noch. Zwar gibt es mit dem *CityForum ProFrankfurt* eine starke Initia-

1795 übersandte **Friedrich von Schiller** sein Gedicht »Die Teilung der Erde« an Goethe mit den sarkastischen Worten: »Die Theilung der Erde hätten Sie billig in Frankfurt auf der Zeile vom Fenster aus lesen sollen, wo eigentlich das Terrain dazu ist.«

Die Spitzenmieten pro qm in Frankfurt: Büro im Bankenviertel 43,50 €, in der City um 16 €, Ladenfläche bis 260 € pro qm. Zum Vergleich: London Büro im Westend 190, München Ladenfläche in bester Lage 300 Euro pro Quadratmeter im Monat.

Café Maingold, Zeil 1, City. © 069/283327. www.cafe-maingold.de. Mo – Do 12 – 1, Fr, Sa 12 – 2, So 10 – 21 Uhr. Gemütlich wie in Omas Wohnzimmer: Edel-Trödel-Kult mit Rosentapete auf Vintage poliert. Kleinigkeiten zu essen, Cocktails, Weine und Whiskys.

Bürgeramt Frankfurt (zentrales), Statistik und Wahlen, Zeil 3, © 069/212-30600, www.stadt-frankfurt.de. Mo, Do 9 – 18, Di, Mi 7.30 – 13.30, Fr 7.30 – 13 Uhr. Sehr freundliche Mitarbeiter.

tive, die Frankfurt und die Zeil zu einer Topadresse für Shopping und Freizeit machen will, doch herrscht Uneinigkeit untereinander. Nur die Hälfte der Unternehmen sind dort Mitglied, viele wollen nicht mit den Konkurrenten zusammenarbeiten, andere haben weitere Vereine, wie *Zeil Aktiv e.V.,* gegründet. Die Stadt indes, besorgt um ihr Image, versucht die Zeil aufzuwerten: Die dichte Baumreihe wurde an markanten Kreuzungspunkten gelichtet, eine neue Beleuchtung erhellt ein neues Pflaster (statt wie früher die Baumkronen) und moderne Café-Pavillons haben Bratwurstbuden und Popcorn-Stände abgelöst. Doch das Ziel, mehr als 14.000 Menschen pro Stunde täglich zum Einkauf auf die Zeil zu locken, ist noch nicht erreicht.

Die Ostzeil und das Klapperfeld

Die Zeil beginnt im Osten beim wilhelminischen **Uhrtürmchen,** das auf einer Kreuzung des grünen Cityrings steht. Hier, auf der *Ostzeil,* sind die letzten Gründerzeitgebäude vom Krieg und Bauboom verschont geblieben, wie das reizende **Café Maingold** am Rand des Anlagenparks. An der Lange Straße musste beispielsweise ein herrschaftlich anmutendes Eckhaus mit hohen Fensterarkaden dem kalten Verwaltungsbau des **Bürgeramtes** weichen. Ein paar Meter hinter der Meldestelle stößt die **Breite Gasse** auf die Zeil. Neben dem traditionellen Bordellviertel am Hauptbahnhof sind hier weitere Etablissements zu finden, da die Breite Gasse nach der 1986 verabschiedeten Sperrgebietsverordnung zu den *Toleranzzonen* von Frankfurt gehört. Nur wenige Schritte trennen die Bordelle vom **Gesundheitszentrum** und von der **Polizei** auf der Zeil. Deren Präsenz ist auf der Zeil besonders nötig, von Taschendiebstahl über Drogenhandel bis bewaffneter Raubüberfall kann man hier alles erleben.

Auch die **Gerichtsbarkeiten** der Stadt haben in der Nähe ihren Sitz: Verwaltungs- und Gerichtsgebäude bilden zwischen der Nordseite der Zeil und der Seilerstraße ein nahezu abgeschlossenes Justizviertel; untergebracht sind dort in verschiedenen alten und neuen Bauten *Oberlandes-* und *Landgericht.* Die Gegend nannte man im Mittelalter das *Klapperfeld,* denn hier, außerhalb der Stadtmauern, lag ein Pestilenzhaus. Wenn die Aussätzigen sich näherten, mussten sie sich durch lautes Klappern bemerkbar machen. Almosen warfen die Leute in die an langen Stangen befestigten Körbe.

Das Gewahrsam

Von 1886 bis 2003 wurden in dem ehemaligen Polizeigefängnis Diebe und Trunkenbolde, Dirnen, Gesetzesbrecher, Untersuchungshäftlinge und ab den 1980er-Jahren auch Menschen ohne Aufenthaltsgenehmigung eingesperrt. Der Hofgang fand für Frauen und Männer in getrennten Bereichen statt. Die Zellen waren eng, vergittert, spartanisch. Zwischen 1933 und 1945 nutzte die Gestapo diesen Ort für Verhöre und Folter. Dokumente zur Geschichte des Gewahrsams in der Dauerausstellung hinterlassen ein beklemmendes Gefühl.

① **Polizeiliche Beratungsstelle,** Zeil 33, ✆ 069/755-55555, Mo, Mi 9 – 16, Do 15 – 19, Fr 8 – 12 Uhr.

✴ *Die Initiative Faites votre jeu!* bemüht sich, diesen Ort der Repression als Denkmal zu erhalten. Sie organisiert Ausstellungen, Konzerte und Infoveranstaltungen.

Die »Aufnahme« geschah nie freiwillig: Blick ins Gewahrsam
© Annette Sievers

M *Faites votre jeu!,* Klapperfeldstraße 5, 60313 City. ✆ 0163/ 9401683, www.klapperfeld.de. **Zeiten:** Dauerausstellung Sa 15 – 18 Uhr.

ERZEUGERMARKT AUF DER KONSTABLERWACHE
Die Wetterau auf der Konstablerwache

➜ In der schmuddeli-gen **B-Ebene** gibt es u.a. eine RMV-Ver-kaufsstelle und öffent-liche Toiletten für die sprichwörtliche Notdurft.

☀ *»Zittrone wolle Se? Seit wann wächst dann sowas bei uns dahaam?« Der Spruch kommt garantiert – pro-bieren Sie's aus!*

Fasching auf dem Erzeu-germarkt: Lore Bäu-scher trägt ihr Feldge-müse heute mal auf dem Kopf

© Annette Sievers

An der Ecke zur Kurt-Schumacher-Straße weisen C&A, Strauss & Co auf den beginnenden Fußgän-gerbereich der Zeil hin. **Unter der Konstabler** halten die S-Bahnen aus dem Umland sowie vom Flughafen kommend.

Gegen den Verkehr im Untergrund ist der Platz da-rüber eine Ödnis. Zwar gastieren dort gelegentlich »Events« und der wöchentliche Erzeugermarkt hat sich die Herzen der Frankfurter erobert, doch die Platzgestaltung ist alles andere als eine architekto-nische Meisterleistung. Wer übrigens die Wache ver-misst, die dem Platz ihren Namen gegeben hat, der wird lange suchen müssen. Die Wachstube der fran-zösischen Besatzungsarmee wurde bereits 1866 wieder abgerissen.

Seit 1989 bieten auf dem ⊙ **Erzeugermarkt** rund 50 Marktstände Gesundes und Frisches aus der Re-gion. Ob Freilandeier, Biofleisch, Schaffelle, Honig, Räucherfisch, Aale Worscht, Dinkelbrot, Apfelmost, Milchprodukte, Blumen oder Obst und Gemüse: An-geboten wird nur das, was jahreszeitlich wächst. Er-klärtes Ziel der Bauern, Bäcker und Winzer aus Rhön, Wetterau oder Rheinhessen ist es, so-wohl umweltorientiert als auch sozialverträg-lich zu handeln und da-bei die regionale Iden-tität und Originalität zu fördern. Dass ihnen dies gelungen ist, be-weist die Popularität des Marktes als sozia-

ler Treffpunkt. Besonders beliebt sind die Stände, an denen Wein und Apfelwein, heiße Worscht oder Griie Soß' zum direkten Verzehr verkauft werden. Selbst bei schlechtem Wetter will keiner der Stammgäste auf diesen Treffpunkt verzichten. Hier liegt Frankfurts Savoir vivre!

Erzeuger-/Bauernmarkt Konstablerwache, *Anja-Katharina Mänz,* ✆ *06732/963312, www.erzeuger-markt-konstablerwache.de.* **Bahn/Bus:** *U4 – 7, Straba 1 – 6, 8, 9, 12, 18 Konstablerwache.* **Zeiten:** *Do 10 – 20, Sa 8 – 17 Uhr.*

Äpfel & mehr, Beim Erzeugermarkt an der Südwest-Ecke mit dem größten Angebot an Äpfeln und Apfelprodukten sowie Kartoffeln und Obst je nach Saison. Bei der herzigen Stranz-Familie sitzt man lustig bei Reibekuchen mit grüner Soße.

St. Peter

Ein Abstecher führt durch die **Schäfergasse** zur nördlich der Zeil gelegenen evangelischen **Peterskirche.** Das neugotische Gotteshaus von 1894, 1944 zerstört und 1965 wieder aufgebaut, liegt auf einem Plateau umgeben vom ehemaligen Friedhof, von dem noch schöne alte Epitaphien zeugen. 2004 wurde sie innen für 5 Mio Euro zur schicken **jugend-kultur-kirche** umgebaut, in der sich Jugendliche aus unterschiedlichsten Milieus zu einem vielseitigen Angebot treffen: Disco-Nächte, Theater, Abseilaktionen, Meditationsstunden, Open-Air-Konzerte, Unter-18-

Schäfergasse: Zwischen Konstablerwache und Hauptwache.

sp café, Bleichstraße 33, City. ✆ 069/2972595-200. www.sanktpeter.com. Mi, Do 12 – 20, Fr, Sa 14 – 22, So 12 – 18 Uhr. Jugendcafé mit wLAN. Jeden 1. So im Monat 18 Uhr Gottesdienst für und von Jugendlichen.

*Andere **wichtige Persönlichkeiten** Frankfurts auf dem Petersfriedhof sind der Buchdrucker Christian Egenolff 1555, der Kupferstecher Matthäus Merian d.J. 1687, der Kaufmann und Stifter Joh. Fried. Städel 1816 und der Bankier Simon Moritz von Bethmann 1826.*

*An der Kreuzung von Schäfergasse und Alte Gasse steht seit 1994 der **Frankfurter Engel**, ein Mahnmal der Homosexuellenverfolgung während des Nationalsozialismus.*

Aids-Hilfe Frankfurt (AHF), Friedberger Anlage 24, City. © 069/ 4058680, Infoline 19411. www.aidshilfe.de. Mo – Do 10.30 – 16 Uhr. 1985 gegründet. Angebote sind vertraulich und kostenlos. ☞ Festivitäten, *Lauf für mehr Zeit,* Café LSKH.

Symbol der Trauer und Solidarität: Die Rote Schleife am Aids-Memorial

Partys, Licht-Installationen, Graffiti-Workshops usw. Der **Friedhof der Peterskirche** war als Hauptfriedhof der Stadt ursprünglich sehr viel größer. Davon zeugt noch ein **berühmtes Grab,** das heute außerhalb seines Geländes auf dem Hof der Liebfrauenschule liegt: Das **Grab von Goethes Mutter** (1731 – 1808), genannt »Frau Aja«, die im Familiengrab der Textors liegt, ist durch einen roten Sandsteinbogen eingefasst. Das Grab von **Goethes Vater** auf dem Petersfriedhof war seit dessen Schließung 1828 durch Grabräuber und Straßenbau zunächst verschollen, bis 1851 eine Kommission es an der Westseite im Familiengrab des Großvaters ausgemacht haben will und es durch eine Plakette kennzeichnete.

Aids-Memorial & Frankfurter Engel

Ein **Aids-Memorial** an der Peterskirche – die mitten im »schwulen Bermudadreieck« steht – weist nicht nur daraufhin, dass seit 1982 inzwischen Millionen von Menschen mit der Immunschwäche-Krankheit infiziert wurden und an ihr starben, sondern auch darauf, dass die erste **AIDS**-Diagnose in Deutschland am Frankfurter Uniklinikum gestellt wurde.

© Aids Hilfe Frankfurt

DIE ZEIL ZWISCHEN »KONSTI« UND HAUPTWACHE

Hinter der Konstabler beginnt das große Einkaufs-paradies: *Peek & Cloppenburg, H&M, Karstadt, Douglas, Appelrath & Cüpper* – alle Großen sind schon da. Schuhe, Blumen, Kinderspielzeug, Herrenmode, Schmuck und Elektronikprodukte sind direkt auf der Zeil oder in ihren Nebenstraßen zu finden, aber auch Banken, Apotheken, Fitness-Schmieden und die un-umgänglichen Mobilfunkläden. Das Schlendern wird durch die Betriebsamkeit etwas gestört, Fahrräder flitzen rum, Papierkörbe quillen über. Bis dahin kann man sich am **Brockhaus-Brunnen** zwischen Hasen-gasse und Stiftstraße die Füße kühlen, sofern er nicht gerade von den Stadt-Punks belagert wird. Der aus weißem Marmor gemeißelte Brunnen trägt den Titel *Weltstadt Frankfurt* und wurde 1983 von *Lutz Brockhaus* geschaffen.

Palais Quartier & MyZeil

Gläserner Tornado oder Geldabsauger – das 2009 eröffnete **MyZeil** ist allem Spott zum Trotz ein Tou-ristenmagnet geworden. Spott gab es für den »ge-radezu genialen« (Petra Roth) Namen, der ein Wort-spiel aus dem frankforderischen »mei« und seiner englischen Entsprechung ist. Spott und Bewunde-rung gibt es für den gläsernen Trichter, der sich von der Fassade nach innen stülpt und durchs Gebäude bis aufs Dach schwingt. Was der italienische Star-architekt *Massimiliano Fuksas* dabei nicht bedacht hatte, waren die hiesigen Niederschlagsmengen, die den Trichter zur Dusche werden ließen (jetzt gibt es eine größere Regenrinne). Im Innern, das mit dem Look der 50er-Jahre spielt, können die auf 6 Ebe-nen verteilten Schuh- und Modeläden, Restaurants und Elektronikgeschäfte über die mit 42 m »längste Rolltreppe Deutschlands« erreicht werden – runter

➜ 60313 City. Zwischen Konstabler-wache und Hauptwache.

Clownerei auf der Zeil
© Annette Sievers

ZERSTÖRUNG & AUFBAU: ZEIL & CITY

Sind die nächsten Opfer: Luftballons vorm Saug- rüssel des Myzeil

© Annette Sievers

muss man sich allerdings einen anderen Weg suchen.

Das Zentrum des »Erlebniseinkaufs« ist Teil des **Palais Quartiers**, das mit 2 grellen Glas-Aluminium Hochhaustürmen auch »Erlebniswohnen« garantiert. Der 135 m hohe *Nextower* bietet auf 32 Etagen großzügige Büros und Dachterrassen, die zum Teil von internationalen Anwaltskanzleien und Unternehmensberatungen genutzt werden – der andere Teil steht leer. »Erlebniswohnen« gilt da wohl eher für das Luxushotel *Jumeirah Frankfurt* im 28-stöckigen Tower, das mit Ballsaal, libanesischem Restaurant und Seidenteppichen arabischen Glamour an den Main bringt. Auf seiner Dachterrasse wird schon fleißig gearbeitet: Hier lebt ein Bienenvolk und bereichert das Jetset-Frühstück mit Naturhonig (Bienen ↗ Ⓜ **MMK**).

Komplettiert wird das fast 1 Milliarde Euro teure Ensemble durch das **Thurn-und-Taxis-Palais** bzw. dessen verkleinerte Rekonstruktion, die als Eventlocation ein Mauerblümchendasein führt. Gehen Sie durch das MyZeil und links wieder hinaus.

Das Palais ist ein Rückgriff auf historische Zeiten, als Deutschland noch von Fürsten und Königen regiert wurde, der Adel die Fäden in der Hand und das Volk unter der Knute hielt. *Robert de Cotte,* Hofarchitekt des Sonnenkönigs Ludwig XIV., hatte das barocke Stadtschloss für **Fürst Anselm von Thurn und Taxis** 1741 entworfen. Der katholische Fürst zog mit einer Entourage von 150 Bediensteten ins protestantische Frankfurt, das den Kopf schüttelte. Bereits ab 1748, der Fürst war zu Höherem berufen worden, diente das Palais als Poststation und herrschaftliches Gästehaus für Würdenträger. 1806 bis 1813 residierte hier *Reichsfreiherr von Dalberg,* unter Napoleon ab 1810 Großherzog von Frankfurt. 1851 bis 66 nutzte der Bundestag das Thurn-und-Taxis-Palais, bevor es unter der Preußenherrschaft wieder zum Hauptsitz des deutschen Postwesens wurde. Nach dem Krieg riss man die ausgebrannten Gebäude ab und ließ nur das barocke Portal des ehemaligen Fürstenpalais übrig. Auf dem Grundstück dahinter baute die Deutsche Bundespost 1954 einen sagenhaft modernen Fernmeldeturm – der nun sang- und klanglos abdanken musste. Nichts ist für die Ewigkeit …

🕐 ✖ 🖐 *Mo – Mi 10 – 20, Do – Sa 10 – 21 Uhr, Rewe Mo – Sa 7 – 24 Uhr, dm Mo – Fr 8.30 – 21, Sa 8 – 22, Gastronomie Ebene 4 Mo – So 10 – 22 Uhr.*

Galeria Kaufhof an der Hauptwache

Am Thurn-und-Taxis-Palais links kommen Sie zurück zur Zeil und zu der guten alten Tante **Galeria Kaufhof.** Davor hat **David** auf dem Haupt **Goliaths** Platz genommen. *Richard Heß,* der die Bronze-Skulptur 1983 schuf, wollte mit ihr den »Triumph der Kultur über den Kommerz« zum Ausdruck bringen, aber hier auf der Konsummeile geht dieser Anspruch unter.

☀ *Die Familie Thurn und Taxis, im 12. Jahrhundert aus Italien nach Deutschland gekommen, organisierte seit 1490 das kaiserliche Postwesen und unterhielt einen Kurierdienst nach Italien. 1748 wurde* **Fürst Anselm** *von Franz I. zum Prinzipalkommissar des Kaisers ernannt, ein kostspieliges und prestigeträchtiges Amt, das die Familie bis zum Ende des Alten Reichs inne hatte. 1812 erfolgte der endgültige Umzug nach Regensburg.*

Elegante Kurve: Nextower und Jumeirah
© Annette Sievers

Foto: Daniela Sahling

Die Hauptwache

Am Schnittpunkt von **Großer Eschenheimer Landstraße** und der Fußgängerzone liegt im geografischen Mittelpunkt der Stadt die **Hauptwache.** Das Barockgebäude, in dem bereits seit der vorigen Jahrhundertwende ein 🔲**Café** ansässig ist, beherbergte nach seiner Errichtung 1730 die Stadtmiliz. Im Kellergewölbe und im Obergeschoss befanden sich Gefängniszellen, in denen unter anderem *Johannes Bückler,* besser bekannt als *Schinderhannes,* einsaß. Vor der Hauptwache stand ein Pranger. Im April 1883 wurde die Wache von rebellischen Burschenschaftlern eingenommen, die damit den Sturz des reaktionären Fürstenbundes einleiten wollten. Zu jener Zeit trafen sich die Fürsten im nahen Palais Thurn und Taxis. Doch die Bevölkerung versagte den Revolutionären die Unterstützung, die daraufhin das Gebäude freiwillig wieder räumten. Das 1944 ab-

✹ *2009 wurde die* **Große Eschenheimer Landstraße** *für Autos gesperrt und die Fußgängerzone um einen Veranstaltungsplatz erweitert.*

gebrannte Haus wurde 1953 wieder aufgebaut, um nur wenige Jahre danach – wegen des U-Bahn-Baus – komplett abgetragen zu werden. Seit 1968 steht die Hauptwache an jener, etwas seitlich angeordneten Stelle.

🏠 *Café Hauptwache, ✆ 069/219986-27, www.cafe-hauptwache.de. Zeiten: Mo – Sa 10 – 23, So 12 – 23 Uhr. Infos: Bar, Café und Restaurant mit regionaler Küche im metropolen Kaffeehaus-Stil. Tasse Kaffee 3,20 €, Kuchen ab 3,80 €, Flammkuchen ab 9,60 €, ansonsten Salate, Pasta, Schnitzel, Frankfurter Gerichte.*

❶ *TraffiQ Verkehrsinsel, An der Hauptwache 15, City. ✆ 01801/7684636 (Hotline, 3,9 ct/Min). www.traffiq.de. Mo – Fr 9 – 20, Sa 9.30 – 18 Uhr. Persönliche Beratung rund um den Nahverkehr, kostenlose Pläne und Broschüren.*

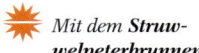 *Mit dem **Struwwelpeterbrunnen** (1985 von Franziska Lenz-Gerharz entworfen) hat die Stadt Frankfurt dem verdienstvollen Arzt und Schöpfer einer der wohl bekanntesten Bilderbuchfiguren, Dr. Heinrich Hoffmann, ein Denkmal gesetzt.*

Susanna Margaretha Brandt wurde als Kindsmörderin am »Dinstag, 14. Jänner 1772, auf dem Platz an der Röhre ohnfern der Hauptwache« mit dem Schwert hingerichtet. Ein Vierteljahr lang hatte sie zuvor in dem Torturm der Katharinenpforte eingesessen, weil sie ihr Kind, das sie allein in der Waschküche zur Welt gebracht hatte, erstickt hatte. Die »Brandtin«, eine einfache Dienstmagd in dem drittklassigen Wirtshaus »Zum Einhorn« in der Nähe der Staufenmauer, war 24 Jahre jung, nicht unhübsch, hochgewachsen, Waise, schreib- und leseunkundig wie fast alle Leute ihres Standes – dem ärmsten und niedrigsten in der reichen Stadt. Sie verdiente 10 Gulden im Jahr, mit Trinkgeldern zu den Messezeiten vielleicht 12. Der Stadtschultheiß Dr. jur. Textor – Goethes Großvater, der dem Schöffengericht vorstand – erhielt ein Jahresgehalt von über 1800 Gulden.
Die Schuldfrage schien trotz der neuen Zeit der Aufklärung gelöst. Doch dass die Übeltäterin im Grunde das Opfer ihres unbekannt gebliebenen Verführers sowie der gesellschaftlichen Moralvorstellungen und der daraus abgeleiteten abstrakten Gesetze war, hat sie unvergessen – und als Goethes Gretchen im »Faust« – unsterblich gemacht.

SUSANNA MARGARETHA BRANDT

St. Katharinen

St. Katharinen, ℗ 069/770677-0. www.stk-musik.de. Mo – Fr 10 – 12 Uhr. St. Katharinen lädt zu halbstündigen **Hörkostproben** ein, die von Kantor und Organist Martin Lücker auf der neuen Rieger-Orgel intoniert werden. Eintritt frei.

Südlich wird die Zeil von der evangelisch-lutherischen **Katharinenkirche** abgeschlossen. Sie geht auf ein Nonnenkloster von 1353 zurück, dessen Kapelle den Heiligen Katharina und Barbara geweiht war. 1677 wurde die erste Kirche abgerissen, um einem größeren Bau Platz zu machen. Die barocke, mit prächtigen, gotisierenden Elementen ausgestattete Kirche von 1681 wurde 1944 stark beschädigt und in den 60er-Jahren sehr schlicht wieder aufgebaut. Die Katharinenkirche, in der die Eltern Goethes sich das Ja-Wort gaben und ↗ *Johann Wolfgang von Goethe* vermutlich seine Taufe erhielt, lädt zu Kurzandachten und gelegentlich auch zu **Orgelkonzerten,** Ausstellungen und Vorträgen ein.

🕐 *Kirchengemeinde Westend, 60313 City. ℗ 069/ 770677-0. Zeiten: Mo – Fr 14 – 19 Uhr. Gottesdienst So 10 Uhr.*

SCHILLERSTRASSE: WO GELD UND SPITZBUBEN ZUHAUSE SIND

Schillerstraße – Eschenheimer Turm.

Wochenmarkt in der Schillerstraße: Fr 9 – 18.30 Uhr. Schöner Markt mit vielen guten Essständen.

An der Verlängerung der Zeil, der Biebergasse, beginnt rechts die **Schillerstraße,** eine Fußgängerzone mit schönen alten Häusern. Dort, wo sich die Straße zum Platz erweitert, sieht man die aus den Fernsehnachrichten allseits bekannte Bronze-Skulptur **Bulle und Bär** von *Reinhard Dachlauer,* die seit 1988 die Wechselfälle des Börsengeschäfts symbolisiert: Der Stier stößt die Kurse mit seinen Hörnern nach oben (*Hausse,* Höhe), der Bär schlägt sie mit der Tatze nieder (*Baisse,* Tiefe).

Die Alte Börse

Die **Börse** residiert seit 1879 zwischen Rahmhofstraße und Börsenplatz in einem der italienischen Renaissance nachempfundenen Gebäude. Von dem ursprünglichen Börsengebäude, vom Städel-Architekten *Oscar Sommer* entworfen, steht nur noch der Mittelbau, der von einer 43 m hohen Kuppel überragt wird. In den Nachkriegsjahren wurden im Börsensaal Theateraufführungen gegeben, heute ist sie nach New York und Tokio eine der bedeutendsten Börsenplätze der Welt.

Die Ursprünge der Börse gehen auf jene Zeit zurück, als in Deutschland unterschiedliche Währungen kursierten. 1585 legten Frankfurter Kaufleute während der Herbstmesse, zu der stets auch Händler aus dem Ausland kamen, die Kurse erstmals fest, was als die Geburtsstunde der Frankfurter Börse angesehen wird, ↗ **Messe.** Damals freilich fand die Börse unter freiem Himmel statt, bevor sie hinter der *Barfüßerkirche* (↗ **Paulskirche**) ein festes Domizil bekam. 1625 gab es den ersten gedruckten Kurszettel, 1820 wurde die erste Aktie ausgegeben. Die Nazis verlegten die Börse nach Berlin, Frankfurt sollte schließlich nur »Stadt des deutschen Handwerks« sein. Heute heißt die Frankfurter Wertpapierbörse **Gruppe Deutsche Börse.** Dass sie ihren Sitz wegen der günstigeren Gewerbesteuer nach Eschborn verlegte (280 statt 460 Hebesatz), brachte 2010 der OB Petra Roth eine Niederlage ein und riss ein ordentliches, lang anhaltendes Loch in die Stadtkasse. Immerhin, offiziell blieb es bei der Bezeichnung Frankfurter Börse. 3700 Mitarbeiter managen 8300 Aktien, 18.000 Wertpapiere, 3100 Fonds und 125.000 weitere Produkte, der Handel geschieht in elektronischer Form in Millisekunden-

Abgegriffen: Die Ohren des Baisse-Bären glänzen verdächtig
© Annette Sievers

✷ *Die Börse ist Marktplatz für Aktien, festverzinsliche Wertpapiere, Fonds und Termingeschäfte. Beim* **Parketthandel,** *liefen früher die Geschäfte an den Schranken per Zuruf ab. »4 Geld« bedeutete: Ich will kaufen, »5 Brief« verkaufen, die Ziffer gab den Kurs an.*

schnelle. In der Alten Börse findet dagegen der **Parketthandel** statt. Von der verglasten Besuchergalerie aus sieht man in den Saal. Dort sitzen die *Skontroführer,* die Mittler der Banken und ihrer Kunden, in futuristisch anmutenden weißen Inseln und betreuen an jeweils 6 Bildschirmen bestimmte Wertpapiere. Das passiert zum größten Teil vollelektronisch über ein spezielles System namens *Xetra,* das in der Lage ist, bis zu 790.000 *trades* pro Tag zu verarbeiten.

🕐 *60313 City. ☎ 069/211-11510, -11515, http://deutsche-boerse.com. **Bahn/Bus:** U1 – 3, 8 Eschenheimer Tor. **Zeiten:** Besuch der Galerie mit Blick auf den Parketthandel Mo – Fr 9 – 17.30 Uhr, Anmeldung erforderlich. **Preise:** Eintritt frei. **Infos:** Kostenfreie Einführungsvorträge zu den Grundlagen des Parkett- und Xetra(r)-Handels sowie Darstellung der Struktur und Organisation der Gruppe Deutsche Börse Mo – Fr jeweils um 10, 11 und 12 Uhr (auf Anfrage auch in Englisch oder Französisch). Personalausweis nicht vergessen.*

Wahrzeichen der Vergangenheit: Eschenheimer Turm

Am Ende der Schillerstraße steht der von 42 letzte noch erhaltene Wehrturm der Stadterweiterung des 14. Jahrhunderts, der **Eschenheimer Turm.** 1426 setzte Stadt- und Dombaumeister ↗ *Madern Gerthener* auf die Tordurchfahrt den mächtigen runden Oberbau mit auskragendem Wehrgang und 4 Türmchen rund um die kegelförmige Turmspitze, auf der eine **Wetterfahne** sich im Wind dreht. Auch die Wappenreliefs (Frankfurter Adler innen, Reichsadler außen) aus Sandstein sind von Gerthener. Im Moment wird der Turm noch vom Verkehr umtost, doch auch hier soll alles schöner werden. Bloß wann ist die Frage …

DIE LAUSIGE FAHNE

© Annette Sievers

Einst saß der Wilddieb **Hänsel Winkelsee** im Turm ein und ärgerte sich über das Quietschen der **Wetterfahne.** »Wär ich frei, würd ich dir lausige Fahne grad so viel Löcher ins Blech schießen, wie Nächte ich hier bin!« schimpfte er. Das hörte sein Kerkermeister, der diese Prahlerei gleich dem Schultheiß berichtete. Das wollte man doch mal sehen, ob der Kerl wirklich so gut schießen könne oder dreist lügt! Winkelsee bekam seine Büchse ausgehändigt und musste nun um sein Leben schießen.

9 mal legte er an, 9 mal traf er – und schoss eine 9 in die Wetterfahne! Was für ein Pfundskerl! Den wollte man lieber in der Schützengarde haben als ihn wieder in den Wald aufs Wild loszulassen. Doch Hänsel lehnte dankend ab und zog schnell von dannen.

VON DER FRESSGASS ...

Die Biebergasse verbindet die Zeil mit Kalbächer Gasse und *Große Bockenheimer Straße,* die wegen ihrer vielen Gaststätten, Cafés und Delikatessengeschäfte im Volksmund, seit 1977 sogar offiziell bloß **Fressgass** genannt werden.

Parallel zur Großen Bockenheimer verläuft die **Kleine Bockenheimer Straße** mit urigen Kneipen in schmalen Fachwerkhäusern. Ein überdimensionaler Notenschlüssel markiert dort den Abgang zum legendären ↗ 🎵 **Jazzkeller.** Ebenfalls parallel – gewissermaßen in zweiter Reihe – zur Fressgass, liegt Frankfurts Nobel-Geschäftsadresse, die **Goethestraße.** Dort haben sich teure Boutiquen von *Bogner* über *Gucci* und *Jil Sander* bis *Louis Vuitton* niedergelassen, die sowohl im Angebot als auch in der Preisgestaltung keine (oder alle) Wünsche offen las-

Fressgasse – Goethestraße – Alte Oper. www.goethestrasse-frankfurt.de.
Bahn/Bus: U6, 7 Alte Oper.

sen. Sogar das New Yorker Juweliergeschäft *Tiffany* hat eine gut bewachte Filiale in der Goethestraße. »Frühstücksgelüste« können Sie allerdings besser in der **Fressgass** abdecken, denn schließlich kommt ihr Name nicht von ungefähr. Im Sommer laden Tische und Stühle zum Verweilen unter großen Sonnenschirmen ein, sodass man bequem die jungen Schönen bei ihrer eitlen Schau beobachten kann. Um die Mittagszeit gehören die Lokale den Bankern und Börsianern, die auch nach Büroschluss gern noch einmal vorbeischauen. Selbst in den Abendstunden herrscht hier noch reger Fußgängerverkehr.

Wo sich die Schönen und Reichen ein Stelldichein geben, darf natürlich auch die Kunst nicht fehlen. Drei Kunstwerke aus dem Jahr 1977 sind hier ins Leben eingebunden: Ein **Brunnen,** von *Inge Hagner* aus Granitblöcken an der Stelle gestaltet, wo einst die Schweine zur Tränke getrieben wurden, **Die Liegende,** auf deren von *Willi Schmidt* gemeißeltem Hinterteil Kinder turnen, sowie die **Streichelsteine** aus Muschelkalk von *Peter Knapp.*

... ZUR ALTEN OPER

Die **Alte Oper** ist das Ergebnis einer Spendenaktion, die die Großbürger – vor allem aus dem benachbarten Westend – im 19. Jahrhundert ins Leben riefen. Ursprünglich sollte der Theaterarchitekt *Gottfried Semper* für den Bau gewonnen werden, der allerdings war zu diesem Zeitpunkt mit den Plänen für den Wiederaufbau (nach einem Brand) des Dresdner Opernhauses beschäftigt. Deshalb wurde Schinkel-Schüler **Richard Lucae** mit der Planung des klassizistischen Gebäudes beauftragt. Angelehnt an den Stil der italienischen Hochrenaissance ist die Fassade stark gegliedert und gestuft, ionische Halbsäulen tragen einen vorgesetzten Giebel. Eingemeißelt steht dort ein Goethe-Leitspruch »**Dem Wah-**

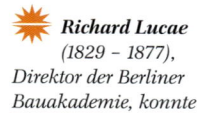

Richard Lucae (1829 – 1877), Direktor der Berliner Bauakademie, konnte die feierliche Eröffnung der Oper nicht mehr miterleben; er starb 3 Jahre vor der Vollendung.

ren, **Schönen, Guten**« – eine Hommage an das Kulturverständnis des reichen, liberalen Frankfurts. Auf dem Dachgiebel darüber schwingt sich Pegasus, das geflügelte Pferd der griechischen Mythologie und Attribut der Dichter, in die Lüfte. Innen gab es reiche Stukkaturen, prächtige Lüster und prunkvolle Logen. Am 20. Oktober 1880 hob sich im Beisein des beeindruckten Kaisers erstmals der Vorhang, Mozarts *Don Juan* wurde gegeben. Nach dem Zweiten Weltkrieg standen nur noch ihre Außenmauern – und fast 40 Jahre lang galt die Oper als die schönste Ruine Deutsch-

lands. Nach langem Hin und Her musste ⚲ »Dynamit-Rudi« Arndt dem Drängen der Bürger nachgeben und am 28. August 1981, Goethes Geburtstag, konnte das nun *Alte Oper* genannte Haus wieder in Betrieb genommen werden. Auf der mit modernster Technik ausgerüsteten großen Bühne finden heute überwiegend Klassik-Musikveranstaltungen, Musicals und Pop-Konzerte statt, im kleineren Mozart-Saal Lesungen und auch Konzerte. Außerdem wird die Alte Oper für Kongresse und gesellschaftliche Feiern, wie den Sportpresseball, genutzt.

Der Platz mit dem klassizistischen **Lucae-Brunnen,** dessen weite Schale Leben und Überfluss symbolisiert, ist ein beliebter Treffpunkt. Man sitzt auf dem Rand des Brunnens, genießt die erste Sonne und im

Sommer-Auswüchse: Kommt vor, dass der Lucae-Brunnen als Schrebergarten-Ersatz dient

🛒 **Operncafé,** Am Opernplatz 10, City. ✆ 069/285260. www.operncafe-frankfurt.de. Mo – Sa 9 – 1, So, Fei 10 – 1 Uhr. Institution für Großstadtpflanzen, die vis-à-vis der Alten Oper ungeniert ihre kreditkartenschwere Seele baumeln lassen wollen.

Woma an der Welle: In dem Büroquartier hinter der Alten Oper findet jeden Do 9 – 15 Uhr ein **Bauernmarkt** statt – ein bisschen was Heimeliges zwischen all dem Glas.

Der Opernturm gehört neben dem Frankfurter Messeturm und dem Squaire am Flughafen zu den drei Gebäuden in Frankfurt mit einer eigenen Postleitzahl (60306).

OpernTurm Lunch Restaurant, Bockenheimer Landstraße 4, City. www.consortiumgastronomie.de. Mo – Fr 11.30 – 14 Uhr, Espressobar 9 – 18 Uhr. Öffentlich zugängliches Mitarbeiter-Restaurant im 1. Stock mit wechselnder Wochenkarte und jeweils 3 Gerichten zur Auswahl unter 10 €, vegetarisch, mediterran oder asiatisch. Gewinner des Frankfurt Preises 2012.

Sommer versuchen die Kinder etwas vom Sprühnebel der hohen Fontäne zu erhaschen.

◐ *Alte Oper,* 60313 City. ✆ 069/1340-227, www.alte-oper.de. **Bahn/Bus:** U6, 7 Alte Oper. **Infos:** Führungen ab 12 Pers möglich, 7 € pro Pers, 3 Wochen Voranmeldung. Die Alte Oper nicht mit dem ↗ **Opernhaus** am Willi-Brandt-Platz verwechseln.

Der Opernturm und die Banken

Diese gelassene Größe wird überragt von dem 170 m und 42 Stockwerke hohen **Opernturm** des Frankfurter Architekten *Christoph Mäckler.* Der vielfach für die Stadt tätige Architektur-Professor beansprucht für sich, mit dem Bau dem Raum um die Alte Oper »wieder eine städtebauliche Fassung« verliehen zu haben. Der 2009 fertig gestellte Turm ist nach energieeffizienten Gesichtspunkten geplant, soweit man das von 66.000 qm vertikaler Bürofläche behaupten kann. So spart die Natursteinfassade im Vergleich zu einer Glasfassade 20 % Energie, da sich das Innere nicht so stark aufheizt. Insgesamt bedeuten alle technischen Raffinessen, Fernwärmenutzung sowie individuelle Kühlung und Beleuchtung 23 % weniger Energieaufwand als vom Gesetzgeber gefordert. Hauptmieter ist die Schweizer Bank UBS, im Erdgeschoss sind ein Laden von ◐ **Manufaktum** und ein ▣ **Café** öffentlich zugänglich sowie die ⊠ **Kantine.**

Der Opernturm markiert wie sein Vorgänger, das Zürich-Hochhaus, den Beginn des Bankenviertels, das sich ins ↗ *Westend* und im Südosten in die Neue Mainzer Straße erstreckt. Dort erheben sich seit 2000 ↗ ⊠ **Main Tower** und **Eurotheum** sowie an der Taunusanlage seit 1984 die »Soll und Haben« genannten **Doppeltürme** der *Deutsche Bank.* Zu Füßen der 155 m hohen spiegelnden Glastürme steht die verschlungene Skulptur **Kontinuität** des Schwei-

zers *Max Bill* von 1986. Trotz der gigantischen Aus-
maße des fast 5 m hohen und circa 200 Tonnen
schweren monolithischen Granitblocks wirkt er hier
winzig. Und falls Sie sich fragen, was das für verwaiste **Löwen** an der Nordostecke der kantigen So-
ckeltrakte sind: Sie stammen aus einem nicht ein-
gehaltenen Versprechen, das an dieser Stelle ab-
gerissene *Löwensteinsche Palais* in Teilen wieder
aufzubauen und in den Neubau zu integrieren.

☀ *Um den ↗ Roth-
schildpark wieder
mit der Bockenheimer
Landstraße zu verbin-
den, wurde die bebaute
Fläche des Opernturms
verkleinert und der Turm
dafür um ein Stockwerk
höher.*

TAUNUSANLAGE

Der Opernplatz wird im Süden durch einen klassischen Vorbildern nachempfundenen Arkadengang
begrenzt, der in den dahinter liegenden **grünen Anlagenring** (Cityring) führt. Dort hasten tagsüber Ban-
ker über die Wege, im Sommer finden unter den Bäumen aber auch die beliebten **Opernplatzspiele** des
Abenteuerspielplatz Riederwald statt. Dann krei-
schen Kids auf Hüpfburgen, planschen Kleinkinder
im Brunnen und Muttis vervollständigen das bunte
Chaos mit Fläschchen und City-Buggies.

Die 3 ruhenden Damen im plätschernden **Wasser-
rondell** (Figuren von *Toni Stadler*) am Eingang der
Taunusanlage wurden zu Ehren des US-Außenmi-
nisters *George Marshall* 1963 aufgestellt. Sie sollen als Personifizierungen von Geben, Nehmen und
Danken an den »Marshall-Plan« erinnern, mit dessen Hilfe die Bundesrepublik nach dem Krieg rasch
wieder aufgebaut werden konnte. Etwas abseits,
dort wo die Taunusanlage auf die Mainzer Landstraße stößt, steht die Bronzebüste eines **lachen-
den Winzers**, 1859 von *Johann Nepomuk Zwerger* geschaffen. Der eingravierte Winzer-Spruch ist ausnahmsweise kein Goethe-Zitat: »Gesegnet soll der
Trunk uns sein: das Wasser Euch und mir der Wein«,
wünscht Struwwelpeter-Doktor *Heinrich Hoffmann*.

➡ **Bahn/Bus:** An-
fahrt: S1 – 6, 8, 9
Taunusanlage. Rückfahrt:
U4, 5, Straba 11, 12
Willy-Brandt-Platz am
Theater.

☀ *In der Taunusanla-
ge findet sich die
Büste von **Jakob Guio-
lett** (1837 von Eduard
Schmidt geschaffen). Der
Franzose war während
der französischen Besu-
zung zeitweilig als Bür-
germeister eingesetzt.
Auf seinen Vorschlag
geht die Begrünung der
zu Beginn des 19. Jahr-
hunderts niedergerisse-
nen Befestigungsanlagen
zurück, die sich als grü-
ner Anlagenring im
Zickzack um die Innen-
stadt ziehen.*

Friedrich von Schiller (1759 – 1805) kam 1782 mit seinem Freund Andreas Streicher auf der Flucht aus der verhassten Militärakademie zu Fuß aus Darmstadt und hauste im Sachsenhausener Gasthaus Zum Storch. Völlig abgebrannt, versuchte er, ein Gedicht an einen Frankfurter Buchhändler zu verkaufen – vergeblich. 2 Jahre später kam er zum letzten Mal in die Stadt, diesmal als gefeierter Dichter, der von »Fresserei zu Fresserei herumgerissen« wurde und im noblen Schwarzen Bock an der Hauptwache logieren durfte. 1802 wurde er geadelt.

Windows 25, Taunustor 2, © 069/954400-0. www.windows25.de. Cafébar 8 – 18 Uhr, Windows 25 Mo – Fr 11.30 – 14.30 Uhr, abends geschlossene Gesellschaften. Öffentliches Mitarbeiter-Restaurant in der 25. Etage des Japan Center. Im **Café Unser täglich Brot** im Erdgeschoss isst man ganz bodenständig belegtes Graubrot.

Etwas weiter erhebt sich auf der Wiese die skurrile Betonskulptur **Ein Haus für Goethe,** von *Eduardo Chillida* 1986 konstruiert.

Diesem gegenüber steht auf einem Hügel die Figurengruppe **Genius Beethoven,** die *Georg Kolbe* kurz vor seinem Tod entworfen hatte, aber erst 1948 fertiggestellt werden konnte. Bereits 1913 schuf ↗ **Kolbe** das damals heftig umstrittene **Heinrich-Heine-Denkmal.** Zwar war der Jude *Heine* (1797 – 1856) schon zu Lebzeiten als »großer Dichter« anerkannt, doch wegen seiner bissigen Satiren, die den Zustand Deutschlands gegen die strenge Zensur beschrieben, hielt man ihn nicht für einen »echten« Patrioten. Selbst seine Geburtsstadt Düsseldorf verweigerte die Errichtung eines von der österreichischen Kaiserin gestifteten Denkmals. In Frankfurt jedoch wurde mit Hilfe von Bürgerspenden ein Denkmal-Wettbewerb ausgerufen, den Kolbe mit den Figuren *Schreitender und Ruhende* gewann. Sie sollen Heines widerstreitende Dichtkunst symbolisieren. Nachdem das Denkmal 1933 von Jung-Nazis umgeworfen und demoliert wurde, fand es bis 1947 im Städel unter dem Titel »Frühlingslied« Schutz, sonst wäre es als »Metallspende des Deutschen Volkes« geendet.

Das übergroße Abbild **Friedrich Schillers,** 1864 in Zeiten großer Klassik-Begeisterung von *Johann Dielmann* geschaffen, blickt zum Schauspiel- und Opernhaus. Hier, ab dem Taunustor mit dem nur 115 m hohen, roten **Japan Center** der Commerzbank an der Ecke, führt der Grünstreifen als **Gallusanlage** bis zum Willi-Brandt-Platz. Beliebtes Fotomotiv hier ist das leuchtend blaue **Euro-Zeichen,** das vor dem 148 m hohen *Eurotower* steht, in welchem die **EZB** arbeitet.

Rechts am Opernhaus vorbei endet der Anlagenring am Main, wo man am ↗ Nizza entspannen kann.

STREIFZÜGE DURCH DIE STADTVIERTEL

*Auf der Berger, Leipzi-
ger oder Schweizer
Straße liebt man das
Schausitzen*

© Annette Sievers

DAS WESTEND

Die Geschichte des Westends – das vielen als das kapitalreiche Viertel der Spekulation bekannt ist – beginnt etwa im 18. Jahrhundert, als das Bürgertum in den vor der mittelalterlichen Stadtmauer gelegenen Gärten noch Obst und Gemüse zog. Ende des Jahrhunderts änderte sich dies. Eine auf Repräsentation bedachte großbürgerliche Gartenkultur entstand. Aus den Lauben wurden Landhäuser und Gutshöfe. Zu Beginn des 19. Jahrhunderts müssen die großzügigen Gärten, die nun bereits mit »Kunststraßen in alle Richtungen« (Brockhaus 1819) durchzogen waren, viel Ähnlichkeit mit den weitläufigen englischen Parks gehabt haben.

Als 1839 der *Taunusbahnhof* eröffnet wurde, der später vom ↗ **Hauptbahnhof** abgelöst wird, bilden die Gleisanlagen die südliche Grenze zum Westend, was heute der Mainzer Landstraße entspricht. Von den prachtvollen Alleen, an denen sich Großbürgertum und Geldadel schmucke Villen bauen ließen, wurden Nebenwege abgezweigt, wo das mittlere Bürgertum seine Einfamilienhäuser aneinander reihte. In einem nach den Plänen des Malers *Moritz von Schwind* ge-

zeichneten und gebauten Haus an der Bockenheimer Anlage haben Architekturhistoriker den für das Westend typischen Bürgerhaus-Baustil ausgemacht. Mitte des 19. Jahrhunderts wurde die »Gartenstadt« an die Stadt angegliedert. Entlang der Bockenheimer Landstraße verdichtete sich nun schnell die Bebauung. Die vormals großzügigen Gartenanlagen wurden in noch immer recht stattliche Teile zergliedert. Größere Mietshäuser entstanden jedoch erst gegen Ende des 19. Jahrhunderts im Süden des Westends Richtung Innenstadt. Nachdem Berlin 1871 Reichshauptstadt wurde, tauchten im Westend typische Bauelemente der Berliner Architektur auf, aber auch französische Stilmerkmale blieben hoch im Kurs.

Die Bevölkerungsstruktur wurde vor allem durch das liberale Judentum geprägt, wovon heute noch die Synagoge in der Freiherr-vom-Stein-Straße zeugt, ↗ *Jüdische Geschichte*. Namen wie *Metzler, Rothschild, Oppenheim* und *Bethmann* sind eng mit dem Westend verknüpft, hatte Frankfurts Geldadel doch hier selbstverständlich ebenfalls Grundbesitz. Ihre privaten Domizile sind weitgehend verschwunden, das Westend wurde zum Bankenviertel.

Die Revolution frisst ihre Kinder

Die Verstrickungen von Geld, Politik und Rüstungsgeschäften hat in »**Bankfurt**« schon oft die Gemüter bewegt, vor allem kurz nach dem Krieg: 1950 demonstrierten die Menschen erstmals gegen die Wiederbewaffnung der Bundesrepublik. 1952 gingen 100.000 Beschäftigte auf die Straße, um sich für die Betriebsverfassungsgesetze und die Mitbestimmung in ihren Unternehmen einzusetzen. Im Juni 1955 waren 50.000 Menschen auf der Straße, um ihren Unmut gegen die Atombewaffnungspläne der Bundesregierung vorzutragen. Und in den 1960ern begannen die Studentenunruhen, durch die Teilnahme des

*Was im 15. Jahrhundert in einer Wechselbude vor der Nikolaikirche seinen Anfang nahm und bereits Mitte des 19. Jahrhunderts auf über 100 Privatbanken angewachsen war, konzentriert sich heute in 514 nationalen und internationalen Banken und Kreditinstituten – Anlass für den Spottnamen **Bankfurt**.*

ehemaligen Außenministers Deutschlands, *Joschka Fischer,* auch 50 Jahre später noch ein Politikum.

Am **Institut für Sozialforschung,** 1922 als zunächst universitätsunabhängige Stiftung entstanden, hatten *Max Horkheimer* und *Theodor W. Adorno* seit den 1930er-Jahren die **Kritische Theorie** entwickelt, die die Entfremdung des Menschen in der Moderne problematisiert. Adorno kritisierte, seit 1933 aus dem Exil heraus, den »Positivismus« der Aufklärung, der das Leben auf den Aspekt der Berechenbarkeit und der Verwertbarkeit reduziere. Die Studien Horkheimers, der ebenfalls emigrieren musste, versuchen, das Phänomen der psychischen Anfälligkeit von Menschen für autoritäre Systeme zu ergründen. In diesen erstmals interdisziplinären Arbeiten setzten sich die Institutsmitarbeiter mit dem faschistischen Gewaltsystem und der Niederlage der Arbeiterbewegung auseinander. Dabei griff man auch auf die wissenschaftlichen Erkenntnisse von *Sigmund Freud* sowie auf die Schriften von *Karl Marx* zurück. Im Exil erschienen Arbeiten, deren Titel für sich sprechen: »Autorität und Familie« oder »Studien zum Vorurteil«.

Nach dem Krieg wurde **Adorno** neuer Institutsleiter. »Teddy«, wie er liebevoll von seinen Schülern genannt wurde, fand mit seinen sozialphilosophischen Schriften nicht nur eine interessierte Leserschaft in den Feuilletons der Zeitungen, sondern stieß besonders bei den Studenten auf begeisterte Zuhörer. Seine Vorlesungen drohten Mitte der 60er-Jahre regelmäßig aus allen Nähten zu platzen. Nach den Seminaren und Vorlesungen an der Bockenheimer Uni wurde der wissenschaftliche Diskurs in das nahe gelegene 🔖**Café Laumer** verlegt. Außerdem beschäftigte sich Adorno mit den Strukturen der Herrschaft im Spätkapitalismus. Auf diese Untersuchungen griff dann die Studentenbewegung zurück.

🌟 *»Es gibt kein richtiges Leben im falschen.« Diesen berühmten Satz des Dialektikers* **Adorno** *sehen manche Kunstkritiker ad absurdum geführt durch ein Denkmal, das Schreibtisch und -stuhl des Denkers unter Glas stellt. Der Glaskubus von Vadim Zakharov steht auf dem Theodor-W.-Adorno-Platz in Bockenheim.*

Der grausame Napalm-Krieg der USA in **Vietnam** (1964 – 1975), der allabendlich die Nachrichtensendungen füllte, ließ schließlich bald Straßen und Plätze zum Forum von Protest werden. Auch die Studenten der Frankfurter Universität (Bockenheim) mischten sich in den Meinungsbildungsprozess ein. In mehreren Kongressen, die zumeist der *Sozialistische Deutsche Studentenbund* (SDS) in der Universität veranstaltete, wurde das Eingreifen der USA thematisiert. Die »latente Unruhe« an den Universitäten in diesen Jahren steigerte sich zum »offenen Aufruhr«. Auch die innenpolitischen Entwicklungen – in Bonn herrschte 1966 – 69 die **Große Koalition** – trieben die Menschen auf die Straße. Die *Außerparlamentarische Opposition* (ApO) war geboren.

Ab **1968** überschlugen sich in Frankfurt die Ereignisse. In den Hörsälen der Universität formierte sich der Widerstand gegen überkommene gesellschaftliche Vorstellungen und die Notstandsgesetzgebung. *Andreas Baader* und *Gudrun Ensslin,* beide gelten als Begründer der **Roten Armee Fraktion (RAF),** legten in Frankfurter Kaufhäusern Brandsätze – aus Protest gegen Vietnam, wie sie im anschließenden Prozess aussagten. Von den Studenten wurde die Johann Wolfgang von Goethe-Universität in jenen Tagen kurzerhand in *Karl-Marx-Universität* umbenannt. Zusammenstöße auf dem Campus zwischen Studenten und Polizei gab es fast regelmäßig.

Während der Studentenunruhen nahm die vom Institut für Sozialforschung entwickelte **Kritische Theorie,** in der die Gestalt einer Gesellschaft frei von partikularen Interessen im Mittelpunkt stand, eine bedeutende Rolle ein. Als sich jedoch die Proteste gegen überkommene Gesellschaftsvorstellungen und den Vietnam-Krieg in neuen Gewalttätigkeiten zuspitzten, distanzierte sich der Mentor Adorno von seinen Studenten. Im letzten Semester vor seinem Tod, er

Café Laumer, Bockenheimer Landstraße 67, Westend. ✆ 069/727912. www.cafe-laumer.de. Täglich 8 – 19 Uhr. Traditionelles Café mit schönem Sommergarten, cremigen Torten, Kränzen und Kuchen. Wöchentlich wechselnde Speisekarte.

starb am 6. August 1969, konnte der Wissenschaftler keine einzige Vorlesung mehr ungestört zu Ende führen. Doch nicht nur Adorno wurde zum Opfer einer Bewegung, die er zu Beginn noch selbst mitgetragen hatte; andere mussten ebenfalls erkennen, dass zwischen Theorie und Praxis eine weite Lücke klafft. Denn inzwischen waren die Auseinandersetzungen nahtlos in den **Häuserkampf** übergegangen. Ursache hierfür war die ungezügelte Expansionslust von Banken und Versicherungen, die vom Westend, das direkt an das Unigelände angrenzt, Besitz ergreifen wollten. Die Verdrängung der angestammten Bevölkerung und die Zerstörung historischer Bausubstanz löste eine Entwicklung aus, die bis dahin einzigartig für die BRD war.

Bundesverdienstkreuz für den Häuserkampf

1965 hatte die Stadtregierung unter **SPD**-Oberbürgermeister *Willi Brundert*, gelenkt vom Investoren-

Am 19. September 1970 besetzen 20 Personen ein fast leer stehendes Haus im Westend, Eppsteiner Straße 47. Die erste Hausbesetzung in Deutschland! Das neu gegründete Kollektiv besteht aus Studenten, einer ausländischen Familie und einer Familie aus einer Obdachlosensiedlung. Die Gruppe macht damit auf die eklatante Wohnungsnot aufmerksam und beendet damit ihre eigene. Denn sie sind genau die Art von Mietern, die keiner haben will: mittellos, ohne Arbeit, mit Kindern. Damit beginnt Frankfurts aufwühlender Kampf gegen Bauspekulation und Wohnraumzerstörung. **»In Gefahr und höchster Not bringt der Mittelweg den Tod«:** Der halb-dokumentarische Film von **Alexander Kluge** und **Edgar Reitz** von 1974 zeigt Szenen, in denen die Abrissbirnen gegen erkerverzierte Villen schlagen, Bagger ihre Schaufeln in Fensterhöhlungen krallen und wilde Diskussionen auf der Straße ausgefochten werden.

DER MITTELWEG IM WESTEND

interesse von Großunternehmen wie *Dresdner Bank* und *Philipp Holzmann AG,* das Westend zum »City-Erweiterungsgebiet« erklärt. Der **Fünffingerplan** seines Baudezernenten sah, ausgehend vom Platz der Alten Oper, eine Erschließung von 5 Straßen mit Bürohochhäusern vor. Dazu gehörten *Mainzer Landstraße, Kettenhofweg, Bockenheimer Landstraße, Oberlindau* und *Reuterweg.* Die Stadt, autohörig und auf Neubauten à la *Nordweststadt* setzend, übersah dabei geflissentlich, dass damit angestammter Wohnraum zerstört werden würde. Vor allem die schmalen Straßen im Westend, wo die eleganten Gründerzeitvillen fast unbeschadet den Krieg überstanden hatten, eigneten sich nicht für die Bebauung mit Hochhäusern, die viel Grundfläche benötigen. Dennoch konnten Grundstücksbesitzer (die nicht immer mit dem ursprünglichen Besitzer der Vorkriegszeit identisch waren), Bauunternehmer und Spekulanten mit Unterstützung der Baubehörde Nachbargrundstücke aufkaufen, um sie zu großen Flächen zusammengefasst und zu Höchstpreisen an die expansionswilligen Unternehmen weiterzuverkaufen. An den historischen Gebäuden hatten die Geschäftemacher kein Interesse. Stattdessen stiegen die Mieten, hunderte Wohnungen ließen die Interimsbesitzer brach liegen und vergammeln, andere wurden durch Überbelegung kaputt gewohnt. So konnten die alten Häuser flugs für abrissreif erklärt werden. 1969 ergriffen 400 Westend-Bürger die Initiative und gründeten die **Aktionsgemeinschaft Westend** (AGW). Ziel dieser **Bürgerinitiative,** eine der ersten in Deutschland, war und ist die Erhaltung einer gewachsenen Baustruktur, die auf das 18. und 19. Jahrhundert zurückgeht, als Wohnraum für die dort ansässigen Bürger.

© Annette Sievers

Nicht die ersten Türme, aber sehr symbolträchtig: Deutsche Bank

Herr Franz, Ulmenstraße 20, Westend. ✆ 069/71379609. Mo – Fr 12 – 2, So ab 18 Uhr. Jeden 2. Do, 19 Uhr, trifft sich die **AGW,** im *Livingston'schen Pferdestall,* um weiterhin für den Erhalt des Westends einzutreten. Die Livingstons (Löwenstein) waren eine deutsch-amerikanische Millionärs- und Stifterfamilie, die 1880 dieses fürstliche Gebäude für ihre Kutscher und Pferde bauen ließ, ihre Villa lag in der Bockenheimer Landstraße. www.aktionsgemeinschaft-westend.de

Nicht nur die Studenten probten den Aufstand, sondern auch die Arbeiterjugend war Anfang der 1970er-Jahre in Aufruhr. Es geht um nichts weniger als Gerechtigkeit auf der Welt. So schildert es anschaulich und witzig *Otmar Hitzelberger,* damals Frankfurter Lehrbub, in *Schritt für Schritt ins Paradies,* Büchergilde, ISBN 978-3936428162.

Am Opernplatz wurde 2002 das Zürich-Hochhaus, das 1962 als das erste richtige Bürohochhaus errichtet und 1989 unter **Denkmalschutz** *gestellt wurde, abgerissen, um dem 160 m hohen* ↗ **Opernturm** *Platz zu machen. Das auf 1000 Arbeitsplätze ausgelegte Bürohaus genügte »nicht mehr modernen Arbeitsplatzansprüchen«.*

Schon im Herbst 1968 hatte es erste Proteste gegeben, als Teile des ↗ *Rothschildparks* für Bauvorhaben geopfert werden sollten. Unerwartete Unterstützung erhielten die Bewohner durch die ohnehin gegen das Establishment aufgewiegelten Studenten der Bockenheimer Universität. Am **19. September 1970** kam es zur **ersten Hausbesetzung** Deutschlands: 20 Personen besetzten das leer stehende Haus *Eppsteiner Straße 47:* Studenten, eine ausländische Familie und eine Familie aus einer Obdachlosensiedlung gründeten ein Hauskollektiv und setzten damit das Signal für einen breiten Häuserkampf.

Obwohl die Besetzung in der AGW umstritten war, leisteten viele Anwohner Hilfestellung. Dank der Hausbesetzer, zu deren heute prominentesten Vertretern *Joschka Fischer, Matthias Beltz* und *Johnny Klinke* gehörten, konnten viele Häuser vor dem Abriss bewahrt werden. In den nächsten vier, fünf Jahren gab es immer wieder Straßenschlachten zwischen Polizei und Hausbesetzern, ausgelöst durch die zumeist gewalsamen Räumungen. Spätestens hier schieden sich die Interessen der AGW von denen der radikalen Besetzer. Dass im Westend schließlich rund 200 Gebäude unter Denkmalschutz gestellt wurden, war wohl vor allem das Verdienst der AGW, in der namhafte Westendbürger den Schreibtischkrieg mit den Windmühlen der Bürokratie aufnahmen. Für den Initiator der AGW, den Architekten *Otto Fresenius,* gab es 1972 sogar ein **Bundesverdienstkreuz.** Die Arbeitsgemeinschaft selbst erhielt für ihren Einsatz von Bundespräsident Gustav Heinemann die *Theodor-Heuss-Medaille.* Die Hausbesetzer erhielten Knüppelhiebe und Gerichtsverfahren.

Die Geschichte geht weiter

Mittlerweile sind viele der ehemals besetzten Gebäude doch im Besitz von Banken, Versicherungen

*Der Filmregisseur **Rainer Werner Fassbinder** hat die skrupellosen Bauspekulationsgeschäfte der 1970er-Jahre in seinem Theaterstück »Die Stadt, der Müll und der Tod« thematisiert. Bereits dessen Veröffentlichung 1976 hatte kontroverse Diskussionen ausgelöst. Doch als das Stück 1985 zur Uraufführung in Frankfurt kommen sollte, gab es geradezu tumultartige Proteste vor allem bei der jüdischen Gemeinde. Der Grund dafür war die Figur eines reichen, jüdischen Häusermaklers, die Fassbinder – so schrieb er selbst 1976 – »der Realität entliehen« hatte. Viele sahen in dieser Figur **Ignatz Bubis**, den späteren Vorsitzenden des Zentralrats der Juden in Deutschland, dessen Westend-Objekte ebenfalls von Studenten besetzt und mit Polizeigewalt geräumt worden waren. Das brachte Fassbinder, der 1975 für ein Jahr lang Direktor des **Theaters am Turm** (TAT) gewesen war, die Kritik ein, das Stück sei antisemitisch. Sein Anliegen, politische und wirtschaftliche Verstrickungen aufzuzeigen sowie auf den latent unterschwelligen deutschen Rassismus hinzuweisen, wurde somit gründlich missverstanden. Das Stück wurde zwar unter dem Titel »Schatten der Engel« verfilmt, in New York 1987 uraufgeführt, 1999 von Studenten in Tel Aviv gespielt, aber in Deutschland noch nie öffentlich aufgeführt.*

und Werbeagenturen, die den Wohnraum als Bürofläche zweckentfremden. An der Palmengartenstraße mussten Mehrfamilienhäuser dem Erweiterungsbau der *Kreditanstalt für Wiederaufbau* weichen und selbst das **denkmalgeschützte** Hochtief-Verwaltungsgebäude des Architekten *Egon Eiermann* an der Bockenheimer Landstraße wurde 2003 zugunsten des 96 m hohen ✖ **Westend Duo** (Engel & Zimmermann) abgerissen; www.westendduo.de.

2004 hob die Hessische Landesregierung die Verordnung von 1972 gegen *Wohnraum-Zweckentfremdung* wieder auf. Schleichend geht der Wandel vom Wohnviertel zur Bürostadt weiter. Das Viertel ist tagsüber von Autos verstopft, abends erschlafft es zu einer Geisterstadt. Statt 40.000 Menschen, wie Anfang der 60er, leben nur noch 26.100 im Westend. Deren

✖ **Vapiano im Westend Duo,** Bockenheimer Landstraße 24, Frankfurt. ✆ 069/71033647. www.vapiano.de. Mo – Do, So, Fei 11 – 24, Fr, Sa 11 – 1, Küche Mo – Do, So, Fei 11 – 23, Sa 11 – 24 Uhr. Das große Café-Restaurant im Foyer des Hochtief-Konzerns ist öffentlich zugänglich. Mediterrane Küche, die beim Koch geordert und per Chipkarte bezahlt wird.

soziales Gefüge verändert sich durch die Umwandlung von Mietraum zu Luxuseigentumswohnungen.
Laut Maklerauskunft ist das Westend der exklusivste
und teuerste Stadtteil Frankfurts, eine Single-Hoch-
burg, die kaum noch Alltags-Infrastruktur bietet.

TOUR 5

CAMPUS WESTEND

Campus Westend,
Grüneburgplatz 1,
60313 Westend.
✆ 069/798-0. Etwa 30
Min für den Campus.
Bahn/Bus: U1 – 3, 8
Holzhausenstraße, Bus
36, 75 Uni Campus West-
end.

Neben dem Campus Westend sind natürlich der Palmengarten, der Botanische Garten und der Grüneburgpark besuchenswert. Sie sind unter ↗ Oasen,
Parks & Gärten zu finden. Wer durch die stillen Straßen des Westends schlendert, findet noch einige
Gründerzeitbauten und auch die ↗ Westend-Synagoge.

Die Johann-Wolfgang-Goethe-Universi-
tät Frankfurt

1914 als erste Stiftungshochschule Deutschlands
gegründet, prägte die Johann Wolfgang Goethe-Universität fast 90 Jahre lang den Frankfurter Stadtteil
↗ **Bockenheim.** Doch längst sind die um das bekannte ↗ 🅜 *Senckenbergmuseum* herum gruppier-
ten Fachbereichsgebäude für die heute rund 42.000
Studenten zu klein geworden.
2002 schloss das Land Hessen einen **Hochschul-
pakt,** in dem Zielvereinbarungen im Hinblick auf
Hochschulausbau und -entwicklung in Hessen getroffen wurden. Der damalige Ministerpräsident
Roland Koch formulierte das ehrgeizige Ziel, die Universität Frankfurt bis 2015 zur »modernsten Universität Europas« zu machen. Aus diesem Grund wird
bis 2014 der Campus Bockenheim mit seinen bau-
fälligen Gebäuden aufgegeben, die Institute und
Fachbereiche sind in die *Science City Riedberg* bzw.

auf den *Campus Westend* umgezogen. Per Hessischem Hochschulgesetz wurde 2008 die Rückverwandlung in eine Stiftungshochschule wie einst zu Gründungszeiten beschlossen. Sie soll der Uni neue Handlungsspielräume eröffnen. Inwieweit die Unabhängigkeit von Lehre und Forschung dabei gewährleistet bleibt, ist sicherlich eine begründete Sorge vieler Kritiker.

Neuer Mittelpunkt der Universität ist der **Campus Westend,** in und um das ehemalige *IG-Farbenhaus,* nach seinem Erbauer auch **Poelzig-Bau** genannt. Das Grundstück hat eine wechselhafte Geschichte hinter sich: Das Gelände schloss einst den ↗ **Grüneburgpark** ein, wo die Bankiers Bethmann-Metzler eine burgartige Residenz besaßen. 1837 ging der Park in den Besitz der Familie Rothschild über, 1864 wurde auf seiner Ostseite die »Anstalt für Irrsinnige und Epileptiker« gebaut, wo der Arzt *Heinrich Hoffmann* mit für seine Zeit fortschrittlichen Methoden seine Patienten zu heilen versuchte (dem *Struwwelpeter*-Vater ist das ↗ 🅼 **Struwwelpeter-Museum** gewidmet). 1927 kaufte die *Interessengemeinschaft Farbenindustrie AG* das Gelände, zu der sich 1925 die chemischen und pharmazeutischen Betriebe ganz

➤ **kunstkontakt,**
© 06171/79578.
www.kunstkontakt-frankfurt.de. Führung 10 €.
Stadtspaziergänge zu Kunstorten, Architektur und Stadtgeschichte – zu Fuß, per Rad oder mit der Straßenbahn. Einblicke in Künstlerateliers (oder Verlage wie den pmv), Kulturinstitutionen und prominente Bauprojekte.

STREIFZÜGE DURCH DIE STADTVIERTEL

Bildquelle: Wikimedia

Vorlesungspause im Grünen: Der Campus Westend entwickelt sich

✳ *Nach dem Ende des Zweiten Weltkrieges sollte auf Beschluss des Alliierten Kontrollrates die **I.G. Farben** wegen der Verstrickungen mit dem NS-Regime aufgelöst werden. Dazu wurde sie wieder in eigenständige Firmen zerschlagen und der verbleibende Rest als Rechtsnachfolgerin in I.G. Farben i.A. umbenannt. Trotz einer Insolvenz Ende 2003, zur Zeit der Wiedergutmachungsdiskussion, sind ihre Aktien auch 2013 noch börsennotiert (ISIN DE0005759070, WKN 575907, Symbol IGL).*

Deutschlands zusammengeschlossen hatten. Die **I.G. Farben** beauftragten *Hans Poelzig* etwas »wahrhaft Beeindruckendes« für ihr Verwaltungsgebäude zu entwerfen. So entstand der halbrunde, mit 250 m Länge und 35 m Höhe monumentale Bau im Stil der Neuen Sachlichkeit. Ihre bereits im Ersten Weltkrieg gemachten Erfahrungen mit Giftgas nutzten die I.G. Farben während der Nazizeit und weiteten sie aus. Nur einige wenige Kriegsverbrecher wurden dafür während der Nürnberger Prozesse verurteilt, unter anderem wegen »Plünderung«. Aus dem Konzern ging 1948 die *Hoechst AG* hervor (↗ Höchst).

Den Poelzig-Bau nutzte die amerikanische Militärverwaltung als Hauptquartier, was fortan als *General Creighton W. Abrams Building* nicht mehr für die Öffentlichkeit zugänglich war. Erst 1995 wurde das siebenstöckige Gebäude an die Bundesregierung übergeben und anschließend vom Land Hessen zur Nutzung durch die *Johann Wolfgang Goethe-Universität* gekauft. Hier sind vor allem **geisteswissenschaftliche Fachbereiche** untergebracht. Weitere Neubauten für andere Fachbereiche wie Rechts-, Wirtschafts- und Erziehungswissenschaften, für Vorlesungssäle, das *House of Finance* und ein *Studentenwohnheim* schließen sich an.

Die neue **Science City** mit dem Campus Riedberg beherbergt in direkter Nähe zum *Max-Planck-Institut für Biophysik* und dem *Frankfurter Innovationszentrum Biotechnologie* (FIZ), alle naturwissenschaftlichen Bereiche der Universität.

Auf dem **Campus Niederrad** sind 16 Fachbereiche der Medizin angesiedelt. Hier wird derzeit das Universitätsklinikum mit großem Aufwand modernisiert und ausgebaut. Neben Häusern für Forschung und Lehre wird es auch ein KOMM-Zentrum für Studenten geben.

BOCKENHEIMS ANFÄNGE

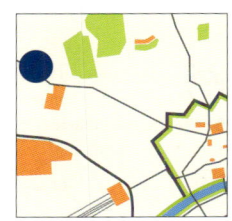

Als fränkische Siedlung gegründet, kann Bocken-heim von allen Stadtgebieten die älteste urkund-liche Erwähnung nachweisen, nämlich um 768/778. Während der Reformationszeit änderte sich der landwirtschaftliche Charakter Bocken-heims durch die aus Frankfurt zuziehenden Handwerker. 1736 wechselte Bockenheim von der Grafschaft Hanau zu Hessen-Kassel. Die schnelle gewerbliche Entwicklung ließ es 1819 zur kurhes-sischen Stadt werden.

Um die großbürgerliche Wohngegend des ↗ **Westends** gegen die rasche industrielle Entwicklung Bocken-heims zu schützen, folgte 1895 die **Eingemeindung.** Seit dieser Zeit überwiegen im Westen Arbeiterwoh-nungen und Industrie. 1914 – 2001 prägte die ↗ **Jo-hann-Wolfgang-Goethe-Universität** unverkennbar den Süden des Stadtteils. Der *Campus Bockenheim* war in den Sechzigern eines der Zentren der deut-schen Studentenbewegung. In der Hamburger Allee konnten sich in den ehemals besetzten Häusern ei-genständige Projekte teilweise bis in die Gegenwart retten.

Während außerhalb des Campusgeländes Grün-derzeit-Mietshäuser ver-mischt mit klotzigen Neubauten dominieren, sind auf der Höhe der **Zeppelinallee** schöne Villen erhalten. In ihnen residieren diverse aus-ländische Konsulate. Am Ende dieser Allee liegt die **Frauen-Frie-denskirche,** die mit ei-

Leipziger Straße: Foto-grafie um 1900

ner überdimensionalen Jugendstil-Madonna über dem Portal geschmückt ist.

Die 🕐 **Bockenheimer Warte** sicherte seit Mitte des 15. Jahrhunderts die Handelsstraßen in den Taunus vor Überfällen der Raubritter. Der Turm war Teil einer Landwehranlage vor den Toren der spätmittelalterlichen Stadt. Gegenüber liegt das zum Theater umgebaute **Straßenbahndepot.** Der schöne Backsteinbau erinnert daran, dass die Bockenheimer Warte noch bis 1988 von Straßenbahnen umrundet wurde. Hinter dem Depot befindet sich die **Universitätsbibliothek.**

An der Senckenberger Anlage 25 ragt das 1904 – 1907 im Stil barocker Schlossarchitektur errichtete ⬈ Ⓜ **Naturmuseum Senckenberg** auf. Rechts vom Eingang schleicht sich ein Dinosaurier heran, links steht die Büste *Johann Christian Senckenberg.* Bereits 1817 wurde auf Anregung Goethes die »Senckenbergische Naturforschende Gesellschaft« gegründet, die als Keimzelle der 1914 eröffneten Universität gilt.

🕐 Jeden Do 8 – 18 Uhr findet unter der **Bockenheimer Warte** ein bunter Wochenmarkt statt.

@ www.kulturcampus-frankfurt.de.
www.copyriot.com,
www.irrelevanz.tk.

Kulturcampus Frankfurt

Quo vadis Bockenheim? Eine Frage, die so manchen Bürger des kleinstädtisch und ehemals studentisch geprägten Stadtteils im Nordwesten Frankfurts be-

*Die jüngste Hausbesetzungsgeschichte hat das IvI geschrieben, das **Institut für vergleichende Irrelevanz.** Im leer stehenden Institut für Anglistik und*

IRRELEVEANT?

Amerikanistik trafen sich seit 2003 die »gesellschaftlich Irrelevantisierten«, um über den sozialen Protest und das alternative Leben zu diskutieren.
Die Studenten und Jungwissenschaftler organisierten Workshops, Lesungen, Filmabende und – ohje – Partys. 2013 wurde das IvI von der Polizei gewaltsam geräumt, samt Bewohnern und Demonstranten, der neue Hausbesitzer, die Franconofurt AG, pochte auf seine Rechte. Ein aus der Universität heraus geborener freier Denkraum hat seine Bleibe verloren.

schäftigt – schließlich stehen dem Viertel große Änderungen bevor.

Zwischen Georg-Voigt- und Sophienstraße soll auf dem ehemaligen Unigelände ein **Kulturcampus** entstehen. Kern bildet die *Hochschule für Musik und Darstellende Kunst* (HfMDK), die rund um das Bockenheimer Depot und im denkmalgeschützten Bau der jetzigen Uni-Bibliothek ein neues Domizil erhalten soll. Das Depot soll weiterhin auch von Oper und Forsythe Company genutzt werden. Aus dem Studentenhaus, wo im ☕ **KoZ** traditionell eh schon reichlich kommuniziert wird, soll ein *Offenes Haus der Kulturen* werden. 40 % der Fläche schließlich soll mit Wohnraum gefüllt werden, der im Mietniveau zwischen dem luxuriösen Westend und dem kleinbürgerlichen Bockenheim liegen soll. 15 % des Wohnraums sind dem gemeinschaftlichen Wohnen vorbehalten, ein Thema, das in der Single-Stadt Frankfurt stark zugenommen hat. Die ABG rechnet mit 3 – 4 Wohngruppen. Vieles am Plan des Kulturcampus ist im Detail noch ungewiss, die Bürger diskutieren mit.

☕ **KoZ – Das Kommunikations-Zentrum auf dem Uni-Gelände,** Mertonstraße 26 – 28, www.studierendenhaus-fuer-alle.de/koz.htm. Mo – Do 9 – 16, Fr 9 – 14 Uhr. Früher schwänzte man hier bei tiefschwarzem Solidaritätskaffee aus Nicaragua die Vorlesungen, heute heißt der Fair Trade, kommt aber immer noch sehr entspannt rüber.

TOUR 6

BOCKENHEIMS LEBENSADER: LEIPZIGER STRASSE

Die schmale Einkaufsstraße mit ihrem holprigen Pflaster vermittelt den Eindruck, man befinde sich in einer Kleinstadt. Hier bummeln bei schönem Wetter junge Leute rum, prüfen Hausfrauen mit Kopftüchern die Auslage der Gemüsestände, während die Düfte aus Döner-Buden und Thai-Imbissen unmissverständlich daraufhin weisen, dass es sich hier um ein ausgeprägt internationales Viertel handelt. Es kämpft seit dem Fortgang der Uni um sein intellektuelles Klientel, mehrere Buchhandlungen mussten

➡ Bis zum Kirchplatz etwa 1 Std, mit Einkaufsbummel beliebig länger. **Bahn/Bus:** U4, 6, 7, Straba 16 und Bus 32, 36, 50, 75 zur Bockenheimer Warte. **Rückfahrt:** U6, U7 Kirchplatz.

Doppelspitze: Bockenheimer Warte & Messeturm

© Annette Sievers

 **Café ExZess,** Leipziger Straße 91, ☎ 069/774670. www.exzess-frankfurt.de.vu. So Infoladen 12 – 16, Mo Kneipe ab 19, Infoladen 18 – 22, Di Antifa 18, Do nur für Frauen ab 20 Uhr.

 **Spiel-Café Zebulon,** Grempstraße 23, ☎ 069/773554. Außer in den Ferien Mo – Sa 15 – 18, So 9 – 18 Uhr. Café mit Spielzimmer. Eintritt inkl. 1 Getränk 3 €, Frühstück nach Wahl 3 – 7 €, Baby 1 €, Kinder inkl. 1 Getränk 3 €.

ihre Pforten schon schließen. Aber es gibt auch Dinge von Bestand, wie der kämpferische Jugendtreff **Café ExZess** im Alten Waschsalon, in dessen Archiv der »Gegenbuchmasse« Bücher linker Verlage zur Verfügung stehen. In der Exzess-Halle hat außerdem die **Dramatische Bühne** ihr Winterquartier.

Zum Kirchplatz

Die Leipziger teilt sich an ihrem Ende in die **Gremp-** und die **Friesenstraße.** Das kleinstädtische Flair ist hier besonders ausgeprägt. Wer am kleinen Platz rechts durch die **Appelsgasse** geht, wähnt sich Meilen von der Finanzmetropole weg. Frühstückscafés konkurrieren um die hier wohnenden Studenten, während es im **Spiel-Café Zebulon** kinderbunt zugeht. An der Kreuzung zum **Kirchplatz** steht rechts das **Grempsche Wohnhaus** von 1582. Besonders ins Auge fällt der oktogonale Treppenturm des Hauses, das mit dem Adelshof der Familie *Gremp von Freudenstein* verbunden war.

Am Kirchplatz liegt die evangelische **Jakobskirche,** ehemals Mittelpunkt des Dorfes Bockenheim, deren Ursprünge zwar auf das Jahr 1365 zurückgehen und somit Bockenheims ältesten Bau darstellen, deren Inneres aber in einem nüchternen modernen Stil gehalten ist. Interessant sind die Fenster, die 1955 von dem Bauhäusler *Carl Crodel* entworfen wurden. Von ihm stammen ebenfalls die Fenster in der *Katharinenkirche* in der City sowie die Chorfenster der *Dreikönigskirche* in Sachsenhausen. Außer einem verwaisten Spielplatz befindet sich am Platz das **Café Plazz.**

NORDEND & BORNHEIM

Wir raten stets unseren von der unterkühlten Ausstrahlung der glatten Marmor- und Glasfassaden der City erschöpften Gästen, einen Spaziergang durch die nordöstlichen Viertel zu machen. Von der Friedberger Anlage durch den kleinen Bethmannpark hindurch, die Berger Straße hinauf bis in den alten Kern Bornheims oberhalb der Saalburgallee, vorbei an Gemüseläden, Boutiquen, Cafés, Buchläden … Auf der »Berger« kann man aufatmen, denn – frei nach Goethe – hier ist man Mensch.

So kann es Ihnen durchaus passieren, dass Sie unvermittelt in das dörflich strukturierte Leben der Bornheimer einbezogen und angesprochen werden oder dass Ihnen die Marktfrau erzählt, wie ihr »die Hitz'« bekommt – eine Möglichkeit zum Schwatzen findet sich spätestens an einem der langen Tische in den Apfelwein- oder Szenekneipen. Die lässige Atmo-

Schritttempo: Im Nordend und Bornheim geht das Leben allgemein eher im Schritttempo
© Annette Sievers

STREIFZÜGE DURCH DIE STADTVIERTEL

☀ **Tipp:** An einem Sommerwochenende steigt das **Berger Straßenfest** auf der Unteren Berger Straße zwischen Bethmannpark und Höhenstraße.

sphäre wird gepflegt, man will sich von der City-Gesellschaft nicht hetzen lassen, man hört auf den eigenen Pulsschlag. Dieser ist am schönsten auf der **Berger Straße** zu spüren, und noch bis in die Nebenstraßen hinein gibt es nette Einkehrmöglichkeiten. Das Straßenbild zeigt überall, dass im Nordend und in Bornheim nicht nur die »alten, echten Frankforder« leben, sondern dass hier das sonst mühsam aufgebaute Image der liberalen, multikulturellen Stadt schon lange ganz einfach funktioniert: Türkisches Kebab neben spanischem Gemüse neben italienischem Eis neben amerikanischem Jeansladen neben deutschen Eisenwaren. Eine bunte Vielfalt, die Leben auf die Straße bringt.

Blick in die Geschichte

Bornheim und das Nordend sind eng mit Frankfurts Geschichte verknüpft: Die **Römer** bewirtschafteten auf dem Boden des heutigen ↗ **Günthersburgparks** einen Gutshof und die **Franken** betrieben im Norden des Stadtkerns königliche Meierhöfe. Um **800** wird Bornheim erstmals urkundlich erwähnt und taucht wiederholt in Schriftstücken auf, da es eine Burg – die *Borneburg* – besitzt (später Günthersburg). Im heutigen Nordend heißen die Höfe *Holzhausen-* und *Glauburg-Öd, Kühhornshof, Adlerflychthof* und *Neuhof*. Die Bezeichnung Öd verrät, dass es so weit vor den Toren der Stadt noch sehr unwirtlich zugeht. Wölfe hausen hier draußen, 1415 kommt es gar zu einer solchen Wolfsplage, dass sich die Feldschützen nicht mehr in die Weinberge wagen.

1320 verpfändet *Ludwig IV.* Bornheim an *Ulrich II. von Hanau,* eine qualvoll unfreie Zeit für die Dörfler. Zwar genießen sie ab **1438** Schutzrecht hinter Frankfurts Stadtmauern – schließlich machen nicht nur Wölfe das Leben unsicher – doch die Hanauer suchen weiter ständig Händel. 1478 entsteht die **Friedberger**

☀ *Bornheimer Landwehr, Eichwaldstraße, Buchwaldstraße – viele Straßennamen erinnern heute noch an frühere Zeiten.*

Warte als Teil der **Bornheimer Landwehr.**
1484 verzichtet Hanau schließlich auf
seine Rechte und bei der Teilung der Grafschaft *Bornheimer Berg* kommt das Dorf
Bornheim zur Reichsstadt Frankfurt. 1552
geht bei der Belagerung Frankfurts durch
Markgraf *Albrecht Alcibiades von Brandenburg* die befestigte Holzhausen-Öde
in Flammen auf. Das Nordend wird verwüstet.

Gegen so viel Ungemach hilft nur tüchtiges Feiern: Das Dorf feiert so viele **Kerb-
feste** (Kirchfeste), dass der zweite Pfarrer
Bornheims 1680 die Kerb wegen ihrer »Un-
mäßigkeiten« verbieten lässt (erst 1812
wird das Verbot endgültig aufgehoben).

Im 16. Jahrhundert werden die Wälder zwischen Frankfurt und dem Dorf geschla-
gen, die **Bornheimer Heide** entsteht in
Höhe des heutigen Merianplatzes. Das
Holz wird nach Frankfurt geliefert, das,

*Wie annodunnemol:
Kostümierung zur Ber-
nemer Kerwe*

© Annette Sievers

gerade protestantisch geworden, von den Holzliefe-
rungen des Mainzer Erzbischofs boykottiert wird. Östlich des Sandwegs wird Weinbau betrieben. Ansonsten leben die Leute vom Handwerk und auch vom
horizontalen Gewerbe, was zu einer hohen Rate un-
ehelicher Kinder und dem Beinamen »lustiges Dorf«
führt.

1779 fallen die letzten Bäume des Eich- und des Buch-
walds. 6 Jahre später steigt **Jean-Pierre Blanchard**
mit seinem Heißluftballon von der Bornheimer Heide
auf und fährt in sagenhaften 39 Minuten bis Weilburg
an der Lahn, eine Kutschenstrecke von 14 Stunden.
1862 findet auf der Heide Deutschlands erstes Schüt-
zenfest statt.

Seit 1874 fährt die **Pferdebahn** von Frankfurt zur Adlerflychtstraße, wo die Blindenanstalt der Diakonis-

✴ *In der Schopen-
hauerstraße, Ecke
Heidestraße erinnert ein
Wandbild an das Ballon-
abenteuer* **Blanchards.**
*In Weilburg ließ er sei-
nen Hund an einem
Fallschirm, dessen Erfin-
dung er sich rühmte, zu
Boden schweben. Der
Hund überlebte.*

ℹ Frankfurter Stiftung für Gehörlose und Schwerhörige, Rothschildallee 16a, Nordend. ✆ 069/454036, Bildtelefon 945930-29, Schreibtelefon 454037. www.gebaerdennetz.de. Museum Mo – Fr 9 – 17 Uhr, 3 €, Führung 4,40 €. 1827 wurde die erste **Taubstummenanstalt** auf Initiative des Frankfurter Lehrers *Ludwig Kosel gebaut, die 1900 in der Gabelsberger Straße, Ecke Rothschildallee einen Neubau bezog. Seit 1977 besteht dort ein renommiertes Gehörlosenzentrum mit Schulungs- und Veranstaltungsräumen, Kegelbahn, 9 Sozialwohnungen, Sozialberatung und Dolmetscherdienst sowie mehreren Vereinen und einem Museum.*

Ⓜ Im Glauburgbunker, einem alten **Luftschutzbunker,** richtete 1995 der Bayer Gerhard Stief sein Privatmuseum **Explora für Wissenschaft und Technik** ein, www.explora.de.

sen ihren Neubau anstelle des alten Gutshofes bezogen hatte. In der gleichen Straße entsteht die erste Schule des Nordends. Seit 1879 kann das geplagte städtische (Groß-)Bürgertum mit der Pferdebahn auch ins inzwischen eingemeindete Bornheim zur Erholung hinausfahren, dessen Gartenwirtschaften und Tanzveranstaltungen beliebt sind. Es geht also tatsächlich lustig zu …

Die Entwicklung der Einwohnerzahlen steigt mit der zunehmenden Bebauung des Nordends stetig an: 1880 wohnen hier 23.000 Menschen, 10 Jahre später 38.000 und weitere 10 Jahre später schon 58.000. Bornheim hat 29.000 Einwohner. Die Tram wird elektrifiziert, Krankenhäuser, Schulen, Kirchen und soziale Einrichtungen wie die »**Taubstummenschule**« werden in schneller Folge gebaut, 1885 eröffnet der Nähmaschinenhersteller *Joseph Wertheim* in der Burgstraße ein Vereinshaus für seine Arbeiter, 1892 wird der ↗ **Günthersburgpark** für das Publikum geöffnet, 1908 das *Volksbildungsheim* am Eschenheimer Turm gebaut, heute ein Kinocenter. 1926 entstehen am **Bornheimer Hang** neue Wohnsiedlungen nach dem Konzept des Stadtplaners ↗ *Ernst May.*

1943 und 44 zerstören Spreng- und Brandbomben viele Bornheimer Wohnblocks. Am 11. Dezember 1944 wird Alt-Bornheim verwüstet. Die Bedrohung des Krieges holt die Gesellschaft 20 Jahre später wieder ein: 1964 wird Frankfurts erster **Atom-Schutzbunker** am Nibelungenplatz gebaut.

Wesentliche Veränderungen erfuhren Nordend und Bornheim durch den Bau der **U-Bahn:** 1963 erfolgt in der Eschersheimer Landstraße, 1971 in der Berger Straße der erste Rammschlag für den Tunnelbau, der für Jahre das Leben der Anwohner beherrscht. Mit der Eröffnung des ersten autonomen Kinderhauses beim Holzhausenpark zeigt sich, wie jung und durchmischt die Bevölkerungsstruktur ist. Rund 23 % Ausländer leben im Nordend, darunter viele Studenten aus Lateinamerika.

Nach der Jahrtausendwende und dem Weggang der amerikanischen Streitkräfte gab es eine Gebietsneuverteilung: Anstelle der ehemaligen Kasernen an der **Friedberger Landstraße** wurden neue Mietshäuser gebaut und jene östlich der restaurierten Warte, das *New Atterberry*, Bornheim zugeschlagen. 2006 zog das *amerikanische Generalkonsulat* an die Gießener Straße, die noch zum Nordend gehört.

TOUR 7

DAS »GEFÜHLTE BORNHEIM«

Das Gebiet zwischen dem volkstümlichen Bornheim und dem feudalen Westend hat seine Entstehung dem Zusammenwachsen Bornheims mit der Stadt zu verdanken. Es hat sowohl vom Volkstümlichen als auch vom Feudalen etwas: Im **Nordend** wohnen Studenten, Angestellte und, rund um das ↗ Holzhausenschlösschen, besser Verdienende, bekannte Künstler und Schriftsteller.

Das Nordend ist, abgesehen von der **Fachhochschule** und dem **Hauptfriedhof,** ein reines Wohnviertel ohne einen bestimmten Kern, politisch eher links bis **grün** zuzuordnen, bekannt für seine zahlreichen gemütlichen, manchmal etwas deftigen Szene-Keipen – und das ↗ 🄣 **Stalburg Theater.** Der **Oeder Weg** ist die Lebensader des Viertels.

Das Nordend reicht von der Eschersheimer Landstraße im Westen bis zum Sandweg im Osten, geht über den Alleenring hinweg und schließt das Gelände des *Hessischen Rundfunks,* den *Hauptfriedhof,* die *Friedberger Warte* und den *Günthersburgpark* ein, um durch die Wiesen- und Arnsburger Straße wieder auf den Alleenring zu stoßen. Ab Günthersburgpark,

→ Nordend: 45 Min für einen Bummel über den **Oeder Weg,** wo es viele Geschäfte, Boutiquen, Esslokale sowie die hervorragende Eisdiele Christina gibt.
Bahn/Bus: U1 – 3 Grüneburgweg.

☀ *Das Nordend war der Wahlbezirk Joschka Fischers, der hier für die **Grünen** regelmäßig über 20 % der Wählerstimmen errang.*

☀ *Das Funkhaus am Dornbusch liegt im Nordend, das Bürgerhaus Bornheim ebenso – wo ist dann bloß das echte Bornheim!?*

➤ Untere Berger: 2 Std bis ins alte Dorf hinauf ohne Bethmannpark und Kaffeetrinken. **Bahn/Bus:** Für den beschriebenen Weg: S1 – 6, 8, 9, U4 – 7 Konstablerwache, am Gericht links zur Friedberger Anlage abbiegen. Alternativ: U4 Merianplatz.

Lädchen mit Wohndeko und Mode: Die untere Berger bietet fast alles
© Annette Sievers

spätestens auf der Berger Straße befindet man sich jedoch schon im »**gefühlten Bornheim**«.

Die untere Berger Straße

Ein Rundgang durch Bornheim wird zwangsläufig ein Staffellauf die Berger Straße hinauf. Beginnen Sie ihn am grünen Anlagen-Ring, dort, wo das alte **Ariadneum,** besser als die **Discothek Odeon** bekannt, steht. Das klassizistische weiße Gebäude ließ *Simon Moritz von Bethmann* 1815 als privates Landhaus und Museum für seine Lieblingsskulptur *Ariadne auf dem Panther* (1812 von *J. Heinrich Dannecker* in Marmor geschaffen, ↗ **M** *Liebieghaus*) bauen. Um die Jahrhundertwende richtete sich der renommierte Kursaal *Milani* dort ein, wo sich hauptsächlich jüdische Ostendbürger an Konzerten erfreuten. An der unteren Berger Straße kommen Sie zu einer weiteren Hinterlassenschaft der Bankiers-Familie, zum ↗ **Bethmannpark** mit dem Chinesischen Garten.

Am **Merianplatz** steht links das erste *Volksbrausebad* Frankfurts, 1888 mit oktogonalem Grundriss erbaut. 14 Duschzellen sowie Trockenräume lagen um einen zylindrisch gemauerten Kern, in dem der Heizkessel stand. Bald nahmen hier pro Tag rund 180 Personen für 1 Groschen ein Brausebad. Bis in die 1990er-Jahre konnte hier jeder für 2 DM duschen, was jährlich immerhin noch 60.000 Besucher taten. Mit der fortgeschrittenen Modernisierung der Altbauten des Viertels und sozialer Einrichtungen für Wohnsitzlose und Drogenabhängige wurde das Bad überflüssig. Heute befindet sich in dem denkmalgeschützten Gebäude ein 🅲**Café,** das den Platz im Sommer ungemein belebt.

Es folgen noch etliche Cafés, Eisdielen, Weinbars, Kneipen, Schnellimbisse – von normal bis hip, von chinesisch bis italienisch, türkisch, spanisch, thailändisch, indisch …, was Sie wollen. Wer ausgefallene Abendgarderobe, Jeans, Highheels oder Zehenlatschen, Biogemüse, Bücher, Taschen, Socken, Öko-Kinderbekleidung, Blumen, Brillen, Pelze, Porzellan oder ein Geschenk sucht, ist auf »der Berger« goldrichtig. Schaufenster gucken und bummeln gehen, machen hier noch richtig Freude.

Der Markt in »Bornheim Mitte«

Das **Uhrtürmchen,** 1873 auf dem heutigen Marktplatz aufgestellt, dient als Treffpunkt, um ins ↗ 🅺 **Berger Kino** zu gehen oder in die nächsten Bars und Kneipen an der oberen Berger zu ziehen. Hier am 🕐 **Markt** befinden Sie sich endlich im offiziellen **Bornheim,** dem einzig wahren »globalen Dorf« (Schon wieder nicht konsequent: Wenn es der Anfang des Stadtteils Bornheim ist, warum heißt die Station dann »Mitte«?). Egal, der Markt in *Bornheim Mitte* ist immer ein schöner Treffpunkt, samstags sind die Buden mit Waffeln, Eintopf oder Grillwürstchen dicht umlagert. Hier trifft man immer einen, den man kennt oder der einen kennt, den man kennt …

Obere Berger Straße

Oberhalb der Saalburgallee wird die Berger Straße enger und schließlich richtig ländlich: Über das **Fünffingerplätzchen** hinweg folgen auf die hohen Altbauten mit einem Mal niedrige Fachwerkhäuser. Alte Apfelweinstuben, Eisdielen und Wirtschaften mit Restaurantbetrieb laden zum Draußensitzen ein. Dazwischen drängen sich moderne Trendbars, wo man kaum sein eigenes Wort versteht. Es folgt wieder

Café Merianbad, Merianplatz 1 – 3, ✆ 069/26495455. www.merianbad-ffm.de. 10 – 24, So Brunch 10 – 13 Uhr 6,50 €. Das Merianbad, 1888 erbaut, bis ins neue Jahrtausend als Bad genutzt und unter Denkmalschutzstehend, ist jetzt italienisches Bistro, Café und Vinothek. Internationales Publikum.

Weltladen Bornheim, Berger Straße 133, ✆ 069/4930101. www.weltladen-bornheim.de. Mo – Fr 10 – 19, Sa 10 – 18 Uhr. Geschenkartikel und Gebrauchsgegenstände sowie Kaffee, Tee, Honig etc. aus Fairem Handel.

Wochenmarkt am Uhrtürmchen, U4 Bornheim Mitte, Mi 8 – 18.30 und Sa 8 – 16 Uhr.

Bahn/Bus: U4 Bornheim Mitte.

REWE im Depot, Heidestraße am Fünffingerplätzchen: Im ehemaligen Straßenbahndepot von 1902.

Weiße Lilie, Berger Straße 275, Frankfurt. ✆ 069/453860. www.weisse-lilie.com. Täglich ab 17.30 Uhr. Rustikale Esskneipe und alternativer Treff im »Dörfsche« mit 1a spanischer Küche. Nicht teuer, sehr beliebt, ebenso das angeschlossene **Café Süden,** Berger Straße 239.

Das alte Rathaus des einst selbstständigen Bornheims

© Annette Sievers

ein Plätzchen, hier mit dem ersten **Brunnen** Alt-Bornheims und einer Wasserleitung von 1827. Dahinter fließt Guinness aus den Hähnen des 🍴 **Irish Pub.** Im Keller des ⤴ 🍴 **Weindünker** ist tatsächlich die Zeit stehen geblieben, in der ✕ **Weißen Lilie** wird wie schon im 19. Jahrhundert Karneval gefeiert. Damals tagten hier die Arbeiterverbände, die den **Bernemer Mittwoch** sicher nicht fröhlicher feierten als das bunt gemischte Volk heute auf der *Bernemer Kerb,* ⤴ Feste.

Immer noch auf »der Berger« folgen auf der rechten Seite hinter dem schönen Apfelweinlokal ⤴ ✕ **Zur Sonne** das alte, barocke **Rathaus** (heute Wohnhaus Nr. 314) und im Schatten der 70er-Jahre-Hochhäuser das denkmalgeschützte Häuschen des umgebauten **Langen Hofs.**

Links durch die Spillingsgasse erreichen Sie auf der Anhöhe das evangelische **Johannis-Kirchlein.** Erstmals 1263 wurde für Bornheim eine Kirche erwähnt. Ein 1608 geweihter Bau wurde nach einem Blitzschlag 1778 in barockem Stil mit Zwiebelturm wieder aufgebaut. Berühmt ist sie durch die Kantorei: 1877 gründete sich der Chor, der bis heute besteht und dem vom Requiem bis zu Bach-Kantaten kaum etwas zu schwierig ist. Der **Platz** mit dem Wirtshaus *Zum Schmärrnche* ist bei den Kerwefesten Mittelpunkt des Geschehens. Kein Wunder, dass **Goethe** derart ins Schwärmen geriet …

Ich höre schon des Dorfs Getümmel
Hier ist des Volkes wahrer Himmel,
Zufrieden jauchzet groß und klein
Hier bin ich Mensch, Hier darf ich's
sein.

J.W. von Goethe

DRIBBDEBACH: SACHSENHAUSEN

Auf der südlichen Mainseite – also »dribbdebach« von Frankfurt aus – liegt Sachsenhausen. Für viele Ortsfremde gleichbedeutend mit »Museumsufer & Ebbelwoi«. Doch das »Rive Gauche« hat mit seiner feinen Lebensart mehr als das zu bieten.

Als historisch nicht gesichert gilt die Vermutung, dass **Karl der Große** im 8. Jahrhundert unterworfene Sachsen hier am linken Mainufer zwangsansiedelte. Erstmals 1193 urkundlich erwähnt, war **Sachsenhausen** durch eine Schenkung *Friedrichs II.* einer der Stützpunkte der **Deutschordensritter.** Der bedeutende Ritterorden, sein Zeichen ist das schwarze Kreuz auf weißem Mantel, machte den Kampf gegen die »Ungläubigen« in Osteuropa zu seiner Aufgabe. Erst Ende des 13. Jahrhunderts zogen bürgerliche Leute in das bereits 1318 im Stadtfrieden ausdrücklich Frankfurt zugerechnete Viertel. Seitdem lebten in den engen und verwinkelten Gassen vorwiegend Handwerker und Fischer. 1390 bekommt Sachsenhausen eine Stadt-

Wahrscheinlich leitet sich der Name Sachsenhausen von »Sassenhusen« ab, also einem Ort, wo »Beisassen« hasten – so wurden im Mittelalter Einwohner ohne volle Bürgerrechte bezeichnet.

STREIFZÜGE DURCH DIE STADTVIERTEL

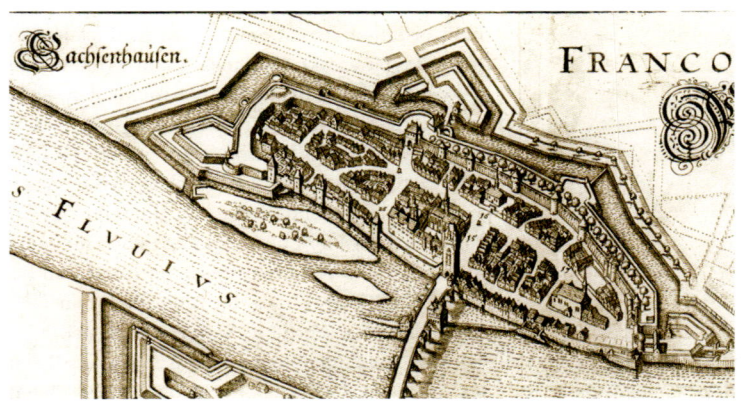

Der **Stadtwald** ist Teil des **Frankfurter GrünGürtels.** Ein rund 450 km langes Wegenetz lädt zum Spazierengehen, Wandern, Joggen und Radfahren ein. Zu den Zielen im Stadtwald ↗ pmv *Frankfurt Rhein-Main mit Kindern* sowie *33 schönste Radtouren Rhein-Main.*

mauer, die auf dem höchsten Geländepunkt, dem *Sachsenhäuser Berg,* gebaut und 120 Jahre später um die **Sachsenhäuser Warte** samt Waffenlager, Wachräumen und Brunnen ergänzt wurde.

1484 war es der Stadt gelungen, dem Deutschen Orden den umliegenden **Wald** abzukaufen, wo die Leute ihre Schweine, Schafe und Kühe weiden lassen konnten. Der ↗ **Kuhhirtenturm** im heutigen Alt-Sachsenhausen und die **Oberschweinstiege** im **Stadtwald** zeugen davon.

Mitte des 18. Jahrhunderts lebten rund 4000 Menschen in Sachsenhausen, das sich nach dem Fall der Stadtmauer rasch auszudehnen begann. Ende des 19. Jahrhunderts lebten bereits 30.000 Menschen in dem grünen Stadtteil. Dies hatte auch mit der besseren Erschließung durch die neuen **Unter-** und **Obermainbrücken** 1874 und 1879 zu tun (Obermainbrücke heute *Ignatz-Bubis-Brücke*). Gleichzeitig errichteten die Reichen entlang dem Mainufer ihre Sommervillen, wie die *Villa Metzler* und *Liebieg,* und das *Städelsche Kunstinstitut* wurde eröffnet, ↗ Ⓜ **Städel Museum.** Heute sind diese Villen in das **Museumsufer** eingebunden.

Im Krieg wurden auch Sachsenhausen und sein altes Fischerviertel schwer getroffen, doch blieb hier mehr erhalten als auf der anderen Mainseite. So wurde das pittoreske **Alt-Sachsenhausen** mit seinen vielen Ebbelwoi-Wirtschaften, Musiklokalen, Pubs und Kneipen für die in Frankfurt stationierten US-amerikanischen GIs zum bevorzugten Vergnügungsviertel deutscher »Gemutlichkeit«, wo sie gleich nach dem monatlichen *Payday* in Horden einfielen. Das Apfelwein-Viertel war bald nur noch für seine lautstarken Männerbesäufnisse berühmt und berüchtigt. Mit dem Abzug der Amerikaner ab 1995 wurde der fortgeschrittene Verfall der Häuser offensichtlich, die Einnahmen von tausenden GIs fielen aus. Nun wird seit der Jahrtausendwende mit einem

Sanierungsplan an dem Imagewandel gearbeitet. Das wird bestimmt gelingen, denn die Menschen hier sind nach eigenen Bekundungen auf jeden Fall fröhlicher, gemütlicher und traditionsbewusster als auf der anderen Seite des Mains!

TOUR 8

INS ALTE FISCHERVIERTEL

Zu den großen Sehenswürdigkeiten Sachsenhausens gehören natürlich das Museumsufer und der Altstadtkern. Doch sollte man es nicht versäumen, einmal quer durchs Viertel zu bummeln, wo schöne Gründerzeit- und Jugendstilhäuser zu entdecken sind und grüne Plätze zum Verweilen einladen. Interessant ist auch die neue Bebauung am Deutschherrnufer, wo das Mainplaza so markant in die Höhe ragt.

Von der Schweizer Straße zum Museumsufer

Die beliebte Einkaufsstraße bietet außer den alteingesessenen und bei Touristen beliebten Apfelweinlokalen wie dem ⊠ **Gemalten Haus** keine Sehenswürdigkeiten im eigentlichen Sinn, sondern ist vor allem zum Bummeln geeignet. Außer Kunstläden, Boutiquen, Schmuckgeschäften und Banken befinden sich dort Metzgereien, Bäckereien, Straßencafés und Eisdielen. Im Sommer wird die Schweizer Straße beim *Brunnenfest* zur beliebten Festmeile, ↗ **Feste.**
Größte Aufwertung und internationales Renommee erhielt das Viertel durch das 🅼 **Museumsufer.** Das Projekt entstand mit *wallmännischer* Vehemenz (CDU-OB 1977 – 1986) und dem Geschick und Sachverstand seines Kulturdezernenten *Hilmar Hoffmann*

→ Reine Laufzeit 2 Std. **Bahn/Bus:** S5, 6, U1 – 3, Straba 19, Bus 45, 47, 50, 55, 61, 64, 78, 653, OF-50 bis Südbhf, dann nach links durch die Hedderichstraße zur Schweizer Straße gehen.

🛈 **Wochenmarkt am Südbahnhof:** Di und Fr 8 – 18 Uhr.

✕ **Zum Gemalten Haus,** Schweizer Straße 67. ✆ 069/6031457. www.zumgemaltenhaus.de. Di – So 10 – 24 Uhr. 100 Jahre gepflegte Tradition, typische Frankfurter Speisen, ist aber aufgrund seiner attraktiven Lage und seines (optischen) Bekanntheitsgrades immer voll. Reservieren!

Platanentunnel: Promenade am Museumsufer

Foto: Daniela Sahling

➡ **Museumsufer: Bahn/Bus:** U1 – 3, 8, Straba 15, 19 Schweizer Platz, ↗ Museen.

☀ **Tipp: Museumsufer-Fest** am letzten Augustwochenende.

☀ **Tipp:** Was 1996 als Demonstration für freies Skaten auf der Straße begann, hat sich zu einer Kult-Veranstaltung entwickelt: **Tuesday-Night-Skating.** Während der Sommerzeit werden auf 14 wechselnden Strecken 2 Runden von 28 – 35 km gelaufen, beide nicht für Anfänger geeignet. Treffpunkt: 20.30 Uhr am Deutschherrenufer, Höhe Ignatz-Bubis-Brücke, www.t-n-s.de.

(SPD) in den 80er-Jahren. Zwischen Friedensbrücke und Eisernem Steg entstanden 7 glorreiche Erweiterungs- und Museumsneubauten, zu denen sich im Laufe der Zeit weitere hinzugesellten.

Bei so viel überregionaler Aufwertung konnte die Neugestaltung des **Ufers am Tiefkai** nicht lange auf sich warten lassen. Die Grünanlage ist ein höchst beliebter Treffpunkt für alles, was Füße oder Rollen hat, an schönen Sonnentagen sind nicht nur die Wege gesteckt voll, sondern auch die Wiesen voller entspannt auf Decken oder gar in Liegestühlen dösender Menschen. Im Sommer gibt es Kinderbelustigung durch den *Abenteuerspielplatz Riederwald,* Büdchen öffnen in den Katakomben der Treppenabgänge und schließlich ist die Promenade Schauplatz von Festen und Sportveranstaltungen.

Jeden zweiten Samstag wird das Museumsufer außerdem zur Kulisse für den ⏱ **Frankfurter Flohmarkt,** dann ist die Straße zwischen Eisernem Steg und Holbeinsteg für den Verkehr gesperrt und man kann in Nippes, Trödel und Ramsch-Neuware stöbern.

Das Sachsenhäuser Ufer

Der Schaumainkai führt Richtung Osten am ↗ **Eisernen Steg** vorbei und geht dort in das Sachsenhäuser Ufer über.

Rechts befindet sich die evangelische **Dreikönigskirche** (Sa 12 – 14 Uhr geöffnet, Gottesdienst Sa 17 und So 10 Uhr). Die neugotische Hallenkirche von 1881, deren Turm 80 m in den Frankfurter Himmel ragt, ist nach den Entwürfen des Dombaumeisters *Franz Josef von Denzinger* gebaut worden. Hörenswert ist die große 🎵**Orgel,** sehenswert sind die Tafel des ersten **Allgemeinen Almosenkastens** der Stadt von 1531 und vor allem die Glasfenster aus der Werkstatt *Crodel* von 1956, die auch die Fenster der ↗ *Katharinenkirche* schuf.

Der erste steinerne Vorläufer der **Alten Brücke** wird 1222 erwähnt. Sie war bis zum Bau des Eisernen Stegs die einzige Brücke über den Main. Über sie zogen die Könige zur Krönung und rumpelten sämtliche Waren via Brückenstraße und Fahrgasse in die Stadt und von Süden nach Norden. Kriege und Eisgang haben die einst 13-bogige Brücke immer wieder beschädigt. Die heutige »Neue Alte Brücke« stammt von 1965, für die Schifffahrt wurden ihre Bögen verbreitert. Im Mittelalter wurden die zum Tode Verurteilten an der tiefsten Fahrrinne des Mains, mit einem Stein beschwert, von der Brücke geworfen. Heute kennzeichnet das Wahrzeichen der Einheimischen, der **Brickegiggel** (Brückenhahn) die Stelle. Dort be-

🔒 **Flohmarkt,** www.hfn-frankfurt.de. Jeden Sa abwechselnd am Schaumainkai und am anderen Ufer im Osthafen, Lindleystraße.

➡ **Bahn/Bus:** U1 – 3, 8, Straba 15, 19 Schweizer Platz, oder U4, 5, Straba 11, 12 Dom/Römer via Eisener Steg.

🎵 Jeden Sa 17 Uhr (außer im Sommer) Orgelvesper. www.dreikoenigsgemeinde.de.

✳ *Der Allgemeine Almosenkasten* war eine 1530 gegründete städtische Stiftung aus den dem Rat zur Verfügung stehenden Geldern von milden Gaben. Aus dem Almosenkasten wurden die Geistlichen, die Kirchenbuchführung, das Beerdigungswesen, die Versorgung von Geisteskranken und andere Verpflichtungen finanziert.

STREIFZÜGE DURCH DIE STADTVIERTEL

DER BRIGGEGIGGEL

Mit dem »Brückengockel« verbindet sich eine Legende: Der Baumeister wurde nicht rechtzeitig mit dem Bau der Brücke fertig und bat den Teufel um Hilfe. Dieser forderte als Gegenleistung das erste lebende Wesen, das die Brücke überqueren sollte. Nach der Tradition hätte der Baumeister selbst als Erster die Brücke überqueren sollen. Doch nach der pünktlichen Fertigstellung trieb der listige Mann einen Hahn vor sich über die Brücke. Der Teufel sah sich um die Seele betrogen, zerriss den Hahn in der Luft und schmetterte ihn mit solcher Wucht auf die Brücke, dass 2 Löcher entstanden, die nie zu flicken waren!

@ Zur Geschichte der Kommende Frankfurt und des Ordens kann man sich auf seiner Webseite www.deutscher-orden.de informieren.

▲ **JH Frankfurt am Main,** Deutschherrnufer 12, Sachsenhausen. ✆ 069/6100150. www.jugendherberge-frankfurt.de. Übernachtung im Mehrbettzimmer ab 19 €, im DZ 32,50 € pro Pers, Frühstück 5 €. Sowohl günstige Übernachtung im Mehrbettzimmer als auch Einzel- und Doppelzimmer für anspruchsvolle Gäste direkt beim Kuhhirtenturm.

stand die Fahrdecke einst nur aus losen Brettern, um die Brücke bei Gefahr unpassierbar machen zu können. Auch eine Brückenfigur zierte einst die Alte Brücke: Das Sandsteindenkmal Karls des Großen ist heute im ↗ 🅜 *Historischen Museum* zu sehen. Die Brücke bewachten 2 Türme, deren Tore nachts geschlossen wurden, sowie 2 Brückenmühlen. Auf diese bezieht sich der moderne ↗ 🅜 **Portikus,** in dem Ausstellungen stattfinden.

Am Sachsenhäuser Ufer der Alten Brücke steht das **Deutschordenshaus** und die katholische **Deutschordenskirche Santa Maria.** Der dreiflügelige Barockbau wurde 1709 – 15 auf den Resten der gotischen Anlage nach Plänen von *Daniel Kayser* errichtet. *Maximilian von Welsch* gestaltete das ausladende Schmuckportal mit den beiden Ritterfiguren links und rechts vom Balkon. Heute befindet sich in dem Bau das ↗ 🅜 **Ikonenmuseum.** Die einschiffige Kirche wurde als gotische Saalkirche in der ersten Hälfte des 13. Jahrhunderts gebaut und mit einer Barockfassade von *Ferdinand Kirchmeyer* 1751 geschmückt. Sie gehört seit 1958 wieder dem Deutschen Orden und wird als katholische Pfarrkirche genutzt (Messe Di 18, Mi 19, Do 8.30, Fr 18, Sa 18.30, So 10 und 20 Uhr).

Auf der anderen Straßenseite verbirgt sich bei der Bushaltestelle und unterhalb des Straßenniveaus in der **Schellgasse 8** das älteste Fachwerkhaus von Frankfurt. Eine Holzanalyse datiert es auf 1291.

Der Kuhhirtenturm

Die große Kreuzung wird von gesichtslosen Neubauten dominiert. Gehen Sie durch die **Elisabethenstraße** an Matratzen-Outlets, Kiosken und Sportwettbüros vorbei, stoßen Sie bald linker Hand auf die **Paradiesgasse** und sind nun mitten drin in Alt-Sachsenhausen. Ein paar Meter weiter zweigt die **Große Rittergasse** ab, in der der im Mittelalter »Elefant« genannte **Kuhhirtenturm** steht. Der spätgotische Wehr- und Gefängnisturm war Teil der Stadtbefestigung und wurde zusammen mit dem Tor um 1490 erbaut. Von den ehemals 9 Türmen »dribbdebach«, ist er der einzige noch existierende. Das massive Gemäuer besteht aus 4 Stockwerken und besitzt ein steiles Walmdach. 2012 erhielt seine gelungene Sanierung den hessischen Denkmalschutzpreis, was als Aufbruchsignal für den Stadtteil ausgelegt wird. Der Komponist **Paul Hindemith** wohnte und arbeitete während seiner Zeit als Frankfurter Konzertmeister von 1923 bis 1927 in der Türmerstube. Daher sind die Restaurierungen am historischen Zustand der 1920er-Jahre ausgerichtet, da aus jener Zeit noch Originalbefunde von Wand-, Deckenputz, Eingangstür und Fensterläden stammen. Die *Paul-Hindemith-Stiftung* unterhält hier Ausstellungs- und Vortragsräume sowie einen kleinen Kammermusiksaal.

M *Hindemith Kabinett im Kuhhirtenturm, Große Rittergasse 118, 60316 Sach-*

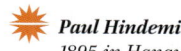
Paul Hindemith, *1895 in Hanau geboren, 1963 in einem Frankfurter Krankenhaus gestorben, war ein virtuoser Bratsche-Spieler und der führende Komponist junger, zeitgenössischer Musik. 1927 wurde er als Professor nach Berlin berufen. Seine Musik war den Nazis als »entartet« verhasst, weshalb er 1938 emigrierte und später nur noch zu Besuch in seine Heimat kam.*

Hübsches Domizil für einen Künstler: Kuhhirtenturm

© Annette Sievers

senhausen. ℡ 069/ 5970362, www.hindemith.info.
Zeiten: Hindemith-Ausstellung So 11 – 18 Uhr.
Preise: 3 €, Konzerte 8 €; ermäßigt 1,50 €, Konzerte 6 €.

Alt-Sachsenhausen

Hinter dem Kuhhirtenturm beginnt das Kneipen-viertel Alt-Sachsenhausen. Die **Kleine** und **Große Rittergasse,** die **Paradies-** und die **Klappergasse** sind für den Autoverkehr gesperrt. Ihre alten Fach-werkhäuser bilden Plätzchen und Durchgänge und sollen irgendwann wieder in alter Farbigkeit er-strahlen. Seit 1993 bereits gibt es einen Rahmen- und Erhaltungsplan für die Sanierung des Viertels, doch erst mit dem 2001 von der Stadt aufgelegten Förderprogramm kam etwas Schwung in die Sache. Sanierung der Wohnhäuser, Instandsetzung des Fachwerks, Restaurierung in historischer Farbge-bung und der Plätze mit ihren Brunnen sind zwar fort-geschritten, aber vieles liegt noch im Argen. Nun soll die Mononutzung durch die Gastwirtschaften durch Läden, Künstlerateliers und vereinzelte Büros aufgehoben werden, damit das Kopfsteinpflaster auch tagsüber von Sachsenhäuser Originalen wie der **Frau Rauscher** belebt wird. Für die kulturelle Auf-wertung sorgen bereits jetzt der ↗ Kuhhirtenturm und das 🇹 *Theater der Fliegenden Volksbühne* am Paradieshof.

Doch noch gleicht das Viertel bei Einbruch der Dun-kelheit einem bunten Rummelplatz, Touristen, Be-triebsfeiern und diese elendigen Junggesellen- und -gesellinnen-Abschiede prosten sich lautstark zu. Das proletenhafte Ballermann-Image wird man so bald nicht wieder los werden, schließlich gilt Alt-Sach-senhausen in vielen (ausländischen) Reiseführern nach wie vor als das Vergnügungsviertel schlecht-hin.

☀ *Wer ahnungslos durch die Klapper-gasse schlendert, könnte sein nasses Wunder erle-ben: Dort steht eine bronzene Marktfrau und spuckt in hohem Bogen die Vorübergehenden an – in unregelmäßigen Abständen! Das ist die* **Frau Rauscher** *»mit der Beul am Ei«, 1929 als Karnevalslied geboren und seither Wahrzeichen Alt-Sachsenhausens. Das ganze Lied unter www.sachsenhausen-live.de.*

Die schönen Traditions-Kneipen, wo die Einheimischen ihren Schoppen petzen, gibt es in Alt-Sachsenhausen dennoch, zum Beispiel die ↗ ✖ **Affentorschänke.** Dort am **Affentorplatz** stand ein Stadttor, durch das man auf die Felder von Oberrad gelangte. Es wurde 1810/11 durch 2 Wach- und Zollgebäude ersetzt, die von dem Architekten *Joh. F. Christian Heß* geplant und gebaut wurden. Als Frankfurt preußisch wurde, fielen die inländischen Zölle und mit ihnen die rund um die Stadt platzierten Zollhäuschen weg. Die klassizistischen *Affentorhäuser* sind die einzig erhaltenen. Nachdem sie lange Zeit als Bürgerhaus dienten, ist inzwischen die Caritas eingezogen.

Der **Brunnen** am Affentor wurde 1958 von dem Bildhauer *Georg Krämer* geschaffen und gibt, gemeinsam mit zahlreichen weiteren Brunnen in Sachsenhausen, alljährlich Anlass zum ↗ **Sachsenhäuser Brunnenfest,** das seit 1490 begangen wird und damit eines der ältesten Volksfeste Frankfurts ist.

T Theater der Fliegenden Volksbühne, Große Rittergasse 33, Frankfurt. ℂ 069/ 66575779. www.fliegendevolksbuehne.de. Ab Frühjahr 2014 am Paradieshof. Michael Quast bzw. die Fliegende Volksbühne war schon lange auf der Suche nach einem Nest, nun will die Stadt ihr also eins in Alt-Sachsenhausen bereiten. Wer in Höchst ↗ »Barock am Main« gesehen hat, weiß: Hier muss man unbedingt hingehen.

STREIFZÜGE DURCH DIE STADTVIERTEL

HÖCHST

Die 1928 zu Frankfurt eingemeindete Kleinstadt ist den meisten Menschen nur als Produktions-stätte der Farben- und Chemiefabrik Hoechst bekannt – schließlich trieb man es dort oft so bunt, dass Autos in ihrem Windschatten eine andere Farbe annahmen und Pannen schon mal »ruchbar« wurden. Inzwischen feierte man 150 Jahre Jubiläum, denn die ersten Industriegrün-dungen gehen auf das Jahr 1863 zurück.

Lange Zeit war Höchst daher das ungeliebte Anhängsel, die Altstadt verkam und noch heute gibt es hier für manch einen zu viel Multikulti. Dabei ist der am Main gelegene alte Kern sehr hübsch und auch das Ufer ist propper für Rad-ler und Spaziergänger herausgeputzt. Um den kopfsteingepflasterten Markt-platz schmiegen sich Fachwerkhäuschen und um die Ecke steht die älteste Kirche auf Frankfurter Stadt-gebiet (freilich erst seit der Eingemeindung Höchst'): die ↗ **Justinuskirche.**

Die gotische **Befestigungsanlage** und der **Zollturm** aus dem 14. Jahrhundert am Schlossplatz schützten ehemals das Städtchen vor den randalierenden Frank-furter Rittersleuten. Seit nämlich die Mainzer Erzbi-schöfe das Sagen in *Hostatt* hatten, mussten sie Main-zoll zahlen. 1396 zerstörten die Frankfurter die erz-bischöfliche Burg. 1586 baute Erzbischof *Wolfgang von Dalberg* die nur halb wieder aufgebaute Burg zum

Rest vom Fest: Bergfried vom Höchster Schloss

Renaissance-Schloss um. Es wurde im Dreißigjährigen Krieg zerstört. Auf den ehemaligen Wallanlagen hat sich zwischen Schlossmauer und Main der schöne, alte **Brüningpark** erhalten, der beim ↗ *Höchster Schlossfest* für Konzerte genutzt wird.

Der spätbarocke **Bolongaropalast,** in dessen symmetrisch angelegten terrassierten Park im Sommer Open-Air-Veranstaltungen stattfinden, liegt flussaufwärts an der Nidda-Einmündung. Ende des 18. Jahrhunderts hatte das Mainzer Erzbistum, dem Höchst noch immer gehörte, versucht, baulustige Bürger anzulocken. Der neue Stadtteil sollte nach dem Bischof »Emmerichstadt« heißen. So einen Quatsch machten die reformierten Frankfurter aber nicht mit. Doch es kamen nur die Schnupftabak-Fabrikanten Gebrüder Bolongaro, die für ihre stinkige Fabrik im Frankfurter Stadtgebiet keine Baugenehmigung erhalten hatten. 1772 ließen sie das hübsche, dreiflügelige Stadtschloss errichten, in dem heute das ↗ *Porzellan-Museum* residiert. Die berühmte Porzellanmanufaktur von 1746, die drittälteste in Europa, führt als Emblem noch heute das Mainzer Rad.

»Rotfabrik all mein Glück« – Industriegeschichte Höchst

Im 19. Jahrhundert siedelten sich schließlich doch noch ein paar Fabriken an – unter anderem die **Farbenfabrik** von *Meister, Lucius & Brüning.* In wenigen Jahrzehnten expandierten die Farbwerke zu einem der größten Chemie- und Pharmaunternehmen Deutschlands. 1920 – 1924 baute *Peter Behrens* für sie das Verwaltungsgebäude, das heute als einer der bedeutendsten expressionistischen Industriebauten gilt und mit Turm und Brücke Vorbild des Firmenlogos wurde. Kurz darauf schloss man sich der *I.G. Industriefarben AG* an (↗ Campus Westend). Ab 1933 wurden alle jüdischen Mitarbeiter vor die Tür gesetzt.

✕ **Zum Bären,** Höchster Schlossplatz 8, Höchst. ✆ 069/309343. www.zumbaeren.net. Sommer täglich 11 – 23 Uhr, Winter Mo – Fr 17 – 23, Sa, So und Fei 11 – 23 Uhr. Gutbürgerliche Küche mit Produkten aus der Region. Saisonale Gerichte wie Elch, Wildschwein oder Spanferkel; Hauptgerichte ab 6,50 €.

☀ *Die Rotfabriker – so nannte man und nennt bis heute in Höchst die Arbeiter der Farbwerke, der heutigen Hoechst AG.*

Die Aufsichtsratsmitglieder *Carl von Weinberg* und die Frankfurter Ehrenbürger *Leo Gans* und *Arthur von Weinberg* wurden aus ihren Ämtern vertrieben. Die Lücken an den Fließbändern wurden mit Zwangsarbeitern und Kriegsgefangenen gefüllt, die ein entbehrungsreiches Leben fristen mussten. Interessanterweise blieb Höchst mit seinen Fabriken (ebenso wie der Partner BASF am Rhein) von Luftangriffen der Alliierten verschont. So begann das Wirtschaftswunder in Höchst schon vor der Währungsreform. 1951 entließen die Alliierten die aus den I.G. Farben herausgeschälte Gesellschaft in die Hoechst AG. Das Silobad, die Jahrhunderthalle, Werkswohnungen, 63.000 Arbeitsplätze in der Region (1963) – mit die-

ser Bilanz schuf sich die AG positive Resonanz bei den **Rotfabrikern** und Höchstern. Zwar haperte es mit dem Umweltschutz, doch das war wohl kaum ein Grund dafür, das Unternehmen auf dem Höhepunkt seines Erfolges mit 173.000 Mitarbeitern weltweit (1990) allmählich in rund 80 Einzelteile zu zerlegen und schließlich in die französische Aventis zu überführen. Verantwortlich für die Zerschlagung war der damalige Vorstandsvorsitzende Jürgen Dormann: »Es wird Geburten geben und es werden Geschwister entstehen«. Die verbliebenen Kleinaktionäre wurden 2004 von Aventis abgefunden, womit die Hoechst AG verschwand.

Der 4 qkm große Industriepark Höchst wird weiterhin hauptsächlich von Sanofi-Aventis, der Nummer 1 in Europa, genutzt. Ihre knapp 7000 und die übrigen rund 22.000 Abeitsplätze in Laboren und Fabriken verhelfen dem Städtchen jedoch noch nicht zur nachindustriellen Blüte.

TOUR 9

SEHENSWERTES & KULTURELLES
Die Justinuskirche

An der gleichen Stelle, wo die **Justinuskirche** erhöht überm Mainufer thront, stand schon zur Römerzeit – strategisch günstig zur Sicherung des Warenumschlagplatzes an der Niddamündung – ein Kastell. Um 830 errichteten die Siedler die Basilika, deren Urform trotz mehrerer Um- und Anbauten romanischen und gotischen Stils heute noch gut zu erkennen ist. Sie gilt als eine der ältesten Kirchen Deutschlands überhaupt. Der hohe spätgotische Chor bestimmt zwar das Bild des Innenraums, doch der basilikale Aufbau des Langhauses mit den Oberga-

Seit Juli 2013 gehört Höchst mit seiner Altstadt zur Deutschen Fachwerkstraße.

Bahn/Bus: S1, 2, ab Ffm-Hbf mit der Taunusbahn »K«. Straba 11 Bolongaropalast. **Personenfähre Höchst – Schwanheimer Unterfeld.** ✆ 069/303486, Handy 0160/1842447. www.rmv.de. Mai – Sep Mo – Sa 9 – 18, So, Fei 10 – 19 Uhr, Okt – April kürzere Zeiten und nur bis Einbruch der Dunkelheit. Erw 0,70, mit Rad 1 €; Kinder 4 – 10 Jahre 0,50, mit Rad 0,70 €.

*Die **Antoniter,** ein 1095 in Südfrankreich gegründeter Hospitalorden, kümmerten sich um die am »Antoniusfeuer« (Ergotismus) erkrankten Menschen, die durch den Verzehr von pilzbefallenem Roggen erkrankt waren (Mutterkornalkaloide). Nach der Pest war das die schlimmste Seuche des Mittelalters.*

denfenstern ist gut zu erkennen. Am beeindruckendsten sind die karolingischen Säulen der Arkadenreihe, deren fein gemeißelte Kapitele stilisierte Blattornamente besitzen. Zunächst führten Benediktiner die Seelsorge, ab 1441 bis zur Säkularisierung 1802 gehörte die Kirche zum Stift der **Antoniter.**

🕐 *Justinuskirche und -garten April – Okt Di – So 14 – 17 Uhr, Nov – März Sa, So 14 – 16 Uhr.*

Schlosskeller Höchst

Jazz live im Gewölbekeller, Jazz am Schloss, After Work Partys, Rezi*Babbel und andere (lustige) Musik- und Theaterformate wie *Die Mozarts in Frankfurt* mit Lokal-Matador Michael Quast (2013).

🎵 *Norbert Häusser, Höchster Schlossplatz 16, 65929 Höchst. ℂ 069/331765, Handy 0177/5555513. www.schlosskellerhoechst.de. **Zeiten:** Schlosscafé und Biergarten täglich ab 11 Uhr.*

Schlosscafé, Höchster Schlossplatz 16, ℂ 069/331765. www.schlosskellerhoechst.de. Ab 11 Uhr. Kuchen und Torten, am besten im Biergarten im Schlosshof.

Höchster Porzellanmuseum

Seit dem 18. Jahrhundert ist in Höchst eine Porzellanmanufaktur ansässig, die zweitälteste in Deutschland. Angeblich haben die Gründer ihr Handwerk in Meißen abgeschaut, woher zumindest *Adam Friedrich von Löwenfinck* stammte, ein Porzellanmaler. 1746 wurde die Manufaktur vom Mainzer Kurfürsten privilegiert und erhielt das Recht, ihre Erzeugnisse mit dem Mainzer Rad zu versehen.

Radeltouren rund um Frankfurt und an der Nidda finden Sie in *33 schönste Radtouren Rhein-Main,* pmv, ISBN 978-3-89859-320-5, 18 €.

Heute wird das Porzellan nach alten Vorbildern im Neuen Porzellanhof in der Palleskestraße gefertigt. In dem nach seinem Erbauer *Franz von Cronberg* genannten Adelspalais, dem **Kronberger Haus,** hat das ↗ Ⓜ *Historische Museum Frankfurt* eine Ausstellung mit rund 1000 seltenen Exponaten eingerichtet. Hier wird die Geschichte der Höchster Porzellanmanufaktur mit Beispielen aus allen Schaf-

fensperioden vom Roko-
ko bis zum Klassizismus
gezeigt.

Bildquelle: Wikimedia

M *Zweigstelle Histori-
sches Museum Frank-
furt im Kronberger
Haus. Bolongarostraße
152, 65929 Höchst.
℅ 069/212-45474,
212-36712, www.histo-
risches-museum.frank-
furt.de. Zeiten: Sa, So
11 – 18 Uhr. Preise:
3 €, ermäßigt 1,50 €;
Gruppenbesuche und Führungen nach Anmeldung,
Führung 50 €. Ansprechpartner: Susanne Angetter,
℅ 212-35154.*

**Dalberger Haus: Hier ist
der Laden der Porzellan-
manufaktur unterge-
bracht**

Filmtheater Valentin

Seit 2012 residiert das kämpferisch-unabhängige
Kultkino im Bolongaropalast. Da können die Film-
frühstücke nur umso schöner werden! Gezeigt werden mehr oder weniger aktuelle Blockbuster und Art-
house-Filme.

K *Bolongarostraße 105, 65929 Höchst. ℅ 069/
3086927, www.filmtheater-valentin.de. Eingang
durch die Tordurchfahrt neben der Bushaltestelle, im
Innenhof links. Bahn/Bus: Bus 50, 51, 54, 55, 59,
Straba 11 Bolongaropalast, S 1, 2 Höchst. Zeiten:
Täglich 18 und 20 Uhr. Preise: Hauptvorstellung 7 €;
Schüler, Studenten, Schwerbehinderte 5,90 €.*

Neues Theater Höchst

Das Neue Theater wird vielfältigen Ansprüchen ge-
recht. Die Kleinkunst hat einen festen Platz in der
Programmgestaltung. Heute treten hier Comedy-Grö-
ßen wie Atze Schröder auf, außerdem natürlich lokale Stars wie *Sabine Fischmann* und *Michael Quast*.
Das **Varieté** im Neuen Theater Höchst gilt als das älteste deutsche Varieté.

**Höchster Porzellan-
manufaktur GmbH,**
Palleskestraße 32.
℅ 069/300902-0.
www.hoechster-porzel-
lan.de. Öffentliche Füh-
rung Di 15 Uhr, Dauer
1 Std, Eintritt 10 €, Kinder 10 – 16 Jahre 5 €.
Das »weiße Gold« aus
Höchst entsteht heute im
Porzellanhof von 1906
am Höchster Stadtpark.
Dort werden Führungen
durch die Werkstatt ange-
boten.

 **Wunderbar,** Antoniterstraße 16. ℡ 069/318783. www.cafewunderbar.de. So – Do 10 – 1, Fr, Sa 10 – 2 Uhr. Tagesmenü 6,90 €, Sa Marktbuffet 8,50 €, So Brunch 12,90 €, für Kinder bis 12 Jahre 8,50 €. Alteingessene Café-Bar und Restaurant im Neuen Theater Höchst. Bietet außer vielseitigem Frühstück frisch zubereitete, preiswerte Gerichte mit amerikanischem Einschlag. Livemusik, Partys und wechselnde Ausstellungen. Kinderspielecke. Und der Stolz der Crew: Das 8 m lange Ledersofa.

*Emmerich-Josef-Straße 46a, 65929 Höchst. ℡ 069/339999-0, 339999-33, www.neuestheater.de. **Bahn/Bus:** RE, RB, S1, 2 bis Bhf Höchst, dann 300 m Fußweg. **Auto:** Kostenloses Parken auf dem 50 m entfernten Höchster Marktplatz nach 18 Uhr. **Zeiten:** Theaterkasse Mo – Fr 16 – 19 Uhr. **Preise:** Im Vorverkauf 15 – 30 € je nach Veranstaltung, Varieté 18,60 – 20,80 €, an der Abendkasse circa 3 € mehr. **Infos:** Weitere Spielorte sind BIKUZ, hr-Sendesaal, Altes Schloss und Jahrhunderthalle, Programm auf der Webseite. Rollstuhl geeignet: ja, vorher anrufen.*

Filmforum Höchst

Das kommunale Kino der VHS Frankfurt, 1975 gegründet. Gezeigt werden weniger kommerzielle Filme, sondern solche, die sich mit gesellschaftlichen Themen auseinandersetzen. Diese überwiegend als Reihe, oft OmU.

*Volkshochschule Frankfurt, Emmerich-Josef-Straße 46a, 65929 Höchst. ℡ 069/212-45714, 212-45714 (Programmansage und Kartenreservierung, www.xn—filmforum-hchst-jtb.com. **Bahn/Bus:** S1, 2 Höchst, Bus 51, 53/54, 59 Emmerich-Josef-Straße. **Zeiten:** Täglich 18.30 und 20.30 Uhr, Kinderkino Fr 14.30 und So 15 oder 15.30 Uhr, manchmal auch Sa 15.30 Uhr. **Preise:** 6 €; Kinderfilm 3 €.*

Höchster Stadtpark

Bereits 1908 wurde der Park als grüne Erholungsfläche für die Industriearbeiter im damals noch selbstständigen Höchst angelegt. Die Attraktion ist der große Seerosen-Weiher, der ein Überbleibsel des einstigen Sumpfes ist und über den eine Bogenbrücke führt. Alte Bäume, Rad- und Spazierwege, zwei Spielplätze mit Matschanlage und eine Rollschuhbahn sind weitere Anziehungspunkte. Die angrenzenden Kleingartenanlagen führen zur Nidda.

*Nordöstlicher Stadtrand. **Bahn/Bus:** Straba 11 Zuckschwerdtstraße, Bus 55, 57 Windhorststraße.*

JÜDISCHES FRANKFURT
GESTERN & HEUTE

Modell des Judenghettos
mit Synagoge im
Museum Judengasse:
Heute die Gasse An der
Staufenmauer
© Annette Sievers

GESCHICHTE DER JUDEN IN FRANKFURT

Frankfurt ist eng mit der jüdischen Gemeinde verknüpft. Sowohl die kulturelle, als auch die wirtschaftliche Bedeutung der Stadt wurde entscheidend durch die jüdischen Mitbürger geprägt. Ohne ihr Mäzenatentum gäbe es zum Beispiel keine Universität, keine Städelsche Kunststiftung, und die wirtschaftliche Ausstrahlung Frankfurts als Finanz- und Handelszentrum wäre nicht einmal erwähnenswert.

Die Judengasse 1628: Der Merian-Stich zeigt die dichte Bebauung zwischen Katharinenpforte/Tanzplan (Konstablerwache) und Dominikanerkloster

In Frankfurt befand sich bis zur Nazi-Zeit zwar nicht die größte, aber wohl bedeutendste jüdische Gemeinde in ganz Deutschland. Erstmals erwähnt werden Juden in Frankfurt **1150,** in mehreren Urkunden Friedrich I. Barbarossa werden sie als »der kaiserlichen Kammer zugehörig« bezeichnet, was später zu *Kammerknecht* abgekürzt wurde. Mit dieser »Auszeichnung« genossen sie einen gewissen Schutz sowie Religionsfreiheit. Sie durften Kaufmann, Handwerker, Arzt oder Hebamme sein und überall siedeln, aber sie durften keine Waf-

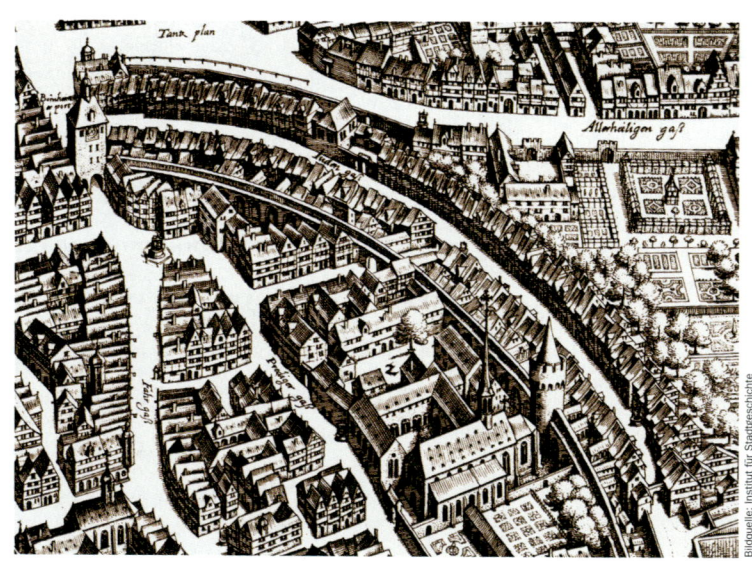

fen tragen, mussten hohe Abgaben an den jeweiligen Kaiser entrichten und waren quasi dessen Eigentum. Da Christen dem **kanonischen Zinsverbot** unterstanden, fiel die Aufgabe des Geldverleihs den Juden zu. Sie finanzierten den Kaiser und hielten sich dafür an der übrigen Menschheit mit »Wucher« (Zinsen) schadlos. **1241** kam es deshalb zu einem Massaker unter den jüdischen Frankfurtern, 180 Juden starben während der sogenannten **Judenschlacht.**

Eine zweite jüdische Gemeinde etablierte sich wieder um **1270,** ihr Wohnquartier, das sie frei wählen durfte, befand sich südlich des Doms und damit in der Nähe des Marktes. Aus finanziellen Gründen verpfändete *Karl IV.* **1349** seine Kammerknechte an den Frankfurter Stadtrat. Der Verkauf der Juden an die Stadt machte sie schutzlos gegenüber den **Flagellanten,** die die Juden brutal für die **Pest** verantwortlich machten. Da das Vermögen toter Juden laut Verpfändungsurkunde an den Rat fiel, waren auch etliche Patrizier unter den Mördern.

1360 durften sich im Rahmen der *Stättigkeit* (Judenordnung der Stadt) wieder jüdische Familien in Frankfurt niederlassen. Das Recht mussten sie mit hohen Steuern an den Rat erkaufen und sie unterlagen diversen Beschränkungen, die im Laufe der Zeit verschärft wurden. Dennoch siedelten sich aus anderen Städten vertriebene Juden in Frankfurt an und verhalfen der Stadt durch ihre Handelsgeschäfte zu einem finanziellen Aufschwung. **1462** wollte man aber die Juden in »ihre Schranken verweisen«. Auf Betreiben des Bartholomäus-Stiftes und Kaiser *Friedrichs III.* wurden sie in ein Ghetto zwangsumgesiedelt. Dort, in der 330 m langen und 3 bis 6 m schmalen **Judengasse,** die sich heute zwischen Konstablerwache und Börneplatz befinden würde, lebten die Menschen bis 1796 zu Tausenden unter heute unvorstellbaren hygienischen Bedingungen. Durch Vertreibung und Er-

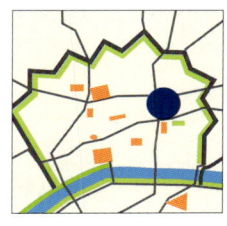

Juden, die den Verboten der christlichen Kirche nicht direkt unterlagen (Papst Alexander III. gestattete ihnen 1179 ausdrücklich das Zinsgeschäft), waren zeitweise die einzige Gruppe im mittelalterlichen Europa, die gewerbsmäßig Geld verleihen durfte. Hierdurch und wegen der ihnen von der christlichen Obrigkeit ab dem Spätmittelalter auferlegten Verbote, Handwerk und Landwirtschaft auszuüben, waren Juden häufig als Geldverleiher tätig. Das Zinsverbot wurde in der katholischen Kirche erst 1822 abgeschafft.

*Die **Flagellanten** waren im 13./14. Jahrhundert eine christliche Laienbewegung, die sich zur Sündenvergebung geißelten.*

mordung lebten nach 1519 außer in Dortmund, Frankfurt, Friedberg und Worms keine Juden mehr in Reichsstädten. Vertriebene wurden so gut es ging in der Frankfurter Judengasse aufgenommen.

Fettmilch-Pogrom und Neue Stättigkeit

Im mittelalterlichen Frankfurt kam es immer wieder zu Übergriffen der Bevölkerung auf die **Judengasse** und ihre Bewohner, denen Hunger und soziales Elend angelastet wurden. Dass die »Wucherzinsen« durch die Misswirtschaft der Herrschenden und die hohe Steuerlast bedingt waren, ist nur wenigen ersichtlich gewesen. Durch geschickte Geldgeschäfte und Pfändungen von Schuldnern waren die sonst rechtlosen Juden wirtschaftlich mit den Patriziern gleichauf. Kam es zu Aufständen gegen die Juden, waren die Anführer meist selbst hoch verschuldet. Nach dem besonders grausamen ⟋ **Fettmilch-Aufstand** von 1614, bei dem wieder einmal soziale Ungerechtigkeiten auf die Juden übertragen wurden, kam es zu einem kaiserlichen Erlass, der **Neuen Stättigkeit.** Die Juden standen nun wieder unter besonderem Schutz des Kaisers, denn dieser brauchte sie ja als Kapitalbeschaffer. Deshalb erlaubte er ihnen auch ausdrücklich den Groß- und Fernhandel mit Getreide, Wein, Tuchen und Seide. Kleinhandel hingegen war ihnen verboten. Die bis 1808 gültige Stät tigkeit erlaubte den Juden zwar ein Wohnrecht im Ghetto, bestand aber sonst nur aus Geboten: Es wurde geregelt, dass die Tore der Judengasse am Abend und an christlichen Sonn- und Feiertagen zu schließen seien, dass die Juden von jedem Grunderwerb auszuschließen seien, sie aber Zinsen auf den Grund der Judengasse zu zahlen hätten, dass, um »Mischehen durch Unwissenheit« zu verhindern, das Tragen eines gelben Ringes Pflicht und die Zahl der Hochzeiten auf 12 pro Jahr zu beschränken sei. Die eng mit Fachwerk bebaute Gasse brannte **1711** und **1721** teilweise ab. Die »helfenden« Bürger beraubten die Juden und vernichteten nebenbei die Schuldscheine. Und noch immer wollte der Rat keine Vergrößerung des Ghettos zulassen.

Die jüdische Gemeinde war zu dieser Zeit ein Zentrum **religiöser Gelehrsamkeit,** wie Anfragen aus aller Welt betreffs der Gebräuche bezeugen. Die Autorität des Frankfurter Rabbinatskollegiums war anerkannt und viele Gelehrte verbreiteten den Ruf der Frankfurter *Kehilla* (Gemeinde). Auch in der **Zeit der Aufklärung** bemühten sich die Frankfurter Juden, durch Petitionen, Gutachten und Anträge ihren reglementierten Alltag zu verbessern. Doch die Anträge auf Öffnung der Tore in der Judengasse, um sonntags frische Luft schnappen zu können, wurden abgelehnt.

Der lange Weg in die Freiheit

Als am **14. Juli 1796** französische Truppen Frankfurt beschossen, änderte sich die Situation schlagartig: 140 Häuser in der Judengasse brannten ab, 1800 Menschen waren obdachlos. Nun musste den Juden erlaubt werden, sich in der Stadt anzusiedeln und einem Gewerbe nachzugehen. Die Assimilierung und Emanzipation konnte ihren Anfang nehmen. Im **19. Jahrhundert** lagen die Schwerpunkte jüdischen Lebens und Wohnens im **Ostend,** wo sich die Anhänger der orthodoxen *Israelitischen Religionsgesellschaft* niederließen, und im liberalen **Westend.** Diese »neuen« Mitbürger legten Wert auf Bildung: Sie lasen das von *Moses Mendelssohn* (1729 – 1786) ins Deutsche übersetzte Alte Testament, gründeten Lesegesellschaften und versuchten, so eine Aufnahme in die bürgerliche Gesellschaft zu erlangen. Im Jahre **1804** wurde im Nordend die berühmte Schule für arme jüdische und nicht-jüdische Kinder, das **Philanthropin** (Stätte der

*Beim **Großen Judenbrand** vom **14. Januar 1711** brannten rund 200 Häuser in der Judengasse ab. Wahrscheinlich war es aus Unachtsamkeit in einem Herdfeuer entstanden. Es gab vier Tote. Die obdachlos Gewordenen konnten sich bei Christen vorübergehend einmieten oder mussten in andere jüdische Gemeinden ziehen Aschaffenburg, Mainz).*

*Bis zu seiner Schließung durch die Nazis im Jahr 1942 war das **Philanthropin** nicht nur eine der ältesten, sondern mit bis zu 1000 Schülern die größte jüdische Schule in Deutschland. Der prächtige Bau von 1908 diente im Zweiten Weltkrieg als Lazarett. Zuletzt hatte die Stadt Frankfurt hier eine Bürgerbegegnungsstätte und das Hochsche Konservatorium untergebracht. 2004 wurde das Philanthropin der Jüdischen Gemeinde zurückgegeben, die es 2006 als Mittelstufengymnasium wiedereröffnete. Die Schule ist benannt nach dem hessischen Landesrabbiner und Frankfurter Gemeinderabbiner **Isaak Emil Lichtigfeld,** der 1966 in Frankfurt am Main die erste jüdische Grundschule in Deutschland nach dem Holocaust ins Leben gerufen hatte.*

Menschlichkeit), eröffnet, in der sich heute die *I. E. Lichtigfeld-Schule* befindet.

Die Juden hofften auf Reformen durch den Verwalter des neuen Großherzogtums Frankfurt. Aber sie wurden durch eine erneute **Stättigkeit von 1807** enttäuscht. Erst 1811 konnten sie ihre bürgerliche Gleichstellung für 440.000 Gulden erkaufen, was etwa dem Wert von 22 Stadthäusern entsprach. Kurze Zeit später verlor Napoleon bei Leipzig – und die Gleichstellung wurde durch den Wiener Kongress wieder aufgehoben. Doch der Frankfurter Senat entschied anders, und der Kampf um die Bürgerrechte ging weiter. **1819** fanden erneut antijüdische Ausschreitungen statt, die so heftig waren, dass der Bankier *Rothschild* die Stadt verlassen wollte. Doch der Bundestag intervenierte, denn er hatte sein gesamtes Geld in besagtem Bankhaus hinterlegt.

Auch literarisch wurde um die bürgerlichen Rechte gefochten: Die in Frankfurt geborene Dichterin **Bettina von Arnim** (1785 – 1859) setzte sich Zeit ihres Lebens für die Gleichstellung der Juden ein und beschäftigte sich intensiv mit deren Lebensbedingungen. In ihrem Buch »Goethes Briefwechsel mit einem Kinde« (1835) vertritt sie gegenüber Goethe die Überzeugung, dass Juden gleichwertige Menschen sind. Ein anderer berühmter Sohn Frankfurts jüdischer Abstammung war der Schriftsteller und Journalist **Ludwig Börne** (1786 – 1837), der sich leidenschaftlich für Demokratie einsetzte und sie als Voraussetzung geistiger und sozialer Freiheit sah.

Liberal und stiftungsfreudig

Nach und nach wurden die gesetzlichen Beschränkungen aufgehoben, aber die Reaktion war zäh und erst **1864** wurden die Juden **freie Bürger.** Mit der Reichsgründung **1871** wurde die Gleichstellung aller religiösen Bekenntnisse gesetzlich verankert. 75 Jahre waren vergangen, seitdem die Emanzipation als Folge der französischen Besetzung den Juden eine Teilnahme am gesellschaftlichen Leben zugestanden hatte.

Die Entwicklung ließ ein **liberales Großbürgertum** entstehen, in dem sich vor allem jüdische Mitbürger der sozialen Verantwortung des modernen Kapitalismus bewusst waren. So vertrat nicht nur der Verleger, Kaufmann und überzeugte Demokrat **Leopold Sonnemann** die Meinung, dass Menschenwürde nur in einer sozialen Republik gewährleistet sei. Frankfurt profitierte von solcher Haltung: Wohltätige Vereine, Schenkungen und Stiftungen förderten, ganz dem Selbstverständnis des »Volkes des Buches« folgend, Bildung und Gelehrsamkeit und kamen der Kranken- und Altenpflege zugute.

1873 gründeten beispielsweise **Arthur** und **Emil Königswarther** eine *Unterrichts- und Studienstiftung* (sie ging unter den Nazis in die Pestalozzi-Stiftung über), 1879 konnte jüdischer Religionsunterricht an öffentlichen Schulen besucht werden und die orthodoxe Synagoge am Börneplatz (durch ein Bild Max Beckmanns bekannt) wurde 1882 eingeweiht. Für das selbstbewusste und erfolgreiche jüdische Bürgertum stehen Namen wie **Hermann Weil,** ein Getreidegroßhändler, der 1923 das *Institut für Sozialforschung* stiftete und damit den Grundstein für die *Frankfurter Schule* legte. Oder der Nobelpreisträger für Chemie **Paul Ehrlich** (1854 – 1915), der das von **Georg Speyer** gestiftete *Chemotherapeutische Forschungsinstitut* lei-

1864: Auf dem Plan von Delleskamp ist die neue Synaoge der Judengasse abgebildet
Bildquelle Institut für Stadtgeschichte

✸ Sonnemann
(1831 – 1909) war der Herausgeber der Frankfurter Zeitung, als deren Nachfolgerin sich die FAZ sieht. 1886 gründete er die linksliberale Deutsche Volkspartei DtVP mit und wurde 1871 als deren Vertreter Reichstagsabgeordneter in Berlin. Sein Wirken fand aber vor allem in Frankfurt statt, wo er 1899 den Städelschen Museumsverein gründete und allgemein als Kulturmäzen auftrat.

Das bis heute in der medizinischen Forschung (speziell Chemotherapie) erfolgreiche **Georg-Speyer-Haus** *sowie die im Bereich Kunst und Bildung tätige* **Georg und Franziska Speyer'sche Hochschulstiftung** *gehen auf Stiftungen von* **Georg und Franziska Speyer** *zurück, www.georgspeyer-haus.de.*

tete, und der Soziologe **Siegfried Kracauer** (1889 – 1966) sowie die Bankiers **Mayer Amschel Rothschild** (1744 – 1821), ↗ **Bethmann** und **Georg Speyer** (1835 – 1902).

Der staatlich verordnete Völkermord

Die Ressentiments der Bevölkerung traten mit zunehmender Verschärfung der Wirtschaftskrise immer offener zu Tage. Die soziale Unzufriedenheit Ende der 20er-Jahre versuchten die Nationalsozialisten für sich auszuschlachten. Sie führten den Erfolg der Juden nicht auf Fleiß, Intelligenz oder sozial-historische Gründe zurück, sondern stellten eine Theorie des völkischen Rassismus auf, der den »Kampf der Ras sen« propagierte und die Werte der Aufklärung und des Humanismus bekämpfte. Den Nazis gelang es, ihrer Bewegung eine »das Deutschtum« verteidigende Rolle zu verleihen und nicht die Aggression und die Zerstörung ihrer Politik in den Vordergrund zu stellen. Der moderne rassistische Antisemitismus unterschied sich vom alten Antisemitismus, weil er die Möglichkeit der Assimilation konsequent bestritt.

Frankfurt hatte einen sehr liberalen Ruf, galt als Stadt mit dem zweithöchsten jüdischen Bevölkerungsanteil und besaß eine alte demokratische Tradition. »Frankfurterisch« sein, bedeutete freiheitlich bürgerlich zu denken. Diese Stadt betrachteten die Nazis als »eines der Hauptzentren des Weltjudentums«. Die schwierige politische Situation vor 1933 schuf ein Klima der Unsicherheit, indem weite Teile der Bevölkerung für extreme Parolen zugänglich waren. Vor dem 125-jährigen Jubiläum des Philanthropins inszenierten Nazis Krawalle, das Heine-Denkmal wurde mit Hakenkreuzen beschmiert und im November 1931 das Börne-Denkmal beschädigt.

Am Vorabend der Kommunalwahl, am 11. März 1933, konnte der seit 1924 amtierende Oberbürgermeister jüdischen Glaubens ↗ *Ludwig Landmann* rechtzeitig vor seiner Verhaftung fliehen; er starb, versteckt von Freunden, in Holland 1945 unterernährt an Herzversagen. Die **NSDAP** errang die Mehrheit (↗ Zeil & City, »Faschismus und Zerstörung«) und bereits am Montag, den 13. März, begannen die Verhaftungen im Stadtrat; das Institut für Sozialforschung wurde von der Kriminalpolizei geschlossen. Vor den jüdischen Warenhäusern *Hermann Tietz* (Hertie), *Wronker* und vielen anderen wurde SA postiert. Neuer Oberbürgermeister wurde ↗ *Friedrich Krebs,* der den Typus des bürgerlichen Nationalsozialisten vertrat. Zur gleichen Zeit emigrierte die **Familie Frank** mit ihrer vierjährigen Tochter **Anne** aus Frankfurt nach Amsterdam, wo sie 1944 entdeckt und deportiert wurde. Anne starb Anfang März 1945 im KZ Bergen-Belsen. Mit der **Machtübernahme der Nazis** begann die Entrechtung der jüdischen Mitbürger (und nicht zu vergessen von Sinti, Roma, Homosexuellen, Behinderten und Oppositionellen): Erst der Aprilboykott 1933, dann die »Arierparagraphen«, 1935 die Nürnberger Gesetze und 1938 die Arisierungsverordnungen. Am

Zwar gab es auch couragierte Mitbürger, die sich dem Zwang zur Unterdrückung widersetzten und jüdische Familien unterstützten, doch lastet die allgemeine Gleichgültigkeit erdrückend schwer auch auf den Frankfurtern. Der Dokumentarfilm *Der große Raub, Wie in Hessen die Juden ausgeplündert wurden* zeigt auf, wie vermeintlich unschuldige Menschen in die Schuld verwickelt waren. DVD des Hessischen Rundfunks und des Fritz Bauer Institutes, www.hrmedia.de.

*Das Geburtshaus **Anne Franks** steht in Dornbusch in der Ganghoferstraße Nr. 24 und ist durch eine Gedenktafel gekennzeichnet.*

⚹ Mit den Steinen der Frankfurter **Synagogen** *wurde 1939 eine Mauer um den christlichen Hauptfriedhof errichtet. In den roten Steinen, die die Stadt zum Schnäppchenpreis vom Abbruchunternehmer erworben hatte, sind noch Fragmente zu erkennen, die auf ihren wahren Ursprung hindeuten.*

⚹ 1925 lebten 29.385 Juden in Frankfurt, am 31.3.1943 zählte man 572.

9. November 1938 nahm die Propaganda das Attentat auf einen deutschen Diplomaten in Paris zum Anlass für massive Verfolgungsaktionen im ganzen Reich. In dem von den Nazis zynisch »Reichskristallnacht« genannten **Pogrom** brannten auch Frankfurts **Synagogen.** Heute erinnern schwarze Marmortafeln am ehemaligen jüdischen Friedhof an der Battonstraße und an einem Haus hinter der ↗ **Staufermauer** an die mutwillige Zerstörung.

Knapp 10.000 von den ehemals 30.000 jüdischen Mitbürgern aus Frankfurt wurden ab Oktober 1941 in der ↗ **Großmarkthalle** im Ostteil der Stadt wie Vieh zusammengetrieben und nach Theresienstadt, Buchenwald und Auschwitz deportiert. Bei fast 1000 jüdischen Mitbürgern kam die SS zu spät – sie nahmen sich selbst das Leben. Das Leid und die Schrecken der Verfolgung können nicht beschrieben werden!

Als die Freunde, Nachbarn und Arbeitskollegen abgeholt wurden, versagte vielen Frankfurtern die Zivilcourage, denn Hilfe war bei Androhung der Todesstrafe nur schwer zu realisieren. Der Frankfurter Rabbiner *Leo Baeck* beschrieb dies nach dem Holocaust mit den Worten: »Es gibt auch eine Geschichte dessen, wozu Menschen geschwiegen haben«.

Verwunschener Ort des Erinnerns: Alter jüdischer Friedhof an der Battonstraße

© Annette Sievers

TOUR 10

SPUREN & JÜDISCHES LEBEN HEUTE

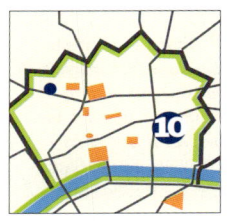

Die jüdische Gemeinde in Frankfurt zählt heute über 7100 Mitglieder und gehört damit zu den vier großen jüdischen Gemeinden in Deutschland. Sie bietet ihren Mitgliedern Gottesdienste, unter anderem in der schönen Westendsynagoge, Kindergärten, Schulen und ein Jugendzentrum, ein Seniorenstift in Seckbach und zahlreiche Sozialdienste und kulturelle Vereinigungen. Mit den seit 1982 stattfindenden Jüdischen Kulturwochen im September mit Konzerten, Lesungen, Vorträgen und Filmen ist die Gemeinde auch im Kulturleben Frankfurts fest verankert.

Seit 1980 veranstaltet die Stadt Frankfurt auf Initiative des damaligen Oberbürgermeisters *Dr. Walter Wallmann* ein »Besuchsprogramm für jüdische sowie politisch oder religiös verfolgte ehemalige Frankfurter Bürger«. Dieses Besuchsprogramm wird in der Regel einmal jährlich im Frühsommer durchgeführt und dauert 14 Tage. Die Stadt übernimmt dabei vom Flug über die Unterbringung bis zur Besichtigung fast alle Kosten und betreut und begleitet die Gäste von Anfang an. Bisher haben 3500 Personen aus allen Teilen der Welt an dem Besuchsprogramm teilgenommen.

Die Westend-Synagoge

Im Westend steht heute die letzte, von ehemals acht **Synagogen,** die die Zerstörungen durch die Nationalsozialisten und den Krieg weitgehend unbeschadet überstanden hat. Zwar war auch die von den Liberalen der Einheitsgemeinde errichtete Westend-Synagoge in der Nacht vom 9. auf den 10. November 1938 von marodierenden SA-Horden in Brand gesteckt worden, aber erstaunlicherweise wur-

ℹ Jüdisches Gemeindezentrum, Westendstraße 43, Frankfurt. ℡ 069/768036-0. www.jg-ffm.de. Veranstaltungen und Führungen.

✗ Sohar's Kosheres Restaurant, Savignystraße 66, Westend. ℡ 069/752341. www.sohars-restaurant.de. Di – Fr 12 – 19, Sa 12 – 14, So 12 – 16 Uhr. Im Jüdischen Gemeindezentrum. Jeden So 12 – 15.30 Uhr Brunch für 20,50 €.

@ Amichai, Savignystraße 66. ℡ 069/768036150, www.amichai.de. Mo – Do 14 – 20, So 13 – 18 Uhr. Jugendzentrum der Jüdischen Gemeinde mit vielen speziellen Angeboten und Festen.

☀ **Tipp:** Gelegenheit die Westend-Synagoge zu besichtigen sowie an Führungen über die beiden alten jüdischen Friedhöfe an der Batton- und der Rat-Beil-Straße teilzunehmen, bieten die **Jüdischen Kulturwochen** Ende Sep/Anfang Okt. www.jg-ffm.de.

de sie nicht wie die anderen anschließend gänzlich abgeris sen. Vielleicht hatten die NS-Oberen zu eigenen Zwecken ein Auge auf das Gebäude geworfen und es deswegen verschont. Während des Krieges diente die enteignete Ruine jedenfalls als Möbellager.

Auffälligstes Merkmal der 1911 fertiggestellten Synagoge (Architekt: *Franz Roeckle*) ist die freitragende Kuppel im maurischen Stil. 1950 wurde der neoklassizistische Komplex bestehend aus Zentralbau, Vorhof, Verwaltungs- und Schulgebäude wieder seinem ursprünglichen Zweck übergeben. Die Kosten für den Wiederaufbau und die originalgetreue Restaurierung in den 1980er-Jahren wurden weitgehend von der Stadt und dem Land Hessen getragen.

🕐 *Westend-Synagoge, Freiherr-vom-Stein-Straße 30, Ecke Altkönigstraße, 60316 Westend. Bahn/Bus: U6, 7 Alte Oper, Bus 36, 75 Altkönigstraße. Infos: Besichtigung nur von außen.*

➡ An der Staufenmauer – Börneplatz. Mit Besichtigung des Museums Judengasse und Alten Jüdischen Friedhofs 1,5 Std. **Bahn/Bus:** S1 – 6, 8, 9 und U4 – 7 Konstablerwache.

☀ *Seit 1979 heißt der **Große Wollgraben**, alias die Judengasse, **An der Staufermauer**. Eine unscheinbare schwarze Gedenktafel erinnert daran, dass hier bis 1938 eine Synagoge der jüdischen Gemeinde stand.*

Spurensuche zwischen Konstablerwache und Börneplatz

Der Verlauf der **mittelalterlichen Judengasse** ist im heutigen Stadtbild fast nicht mehr auszumachen. 1887 wurden ihre Häuser wegen Einsturzgefahr bis auf das Stammhaus der Rothschilds abgerissen, die Judengasse in *Börnestraße,* der Judenmarkt in **Börneplatz** umbenannt. Dort entstand auch die große *Neue Synagoge.* Die Nazis tilgten die Erinnerung an den Demokraten, der in der Judengasse geboren war, und nannten ihn Dominikanerplatz, die Straße wurde zum **Großen Wollgraben**. Erst **1978** erhielt der Börneplatz seinen alten Namen wieder. Schon daran ist zu ermessen, wie schwer sich die Stadtverordneten mit der jüdischen Vergangenheit der Stadt taten. So ließ man es 1945 zu, dass ungeachtet des geschichtlichen Gehalts die Verkehrsachse der Kurt-Schumacher-Straße den Platz zerschnitt.

1987 kam die Bedeutung des Platzes jedoch unverhofft wieder zu Tage: Bei Ausschachtungsarbeiten für das Verwaltungsgebäude der **Stadtwerke** fand man den südlichen Teil der alten Judengasse, bestehend aus 19 Häusern und zwei Ritualbädern. Der Streit um die völlige Überbauung versus Rettung der gefundenen Überreste zeigt exemplarisch das deutsche Geschichtsbewusstsein jener Zeit. Erst nach heftigen Bürgerprotesten war man seitens der Stadt bereit, nicht alles dem Erdboden gleichzumachen und richtete im Keller des wellenförmig geschwungenen Stadtwerke-Baus das ↗ Ⓜ **Museum Judengasse** ein.

Die hinter dem Gebäude im Freien gelegene **Gedenkstätte Neuer Börneplatz** erinnert heute mit einem in den Boden eingelassenen Grundriss an die Zerstörung der Börneplatzsynagoge beim Pogrom am 10. November 1938 und mit einem Namensfries an der **Friedhofsmauer** an die Deportation und Ermordung der Frankfurter Juden durch das Nazi-Regime.

🔓 **Büchergilde Buchhandlung & Galerie,** An der Staufenmauer 9, City. ✆ 069/20458. www.buechergilde-frankfurt.de. Mo – Sa 10 – 19 Uhr. Etwas versteckt hinter der »Konsti« in der alten Judengasse gelegene Buchhandlung und Galerie mit ausgewähltem Programm schöner Bücher und Geschenke.

☀ *Wer näher an die* ***Friedhofsmauer*** *herantritt, erkennt kleine Namensklötze, die den 12.044 aus Frankfurt deportierten und ermordeten Juden gewidmet sind. Darunter auch Anneliese (Anne) Frank.*

*Eine Mauer als Gedenkstätte: Passanten legen Steinchen auf die Namensklötzchen*

© Annette Sievers

**JÜDISCHES FRANKFURT GESTERN & HEUTE**

185

In die Geschichte hinabsteigen: Museum Judengasse

⊕ **Rimon Kosher Deli,** Mainzer Landstraße 168, Gallus. ✆ 069/90735890. rimon-kosher.de. Mo – Do 9 – 18, Fr, So vor Pessach und an Erew-Pessach 9 – 14 Uhr. Kurz vor der Galluswarte im 1. Stock gelegener Supermarkt, der einzige koschere in Frankfurt.

Zu sehen sind die halbhoch aufgemauerten Grundmauern von 5 Wohnhäusern, 2 *Mikwen* (Ritualbäder), 2 Brunnen und einem Kanal. Sie stammen überwiegend aus dem 18. Jahrhundert, die ältesten Teile gehen jedoch bis aufs 15. Jahrhundert zurück. Die tiefen Brunnenbäder teilten sich die Familien. Jedes Häuschen hatte verwinkelt angebaute Hütten im Hinterhof, hinter denen die Aborte überm Kanal hingen. Die Häuschen waren so schmal, dass der Küchenherd unter der Treppe stehen musste. Um die Ruinen herum werden die Geschichte des Ghettos und das alltägliche Leben lebendig. Man erfährt, dass die in Italien gut ausgebildeten jüdischen Ärzte eine Konkurrenz für die christlichen Mediziner darstellten. Es gab im Ghetto zwei Hospitäler und ein Blatternhaus. Die Pfandleihhäuser waren natürlich auch Anziehungspunkt für die Christen.

Modelle und Recherchemöglichkeiten an Computern erläutern die Geschichte nach Auflösung des Ghettos, des Börneplatzes und der Nazizeit. Sehr interessant!

Unter Straßenniveau: Relikte der Frankfurter Judengasse

© Jüdisches Museum

Ⓜ **Börnegalerie,** *Dependance des Jüdischen Museums, Kurt Schumacher-Straße 10, 60311 City. ✆ 069/212-70790, www.juedischesmuseum.de.* **Bahn/Bus:** *Straba 11, 12, Bus 30, 36 Börneplatz.* **Zeiten:** *Di – So 10 – 17, Mi 10 – 20 Uhr.* **Preise:** *3 €, Führung Gruppe (zzgl. Eintritt) 50 €, 6 € einschließlich Jüdisches Museum; Schüler, Studenten, Behinderte, Gruppen ab 15 Pers 1,50 €, 3 € einschließlich Jüdisches Museum; Führung Schüler pro Pers 3 €.*

Alter jüdischer Friedhof

Hinter dem Areal grenzt der älteste **jüdische Friedhof** Frankfurts und nach Worms der zweitälteste Deutschlands an. Der früheste Grabstein ist mit 1272 datiert. Bis 1828 wurde der Friedhof benutzt. Über 6500 Grabsteine aus dem typischen roten Sandstein erinnerten an die Toten, deren berühmtester *Mayer Amschel Rothschild* ist, der Begründer der legendären Bankdynastie (1812 gest.). Der Friedhof wurde durch die Bomben des Zweiten Weltkriegs zur Hälfte zerstört, ein Besuch des stillen Fleckchens ist dennoch beeindruckend. Nach einem unverrückbaren israelitischen Glaubensgrundsatz ist die Totenruhe unantastbar. So kommt es, dass der Friedhof über Generationen gewachsen ist. Man geht über Rasen, der sich über Steine und Gräber gelegt hat. Im hinteren Teil stehen noch in dichten Reihen von Efeu überwucherte Sandsteinmale, sie sind in Hebräisch beschriftet und tragen geheimnisvolle **Symbole** im Zwickel. Da sieht man Drachen, Schwäne, Werkzeuge – Hinweise auf die Familie, den Namen oder Beruf des Toten.

© Annette Sievers

🕐 *Battonstraße.* **Infos:** *Den Schlüssel für den Besuch des Friedhofs erhält man mit seinem Ausweis als Pfand kostenlos an der Kasse des* ↗ **Museums Judengasse.** *Man betritt ihn durch die Pforte an der Battonstraße und schließt stets hinter sich ab.*

Symbolsprache

✴ *Die Krone ist ein Symbol für Ruhm, Ehre und Freude; zwei ein Dreieck formende Hände sind ein Segensgestus; Kanne und Schüssel weisen den Toten als Nachfahre aus dem Stamme Levi aus; Baum: Lebensbaum; Taube mit Ölzweig bedeutet Frieden, Segen, Gnade; Lorbeer: Unsterblichkeit.*

DAS JÜDISCHE OSTEND

➜ Mit Besichtigung der Ausstellung im Bunker (nur So 11 – 14 Uhr) etwa 1 Std. **Bahn/ Bus:** S1 – 9 oder Straba 11, 12, 14 Ostendstraße, U6, 7 Zoo.

🛈 www.stolpersteine.com. **Infos:** Für 120 € kann jeder eine Patenschaft für Herstellung und Verlegen eines Stolpersteins übernehmen, Ansprechpartner in Frankfurt ist Hartmut Schmidt, www.stolpersteine-frankfurt.de.

Das Viertel entstand erst vor bzw. um die Wende zum 19. Jahrhundert, als das **Juden-Ghetto** endlich geöffnet wurde und die jüdische Bevölkerung sich im Ostend zwischen **Sandweg, Waldschmidtstraße** und **Röderbergweg** neuen Wohnraum schuf. Von den 20.000 Menschen, die sich hier ansiedelten, waren rund die Hälfte jüdischen Glaubens. Es war die Welt der »kleinen Leute«. Bis zum Krieg gab es eine komplette jüdische Infrastruktur, von der Synagoge und einem großen Café in der Friedberger Anlage über koschere Bäckereien, Metzgereien und andere Läden bis zu Siechenhäusern, Suppenanstalten, Waisenhäusern sowie Schulen. 1906 wurde im Baumweg ein als Synagoge genutztes *Gemeindehaus* eröffnet (Es wurde 1938 von den Nazis geschlossen, 1947 wieder eingeweiht; www.baumweg-synagoge.de). Auch den ↗ **Zoo** gab es damals schon, er wurde

---

STOLPERSTEINE DES GEDENKENS

*Es werden immer mehr. Man stolpert nicht wirklich, nur wer mit gesenktem Kopf vor sich hin schreitet, dem fallen bisweilen diese 10 x 10 cm großen Messingplaketten im Bürgersteig auf, die mit den Worten beginnen »Hier wohnte …«. Angefangen hat diese Pflasterung 2003 **Gunter Demnig** (Jahrgang 1947) in Österreich. »Ein Mensch ist erst vergessen, wenn sein Name vergessen ist«, zitiert der Kölner Künstler den Talmud. Gab es am Anfang noch Widerstand durch Betonköpfe in Bürgermeisterämtern oder konservative Hauseigentümer, konnten inzwischen in gut 1000 Orten mehr als 40.000 Steine verlegt werden. Als Erinnerung an Vertreibung und Ermordung von Juden, Sinti und Roma, politisch Verfolgten, Homosexuellen, Zeugen Jehovas und Euthanasieopfern sind sie uns zugleich Mahnung, solches Unrecht nie wieder geschehen zu lassen. Auch nicht durch rechten Terrorismus à la NSU. Rund 500 Stolpersteine, die den Opfern ihren Namen zurückgeben, sind mittlerweile in Frankfurt verlegt. Im Ostend u.a. im **Sandweg vor Haus Nummer 14,** Mousonstraße 20 und Uhlandstraße 19.*

1874 von der Bockenheimer Landstraße auf die *Pfingstweide* verlegt.

An der Kreuzung von der Pfingstweidstraße und Friedberger Anlage steht vom tosenden Verkehr ungerührt das **Uhrtürmchen** und markiert damit das »Tor zum Ostend«. Das wilhelminische Schmuckstück von 1894 hat samt seinen Schnörkeln den Krieg unbeschadet überstanden. Um die Jahrhundertwende war es Anziehungspunkt für die im Ostend lebenden Juden. Wenn diese am Sabbat in der Anlage spazieren gingen, trafen sie sich unter der Uhr, um zu sehen, ob es schon Zeit für das Abendgebet sei – denn die streng Orthodoxen hielten sich an das **Gebot,** am Sabbat nichts »tragen« zu dürfen, also durften sie auch keine Uhr in die Hand nehmen.

Der Bunker und die Synagoge

An die jüdische Vergangenheit des Ostends erinnert links in der Friedberger Anlage ein schwarzes **Stein-Denkmal** vor einem **Luftschutzbunker** aus der NS-Zeit. An seiner Stelle stand von 1907 bis zur Pogromnacht 1938 die doppelt so große Synagoge der Israelitischen Religionsgemeinschaft. Der Ⓜ **Bunker 9. November** zeigt in einer Dauerausstellung Dokumente aus dem Leben der orthodoxen Ostend-Juden. Sie wurde von einer privaten ❶ **Initiative** zusammengetragen, die sich seit 1988 für den Erhalt und die Öffnung des ehemaligen Bunkers einsetzt, dessen Betreten für Sinti, Roma, Juden und Zwangsarbeiter selbst bei Bombenangriffen verboten war. Dank der Bürgerinitiative ist der Bunker heute ein Ort des Erinnerns und der Mahnung vor der faschistischen Verfolgung. Immerhin ist es ihr 2004 gelungen, die Nutzung des als Trödelmarkt und noch 1987 zum ABC-Zivilschutzbunker aufgerüsteten Bunkers als musealen Ort zu reklamieren. Ein wichtiger Schritt, da das »Vergessen« jüdischer Orte noch im-

✴ *Leonie Sonnenfeld, 1885 – 1942 in Theresienstadt, lebte zuletzt im **Sandweg Nr. 14.***

✴ *Dieses **Gebot** führte auch zu komisch wirkenden Szenen. So hatte sich manch orthodoxer Jude, um sich mit einer Kopfbewegung die Nase wischen zu können, sein Schnupftuch am Mantelkragen befestigt, wo es für alle sichtbar herabhing.*

Denkmal vor dem Bunker: Eine Säule aus der großen Synagoge
© Annette Sievers

Café Jannis, Hanauer Landstraße 6, Ostend. ✆ 069/40564376. www.cafe-jannis.de. Täglich 15 – 4 Uhr, So Brunch 11 – 15 Uhr mit wechselnden Köchen 12,90 €. Griechisches Leben pur in urigem Ambiente und mit Buchantiquariat! Bei Fußballübertragungen werden Saganaki, Gyros und Souvlaki (alles unter 9 €) zur Nebensache.

➔ Sonnemannstraße, westlich der Eisenbahnbrücke. www.ecb.europa.eu. **Bahn/Bus:** U6, Bus 32 Ostbahnhof.

✳ *Der neue **Groß-markt** für gewerbliche Wiederverkäufer und Großverbraucher heißt nun Frischezentrum und befindet sich seit 2004 in Kalbach in Autobahnnähe.*

mer System hat: So fehlt selbst in aktuellen Stadtplänen ein Hinweis auf das Bunker-Museum.

Ⓜ **Ausstellung »Ostend – Blick in ein jüdisches Viertel«,** *Friedberger Anlage 5 – 6. Initiative 9. November e.V., Jonathan Leuschner, Handy 0177/7120412. www.initiative-neunter-november.de.* **Lage:** *Im Hochbunker.* **Zeiten:** *Mai – Nov So 11 – 14 Uhr, Führung 11.30 Uhr.* **Preise:** *2 €, Führungen 2 € zusätzlich.*

Die EZB und die Großmarkthalle: Der Gemiesdom und …

Schon wieder zwei Glastürme, schon wieder eine Bank – und das ausgerechnet in Kombination mit dem *Gemiesdom,* der ehemaligen **Großmarkthalle?** Errichtet wurde der monumentale Klinkerbau in der Sonnemannstraße 1928 nach den Plänen des Architekten *Martin Elsässer* (1884 – 1957). Hier wurde nachts im großen Stil Obst und Gemüse an Händler verkauft und versteigert, die die Ware früh morgens auf die Märkte und in die Läden des Rhein-Main-Gebietes brachten. Die 13.000 qm große Halle ist 220 m lang, 50 m breit und zwischen 17 und 23 m hoch. Fünfzehn, je weils 14 x 37,5 m messende, nur 7 cm dünne Tonnengewölbe in Eisenbetonkonstruktion überspannen pfeilerlos die riesige Halle. Damals galt sie als der größte Eisenbetonbau der Welt. An den Stirnseiten besitzt die Halle riegelartige, turmhohe Kühl- und Bürohäuser, in denen bis zuletzt ein Paternoster durch die Stockwerke rumpelte und ein legendäres Nachtcafé residierte. Auf der Mainseite gab es einen direkten Gleisanschluss zu den beiden Frankfurter Flusshäfen. In den Importhallen kamen die »Südfrüchte« aus aller Welt an. Neben der Festhalle und dem Hauptbahnhof diente die Großmarkthalle den Nazis als Hauptsammelpunkt, um jüdische Familien bürokratisch genau zu kartieren und in die Vernichtungslager ab-

zutransportieren – die Gefangenen saßen im Keller,
während oben der Betrieb weiterlief.

... der Neubau

2004 kam dann das Aus für den zu klein gewordenen Gemiesdom. Der Baubeginn für das neue Domizil der **EZB,** die *Europäische Zentralbank,* verzö-
gerte sich dann noch bis 2008. Dazwischen lagen
viele Diskussionen. Mal ging es um die nicht uner-
heblichen Veränderungen an dem denkmalgeschützten Gebäude und dem Abriss der Annexbauten, mal um Urheberrechte des Architekten, mal um
das Gedenken der Holocaust-Opfer und schließlich
um die kommenden Veränderungen in dem ehemaligen Arbeiterviertel und die Anbindung ans Auto-
bahnnetz. Die Annexbauten – den Kopfbauten angeschlossene niedrigere Bahnhofsgebäude – wurden aus dem Denkmalschutz herausgelöst – ein in
Frankfurt geübter Pragmatismus, für die Holocaust-
Opfer wird es eine Erinnerungsstätte geben und die
Kellerräume bleiben zweckfrei. Und schließlich wurde die denkmalgeschützte Honsellbrücke saniert
und eine neue, 175 m lange Brücke über den Osthafen errichtet, um eine Anbindung an Sachsenhausen und die A661 zu schaffen.
Der Entwurf des Wiener Architekturbüros *Coop Him-
melb(l)au* ist spektakulär: Zwei ineinander verschlungene, 185 m hohe Zwillingstürme aus Glas
und Stahl erheben sich mainseitig neben der aufwändig sanierten Großmarkthalle. Drei Segmente
ihres Tonnengewölbes sind abgerissen (denkmal-
technisch kein Problem, weil just diese die im Krieg
ohnehin zerstörten Elemente waren) und durch einen quer aus der Fassade herausragenden Riegel
durchbrochen. Dort befinden sich der Eingang und
die Pressekonferenzräume. In der Großmarkthalle
liegen in einem Haus-im-Haus-Bereich Konferenz-

*Technische Daten:
Bruttogeschossflä-
che: 110.000 qm
Geschossfläche: je 700 –
1200 qm
Höhe Nordturm: 185 m,
45 Stockwerke
Höhe Südturm. 165 m,
43 Stockwerke*

*Geschrumpft: Die Groß-
markthalle am Fuße
der EZB ist nur noch ein
Bauklötzchen*

© Annette Sievers

ⓘ Blockupy,
https://blockupy-
frankfurt.org. Blockupy ist
eine europäische Bewe-
gung quer durch alle
Schichten und Altersstu-
fen. Man demonstriert
gegen das europäische
Spardiktat, gegen das
Kommando der EU-Troika,
gegen die Allmacht der
Banken und für echte De-
mokratie und Transpa-
renz.

✕ HesseWirtschaft,
Rückertstraße 22,
Ostend. ✆ 069/
90435800. www.hesse-
wirtschaft.de/Frankfurt.
Mo – Fr 11.30 – 15 und
18 – 23, Sa 18 – 23 Uhr,
Lieferservice 1 Std kür-
zer. Gute Frankfurter
Hausmannskost aus re-
gionalen Zutaten, die
Wurst kommt aus der
Wetterau oder dem Vo-
gelsberg (4,90 – 8,90 €),
es gibt Apfelweinbraten
und HesseBurger
(12,90 €) und auch die
halbe Ente mit Rotkohl
und Klößen (19,50 €)
schmeckt typisch. Sympa-
thische Bedienung.

räume und die Kantine. Dieses Konstrukt ist notwendig, da die Großmarkthalle so konzipiert ist, dass
in ihrem Inneren ohne technische Hilfsmittel eine
konstante Temperatur von 10 bis 14 Grad herrscht –
das hätte natürlich manche Konferenz beschleunigt.
Der Querbau führt zu dem *Skytower* genannten Dop-
pel-Büroturm hinüber, Fahrstühle schweben zu Um-
steigeplattformen mit informellen Kommunikati-
onsbereichen unterhalb »Hängender Gärten«, zu den
Büros der 1500 Mitarbeiter und dem Sitzungssaal
des EZB-Rats im obersten Stockwerk mit Blick auf
das im Westend liegende Bankenviertel. Diese geografische Trennung innerhalb der Stadt setzt ein gutes Zeichen. Ob man dort oben in 185 m Höhe noch
nah genug an den Menschen sein wird, ist eine andere Frage.

Bis zum Einzug Mitte 2014 werden 1,2 Milliarden
Euro verbaut sein – 2008 rechneten die Währungs-
hüter noch mit 500 Millionen, wobei man das wohl
nicht Rechnen nennen kann. Und möglicherweise
wird der Neubau dann schon zu klein sein: Wenn
die EZB 2014 die europäische Bankenaufsicht übernimmt, könnten bis zu 1000 weitere Arbeitsplätze ge-
braucht werden.

*Unter- oder außer-
irdisch? Jedenfalls
erleuchtet: Erweite-
rungsbau des Städel
Museum*

© Städel Museum, Foto Norbert Miguletz

KUNST & KÖNNEN

Frankfurt hat sich seit den 80er-Jahren international einen Ruf als Museumsstadt erbaut. Das ↗ Museumsufer auf der Sachsenhäuser Mainseite, aber auch die Schirn und das Museum für Moderne Kunst sorgten mit ihren Neubauten für Furore. Die Stadt des Westend-Skandals und der Wolkenkratzer kann auch anders, sollte das heißen. Denn nun wurden gerade die alten, herrschaftlichen Villen erhalten, behutsam entkernt und in die modernen Erweiterungsbauten eingebunden.

Das Museum Angewandte Kunst (MAK), Film- und Architekturmuseum sowie das Archäologische Museum, wo gar ein sakraler Raum umgewandelt wurde, sind die schönsten Beispiele dafür. Sie haben mit viel Fingerspitzengefühl und eleganten Ideen der Stadt ein neues Image gegeben. Durch die Kunst einiger namhafter Architekten wie *Ungers, Behnisch, Richard Meier* oder *Hans Hollein* ist die Stadt des Geldes Magnet für Architektur- und Kunst-Touristen. Damit das so bleibt, muss Frankfurt in seine Häuser investieren. Denn die relativ neuen Häuser am Museumsufer weisen bereits deutliche bauliche und funktionelle Mängel auf. So werden Jüdisches und

Das sanierte Historische Museum Frankfurt am Mainufer

© hmf, Foto: J. Baumann

Museumsufer	Innenstadt
Ikonen-Museum	Museum Judengasse
Museum Angewandte Kunst MAK	Museum für Moderne Kunst MMK
Weltkulturen Museum	MMK Zollamt
Deutsches Filmmuseum	Caricatura
Deutsches Architekturmuseum DAM	Schirn Kunsthalle
Kommunikationsmuseum	Historisches Museum
Städel Museum	Archäologisches Museum
Liebieghaus	Goethe-Haus und -Museum
Haus Giersch	Jüdisches Museum

Historisches Museum durch Neubauten aufgewertet, das Städel wurde erweitert und das MAK saniert. Allein die Städel-Sanierung und -Erweiterung hat 52 Mio verschlungen, auch in Sanierung und Neubau des Historischen Museums wird ähnlich viel fließen. Damit die Kasse auch bei den Einnahmen klingelt, müssen die holden Hallen nicht nur mit guter Kunst gefüllt, sondern die Massen auch angelockt werden. Das gelingt den geschickt publikumswirksam agierenden Museums- und Ausstellungsleitern immer mehr. Mit an das urbane Publikum angepassten Angeboten wie Art after Work, 1 Ticket für 2 Museen, Audioguides mit der Stimme von *Rufus Beck* oder *Gudrun Landgrebe* sowie Kreativprogrammen für Kinder gewannen die großen Häuser Sympathien zurück, die sie mit der Einführung von Eintrittsgeldern 1994 verloren hatten. Das Städel bricht mit Ausstellungen wie »Nackt!« (2003) oder »Boticelli« (2009) regelmäßig Besucherrekorde. Und bei der Langen Nacht der Museen mit 40.000 Besuchern sind selbst die Stehplätze rar. Hier schließt sich der Kreis von Kunst, Kommerz und Kulturparty. Denn das Bauen gehört zwar zu Frankfurt wie das Gerippte, die Fete aber ist der Ebbelwoi.

*Rund 47 **private Kunstgalerien*** *gibt es im Stadtgebiet, die speziell einen oder mehrere Künstler durch Ausstellungen und Verkauf der Bilder und Objekte fördern. Ihr ständig wechselndes Ausstellungsprogramm bewegt sich zum größten Teil im modernen, zeitgenössischen Bereich. Es gibt mehrere Zentren für Galerien, so die Umgebung des Doms in der Dom- und Braubachstraße, Fahr- und Saalgasse, im Westend, in Sachsenhausen und entlang der Hanauer Landstraße im Ostend. Ein Prospekt mit allen Galerien liegt in der Touristinfomtion aus. Ihren Saisonstart feiern sie am 1. Wochenende im Sep, www.galerien-frankfurt.de*

MUSEEN & GALERIEN

PRAKTISCHE INFORMATIONEN

Bahn/Bus: Bus Museumsuferlinie 46 fährt ab Hbf Mo – Fr alle 20 Min, abends und Sa/So alle 30 Min vorbei an Museum Giersch, Liebieghaus, Städel Museum (Haltestelle Städel), Museum für Kommunikation, Deutsches Architektur- und Deutsches Filmmuseum, Museum der Weltkulturen (Untermainbrücke), Museum Angewandte Kunst (Eiserner Steg) sowie Ikonen-Museum und Portikus (Frankensteiner Platz). Sa bis 18 Uhr fährt die Museumsuferlinie 46 wegen des Flohmarkts am Mainufer parallel zum Museumsufer. Endhaltestelle Mühlberg.

Zeiten: Die meisten Häuser haben Mo geschlossen, Di – Do 10 – 18, Mi 10 – 20 oder 21 Uhr geöffnet.

Preise: Geldmuseum, Portikus und Stoltze-Turm sind generell kostenlos.

Eintritt frei am letzten Sa im Monat (= Satourday) im Architekturmuseum, Caricatura, Historisches, Kinderm-, Ikonen-Museum, Institut für Stadtgeschichte, Jüdisches Museum mit Museum Judengasse, MAK, MMK Museum und Weltkulturen Museum;

2 Tage: Museumsufer-Ticket für 34 Museen in Ffm und Offenbach für Familien (2 Erw und Kinder) 28 €, Single 18 €, ermäßigt 10 €.

1 Jahr: Museumsufer-Card für Familien (2 Erw und alle familienangehörigen Kinder) 150 €, Einzeln 85 €, ermäßigt 42 €.

Infos: Die Bestände von 17 Museumsbibliotheken und Archiven können, sofern sie digitalisiert sind, unter www.museumsbibliotheken.frankfurt.de eingesehen werden.

Tipp: Anerkannt wichtige und meine persönlichen Empfehlungen sind mit einem ☀ gekennzeichnet.

MUSEEN & GALERIEN A – Z

Archäologisches Museum ☀

Bis zum 18. Jahrhundert ging man noch davon aus, dass unter der Altstadt Frankfurts keine prähistorischen oder römischen Zeugnisse zu finden seien. Doch nachdem 1703 die ersten Funde gemacht wurden und allgemein das Interesse an klassischer Archäologie zugenommen hatte, gründete sich 1857 der »Verein für Geschichte und Altertumskunde« und bereits 20 Jahre später wurde in dem neu gegründeten Historischen Museum im Leinwandhaus eine Abteilung »Frankfurter Sammlung heimischer Altertümer und antiker Kleinkunst« eröffnet. Die Funde mehrten sich, vor allem in den Nachkriegsjahren bis in die späten 70er-Jahre hinein wurden bei systematischen Ausgrabungen auf dem Domhügel, in Schwanheim und Heddernheim bedeutende Erkenntnisse über die Stadtgeschichte gewonnen.

1980 wurde der Berliner Architekt *Josef Paul Kleihues* beauftragt, die bis dahin als Bombenruine aus dem Zweiten Weltkrieg zerfallende Kirche des ↗ **Karmeliterklosters** als Museum wieder aufzubauen. Neun Jahre später – verzögert durch archäologische Untersuchungen in der Kirche – wurde das »Museum für Vor- und Frühgeschichte« eröffnet. Kleihues gelang eine unaufdringliche, wohldurchdachte Komposition von Alt und Neu, bei der er selbst durch kleinste Details die alte spätgotische Substanz der Kirche zur Geltung bringt, sodass die Besichtigung des Museums allein den Eintritt wert ist.

Nach Umgestaltung und Umbenennung beginnt heute der Ausstellungsbereich schon im hellen **Foyer,** wo ein beeindruckend gut erhaltenes Skelett eines Auerochsen (Ur) nebst Faustkeil den Besucher in die Steinzeit zurückführt. Schritt für Schritt folgt man dann dem Zeitenlauf durch die Prähistorie. Im ehemaligen **Querschiff** (bzw. dem einzigen Flügel davon) sind Funde der Bronze- und Eisenzeit aus der Umgebung Frankfurts zu sehen. Sie dokumentieren u.a. mit welchen technischen Hilfsmitteln Nahrung gewonnen wurde. Hier hat der *Keltenfürst* aus dem Frankfurter Stadtwald seine letzte Ruhestätte gefunden. Er verdeutlicht die gesellschaftlichen Unterscheidungen jener Zeit. Das Querschiff wird außerdem für Veranstaltungen und Sonderausstellungen genutzt.

Die Attraktionen des Museums liegen im **Langhaus** der Kirche, dessen modernes Holzsatteldach an die gotische Höhe der Kirche erinnert, während die klei-

✴ *Im hellen Neubau hinter dem Querhaus ist die Abteilung* ***Antike Klassik*** *aufgebaut, die ihren Ursprung in den Sammlungen des Fankfurter Bürgertums hat. Man erhält einen Überblick über die Entwicklung antiker Keramik – Vasen, Gläser, Terrakotten aus mykenischer, griechischer und etruskischer Zeit. Auf den rot- und schwarzgrundigen Gefäßen ist das gesellschaftliche Leben Athens und anderer Hochburgen zu entdecken. Im 1. Stock sind Keramiken und Bronzen aus Mesopotamien und Persien aus der Zeit 4000 – 300 v.u.Z. ausgestellt. Vom Balkon dort hat man einen schönen Blick auf das Kircheninnere.*

🍴 Im Neubau gibt es eine Selbstbedienungs-Cafeteria und im Untergeschoss befinden sich die Toiletten.

✴ *Der Maler des **Freskenraums** stammte von hier! Als man in einem Grab eines Töpfers 29 Farbbecher aus Ton fand und die Farbreste chemisch analysierte, stellte man fest, dass diese mit den Farben aus dem Freskenraum übereinstimmten!*

nen bruchstückartigen Fußbodenfliesen den Verlauf des ehemaligen Grundrisses aufzeigen. Das Langhaus ist ganz der Frankfurter Römerzeit gewidmet: Objekte aus dem römischen *Nida* (Gemarkung Heddernheim, von Römerstadt und Nordweststadt überbaut), Funde aus 60 römischen Landhäusern, Münzen, Keramik aus den Ziegeleien von Nied, Alltagsgegenstände und Gegenstände des Soldatenlebens (eine vollständig rekonstruierte Ausrüstung, wunderschöne Reiterhelme), ein Modell des *Prätoriums* (Hotel) und der Ostthermen von Nida sowie religiöse Gegenstände (Göttersäulen, Mithrasrelief, Altäre) des unter den Soldaten weit verbreiteten Mithras-Kultes sowie die beachtliche Rekonstruktion eines mit figürlichem Schmuck ausgemalten Raumes (Freskenraum).

Zwischen Querschiff und Langhaus befindet sich etwas erhöht die ehemalige **St.-Anna-Kapelle** von 1494, in der Funde des Frühen Mittelalters – das der Alemannen und Franken – gezeigt werden. Diese lebten vom 3. bis 9. Jahrhundert im Untermaingebiet. Hier sind Duplikate aus dem Grab des Merowingermädchens zu sehen, dessen Fund 1992 die Stadtgeschichte umgeschrieben hat, ↗ Dom. In der **Gruft der Annenbruderschaft** unter der Kapelle sind ausgewählte Funde aus den Mönchsgräbern zu sehen. Im modernen **Anbau** befinden sich die Ausstellungsbereiche Alter Orient und Klassische Antike. Hier geht es außerdem zu den Toiletten und zur Cafeteria des Hauses.

🅼 ***Archäologisches Museum Frankfurt,*** *Karmelitergasse 1, 60311 Hist. Zentrum.* ✆ *069/212-36467,*

212-35895 (Museumspädagogik), www.archaeologi-sches-museum.frankfurt.de. **Bahn/Bus:** U1 – 5, 8 Willy-Brandt-Platz, U4, 5 Dom/Römer, Straba 11, 12, 14 Willy-Brandt-Platz oder Römer/Paulskirche. **Zeiten:** Di – So 10 – 18, Mi bis 20 Uhr, letzter Sa im Monat Familienführungen. **Preise:** 7 €; Kinder 6 – 18 Jahre 3,50 €; letzter Sa im Monat Eintritt frei. **Infos:** Kostenlose Führungen So 11 Uhr. Flyer vorhanden, umfangreiches Kinder- und Erwachsenenbildungsprogramm, Vorträge und spezielle Führungen, z.B. zu Ausgrabungen. Rollstuhl geeignet: Für Rollstuhlfahrer eingerichtet.

Caricatura ☀ — Museum für Komische Kunst im Leinwandhaus

Da Frankfurt die Stadt »mit der größten Satiriker-dichte pro Quadratmeter in der Bundesrepublik« sein soll, bildet sie wohl den best geeigneten Standort für ein *Museum für Komische Kunst.* Nach dem Ankauf von rund 7000 Originalzeichnungen von Mitgliedern der **Neuen Frankfurter Schule** besitzt man bereits einen wahren Schatz als Grundstock. Die NFS entstand im Umkreis der Satirezeitschriften »Pardon« und »Titanic«. Zu ihr gehören neben den Zeichnern *F. W. Bernstein,* **Robert Gernhardt,** *Chlodwig Poth, Hans Traxler* und *F. K. Waechter* auch die Autoren *Bernd Eilert, Eckhard Henscheid* und *Peter Knorr.*

In der Dauerausstellung im 2007 modernisierten gotischen ⬈ Leinwandhaus werden in wechselnder Hängung die Werke der Mitglieder der NFS gezeigt. Eine Heimat für Elche also. Spottsprüche wie F.W. Bernsteins »Die schärfsten Kritiker der Elche waren früher selber welche« sind längst in den allgemeinen Sprachgebrauch übergegangen. Ein Wiedersehen gibt es zudem in Wechselausstellungen mit Größen wie Marie Marcks, Tomi Ungerer oder Rattelschneck.

Ⓜ *Caricatura, Achim Frenz, Weckmarkt 17, 60311 Hist. Zentrum. © 069/21230161, www.caricatura-museum.de. **Bahn/Bus:** U4, 5, Straba 11, 12*

Der Kritiker

© Annette Sievers

☀ **Robert Gernhardt,** *1937 – 2006, ist u.a. der Schöpfer des Grüngürteltiers, das sich nur in grüner Umgebung, dort aber zu Lande, zu Wasser und in der Luft wohlfühlt. Am Tower Café in Bonames zwinkert es verschmitzt jedem zu, der über die Niddabrücke geht.*

Dom/Römer. **Zeiten:** *Di, Do – So 10 – 18, Mi bis 21 Uhr.* **Preise:** *6 €; ermäßigt 3 €.* **Infos:** *Führung bis 25 Pers 50 € zuzüglich Eintritt, 45 Min durch Dauer- und Wechselausstellung, Anmeldung unter 069/21248978.*

Deutsches Architekturmuseum DAM ☀

Das Deutsche Architektur Museum, 1979 als erstes Museum dieser Art in Deutschland gegründet und 1984 eröffnet, bildete den Anfang des Museumsufers. Sein damaliger Leiter *Heinrich Klotz* holte für die Aufgabe, aus einer Villa von 1901 ein repräsentatives Haus für Gegenwartsarchitektur zu machen, den Kölner Theoretiker *Oswald Mathias Ungers* an den Main. Dieser, ein Fan des Quadrats (↗ Torbau, Messe, ↗ **M** *Ikonen-Museum),* konzipierte nach dem Prinzip der russischen Puppe ein Haus im Haus, indem er einerseits um die alte Villa einen Sockel legte, der sich im Innern vom Eingangsbereich aus als schmaler Gang um das Haus zieht. Und zum anderen, indem er die Villa entkernte und in ihr über alle Etagen hinweg ein kleineres Haus einschloss. Es stützt sich wie bei einem Riesenbaldachin vom Souterrain bis zum Dach auf 4 Pfeiler – die einfachste Form eines Hauses.

Hinter der Villa schließt sich eine lichtdurchflutete Ausstellungshalle an, in deren Mitte sich eine alte Kastanie erhebt. 12 kleinere Höfe mischen ihr natürliches mit dem künstlichen Licht. Das klare Prinzip des Quadrats wiederholt sich als Gesamtthema bis hin zu den schwarz-weißen Stühlen im Auditorium, ebenfalls Ungers Entwurf.

Nach Angaben des DAM kommt die Hälfte der Besucher allein wegen des Hauses. Doch sehenswert ist auch die **Dauerausstellung** *Von der Urhütte bis zum Wolkenkratzer* im obersten Stockwerk. Mit 24 Großmodellen wird die Entwicklung menschlicher

Wohnstätten veranschaulicht, von ihren Anfängen vor 400.000 Jahren über altägyptische Terrassentempel, die Idealstadt der Renaissance bis zu den Elendsvierteln Londons und der modernen Skyline Manhattans.

Anziehungspunkte sind zudem die in dichter Folge präsentierten **Wechselausstellungen** zu bestimmten Themenschwerpunkten. Meist mit Hilfe von Skizzen, Plänen und – manchmal sogar begehbaren – Modellen werden den Besuchern zeitgenössische Architektur und städteplanerische Diskussionen vor Augen geführt.

 *Deutsches Architekturmuseum, Schaumainkai 43 (Museumsufer), 60596 Sachsenhausen. ✆ 069/ 212-38844, 212-36706, www.dam-online.de.*
Bahn/Bus: U1 – 3, 8 Schweizer Platz, Straba 15, 16 Garten-/Schweizer Straße, Bus 46 Untermainbrücke.
Zeiten: Di, Do – So 11 – 18, Mi bis 20 Uhr, öffentliche Führung Sa, So 14, 15 Uhr. Preise: 8 €; Kinder 6 – 18 Jahre, Schüler, Studenten, Azubis, Menschen mit Behinderung ab 50 %, Card, Gruppen ab 20 Pers je 4 €; am letzten Sa im Monat freier Eintritt. Infos: Höhere Eintrittspreise für Sonderausstellungen. Präsenzbibliothek mit 20.000 Bänden zur Architekturgeschichte seit 1800 in der Hedderichsstraße 108 – 110, ✆ 212-30827, erich.wagner@stadt-frankfurt.de.

Café im DAM, Frankfurt.
✆ 069/961220290. www.dam-online.de. Di, Do – So 11 – 18, Mi 11 – 20 Uhr. Suppen, Salate, Sandwiches, Mittagstisch, hausgemachter Kuchen mit Blick auf den Main.

Deutsches Filmmuseum ☀

1976 erwarb die Stadt mit *Paul Sauerlaenders* Archiv für Filmkunde die größte filmhistorische Privatsammlung. Sie bildete den Grundstock für das 1984 in einer Gründerzeitvilla eröffnete und 2011 aufwändig entkernte und neu gestaltete Filmmuseum. In der **Dauerausstellung** im 1. Obergeschoss lernen die Besucher unter dem Vorzeichen *Filmisches Sehen* den Werdegang des Films kennen: Von der Schaulust und dem ersten Zauberguckkasten aus dem 18. Jahrhundert bis zur neuesten Filmmaschine – man kann durch Gucklöcher linsen, an Knöpfen drehen und sich selbst vor romantischer Kulisse in Szene setzen. Dabei wird anschaulich, wie filmische Wahrnehmung und Manipulation funktionieren. Das ist nicht nur für Kinder spannend!

Schwerpunkt des zweiten Ausstellungsbereich im 2. Obergeschoss ist darauf aufbauend, wie ein Film seine Wirkung erzielt. Maske, Ton und Montage sind dabei neben dem Bild und dem Schauspiel wichtige Elemente.

Sonderausstellungen wenden sich nicht selten explizit an Kinder und Jugendliche, um beispielsweise Helden wie Pipi Langstrumpf, Superman oder Shaktimaan zu beleuchten. Ebenso international geht es beim alljährlichen LUKAS Kinderfilmfestival zu. Auch die anderen Sonderausstellungen werden zumeist von Filmreihen im angegliederten ↗ **K Kino** begleitet.

Unter gleicher Leitung wie das Filmmuseum steht das 1949 gegründete **Deutsche Filminstitut,** in dem bedeutsame Filme, Texte, Plakate, Filmmusiken und -geräte gesammelt, archiviert und publiziert werden.

M Deutsches Filmmuseum, *Claudia Dillmann, Schaumainkai 41, 60596 Sachsenhausen. ℂ 069/ 961220-220 (Auskunft, Kasse), 961220-223 (Führungen), www.dasneuefilmmuseum.de. **Bahn/Bus:** U1 – 3, 8 Schweizer Platz, Straba 15, 16, Bus 46 Gartenstraße/Schweizer Straße. **Auto:** Parkplatz Museumsufer. **Zeiten:** Di, Do – So 10 – 18, Mi 10 – 20 Uhr, Das offene Filmstudio im 4. Stock Sa, So 14 – 18 Uhr. **Preise:** Dauerausstellung 5 €, Kino 7 €; Kinder ab 6 Jahre, Schüler, Studenten Dauerausstellung 2,50 €, Kino 5 €; Kombiticket für Dauer- und Sonderausstellung 8, ermäßigt 5 €, Familienticket 1 Erw, 3 Kinder unter 18 Jahre 8 €, 2 Erw, 3 Kinder 12 € (egal, ob eigene oder fremde Kinder). **Infos:** Kostenlose Führungen Dauerausstellung So 15 Uhr. Rollstuhl geeignet: barrierefrei.*

☀ **Tipp:** Selbst wie King Kong am Rande eines Wolkenkratzer balancieren, können Sie im Offenen Filmstudio. Vor einem Bluescreen werden Sie in eine andere Welt versetzt und als Beweis gibt es hinterher ein Foto von Ihrer Wunschszene.

☕ **Café im Foyer,** Schaumainkai 41, Sachsenhausen. ℂ 069/961220-280. http://deutsches-filminstitut.de. Museumsöffnung – Beginn der letzten Filmvorführung. Kuchen und Tapas.

Dialogmuseum ☀

Das Dialogmuseum heißt Dialogmuseum, weil man hier nichts sieht. Alles klar?

Vom **Foyer** aus führt ein roter Noppenstreifen auf eine Treppe zu, deren Stufen ebenfalls mit Noppen belegt ist, zum Ausstellungseingang, der aus einem geheimnisvollen schwarzen Vorhang besteht. Eine Frau kommt, wird von der Garderobiere fröhlich begrüßt, streift mit einem langen weißen Stock über die Noppen und verschwindet zielstrebig im Dunklen hinter dem Vorhang. Schon jetzt ist klar, dass es in diesem Museum anders zugeht als in anderen Museen. Die Besucher tauchen dann ebenfalls ins Dunkle ein. Je 8 Personen werden **hinter dem Vorhang** von einem blinden Führer in Empfang genommen. Die nächsten Stunden und Minuten ist es seine Stimme, der sie folgen – und vertrauen müssen. Somit treten sie den Dialog an: Der Dialog zwischen Sehenden, die jetzt blind sind, und Nicht-Sehenden, die den Überblick haben. Die Kommunikation untereinander, die Interaktion mit allen Sinnen – außer dem Sehsinn – steht bei dem Konzept von Museumsgründer *Andreas Heinecke* im Vordergrund.

Führen sicher durch das Unsichtbare: Die blinden Helfer des Dialogmuseums

© Dialogmuseum

»Bei einem Dialog kann jeder nur gewinnen«, erläutert er, und jeder kann vom anderen lernen. Seit 1989 geht dieses Konzept in verschieden Städten der Welt bereits mit Erfolg auf, seit 2005 kann sich auch Frankfurt dauerhaft mit dieser Attraktion schmücken, die hier ihren Anfang genommen hat und

MUSEEN & GALERIEN

203

In den Ferien heißt es regelmäßig »Blinder Passagier an Bord«! Sie reisen mit Ihrem Reiseleiter in ein unsichtbares Land, sammeln Eindrücke und können bei der Ausreise an einer Verlosung teilnehmen, bei der Sie echte Reisen gewinnen können (Erw 14 Euro , Kinder 7 Euro, Anmeldung erforderlich).

sich aus eigen Kräften finanzieren muss. Das hat – unfassbarerweise – dazu geführt, dass wichtige Bereiche des Museums 2013 aufgegeben werden mussten: das Casino for Communication, das Café und das Restaurant Taste of Darkness. Beim Dialog mit der Stadt gab es dann doch nichts zu gewinnen …

Die Ausstellung besteht aus **6 Themenräumen,** die einem Park, einer Stadt oder einer Bar nachempfunden sind. Düfte, Geräusche, Vogelgezitscher, Straßenlärm, Wind und unterschiedliche Texturen versetzen einen in die Situation. Die Besucher müssen nun gemeinsam Aufgaben lösen, z.B. herausfinden, in welcher Stadt sie sich befinden, oder in einem Boot einen Fluss überqueren. Wer jetzt schweigt, bleibt am Ufer zurück. So muss jeder seine Wahrnehmung und das, was er für selbstverständlich hielt, überprüfen, oder auch Hemmungen abbauen.

Die neuen Erkenntnisse, die man im Dialogmuseum gewinnen kann, sind in jeder Beziehung eine Bereicherung. Oder wie es eine Schülerin ausdrückte: »Das war das tollste Museum der Welt!«

M *Dialogmuseum, Matthias Schäfer, Hanauer Landstraße 137 – 145, 60314 Ostend. ✆ 069/904321-44, www.dialogmuseum.de. Für Kinder ab 5 Jahre in Begleitung der Eltern geeignet, Schulklassen ab der 2. Klasse. Bahn/Bus: RB, S-Bahn und U6 Ostbhf (6 Min Fußweg), Straba 11 Osthafenplatz (hält direkt vor der Tür). Zeiten: Di – Fr 9 – 17, Sa, So, Fei 11 – 19 Uhr, jeden 1. Do im Monat bis 21 Uhr. Preise: 16 €; Kinder 5 – 13 Jahre 8 €; ermäßigt für Schüler ab 14 Jahre, Azubis, Studenten, Rentner, Schwerbehinderte 11 €; Familien (Eltern mit max. 3 Kindern bis 13 Jahre) 38 €; Zuschlag Spezial-Tour (im Gegensatz zur 60 Min Standard-Tour 90 Min) 3,50 €, Zuschlag Workshops für Schüler 3 €. Infos: Dialog im Dunkeln kann nur in Begleitung eines Führers besucht werden; Reservierung erforderlich!.*

Dommuseum Frankfurt am Main

Im **Kreuzgang** von 1348 der St.-Bartholomäus-Kirche wird in ständiger Ausstellung der Domschatz gezeigt. Sakrale Gewänder aus Brokat und Seide des Mittelalters, Ornate aus dem 15. Jahrhundert, kostbare spätgotische sowie barocke Monstranzen, Messbücher, alte Bibeldrucke, Reliquiare und liturgische Geräte veranschaulichen die Kirchengeschichte des Dom genannten Gotteshauses. Interessant sind die zeitgenössischen Ansichten vom Dombrand 1867. Unter den Bartholomäus-Reliquiaren sind auch ganz moderne. Die jüngste und zugleich älteste Attraktion sind die Funde aus dem Grab des Merowinger-Mädchens, ↗ Dom. Entzückend sind die kleinen goldenen Ringe und Ketten, die erstaunlich gut erhalten sind.

Im **Sakristeum,** der Dependance des Museums im Keller des nahen ↗ *Haus am Doms,* sind Kirchenschätze aus den Stiftskirchen *St. Leonhard* und *Liebfrauen* ausgestellt.

Exotische Püppchen: Die restaurierten Krippenfiguren aus St. Leonhardt sind im Sakristeum im Haus am Dom ausgestellt

© Annette Sievers

Ⓜ Dommuseum, *Domplatz 14, 60311 Hist. Zentrum. ✆ 069/133761-86 (Kasse). www.dommuseum-frankfurt.de.* **Lage:** *Kreuzgang des Bartholomäus-Doms und im Haus am Dom.* **Bahn/Bus:** *U4, 5, Straba 11, 12 Dom/Römer.* **Zeiten:** *Di – Fr 10 – 17,*

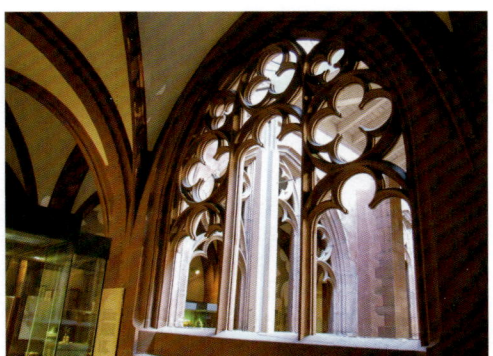

Was vom Kreuzgang übrig blieb: Maßwerkfenster zum Innenhof

© Annette Sievers

MUSEEN & GALERIEN

Sa, So, Fei 11 – 17 Uhr. Führungen nach Vereinbarung. **Preise:** 4 €, ermäßigt 2 €. **Infos:** Dom-Führungen Di – So 15 Uhr 4 € pro Pers, ermäßigt 2 €, 45 Min, oder nach Vereinbarung.

Fotografie Forum Frankfurt FFF

Schon früh erkannte die Frankfurter Galeristin *Karin Steins* den wichtigen Stellenwert fotografischer Kunst, die in den Gemäldegalerien bisher unterrepräsentiert war. 1984 wurde schließlich das Fotografie Forum Frankfurt eröffnet, das sich auf zeitgenössische und historische Fotografie von internationalem Rang spezialisierte. In Wechselausstellungen werden die verschiedenen Aspekte der Fotografie beleuchtet: Fotojournalistische Arbeiten ebenso wie Beispiele aus Kunst, Mode, Wissenschaft und Werbung. Künstler wie *Barbara Klemm* und *Walter Evans* gehören zu den Klassikern, Neuentdeckungen werden ebenso gezeigt.

M *FotografieForumFrankfurt,* Braubachstraße 30 – 32, 60311 City. ℂ 069/ 291726, www.ffi-frankfurt.de. **Bahn/Bus:** U4, 5 Dom/Römer, Straba 11, 12 Paulskirche/Römer. **Zeiten:** Di – Fr 11 – 18, Mi bis 20, Sa, So 11 – 17 Uhr. **Preise:** 4 €; ermäßigt 3 €, in Gruppen 2 €. **Infos:** Mitglieder und Inhaber von Museumsufer-Card bzw. -Ticket Eintritt frei.

Frankfurter Kunstverein im Steinernen Haus am Römerberg

Der Frankfurter Kunstverein fördert bereits seit 1829 zeitgenössische Kunst – was halt in der jeweiligen Zeit zeitgenössisch war. Seit 1962 ist der Verein im wiederaufgebauten, innen weiträumig gestalteten ↗ **Steinernen Haus** heimisch. Durch häufig wechselnde Ausstellungen, Symposien, Filmprogramme, Werkstattgespräche mit Künstlern sowie durch Publikationen sollte »der Bürger« informiert und geschult werden, um Verständnis und Toleranz ge-

---

☀ *Bei der Sommerakademie haben Besucher die Möglichkeit, an Vorträgen und Workshops mit bekannten Fotografen und Theoretikern teilzunehmen und sich fortzubilden.*

☀ *Im Mai 2007 wurde das »Deutsche Börse Residency Program« gestartet, das Gästen des Kunstvereins den Aufenthalt und die Integration in Frankfurt erlauben soll. Zu diesem Zweck wurde im 3. Stock des **Steinernen Hauses** ein 2-Zimmer-Apartment eingerichtet, wo die Künstler für wenige Tage oder bis zu 6 Monaten residieren können.*

genüber den neuen Strömungen der Gegenwartskunst lernen zu können.

Diesem ursprünglichen Gedanken ist der Verein selbst in der kunstfeindlichen Zeit zwischen '33 und '45 treu geblieben – so gut und so lange es eben ging. Gleich 1947 nahm man den Ausstellungsbetrieb mit dem selben Ziel wieder auf. Heute gehört das Steinerne Haus zu den national und international wichtigsten Ausstellungsorten für zeitgenössische Kunst und Foto-

Bildquelle: Wikimedia Mylius

grafie. Direktor *Holger Kube Ventura* will mit Themenausstellungen aktuelle Tendenzen in der Gegenwartskunst und gesellschaftliche Debatten beleuchten. Mit dem anlässlich der Frankfurter Buchmesse im Oktober stattfindenden Leseprogramm *Open Books* öffnet sich das Kunsthaus der Gattung Literatur und baut nebenbei Schwellenängste beim kunstfernen Publikum ab.

Ⓜ *Frankfurter Kunstverein, Markt 44, 60311 Hist. Zentrum. ✆ 069/219314-0, www.fkv.de. Bahn/Bus: U4, 5, Straba 11, 12 Dom/Römer. Zeiten: Di, Do, Fr 11 – 19, Mi 11 – 21, Sa, So 10 – 19 Uhr. Preise: 6 €; Schüler, Studenten 4 €, Führungen 2 € Aufpreis; Gruppen ab 8 Pers 4 €, Schüler, Studenten 3 € pro Pers. Infos: Der Frankfurter Kunstverein finanziert sich durch seine Mitglieder und Sponsoren. Für Mitglieder werden u.a. Kunstreisen angeboten.*

Steinernes Haus am Römerberg

🍴 **Cafébar im Kunstverein,** Markt 44. ✆ 069/84770863. www.fkv.de/deutsch/cafbar.html. Di, Do, Fr 11 – 19, Mi 11 – 21, Sa, So 10 – 19 Uhr. Im gotischen Kreuzgewölbegang. Kaffee, hausgemachte Kuchen, frisch gepresste Säfte und kleine Karte. Touristen finden zudem Produkte aus Hessen (Honig, Wein, Senf, etc.) und ausgesuchte Frankfurter Souvenirs.

MUSEEN & GALERIEN

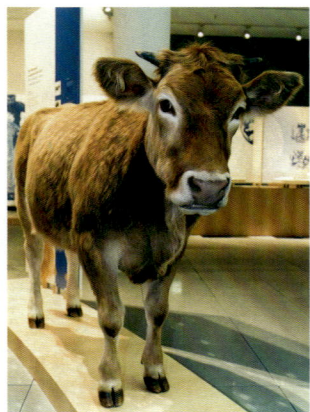

Pecunia non olet – Geld stinkt nicht: Früher war Vieh (lat. pecus) Zahlungsmittel und der Besitz an Vieh Maßstab für den Reichtum

© Bundesbank

Feldbergblick, Ginnheimer Stadtweg 57a, Ginnheim. ℂ 069/777730. www.feldbergblick.com. Gartenrestaurant des Schrebergartenvereins »Feldbergblick« unterhalb des Fernmeldeturms, 5 Min vom Geldmuseum. Hier, am Pilgerweg Elisabethpfad, kann man im grünsten Biergarten Frankfurts getrost die Füße baumeln und sich die »Große Dreckschaufel« schmecken lassen.

Geldmuseum

Gehört unser Geld schon ins Museum? Hoffentlich nicht … Aufgeklärt wird hier über die Geschichte des Geldes als Zahlungsmittel und seine Herstellung sowie über Funktion und Wert des Geldes für Ökonomie und Gesellschaft. Man kann Fälschungen untersuchen, jede Währung der Welt als Schein oder Münze anschauen und interaktiv begreifen, wie das Gleichgewicht zwischen Warenangebot und Geldmenge zusammenhängt. Daneben wird die Bedeutung der Deutschen Bundesbank dargestellt und erläutert, wie die Zentralbank aufgebaut ist. Das ein wenig besser zu durchschauen, kann ja nicht schaden, bevor auch sie noch im Museum landet.

M *Geldmuseum, Deutsche Bundesbank, Wilhelm-Epstein-Straße 14, 60431 Ginnheim. ℂ 069/9566-3073, www.geldmuseum.de. Lage: Auf dem Gelände der Bundesbank. Bahn/Bus: U1 – 3, 8 Dornbusch, dann Bus 34 Richtung Mönchhofstraße bis Bundesbank oder zu Fuß etwa 500 m. Auto: A66 Richtung Miquelallee/Stadtmitte bis Miquelallee, Beschilderung Bundesbank folgen. Parkplätze vorhanden. Zeiten: Mo, Di, Do, Fr, So und Fei 10 – 17, Mi bis 21 Uhr. Preise: Hier ist kein Geld nötig. Infos: Museumssuchspiele für Kinder auch zum Herunterladen. Rollstuhl geeignet: barrierefrei.*

Goethe-Haus und Goethe-Museum

Goethes Großmutter kaufte 1733 die zwei gotischen Häuser aus dem 16. Jahrhundert am Großen Hirschgraben. Am 28. August 1749 erblickte *Johann Wolfgang Goethe* im größeren von beiden das Licht der Welt. Als er 6 Jahre alt war, baute sein Vater die beiden Häuser zu einem um. Das Geburtshaus des Dichters, das auch »Zu den drei Leiern« genannt wird, wurde 1795 verkauft, und 1863 vom Freien

Deutschen Hochstift, einem der ältesten Kulturinstitute Deutschlands, erworben. Am 22. März 1944, dem Todestag des berühmten Frankfurter Sohnes, verwandelten Bomben das Haus in Schutt und Asche. 1951 war es bereits wieder aufgebaut. Nur wenige Originalmöbel aus Goethes Tagen sind erhalten geblieben, doch die Inneneinrichtung vermittelt einen Eindruck von der bürgerlichen Wohnkultur des 18. Jahrhunderts. Weil es voller kleiner Kostbarkeiten steckt, ist eine Führung empfehlenswert. Drei verschiedene Stilepochen treffen in Goethes Geburtshaus aufeinander:

Im barocken **Erdgeschoss** ist die Küche, ausgestattet mit Feuerherd, Gerätschaften und einem eigenen Brunnen. Der als Speisezimmer benutzten Blauen Stube liegt die Gelbe Stube gegenüber, sie diente als Empfangszimmer. Das stattliche Treppenhaus drückt das bürgerliche Selbstbewusstsein des Vaters aus. In den barocken Frankfurter Schränken lagerten soviel Laken und Tücher, dass nur 3 Mal im Jahr Waschtag gehalten werden musste!

Das prächtigste Zimmer im **1. Stock,** der ganz im *Rokoko* gehalten ist, ist mit Chinoiserietapete, einem Fayenceofen, einem böhmischen Lüster und einem Rokokospiegel ausgestattet. Im Musikzimmer steht ein sehr seltener Hammerflügel. An den Wänden zeigen Gemälde die Familie Goethe und die beiden Kinder in Schäfertracht.

Die anderen Stockwerke sind im *Louis-seize-Stil* eingerichtet. Von dem kleinen Seitenfenster in der gut bestückten Bibliothek im

Klingt nach Untertreibung: Die »Rote Stube« war die Beletage der Goethes

© Goethe-Haus, Hans Jürgen M. Pietsch

MUSEEN & GALERIEN

Mit Frankfurt werden vor allem zwei Dinge assoziiert: die Bankentürme und Goethe. Und natürlich schmückt sich die Stadt allerorten mit dem Konterfei des Dichters – der jedoch seine Geburtsstadt überhaupt nicht mochte. Gerade im Ausland ist Goethe ein Begriff, und die Verbindung der Stadt mit seinem Namen verschafft ihr einen ungeheuren Sympathiebonus, weswegen das schlechte Verhältnis des »großen deutschen Dichterfürsten« zu Frankfurt lieber verschwiegen wird.

GOETHE?

Klar, kommt Goethe aus Frankfurt. Aber wussten Sie auch, dass er die Stadt hasste?

Der berühmteste Sohn der Stadt kam nach – immer wieder gern zitiert – »schwerer Geburt« am 28. August 1749 Schlag 12 im Hirschgraben 23 zur Welt. Frankfurt war zu dieser Zeit eine alte Reichsstadt mit mittelalterlichem Aussehen, engen Gassen, alten Häusern und winkligen Straßenzügen. **Johann Wolfgang** und seine Schwester **Cornelia** konnten aus dem Mansardenfenster über die Felder bis nach Höchst blicken. Sein Vater trug den erkauften Titel »Kaiserlicher Rat«. Die Mutter Goethes, »Frau Aja« genannt, war eine freundliche und resolute Hausfrau, die aus dem Frankfurter Patriziat stammte.

Johann Wolfgang erhielt umfassenden Privatunterricht und spielte viel mit dem Puppentheater, das heute in seinem Geburtshaus zu besichtigen ist. Mit 15 Jahren erlebte er die Kaiserkrönung **Josephs II.** Im gleichen Jahr verliebte er sich in die schöne Kellnerin **Gretchen,** die er durch ein paar kriminelle Burschen kennen gelernt hatte. Der Kreis flog wegen Urkundenfälschung auf; Goethe entging dem Verhör der Behörden durch die

Vermittlung eines Freundes der Familie. In seinem 16. Lebensjahr verließ er Frankfurt, um in Leipzig Jura zu studieren. In Wirklichkeit studierte der Patriziersohn das Leben: Er ging häufig ins Theater, zeichnete viel und verliebte sich noch viel öfter. Drei Jahre später kam er wegen eines Lungenleidens für neun Monate nach Frankfurt zurück. Die Stadt wirkte auf ihn zurückgeblieben und altmodisch. Er schrieb von »Hungersnot des guten Geschmacks« und fühlte sich »wie in der Verbannung«! Um sein Studium zu beenden, ging er auf Drängen des Vaters im Frühjahr 1770 nach Straßburg. Zur Ausübung einer Advokatur kam er im Herbst 1771 nach Frankfurt und wurde Rezensent der Zeitschrift **Frankfurter gelehrte Anzeigen.**

Unzufrieden schimpfte er auf die Stadt, nannte sie ein »Nest« und »ein leidig Loch«. Vielleicht der Grund, weshalb er oft draußen am Goethe-Turm und beim Schoppepetzen zu sehen war. In jener Zeit ereignete sich in Frankfurt die Hinrichtung einer armen Kindesmörderin namens Susanna Margaretha Brandt, Goethes Gretchen im »Faust«. Ab 1775 schließlich lebte Goethe

© Goethe-Haus, David Hall

Das Kind war wohl sehr sensibel: »Die alte, winkelhafte, an vielen Stellen düstere Beschaffenheit des Hauses war übrigens geeignet, Schauer und Furcht in kindlichen Gemütern zu erwecken.«

Goethe in »Dichtung und Wahrheit«.

in Weimar und erschrieb sich dort seinen Titel als »Dichterfürst«. 1782 wird er sogar offiziell geadelt. Auf seinen späteren Reisen mied er Frankfurt. Seine Mutter, die in Frankfurt blieb, besuchte er 1797, elf Jahre vor ihrem Tod, das letzte Mal. Erst die Liebe führte ihn 1815 noch einmal an dem Main: **Marianne Willemer** wurde einen Sommer lang zu seiner Muse und »Suleika«. Beim nächsten Versuch, nach Frankfurt zu reisen 1816, ließ er sich nur zwei Stunden Wegstrecke hinter Weimar durch ein gebrochenes Rad von seinem Vorhaben abbringen. Am 22. März 1832 starb J. W. von Goethe in Weimar.

Goethes philosophische Denkweise wird gern durch seine letzten Worte dokumentiert. Der Dichterfürst sagte auf seinem Sterbebett auf die kommende große Dunkelheit Bezug nehmend angeblich: »Mehr Licht!« Die Frankfurter wissen, dass er unbequem lag und sagen wollte: »Mer lischt hier ja so schlecht!«

MUSEEN & GALERIEN

2. Stock pflegte der Vater den heimkommenden Sohn nachts abzupassen. Im Gemäldekabinett hängen Frankfurter Maler, wie *Johann Ludwig Ernst Morgenstern*, *Justus Juncker* und *Johann Georg Trautmann*. Das nächste Zimmer zeigt Porzellan aus dem Besitz der Frau Rat. Es folgt, gegenüber der Treppe, das angebliche Geburtszimmer Goethes. Das letzte Zimmer im 2. Stock ist der Schwester *Cornelia* gewidmet. Wunderschön ist die große astronomische Uhr des Hofrates Hüsgen auf dem Vorplatz der Treppe. Im **3. Stockwerk** ist das Studierzimmer Johann Wolfgangs mit einem Stehpult, nebenan sind die originalen Reste eines Puppentheaters, das ein Weihnachtsgeschenk der Großmutter gewesen war und mit dem der junge Dichter früh übte.

An das Goethe-Haus schließt sich nördlich das 🅼 **Goethe-Museum** an, eine Gemäldegalerie. Neben Goethes eigenen Zeichnungen von der Italienreise, sind bekannte Maler wie *Jacob Philipp Hackert, Johann Heinrich Füssli, Johann Georg Trautmann, J.H.W. Tischbein, Caspar David Friedrich* und ***Angelika Kauffmann*** ausgestellt. Die Gemälde sind entweder zu Lebzeiten Goethes entstanden oder stellen eine Persönlichkeit aus seinem Bekanntenkreis dar. Angelika Kauffmann besuchte er auf seiner Italienreise mehrmals in ihrem Atelier und beliebten Salon in Rom. 2 – 3 Mal jährlich Sonderausstellungen.

Das **Freie Deutsche Hochstift** verwaltet das Geburtshaus sowie das Museum. Das Deutsche Hochstift, eine der größten literarischen Vereinigungen, die hauptsächlich Goethe-Forschung betreibt, entwickelte sich seit ihrer Gründung 1859 bis heute zu einem wissenschaftlichen Forschungsinstitut mit internationaler Anerkennung. Die über 125.000 Bände der Bibliothek beschäftigen sich mit Goethe und seiner Zeit (Mo – Fr 10 – 12 und 13 – 16 Uhr). Es werden Vorträge, Lesungen, Konzerte und Lieder-

☀ *»Mit Angelika ist es gar angenehm, Gemälde zu betrachten, da ihr Auge sehr gebildet und ihre mechanische Kunstkenntnis so groß ist. Dabei ist sie sehr für alles Schöne, Wahre, Zarte empfindlich und unglaublich bescheiden […] sie hat ein unglaubliches und als Weib ungeheures Talent.« Goethe über* **Angelika Kauffmann,** *ihr Bildnis hängt in Raum 7 des Goethe-Museums.*

abende veranstaltet. Auch Vortragsreihen, jährlich Geburtstagsfeiern zu Ehren des »Hausherren«, Reisen für Mitglieder nach Rom etc.

M **⊘** *Goethe-Haus und -Museum, Freies Deutsches Hochstift, Großer Hirschgraben 23 – 25, 60311 City. ℗ 069/13880-0, www.goethehaus-frankfurt.de. Bahn/Bus: U1 – 5, 8, Straba 11, 12 Willy-Brandt-Platz. Zeiten: Mo – Sa 10 – 18, So, Fei 10 – 17.30 Uhr. Preise: 7 €; Schüler 1,50 €, Studenten 3 €; Gruppen ab 11 Pers 5 € pro Pers, Familienkarte 10 €. Infos: Das Goethe-Haus ist nur erschwert für Gehbehinderte zugänglich, für Rollstuhlbenutzer ganz ungeeignet, Goethe-Museum ist mit Aufzug erreichbar. Fotografieren nur mit Erlaubnis.*

Struwwelpeter-Museum

Die Ausstellung von Büchern, Bildern, Skizzen, Fotografien etc. ist dem Andenken des Frankfurter Arztes und Reformers der Psychiatrie *Heinrich Hoffmann* (1809 – 1894) gewidmet, den sicher viele nur als den Zeichner des **Struwwelpeters** kennen.

Dieses Kinderbuch gehört wohl zu den weitverbreitetsten und am häufigsten übersetzten Büchern überhaupt. Heinrich Hoffman schrieb und zeichnete die Geschichten des *Struwwelpeters,* des *Paulinchen* und anderer Figuren seinem kleinen Sohn 1844 als Weihnachtsgeschenk, da er in den Buchhandlungen kein geeignetes Bilderbuch finden konnte. Mehr aus Zufall wurde es 1845 unter dem Titel »Lustige Geschichten und drollige Bilder für Kinder von 3 – 6 Jahren« veröffentlicht. Idee und pädagogische Absicht war die abschreckende Wirkung bestimmter Handlungen durch das Vorführen eines negativen Beispiels: Auf Ungehorsam und Übermut folgt die Strafe stets auf dem Fuß. Dabei sollten die bunten Bilder aus der Sichtweise von Kindern heraus wirken. Die traurigen Geschichten vom grausigen Feuertod des Paulinchen und vom Hungertod des Sup-

© Struwwelpeter Museum

Das Original: Der Einband von Dr. Hoffmanns Schauergeschichten zeigt den Struwwelpeter

MUSEEN & GALERIEN

Der fiktive Urahn aller hyperaktiven Kinder, nach dem das ADHS-Krankheitsbild als »Zappel-Philipp-Syndrom« benannt ist, hatte ein reales Vorbild. Wie auch Paulinchen war das Vorbild des Wackelbuben ein Kind aus dem Bekanntenkreis Heinrich Hoffmanns. Aus dem Zappel-Philipp wurde später selbst ein geachteter Arzt, Paulinchen starb früh an Tuberkulose; alle drei sind auf dem Hauptfriedhof begraben.

pen-Kasper bleiben vielen allerdings als eher unpädagogische Grusel-Beispiele in Erinnerung …

Die Sammlung zeigt Originale von ausländischen Struwwelpeter-Ausgaben, Nachahmungen und Parodien. Für **Kinder** werden besondere Aktivitäten angeboten wie Mal- und Bastelstunden, Spiele in Struwwelpeter-Kostümen. Nach Absprache und mit Unkostenbeteiligung können hier auch Kindergeburtstage veranstaltet werden. Dem Museum ist außerdem ein **Verlag** angeschlossen, der Reprints, Kunsteditionen und auch Spielzeug herausgibt (im Museumsshop erhältlich).

Das 1976 von der **frankfurter werkgemeinschaft e.V.** zur Integration psychisch behinderter Menschen gegründete Museum ist in den Arbeitsstätten für psychisch behinderte Menschen eingegliedert, sodass Ausstellung, Besucher und Behinderte eine lebendige Verbindung eingehen, die in einem direkten Zusammenhang mit dem Leben und Werk des Arztes Heinrich Hoffmann steht.

Ⓜ *Struwwelpeter-Museum, Schubertstraße 20, 60325 Westend. Ⓒ 069/ 747969, www.struwwelpeter-museum.de. Bahn/Bus: U6, 7 Westend, Bus 32 Bockenheimer Warte. Rad: Radweg parallel zur Bockenheimer Landstraße. Zeiten: Di – So 10 – 17 Uhr, in den Schulferien auch Mo. Preise: 4, Führung 5 €; Kinder 7 – 13 Jahre 1 €, Führung 3 €; Schüler, Studenten 2 €, Führung 3 €. Infos: Führungen min. 2 Wochen vorher anmelden. Ferienspiele.*

Historisches Museum Frankfurt ☀

Vom ↗ Stadtrundgang rund um Dom & Römer weiß man nun schon, dass das Historische Museum sich derzeit erneuert. Bereits jetzt zu sehen sind 5 Dauerausstellungen zur Geschichte der Stadt im spätmittelalterlichen Rententurm, in Bernus- und Burnitzbau sowie in den Ausgrabungen des staufischen Königshofs.

Dort, im Keller der Pfalz am Mainufer, sehen Sie die wenigen Funde aus dem 12. und 13. Jahrhundert, die man hier sichern konnte: Münzen, Tongefäße, Säulenfragmente.

© Historisches Museum

Der **Saalhof** ist das älteste aufrecht stehende Gebäude Frankfurts und bildete einst den Mittelpunkt des höfischen Lebens. Auch wenn die Könige zu jenen Zeiten noch herumzureisen pflegten, um ihr Reich zu regieren, nutzten sie doch in einigen Städten eigene Gebäude, wo sie wohnen und in einer Kapelle beten konnten und wo ständige Kanzleien den Schriftkram erledigten. Die Frankfurter Pfalz ist auch deshalb interessant, weil es die Staufer waren, die 1152 Frankfurt zum Wahlort der Könige bestimmten. Im Mittelpunkt der Ausstellung steht der Saalhof selbst, die Lage des staufischen Wohnturms hat man durch alle Etagen hindurch durch transparente Einbauten markiert. Nur der Keller ist noch erhalten. Dort also wandelt man auf einem Steg über und durch jene Zeit, ein aufklappbares Modell des Saalhofs verdeutlicht, wie er damals aussah. Reste der alten Stadtmauer, ein Brunnen und Wasserleitungen aus Holz und Stein und ein Kanal, der das Abwasser in den Main leitete, verweisen auf die Nähe zum Fluss. Im Obergeschoss des Saalhofs und im ↗ *Burnitzbau* werden die Schätze aus 12 Sammlungen der Frankfurter Bürger in wechselnden Konstellationen gezeigt. Hier beweist sich, wie stark die Tradition des Stiftens und Schenkens in Frankfurt verankert ist. Bücher, Gemälde, Möbel, Waffen, Münzen, Musik-

Nach der Sanierung: Die Saalhofkapelle von außen mit dem Pfalzturm am Burnitzbau des Historischen Museums

MUSEEN & GALERIEN

✳ *Andernorts ist die Geschichte des Sammelns weitgehend von Fürstenhöfen geprägt. In Frankfurt stammen die ältesten erhaltenen Sammlungen von Bürgerinnen und Bürgern. Im ➚ Kindermuseum führt die Spur des Sammelns bis Herbst 2014 weiter.*

oder wissenschaftliche Instrumente und Globen ab dem 16. Jahrhundert zeigen, wie man einst die Welt sah oder wofür man sich interessierte. Für die kleinteiligen Dinge hatte man extra Kabinettschränke, in denen die Sammlungen aufbewahrt und gezeigt wurden. Miniaturen hängte man dicht an dicht nebeneinander, über 200 solcher kleinen Bilder vermachte allein der Kaffeehändler *Johann Georg Christian Daems* 1845 der Stadt. Noch mehr, 800 goldgerahmte Bilder, besaß der Konditormeister *Johannes Valentin Prehn* (1749 – 1821). Die Rahmen seiner Bilder stellte er selbst her: Mit einer klebrigen, aus Bockshorn hergestellten Masse, die er für seine Konfekt-Kreationen verwendete, wurde das Gold aufgetragen. Den Bankierssohn *Eduard Rüppell* (1794 – 1884) nennt man den »Humboldt von Frankfurt«, weil er ähnlich wie sein großes Vorbild von all seinen Fernreisen (überwiegend Afrika) Objekte und Kunstgegenstände mitbrachte.

Auch wer keinen längeren Museums-Aufenthalt geplant hat, sollte sich unbedingt die **Stadtmodelle** Frankfurts ansehen. Sie befinden sich zurzeit im 1. Obergeschoss des ➚ *Bernusbaus,* wo auch die *Bibliothek der Alten* verwahrt wird, eine fortlaufende Sammlung von Lebensgeschichten innerhalb der großen Geschichte über 200 Jahre hinweg bis zum Jahr 2105. Doch zurück zu den Modellen: Ein Modell zeigt Frankfurt zur Zeit des Mittelalters – mit einer verwinkelten Altstadt, in der die Häuser dicht an dicht standen und deswegen besonders feuergefährdet waren – ein zweites die Situation nach der Bombardierung durch die Alliierten 1943 und 1944. Wenn man das Ausmaß der Zerstörung so vor Augen geführt bekommen hat, lässt sich die städtebauliche Entwicklung in Frankfurt besser nachvollziehen: Aus den Trümmern musste praktisch eine völlig neue Stadt entstehen.

© Historisches Museum

Im erstmals begehbaren ⬈ **Rententurm** wird vor allem die Geschichte des in die Stadtmauer integrierten Zollturms festgehalten. Zu sehen ist beispielsweise die Geldtruhe, in der die Abgaben der Handelsschiffe für das Aus- und Umladen der Waren im Frankfurter Hafen erhoben wurden.

🅜 *Historisches Museum Frankfurt, Fahrtor 2 (Römerberg), 60311 Hist. Zentrum. ✆ 069/212-35599, www.historisches-museum.frankfurt.de. Bahn/Bus: U4, 5 Dom/Römer, Straba 11, 12, 14 Römer/Paulskirche. Auto: Parkhaus Alt-Sachsenhausen, Hauptwache. Zeiten: Di – So 10 – 18, Mi 10 – 21 Uhr. Preise: 6 €; unter 6 Jahre frei; Schüler, Studenten, Azubis, Menschen mit Behinderung ab 50 %, Pass und -Card, Gruppen ab 15 Pers je 3 €, Familienticket (2 Erw und 4 Kinder) 13 €. Infos: Grafische Sammlung ✆ 212-35599. Münzkabinett ✆ 212-33595. Präsenzbibliothek zur Stadtgeschichte ✆ 212-36181, Di – Fr 10 – 12 Uhr.*

Ikonen-Museum

Das Ikonen-Museum, das seit 1990 das Museumsufer im Osten abschließt, befindet sich im ehemaligen Refektorium des Deutschordenshauses. Für dessen Umgestaltung lud man wiederum *Oswald Mathias Ungers* ein (⬈ DAM). Er unterteilte das hohe

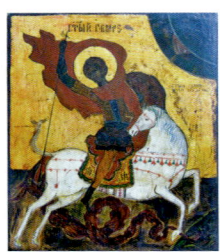

*Sv. Juri: Der Drachen-
töter Georg mit golde-
nem Heilgenschein*
© Annette Sievers, Ikone privat

Refektorium zur Hälfte mit einer Galerie, zu der eine schmale Wendeltreppe führt, und schuf so auf 2 Ebenen doppelte Ausstellungsfläche. Er verwendete wieder sein Quadrat-Prinzip, das im ruhigen Kontrast zur Barockarchitektur des Ordenshauses steht, und nahm mit den roten Fußbodenfliesen dessen typische Sandsteinfarbe auf – eine »bauliche Synthese zwischen Alt und Neu« (Ungers).

Das Museum geht auf eine Stiftung *Dr. Jörgen Schmidt-Voigts* zurück, einem Herzspezialist aus Königstein. Er infizierte sich 1964 auf einer seiner Reisen durch Russland angesichts einer heilenden Mutter Gottes mit dem Ikonen-Virus. Seither ließ er sich von seinen russischen Patienten lieber mit Ikonen als mit Rubeln bezahlen. 1988 schenkte er 800 seiner Schätze der Stadt. Seine beachtliche und kostbare Sammlung wurde inzwischen um gut 200 Ikonen ergänzt, darunter 82 bedeutende Dauerleihgaben aus der Sammlung Staatlicher Museen Preußischer Kulturbesitz Berlin. Die im Wechsel ausgestellten Holzikonen stammen aus dem 17. bis 19. Jahrhundert und zeigen überwiegend Christus- und Muttergottes-Darstellungen, jene aus der Schmidt-Voigt-Sammlung zeigen oft Heilungs- oder medizinische Darstellungen. Ergänzend werden Reiseikonen, Metallplastiken, Kreuze und koptische Textilien ausgestellt oder Sonderausstellungen veranstaltet. Das Ikonen-Museum, das durch einen Kulturvertrag zwischen den Städten Frankfurt und Moskau mit Russland verbunden bleibt, ist zu einer beliebten Anlaufstelle russischer Emigranten geworden.

➜ Quasi um die Ecke steht der ↗ Kuhhirtenturm am Beginn von Alt-Sachsenhausen. Essen können Sie z.B. dort im ↗ Lorsbacher Thal.

Ⓜ *Ikonen-Museum, Brückenstraße 3 – 7, 60594 Sachsenhausen. ℂ 069/212-36262, 212-38530, www.ikonenmuseumfrankfurt.de. Bahn/Bus: Bus 30, 36, 46 Schulstraße. Zeiten: Di, Do – So 10 – 17, Mi 10 – 20 Uhr, die Kirche ist nur zu den Gottesdienstzeiten offen. Preise: 4 €, Sonderausstellung 6 €; ermäßigt 2 €; letzter Sa im Monat Eintritt frei; Ikonen-*

Jüdisches Museum im Rothschildpalais ☀

Am 9. November 1988, 50 Jahre nach dem Pogrom, wurde das Jüdische Museum im *Rothschildpalais* eröffnet. 100 Jahre zuvor hatte *Hanna Loise von Rothschild* zum Gedenken an ihren Vater die »Freiherrlich Carl von Rothschildsche Öffentliche Bibliothek« gegründet und 1892 in den gleichen Häusern eingerichtet.

☀ *Ergänzend empfiehlt sich unbedingt der Besuch des* **Museums Judengasse,** *das im Eintrittspreis enthalten ist.*

Schon seit 1897 wurden jüdische Kultgegenstände und Kulturdokumente in Frankfurt gesammelt und von 1922 bis 1938 im ehemaligen Rothschildschen Geschäftshaus in der Fahrgasse 146 ausgestellt. Die beiden klassizistischen Gebäude am Untermainkai, in denen sich heute das Museum befindet, wurden von dem Stadtbaumeister *Johann Friedrich Christian Heß* Anfang des 19. Jahrhunderts entworfen.

Die **Ausstellung** versucht, den Besuchern die Geschichte der Juden unter besonderer Berücksichtigung der Frankfurter Gemeinde näher zu bringen. Der ganze **2. Stock** widmet sich der Darstellung jüdischer Feste und jüdischen Lebens. Sie beginnt mit einer Sammlung von Handschriften, weil Text die Grundlage der jüdischen Kultur bildet. Die heilige Schrift des Judentums, die Thora, ist ohne Bilder, doch andere Texte sind reich illustriert, wobei Menschengesichter nicht dargestellt

Erhält bald einen Erweiterungsbau im Garten: Das Jüdische Museum

© Annette Sievers

MUSEEN & GALERIEN

Hübsch: Das historische Treppenhaus im Rothschild Palais

© Jüdisches Museum

oder durch Tierköpfe ersetzt werden. Ein Raum erklärt die Funktion und Einrichtung einer Synagoge, an anderer Stelle zeigen Gipsfiguren alte Kostüme.

Im ersten Teil der Dauerausstellung im **1. Stock** steht die Entwicklung der Frankfurter Juden von den ersten Ansiedlungen bis zum Ende der Judengasse (1100 – 1800). Das große Modell der Judengasse ist leider nicht mehr begehbar, zeigt aber eindrucksvoll deren Enge. Daneben werden die Erfolge und Rückschläge der jüdischen Emanzipation im 19. Jahrhundert thematisiert, die Teilnahme am gesellschaftlichen Leben zu Beginn des 20. Jahrhunderts und der nationalsozialistische Massenmord. Ein Käfig verweist darauf, wie isoliert die Menschen der Situation ausgeliefert waren. Eine Tafel gedenkt namentlich den Frankfurter Juden. Der letzte Teil behandelt den Neubeginn jüdischen Lebens nach 1945 in den Lagern für jüdische Überlebende ebenso wie in der Stadt Frankfurt.

Im **Erdgeschoss** des Rotschildschen Palais ergänzen **Wechselausstellungen** die Thematik, so z.B. eine biografische Schau über *Ignatz Bubis;* nach dem Präsidenten des Zentralrats der Juden in Deutschland von 1992 bis 1999 ist eine Mainbrücke benannt.

Bis 2017 soll die Ausstellungsfläche auf die doppelte Größe erweitert werden. Der dreigeschossige Kubus aus Sichtbeton des Berliner *Architekturbüros Staab* wird im Garten hinter dem Altbau und schräg zu diesem liegen, in dem so entstehenden Hof befindet sich der neue Eingang. Neubau, Sanierung und Neukonzeption der alten Bereiche werden mindestens 50 Mio Euro teuer. Für das erste jüdische Museum Deutschlands und die schwere Last Frankfurts sicher nicht zu viel.

ⓜ *Jüdisches Museum, Raphael Gross, Untermainkai 14/15, 60311 City. ℂ 069/212-35000, www.juedischesmuseum.de. Lage: Am Mainufer beim Nizza. Bahn/Bus: U1 – 5, 8, Straba 11, 12 bis Willy-Brandt-Platz. Zeiten: Di – So 10 – 17, Mi bis 20 Uhr. Preise: 6 € mit Museum Judengasse und Audioguide; Schüler, Studenten, Behinderte, Gruppen ab 15 Pers 3 €; kostenlose Führungen Mi 18, So 14 Uhr; Tipp: Freier Eintritt am letzten Sa im Monat. Infos: Anmeldung von Führungen ℂ 212-74237, backhaus@juedischesmuseum.de. Rollstuhl geeignet: ja.*

🅑 **Buchcafé im Jüdischen Museum,** Untermainkai 14/15, City. ℂ 069/234921. Di – So 10 – 18, Mi 10 – 21 Uhr. Buchhandlung spezialisiert auf Judaica. Kleine, vegetarische Gerichte und ausgewählte Getränke.

Kindermuseum des Historischen Museums

Hier können Kinder aktiv werden und in den wechselnden Ausstellungen z.B. Spielzeug vergangener Epochen kennen lernen und selbst herstellen, Insekten tief in die Facettenaugen blicken und fantasievolle Krabbeltiere basteln oder ihrer Sammelleidenschaft nachgehen. So vermitteln sich Geschichte und Wissenschaft wie von selbst. Das erste Kindermuseum der damaligen Bundesrepublik bietet unter pädagogischer Leitung Kinderkurse, Tageswerkstätten und Ferienspiele.

✴ *Der 100 Jahre alte Kolonialwarenladen öffnet jeden So seine Tür für Kinder ab 6 Jahren (mit Begleitung). Dabei dürfen Kinder in alte Kostüme schlüpfen.*

ⓜ *kinder museum frankfurt, An der Hauptwache 15 (Zwischenebene), 60313 City. ℂ 069/212-35154, www.kindermuseum.frankfurt.de. Bahn/Bus: U 1 – 3, 6 – 8, S1 – 6, 8, 9 Hauptwache. Zeiten: Di – So 10 – 18, in allen hessischen Ferien auch Mo 10 – 18 Uhr. Kolonialwarenladen und Werkstätten So 15 – 17 Uhr. Preise: 4 €; Kinder 6 – 18 Jahre 2 €; Familien 9 €. Infos: Alle Angebote im jährlich erscheinenden Programm, als Heft oder im Internet.*

📖 Weitere für Kinder geeignete Museen und museumspädagogische Angebote in *Frankfurt Rhein-Main mit Kindern* von pmv, ISBN 978-3-89859-434-9, 16 €.

MUSEEN & GALERIEN

Kriminalmuseum

Wer schon jetzt die alten grünen Polizeiuniformen vermisst oder mal die andere Seite der Startbahn-West Auseinandersetzungen nachlesen will, der sollte das KMF in der Festung des Polizeipräsidiums besuchen. Das ist sozusagen die Sonderkommission Kriminalmuseum. Als Sammlung schon seit 1945 angelegt und zu Schulungszwecken junger Polizisten eingesetzt, können seit 2003 auch Bürger die Corpus delicti anschauen. In 30 Vitrinen sind Fälscherutensilien, Diebesschürzen, Schmuggelbehältnisse und Schießkugelschreiber zu sehen. Daneben Kuriositäten wie die im Gefängnis aus Tuben gebastelten »Marmeladepistolen«. Anziehungspunkte sind aber vor allem die Exponate so bekannter Fälle wie der des »Mädchens Rosemarie«, der seinerzeit Aufsehen erregenden Ermordung der Frankfurter Prostituierten *Rosemarie Nitribitt* 1957 (↗ Wirtschaftswunder und Kriminalität), oder der Fall des »Hammermörders«, eines Mannes, der 1990 sechs Obdachlose erschlug.

🅼 **Polizeipräsidium Frankfurt am Main,** Adickesallee 70, 60322 City. ℗ 069/755-82008, 755-82007, *www.kmffm.de, www.polizei.hessen.de.* **Bahn/Bus:** U1 – 3, 8 Polizeipräsidium Miquel-/Adickesallee. **Zeiten:** Mo – Fr können Führungen für Gruppen bis 25 Pers vereinbart werden. **Preise:** Eintritt frei. **Infos:** Besuch für Kinder unter 14 Jahre nicht geeignet. Teilnahme an der Nacht der Museen. Rollstuhl geeignet: Rollstuhlfahrer vorher anmelden.

✴ *Frankfurt führt in der bundesweiten Kriminalstatistik stets die Spitze an. Was uns Frankfurter enorm ärgert. Weil's nicht wahr ist. Differenziert hingeschaut stimmt es zwar, dass wir die meisten Rauschgiftdelikte haben (Berlin Platz 23), aber die Straßenkriminalität oder schwere Diebstahlsdelikte sind in Düsseldorf und Aachen weitaus schlimmer (Ffm Platz 15 und 16). Beim leichten Diebstahl steht Ffm auf Platz 3. Platz 1 gebührt uns beim Schwarzfahren und bei Aufenthaltsdelikten, beides keine sicherheitsrelevanten Bereiche.*

Kunsthalle Portikus

Der Portikus auf der Maininsel zeigt wechselnd aktuelle Arbeiten bekannter Künstler und neue, internationale Produktionen junger Kunstschaffender, oft in Kombination mit schrägen Konzerten oder Performances. Der Portikus ist Teil der Hochschule für bildende Künste – Städelschule. Daher pflegt er einen intensiven Austausch zwischen eingeladenen Künstlerinnen und Künstlern und den Studierenden der Hochschule.

Der Name geht auf den erhaltenen Portikus der Stadtbibliothek von 1825 zurück, wo vor einigen Jahren die Ausstellungsreihe begann. Nach der Rekonstruktion der alten Bibliothek und ihrer Umnutzung als ↗ *Literaturhaus* erhielt der Portikus mit dem neuen Gebäude an der Alten Brücke 2006 einen bleibenden Standort. Stadtarchitekt *Christoph Mäckler* entwarf ein typologisch an die mittelalterlichen Häuser Frankfurts angelehntes schlichtes Haus mit hohem Satteldach und einem klar proportionierten, hellen Ausstellungsraum.

Ⓜ **Portikus,** *Alte Brücke 2, 60594 Sachsenhausen.* ℗ *069/9624454-0, www.portikus.de. Maininsel.* **Bahn/Bus:** *Bus 30, 36 Schulstraße.* **Zeiten:** *Di – So 11 – 18, Mi 11 – 20 Uhr.* **Preise:** *Eintritt frei.*

※ *Die **Alte Brücke,** über Jahrhunderte Verbindungsweg des Warenverkehrs zwischen Norditalien und den Hansestädten, besaß etliche Bauten, wie z.B. ein Gefängnis, eine Kapelle, Mühlen und Türme.*

Liebieghaus, Museum Alter Plastiken ※

Baron Heinrich von Liebieg, ein böhmischer Textilfabrikant, vermachte 1907 sein Haus der Stadt unter der Bedingung, dort für immer ein Museum zu unterhalten. Der Charakter einer Privatvilla haftet dem Museum, das wie ein Märchenschlösschen aus einem alten Park auftaucht, auch heute noch an. Sowohl der Galerieanbau von 1909 als auch der sich symmetrisch anschließende moderne Anbau von 1990 drängen sich nicht auf. Seit der Neuordnung des Hauses im Frühjahr 2008 paart sich das private Flair mit einer modern-ansprechenden Präsentation, die farbige Wände, Podeste und Licht zu einem effektvollen Konzept vereint.

Das Liebieghaus, das dem ↗ *Städel* angeschlossen ist und unter der selben Leitung steht, zeigt aus einer 5000 Stücke umfassenden Sammlung ägyptische, griechische und römische **Skulpturen** aus der

※ ***Plastik** kommt aus dem Griechischen und ist der Sammelbegriff für »geformte Figuren«. Da gibt es solche, die aus einer weichen Masse wie Ton aufgebaut werden und im engeren Sinn eine Plastik bezeichnen, sowie solche Figuren, die aus einem Material herausgeschnitzt sind. Das sind **Skulpturen,** von dem lateinischen Wort für Schnitzen.*

*Märchenvilla: Das Lie-
bieghaus am Mainufer*
© Annette Sievers

Antike; Statuetten, Schnitzfiguren und Bildnisse des Mittelalters, der Renaissance, des Barock und Klassizismus sowie Werke aus Ostasien des 5. bis 18. Jahrhunderts. Besonders hervorzuheben sind die römischen Kopien griechisch-klassischer Skulpturen, darunter die berühmte **Frankfurter Athena,** eine römische Kopie der Bronzegruppe »Athena und Marsyas« (um 450 v.Chr.) aus dem 1. Jahrhundert n.Chr. Den Rückgriff der Renaissance auf diese antiken Vorbilder verdeutlicht der kleine bronzene **Apoll vom Belvedere** im ehemaligen Kunstkabinett des alten Hausherrns von *Pier Jacopo Alari-Bonacolsi, gen. Antico* (1460 – 1528). Das große Original steht seit dem 16. Jahrhundert im Belvedere-Hof des Vatikans in Rom.

Die Epochen des Barocks und Rokokos durchschreitet man am ausladenden Majolikaaltar des berühmten *Andrea della Robbia* vorbei und gelangt zu den kleinfigurigen Entwurfsplastiken, **Bozzetti** genannt, im ersten Obergeschoss der Villa. An den vielen (klein)figürlichen Sammlerstücken aus Holz, Bronze und Elfenbein ist die fürstliche und späterhin auch die großbürgerliche Sammlerleidenschaft und deren Großzügigkeit abzulesen. Denn diese Stücke wurden dem Museum zu seiner Eröffnung von Bürgern gestiftet.

Der Wissensdurst des 19. Jahrhunderts und sein traditionsbewusster Lebensstil ist im neu eröffneten Dachgeschoss der Villa, dem **Studioli**, rekonstruiert. Über eine gewundene Stiege gelangt man in

*Goldig: Der kleine Apoll
vom Belvedere*
© Annette Sievers

eine geheimnisvolle, abgeschlossene Welt, an deren Schreibtischen die aufgeschlagenen Bücher zum Forschen einladen und man auf der ledernen Sitzbank im Erkerzimmer Wurzeln schlagen möchte. Dort sieht man den Abguss von *Ariadne auf dem Panther* in der Größe eines Briefbeschwerers stehen. Er erinnert daran, welchen Kult die 157 cm hohe Originalstatue aus Carrara-Marmor einst verursachte. Noch heute fasziniert die freizügige Erotik der griechischen Prinzessin, die der Bildhauer *Johann Heinrich Dannecker* 1814 in Marmor schuf und die in der Antikensammlung ausgestellt ist.

Der Frankfurter Bankier *Simon Moritz von* ↗ Bethmann hatte 4 Jahre zuvor **Ariadne auf dem Panther** erworben, obwohl von ihr bis dahin nur ein Tonmodell existierte. Doch schon über dieses hieß es in einem Artikel, die Schönheit und Formvollendetheit der rundum nackten Dame sei »zur Wollust einladend«!

Sie reitet durch Nacht und Wind: Ariadne auf dem Panther (Kopie im Liebieg-Garten)

© Annette Sievers

Der kühne Entwurf des herzoglichen Hofbildhauers, in dessen Stuttgarter Salon *Goethe* und *Schiller* ein- und ausgingen, verkörperte so sehr die Ideale des Klassizismus, dass bald ein reger Handel mit Miniaturabgüssen und Postkarten von der die Bestie zähmenden Königstochter einsetzte. Nach Danneckers Vorstellungen sollte die Statue in einem eigenen Rundtempel stehen. Doch Bethmann hatte bereits mit einem rechteckigen Museumsbau an der Seilerstraße begonnen – dem ersten deutschen Museum, später das *Café Milani* und heute die *Discothek Odeon* – wo die Ariadne das »gesamte reiselustige Europa« anzog. 1856 holte Bethmann seine Ariad-

**Café im Liebieg-
haus,** ℅ 069/
635814. www.cafe-im-lie-
bieghaus.de. Di – Fr 11 –
20, Sa 11 – 18.30, So
10 – 20. Ein romanti-
sches Plätzchen, gerade
richtig für zarte Liebes-
bändel. Zwei Gewölbe
und die Gartenterrasse,
selbst gebackener (Voll-
wert)-Kuchen, Salate und
Suppen sowie So 10 –
14 Uhr Frühstücksbuffett.
Außerdem im Sommer
Gartenkonzerte mit Latin,
Jazz, Klassik,
Singer/Songwriter.

Museum Giersch,
Schaumainkai 83,
60596 Sachsenhausen.
℅ 069/63304-128,
www.museum-giersch.de.
Di – Do 12 – 19, Fr – So,
Fei 10 – 18 Uhr; So 15
und 1 x im Monat Mi
17.30 Uhr öffentliche
Führung. Erw 5 €, ermä-
ßigt 3 €. Das letzte Haus
in der Reihe des Muse-
umsufers zeigt regionale
Kunst, überwiegend Ge-
mälde. Es residiert in der
neoklassizistischen Villa
Holzmann von 1910.

ne zu sich nach Haus ins eigens dafür gebaute »Ariadneum«. 1941 kam sie in den Besitz der Stadt,
1943 wurde sie so stark zerstört, dass eine Restaurierung mit neuen technischen Methoden erst
1978 möglich war. Im **Skulpturengarten** des Lie-
bieghauses reitet übrigens eine zweite, bronzene
Ariadne. Auch von der Frankfurter Athena gibt es einen Bronzeabguss im Garten, in der rekonstruierten
Fassung mit Marsyas an ihrer Seite, der gerade die
von ihr hingeworfene Flöte findet. Anlässlich der
hochkarätigen, pointiert dargebrachten Ausstellung
»Launen des Olymp« (2008) hörte man aus dem Ge-
büsch Originaltöne jenes seltsamen Instruments,
das für Marsyas schicksalhaft den Tod bedeutete
und für den heutigen Besucher Hinweis auf das neue,
Zusammenhänge aufzeigende Museumskonzept ist.
So scheut man sich nicht, Popkünstler wie *Jeff Koons*
auszustellen (2012) und diesem afrikanische Skulpturen folgen zu lassen (2014).

Skulpturensammlung, *Schaumainkai 71 (Museumsufer), 60596 Sachsenhausen. ℅ 069/650049-0,
www.liebieghaus.de. **Bahn/Bus:** Bus 46, Straba 15,
16, 19 Otto-Hahn-Platz, alle S, U4, 5 Hbf via Holbeinsteg. **Zeiten:** Di, Mi, Fr – So 10 – 18, Do 10 – 21
Uhr; Studioli (Wohnturm) So und Fei zugänglich,
öffentliche Führungen Do 19, So 11 Uhr. **Preise:** 7 €;
Kinder bis 12 Jahre frei, 12 – 18 Jahre 5 €; Familien
(2 Erw, 1 Kind) 12 €. **Infos:** Nach Vereinbarung
Führungen für Gruppen sowie spezielle Führungen
für Schulklassen mit anschließender praktischer
Tätigkeit, ℅ 650049-110. Quartalsprogramm für
Kinder und Erw als Broschüre im Haus erhältlich
bzw. ↗ Internet.*

Museum Angewandte Kunst MAK ☀

Das Museum, 1877 von Frankfurter Bürgern als »Vor-
bildersammlung« und Zeichenschule gegründet, bewahrt über 30.000 Objekte aus verschiedenen Epochen und Weltreligionen wie Möbel, Teppiche, Gra-

phiken und Bücher, Schmuck, Gegenstände rund um Tisch- und Tafelkultur sowie Gebrauchsdesigne.

1966 zog das Museum in die 1803 erbaute klassizistische **Villa Metzler** ein. Diese lag ursprünglich vor der Stadtgrenze Alt-Sachsenhausens und diente dem kinderreichen

Apotheker Salzwedel als Landhaus. Sobald die Wallanlagen abgerissen wurden, erweiterte er sein Grundstück durch Zukäufe und ließ einen Park mit einem Hügel anlegen. Von dort konnte man den »Main schauen«. 1851 erwarb der Bankier *Georg Friedrich Metzler* die Villa von den Erben Salzwedels, ließ im Park das hübsche *Schweizerhaus* errichten, um darin Konzerte zu geben, und die Villa so umgestalten, wie man sie heute noch ungefähr vorfindet. *Emma Metzler,* nach der heute das ✕ **Restaurant** benannt ist, war die Schwägerin des Bankiers. Den Zweiten Weltkrieg überstand die Villa unbeschadet, durch Bürgerproteste konnte ihr Abriss in den 50er-Jahren, das des Schweizerhauses jüngst gerade noch verhindert werden. Die Villa Metzler, in der einst Könige und Gelehrte ein und aus gingen, ist heute die letzte von drei klassizistischen Landhäusern am Schaumainkai.

Von Anfang an war die Villa für die umfangreiche Sammlung des »Museums für Kunsthandwerk« zu klein. 1982 wurde ihr ein **Neubau** zur Seite gestellt, mit dem sie durch eine Glasbrücke verbunden ist. Der New Yorker Architekt *Richard Meier* nahm die quadratischen Grund- und Aufrisslinien der denk-

✕ **Emma Metzler,** Schaumainkai 17, Sachsenhausen. ✆ 069/61995906. www.emma-metzler.com. Di – Sa 12 – 24, So 12 – 18 Uhr. Mit dem Chef de Cuisine, *Burkhard Lindlar,* ist ambitioniert-internationale Küche mit französischen Wurzeln und regionalen Zutaten eingezogen. Umfangreiche Weinauswahl. Gehobene Preise. Sehr freundlich.

☀ *Richard Meier selbst zum Aufbau im Inneren: »Jede Raumsituation ist einmalig: Die Objekte und ihre Anordnung schaffen ihre eigene Umgebung, deren Charakter mit Maßstab, Form und Material wechselt, ohne jedoch die organische Klarheit des Ganzen zu stören. Die Architektur nimmt Rücksicht auf die Kunstobjekte, indem sie den Rahmen für deren optimale Wirkung schafft.«*

malgeschützten Villa auf und brachte sie in eine neue Ordnung. Dabei bildet die Villa einen der vier quadratischen Eckpunkte, die in die Grundstücksecken zeigen. Auf dieses große Quadrat setzte Meier ein zweites, zum ersten in einem Winkel von 3,5 Grad gedreht. Dieses zweite »Koordinatensystem« orientiert sich am Verlauf des Flusses.

Villa und das großzügig angelegte Meisterstück Richard Meiers wurde jüngst aufwändig restauriert und 2013 mit einem neuen, **radikalen Ausstellungskonzept** wiedereröffnet.

Der Leiter des Hauses, *Matthias Wagner K,* und seine Kuratoren sehen das Museum als »Möglichkeitsraum«, in dem wechselnd Inszenierungen aus eigenen Beständen und Leihgaben in »Raummodulen« präsentiert werden. Diese Raummodule sind bewegliche Wände und Winkel, in ihren Maßen an jene Richard Meiers angepasst, die die übliche Vitrinen-Darbietung ablösen. Stattdessen machen Ausstellungen im steten Wechsel aus 12 Themenbereichen immer wieder Lust, sich mit Design, Mode und Kunst auseinanderzusetzen. Eins dieser Themen heißt beispielsweise »Das Frankfurter Zimmer« und zeigt Design aus dem Rhein-Main-Gebiet zwischen 1925 und 1985, wozu durchaus auch die Industriebauten wie die Großmarkthalle von *Martin Elsässer* zu zählen sind. Im Dienst der Neuen Sachlichkeit standen auch die Typographen und Schriftgießereien Frankfurts und Offenbachs sowie die berühmte ⌁ Frankfurter Küche der Architektin *Margarete Lihotzkys.* Diese Installation wird wegen des starken Heimatinteresses über einen längeren Zeitraum zu sehen sein.

In der **Historischen Villa Metzler** wird in 9 Epocheräumen Wohnkultur vom Barock bis zum Jugendstil erlebbar. Auf ausgewähltem Mobiliar sind Porzellan und Accessoires arrangiert, die originalgetreue Wandbespannung, Teppiche, Bilder und historische Fotos vermitteln den Einrichtungsgeschmack von Adel und Großbürgertum.

Im 2. OG des Meier-Baus gibt es nun auch ein offenes, klares **Bistro** mit Blick auf den Metzlerpark. Frühstück, Selbstgebackenes, Salate, Sandwiches und Mittagsgerichte vom früheren Yachtklub-Koch *Claudio Massari* gibt es nur zu den regulären Öffnungszeiten des Museums.

Wer Geschmack gefunden hat an all den schönen Nützlich- und Überflüssigkeiten wird sicher im neuen **Museumsshop** unter den sorgsam ausgewählten Alltagsdingen fündig, die auf die jeweiligen Ausstellungen thematisch eingehen.

M *MAK, Schaumainkai 17 (Museumsufer), 60594 Sachsenhausen. ✆ 069/212-34037, 212-38522 (Anmeldung u. Beratung), www.museumangewandtekunst.de. Bahn/Bus: U1 – 3, 8 Schweizer Platz, Bus 46 Eiserner Steg, Straba 15, 16 Schweizer Straße/ Gartenstraße. Auto: Kostenpflichtiger Besucherparkplatz hinter dem Museum (Zufahrt über die Metzlerstraße), 1 € pro Std, 24 Std geöffnet. Zeiten: Di, Do – So 10 – 18, Mi 10 – 20 Uhr. Preise: 9 €; Kinder 6 – 18 Jahre 4,50 €. Infos: Führungen und Aktionen für Schulklassen, Kitas und freie Gruppen nach Anmeldung, breite Ferienprogramme. Anmeldungen für Führungen, Workshops, Kommunikation und Lernen unter ✆ 212-38530 oder knowhow.angewandte-kunst@stadt-frankfurt.de.*

Museum für Kommunikation

Das Museum existiert seit 1956 als Deutsches Bundespostmuseum, wurde aber erst 1990 durch den spektakulären und preisgekrönten Neubau des Stuttgarter Architekten *Günter Behnisch* deutschlandweit bekannt. Behnisch versenkte neben der unberührt separat stehenden alten Museums-Villa und im rechten Winkel zum Main ein Glas-Schiff im Rasen und verband es unterirdisch mit der Villa. Materialien

M **Bibelhaus am Museumsufer,** Metzler Straße 19, 60594 Sachsenhausen. ✆ 069/ 66426525, www.bibelhaus-frankfurt.de. Di – Sa 10 – 17, So, Fei 14 – 18 Uhr. Erw 5 €; Kinder ab 3 Jahre 4 €; Familien 11 €. Letzter Sa im Monat Eintritt frei, mit Führung. So 16 Uhr öffentliche Führung, 45 Min, kostenlos; Gruppenführung nach Voranmeldung 2 Std 55 €. Hinterm MAK gelegen, geht es im Bibelhaus um 2000 Jahre Geschichte. Pilger, Animationen zum Tempelkult oder Bibelgestalten führen an das Thema heran.

Am Eingang begrüßt Pre-bell-man, ein medial verkabeltes, leuchtendes Reiterstandbild des Koreaners Nam June Paik (1932 – 2006) die Besucher. Mit alten Radios und gereckten Antennen reitet er wie weiland Don Quichotte gegen die Sprachlosigkeit an.

Stammt aus der Zeit, bevor Graham Bell das Telefon erfand: Don Quichotte (Wir Frankfurter gehen davon aus, dass »unser« Philipp Reis der Erfinder ist)

© Annette Sievers

wie Glas, Holz und Aluminium stehen im Wechselspiel zum High-Tech-Stil des Baus und dem Grün des Gartengeländes. Im Altbau sind heute Verwaltung und Bibliothek des Museums untergebracht, während die Hauptausstellungsfläche unter dem Glassegel im Untergeschoss liegt. Die Transparenz des Baus, die den Blickkontakt in alle Ebenen erlaubt, versinnbildlicht so das Thema Kommunikation.

Von der Buschtrommel zum PC: Im Lichthof erzählen 7 Themendreiecke wie Menschen im Laufe der Geschichte Kommunikationsmedien entwickelten und mit ihnen umgingen. Wechselausstellungen beleuchten spezielle Themen wie Werbung oder der Offene Brief, geben aber auch Gastausstellungen und moderner Kunst Raum. Gemälde Alter Meister, Skulpturen, Medieninstallationen und Videokunst gehören ohnehin zum ständigen Repertoire des Hauses: Das berühmte »Hummertelefon« von *Salvador Dali,* die klingelnden Wollkabel-Schafe der Klanginstallation »TribuT« von *Jean Luc Cornec* oder das surrealistische Gemälde *Max Ernsts* »Ideal postcard« spiegeln dabei das Spannungsverhältnis zwischen Kunst und Kommunikation wider.

Besonders spannende Angebote hält das Museum für Kinder bereit. In der **Kinderwerkstatt** im Obergeschoss des Museums darf viel ausprobiert, gebastelt, gemalt, Post gespielt und natürlich telefoniert werden – sogar chatten innerhalb des Hauses ist möglich!

*Jahre 1,50 €, Führung für Schulklasse pro 15 Pers wochentags 25 €, Wochenende 40 €, Kinderpostamt pro 15 Pers 40 €; Kommunikator-Karte 24 €: für 1 Jahr freier Eintritt, Einladungen zu Ausstellungseröffnungen, Abonnement des Magazins für Post- und Telekommunikationsgeschichte, 20 % Rabatt auf Kataloge, 50 % auf ein Getränk; Kommunikator-Kids-Karte bis 15 Jahre 14 €: freier Eintritt, 10 Freikarten für Kinderwerkstatt, 20 % Rabatt auf Geburtstagsprogramm; Familien-Kombi-Karte für 2 Erw und alle Kinder 44 €. **Infos:** Einstündige Werkstatt für Kinder ab 6 Jahre, Einlass jeweils zur vollen Stunde, zusätzlich zum Eintritt 1 € pro Kind, erwachsene Begleitperson 2 €. Anmeldungen für Führungen, Schulklassen, Kinderwerkstatt, ☎ 6060310, r.wesp@mspt.de, Kindergeburtstage.*

Museum für Moderne Kunst MMK ☀ & MMK Zollamt

Auf einem dreieckigen Grundstück zwischen Braubach- und Berliner Straße wird seit 1991 Kunst aus der zweiten Hälfte des 20. Jahrhunderts gezeigt. Der Wiener Architekt *Hans Hollein* setzte auf dem schwierigen Grundriss seine Vorstellungen vom »idealen Museum«, in dem es gemäß dem Motto »es gibt keine neutrale zeitgenössische Kunst« keine neutralen Räume mehr gibt, in »Charakter-Räume« um, in denen sich die Skulptur, das Enviroment, die Bilder etc. bewegen können. So werden die Besucher über Treppen und Gänge auf »psychologische« Weise ins Innere und auf die 3 Hauptebenen geführt, wo immer wieder Durchblicke, Einblicke und Luken, Arkaden, Balkone und Brücken in neue Räume führen. Die postmoderne Architektur dient den Künstlern dabei oft als Erweiterung ihrer Installation. So fügt sich *Joseph Beuys* zum Ankaufzeitpunkt 2,55 Mio Mark schweres Werk »Blitzschlag mit Lichtschein auf Hirsch« (1958 – 85) perfekt in den eigens dafür umgebauten spitzwinkeligen Raum, während nebenan

☀ *Das **MMK Zollamt** ist ein externer Ausstellungsraum im ehemaligen Hauptzollamt gegenüber vom MMK. Hier werden seit 2007 regelmäßig jüngere und neue künstlerische Positionen präsentiert.*

Schicke Schnitte: Das Tortenstück MMK
© Annette Sievers

M Das MMK hat eine Dependace in dem von Tishman Speyer und der Commerz Real AG neu errichteten **Taunus Turm.** Ab Mitte 2014 werden dort ausgewählte Werke aus der Sammlung öffentlich präsentiert. Neben den Ausstellungsräumen im 2. OG wird es im Erdgeschoss einen MMK Buchladen und ein Café geben. Das 170 m hohe Bürohochhaus mit 40 Stockwerken an der Neuen Mainzer Straße/ Taunustor wird weitere Gastronomie erhalten.

die Installation »One Candle« von *Nam June Paik* (1988) mit der Zeit als Ereignischarakter spielt.

Der Museumsbestand stützt sich auf die Sammlung von **amerikanischer und europäischer Kunst der 60er- und 70er-Jahre** des Darmstädter Industriellen *Karl Ströher* (1977 gestorben), die 1981 vom Gründungsdirektor des MMK *Peter Iden* für rund 5 Mio Mark erworben wurde. Darunter zählen Werke von *Andy Warhol* (Marilyn), *Roy Lichtenstein* (Pinselstrich), *Claes Oldenburg* (Schlafzimmer-Ensemble) *Robert Rauschenberg, Frank Stella, Donald Judd* u.a. Die Sammlung wird nicht in ihrem ganzen Umfang gezeigt, sondern durch **Gegenwartskunst** der 80er und 90er komplettiert. Dazu gehören unter anderem Werke von *Gerhard Richter, On Kawara, Cy Twombly, Barbara Klemm, Bruce Nauman, Mario Merz, Katharina Fritsch, Hanne Darboven, Rémy Zaugg, Anna* und *Bernhard Blume, Siah Armajani, James Turrell, Reiner Ruthenbeck* sowie des Frankfurters *Peter Roehr*. Zur jüngeren Generation gehören *Julian Schnabel, Stephan Balkenhol* (eine seiner Figuren steht an der Außenfassade stramm), *Francesco Clemente, Günther Förg, Bill Viola, Reinhard Mucha, Katharina Fritsch, Jochem Hendricks, Axel Kasseböhmer, Rosemarie Trockel, Douglas Gordon* und *Thomas Ruff* sowie Werkgruppen von *Albert Oehlen, Herbert Hamak, Andreas Slominski, Cecilia Edefalk, Miriam Cahn, Urs Breitenstein* und anderen mehr. Gleichberechtigt neben allen Objekten und Bildwerken wird der **Fotografie** breiter Raum geschenkt. Allein diese Sammlung des MMK umfasst 2500 Fotografien von 81 Künstlern, wiederum nach Werkgruppen gesammelt.

2006 kam die *Sammlung Rolf Ricke* hinzu, ein Ankauf, den man sich mit den Kunstmuseen Liechtenstein und St. Gallen teilte. Der Kölner Galerist hatte vor allem Werke des amerikanischen **Post-Minimalismus** und der **Konzeptkunst** gesammelt, darunter »Altmeister« wie *Richard Serra, Keith Sonnier, Gary Kuehn* und *Lee Lozano,* aber auch jüngere Künstler wie *Steven Parrino, Carl Ostendarp* und *Thom Merrick.*

Heute umfasst die Sammlung des MMK über 4500 Werke. Eine Fülle, die in ihrer Qualität nur durch das finanzielle Engagement von Bürgern und Förderern gehalten werden kann. Geführt wird das MMK seit 2009 von *Dr. Susanne Gaensheimer,* die ihren Kunststandpunkt – (nationale) Kunst muss vernetzt gesehen werden – auch als Kommissarin des Deutschen Pavillons auf der Kunstbiennale in Venedig verdeutlicht.

Stiller Beobachter: Der »Große Mann« von Stephan Balkenhol thront am MMK über der Berliner Straße

© Annette Sievers

M **MMK und MMK Zollamt,** *Domstraße 10, 60311 Hist. Zentrum.* © 069/212-30447, www.mmk-frankfurt.de. *Bahn/Bus: U4, 5 Dom/Römer, Straba 11, 12, 14 Römer/Paulskirche, S1 – 6, 8, 9 Konstablerwache. Auto: Parkhaus Konstabler. Zeiten: Di, Do – So 10 – 18, Mi 10 – 20, öffentliche kostenlose Führungen Di. Do, Fr, Sa 15.15, Mi 11 und 18, So 11 Uhr, Themen in der Kalenderübersicht; Führungen für Gruppen (Anm. 14 Tage im Voraus, © 212-40691), Familienführung jeden 2. und 4. So 15.15 Uhr, Kinder 6 – 10 Jahre, ferner öffentliche Führung für Kinder ab 8 Jahre, 1. Fr im Monat. Preise: 10 €, nur Zollamt 5 €; Kinder ab 6 Jahre und Ermäßigungsberechtigte 5 €; freier Eintritt am letzten Sa im Monat. Infos: Gruppen-, Familien- und Kinderführungen, kunstvermittlung.mmk@stadt-frankfurt.de. Im Sommer Führung für Erw zum Bienen-Lehrpfad auf dem Dach 1 x im Monat (5 €), für Kinder gibt es Bienen-Workshops. Das MMK ist barrierefrei.*

✖ **Club Michel City,** Domstraße 10, © 069/289007. Di, Do – Sa 12 – 19, Mi 12 – 22, So Fei 10 – 18 Uhr. Nettes Pop-up-Restaurant, das mindestens bis zur anstehenden Sanierung der Räume wirbeln darf und derweil Schmackhaftes aus regionalen Zutaten kredenzt. Da macht nicht allein die lustige Bestuhlung Laune.

Museum Weltkulturen

In wechselnden Ausstellungen zeigt das **Museum der Weltkulturen** Alltags- und Kultgegenstände aus dem umfangreichen Bestand von 67.000 überwiegend historischen Objekten aus Amerika, Afrika, Asien, Südostasien und Ozeanien sowie Europa. Ergänzt werden sie durch Gegenstände und Darstellungen aus der Gegenwartswelt und -kunst. Themenführungen und Kurzvorträge setzen sich mit Interpretationen von Abstammung, Geschlecht und Alter auseinander oder versuchen Machtverhältnisse, Integration und Identität zu beleuchten. »Fremd gehen – anders sehen« lautet das provokante Museumsmotto, das uns Augen und Sinne für das Andersartige öffnen will. Beteiligt daran ist das **Interkulturelle Atelier IKAT,** die museumspädagogische Abteilung, die sich an Kinder und Erwachsene gleichermaßen wendet.

Seit der Luminale 2004 werden die drei Villen des Weltkulturen-Museums nachts effektvoll beleuchtet.

Fremde Völker, Kulturen und Religionen und deren Andersartigkeit verstehen zu lernen, scheint schon früh ein Bedürfnis der Frankfurter gewesen zu sein: Im 16. Jahrhundert wurden in Frankfurt bereits völkerkundliche Reisewerke veröffentlicht, 1786 wird erstmals eine völkerkundliche Sammlung erwähnt, 1817 die Senckenbergische Naturforschende Gesellschaft gegründet, deren Sammlung 1877 an die Stadt Frankfurt überging. Diese gründete 1904 das »Völkerkunde-Museum« als Forschungs- und Bildungseinrichtung. Heute benötigt die nach dem Krieg neu aufgebaute Sammlung dringend mehr Raum. So sind bereits die Ausstellungsvorbereitung, Vortragsräume und das Bildarchiv in einer Villa zwei Häuser weiter untergebracht. Das **Labor** dient der Forschung, der **Green Room** Gastkünstlern als Wohn- und Werkstatt (Schaumainkai 37). Doch Pläne zu einem Erweiterungsbau scheiterten seit Anfang der 90er-Jahre stets aus Kostengründen und an der Frage nach dem Standort – Bürger wehrten sich gegen eine Bebauung des umliegenden alten Parks. Doch nun soll's wahr werden: Für die großen Objekte, die noch nie gezeigt werden konnten, für Textilien, Korbwaren, Federschmuck und Artefakte, die lichtempfindlich oder zerbrechlich sind, für Sonderausstellungen, Tagungen und Filmvorführungen, Museumsshop und -Café wird es eine »Vitrine« im rückwärtigen Bereich der alten Villen geben. Das junge Architekturbüro *Kuehn Malvezzi* ist darauf gebrieft, aus dem alten Parkbestand behutsam einen Museumscampus zu formen.

🅼 *Weltkulturen Museum und Labor,* *Schaumainkai 29 – 37 (Museumsufer), 60594 Sachsenhausen. ℂ 069/212-35913, 212-45277 (Bibliothek), www.weltkulturenmuseum.de. Bahn/Bus: U1 – 3, 8 Schweizer Platz, Straba 14, 15, 16, 19, Bus 46 Schweizer/Gartenstraße. Zeiten: Di, Do – So 11 – 18, Mi 11 – 20 Uhr, Bibliothek Mo, Di 9 – 15, Do, Fr 9 – 12 Uhr und nach Vereinbarung. Preise: Museum 5 €, Labor Greenroom 3 €, Museumsuferticket 18 €; Museum 2,50 €, Labor Greenroom 2,50 €, Museumsuferticket 10 €, für Familien 28 €; Gruppen ab 20 Pers 2,50 €, Schüler 1,50 € pro Pers und Ausstellung. Infos: öffentliche, kostenlose Führungen zu verschiedenen Themen Di, Sa, So 15 Uhr. Umfangreiches Programm durch das IKAT mit Workshops, Spiele und Führungen für Schulklassen und Gruppen; Führungen und Atelierkurse auch in Spanisch, Englisch, Französisch, Griechisch und Türkisch. Rollstuhl geeignet: Für Gehbehinderte und Rollstuhlfahrer sind die Villen nicht geeignet.*

Naturmuseum Senckenberg ☀ — Naturkunde vom Dino bis zur Eventshow

Das Senckenbergmuseum ist *das* Naturmuseum der Region. Jährlich kommen über 500.000 Besucher – in der Mehrheit übrigens Kinder und Jugendliche. Der große pädagogische Stab bietet jährlich um die 4000 Führungen an!

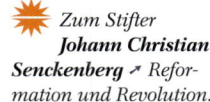

☀ *Zum Stifter* **Johann Christian Senckenberg** ↗ *Reformation und Revolution.*

Auf 3 Etagen wird eine Fülle von Ausstellungsstücken und Informationen geboten, die bei einem einzigen Besuch kaum zu bewältigen sind. Das Museum zeigt die Entwicklung und heutige Vielfalt der Lebewesen, aber auch die geologische Verwandlung unserer Erde über Jahrmillionen.

Das Erdgeschoss ist der Erd- und Lebensgeschichte gewidmet und so ist die erste Begegnung im Museum auch die mit Dinosauriern. Die außergewöhnlichen, oft einzigartigen Skelette aus der Urzeit sind für viele Besucher die zentrale Attraktion. Beeindruckend sind die Schmuckstücke des Museums, wie die ein ganzes Wasserschwein verschlingende Anakonda oder die versteinerte Dinosauriermumie aus Wyoming, von der sogar Hautabdrücke zu sehen sind, sowie das Mammut mit seinen Riesenzähnen. Sehr interessant ist die Rekonstruktion von Lucy, unserer vermutlichen Urmutter aus Ostafrika, als erster aufrecht gehender Mensch. Nicht minder interessant sind die ägyptischen Mumien und die Fossilien der Urpferdchen aus der Grube Messel. Riesenkrabben und Riesenspinnen sind weitere Attraktionen des jüngst modernisierten Museumsklassikers. So gibt es ein maßstabgerechtes Modell des Planetensystems, das in Bewegung gesetzt und einen Vulkan den man ausbrechen lassen kann. Touch-Screens, animierte Dinos und Dino-Gebrüll per Knopfdruck verknüpfen geschickt mit der Jetztzeit.

Im **K** **Kino** des privaten Museums werden hauseigene Expeditionsfilme gezeigt.

M *Naturmuseum Senckenberg, Senckenberganlage 25, 60325 Bockenheim. ✆ 069/7542-0, 7542-1357 (Führung und Geburtstagsaktionen), www.senckenberg.de. Bahn/Bus: U4, 6, 7 und Straba 16 Bockenheimer Warte, Bus 32 bis Senckenbergmuseum. Zeiten: Mo, Di, Do, Fr 9 – 17, Mi 9 – 20, Sa, So, Fei 9 – 18 Uhr, Führungen für Schulklassen,*

☀ *In der Senckenberganlage vorm Museum läuft ein Tyrannosaurus rex herum, und ein bolivianischer Titanosaurier hat seine versteinerten Fußabdrücke hinterlassen. Beeindruckend.*

Senckenberg Bistro, Senckenberganlage 25, separater Eingang, Frankfurt. ✆ 069/7542-1333. www.kaefer-senckenberg.de. Täglich 9 – 18 Uhr, Mi bis 20 Uhr. Feingebäck und Getränke, warmer Imbiss, Spaghetti mit Tomatensoße, belegte Brötchen in mediterraner Atmosphäre.

Gruppen etc. 50 Min, Anmeldung min. 2 Wochen im Voraus.
Preise: 8 €; Kinder 6 – 15 Jahre 4 €; Rentner 6,50 €, Schwerbehinderte 5,50 €; Schüler, Studenten 4 €, Familienkarte 20 €. **Infos:** Kinderführung ab 7 Jahre, Mo 15 Uhr, 50 Min, offenes Programm, keine Anmeldung, Begleitung der Eltern nicht erforderlich; »Abenteuer Museum« für Kinder 4 – 6 Jahre, 2 x im Monat, 1,5 Std; »Museums-Stunde« ab 4 Jahre, Di 16 Uhr, 1 x im Monat 1 Std, Begleitung der Eltern nicht erforderlich; »Experiment für kleine Experten« für Kinder 7 – 10 Jahre, 1 x im Monat Mi 16 Uhr, 1,5 Std, für alle Aktivitäten Anmeldung min. 2 Wochen im Voraus erforderlich; ferner Ferienprogramm.

Dino-Paradies: Naturmuseum Senckenberg
© Naturmuseum Senckenberg

Schirn Kunsthalle ☀

Sie ist das merkwürdige Gebilde zwischen Römerberg und Dom: 1986 von den Architekten *Bangert, Jansen, Scholz & Schultes* fertiggestellt, soll der postmoderne Bau mit seinen runden, quadratischen und lang gestreckten gelben Baukörpern zwischen Alt und Neu vermitteln. Zwar forderten im Zuge der Altstadt-Rekonstruktion einige Stimmen nicht nur den Abriss des »Tisches«, sondern auch den der Rotunde, doch eigentlich hat man sich inzwischen an die optische Wucht der Schirn gewöhnt. Der Kontrast zwischen ihr, dem roten Dom und nicht zuletzt der zukünftigen Fachwerk-Nostalgie auf der Nordseite des Domhügels entspricht dem Hin- und Hergerissensein Frankfurts und hat einen eigenen Reiz.
Nichtsdestotrotz ist die Schirn eines der renommiertesten Ausstellungshäuser Deutschlands und

☀ **Tipp:** In der Kinderstunde, jeden So um 11 und 15 Uhr parallel zur öffentlichen Führung, können Kinder ab 4 bzw. 6 Jahre die aktuelle Ausstellung entdecken.
Art After Work: Jeden 3. Do im Monat eine Themenführung mit anschließendem Apéritif im Table, 20 Uhr, 15 €, Anmeldung erforderlich, fuehrungen@schirn.de.
Kunstgenuss: Jeden 3. Fr im Monat Führung für Ältere mit Sitzgelegenheit, längerem Verweilen vor den Werken und anschließendem Kaffee und Kuchen im Table, 14 Uhr, 15 €.

MUSEEN & GALERIEN

*Teil der Ausstellungs-
fläche: Rotunde der
Schirn*

© Annette Sievers

Table, ↗ Frankfurt à
la Carte.

Kunst-Buch, Römer-
berg 7, ✆ 069/
29988244. Di – Fr 10 –
19, Sa, So, Fei 11 – 18
Uhr. Kunst, -geschichte,
Fotografie, Architektur,
Design, Postkarten und
MA – sogar sonntags.

als Institution nicht mehr aus der
Stadt wegzudenken. Die hohe Qualität der Ausstellungen, oft genug
spektakulär, macht sie zu einem ur-
banen Integrationspunkt und Im-
pulsgeber der Frankfurter Kultur-
landschaft. Die Schirn besitzt keine
eigenen Bestände, sondern zeigt im
Wechsel Kunst aus den Depots
(Frankfurter) Museen, Gast- und
Großausstellungen, stellt Ausstellungen zusammen, die ihrerseits auf
Wanderschaft gehen und veranstaltet dazu Vorträge.

Seit 2001 hat die künstlerische und
kaufmännische Leitung der Wiener
Max Hollein, Jahrgang 1969, inne,
zugleich der designierte Direktor des
Städels. Seine Ausstellungen wie »Shopping – 100
Jahre Kunst und Konsum«, »Yves Klein«, »Op Art«,
»Impressionistinnen«, dem wiederkehrenden Format
»Playing the City« oder die *Yoko Ono Retrospektive*
2013 haben der Schirn zu ihrer heutigen Position
verholfen.

Außerdem sind dort eine ☻**Kunstbuchhandlung** und
die **Jugendmusikschule** untergebracht, www.mu-
sikschule-frankfurt.de.

Ⓜ *Schirn,* Römerberg 6, 60311 Hist. Zentrum. ✆ 069/
299882-0, www.schirn.de. **Bahn/Bus:** U4, 5 Dom/
Römer, Straba 11, 12, 14 Römer/Paulskirche.
Zeiten: Di 10 – 19, Mi, Do 10 – 22, Fr – So 10 – 19
Uhr, öffentliche Führungen Di, Sa 17, Mi, Fr 11, Do
19, So 15 Uhr. **Preise:** Eintritt variiert nach Ausstel-
lung, 7 – 10 €; Kinder 8 – 17 Jahre, Schüler, Stu-
denten, Senioren, Schwerbehinderte 5 – 8 €; Familie
(2 Erw, eigene Kinder) 14 – 20 €; Mitglieder der
Freunde der Schirn Kunsthalle e.V. Eintritt frei. **Infos:**
Öffentliche Führung Eintritt zzgl. 3 €: Di, Sa 17 Uhr,
Mi 11, Do 19 und So 15 Uhr, Dauer ca. 1 Std.

STÄDEL MUSEUM ✳

Zu sehen sind kurz gesagt **Kunstwerke aus 7 Jahrhunderten.** Aber damit ist noch nichts ausgesagt über ihre Bedeutung, die das Städel zu einem der wichtigsten Museen in Deutschland macht. Rund 3000 Gemälde, 1600 Fotografien, 600 Skulpturen sowie 100.000 Zeichnungen und Druckgraphiken, von denen jeweils nur ein Teil gezeigt werden kann: deutsche und niederländische Meister des 14. – 16. Jahrhunderts, italienische des 14. – 18., niederländische und flämische Meister des 17. Jahrhunderts, deutsche und französische Malerei des 18. und 19. sowie Kunst des 20. und 21. Jahrhunderts. Darunter alte Bekannte wie *Dürer, Botticelli, Rembrandt, Picasso, Beuys* und *Bacon*.

Um die ständig wachsende Sammlung ihrer Qualität und Quantität entsprechend präsentieren zu können, hat das Städel 2012 einen 3000 qm umfassenden, unterirdischen Erweiterungsbau für die Präsentation der Gegenwartskunst (1945 – heute) eingeweiht. Im Zuge dessen wurden auch der Altbau des Städels saniert und die Abteilungen »Alte Meister« (1300 – 1800) und »Kunst der Moderne« (1800 – 1945) in starken Farbkontrasten völlig neu gestaltet.

Mit alldem ist noch nichts über die Bedeutung ausgesagt, die sich in den meist hervorragenden Sonderausstellungen manifestiert. Sie zeigen die Bestände nebst Leihgaben in oft atemberaubenden Inszenierungen!

Die Königinmutter unter den Museen: Das Städel

MUSEEN & GALERIEN

Geschichte des Städels

Angefangen hat alles mit einer Stiftung, die exemplarisch für die großbürgerlichen Stiftungen des 19. Jahrhunderts steht, die gerade für Frankfurt so typisch wurden. Der 1728 in Frankfurt geborene *Johann Friedrich Städel,* aus einer alten Straßburger Patrizierfamilie stammend, hatte mit Hilfe seines Gewürzhandels und seiner Bankgeschäfte ein beträchtliches Vermögen angehäuft – und eine Sammlung von 500 Gemälden, Zeichnungen und Radierungen. Um diese der Öffentlichkeit zugänglich zu machen, beschloss der Unverheiratete 1793, sein Vermögen und die Sammlung einem zu gründenden *Institut* nebst **Malerschule** zu schenken – das erste Mal, dass eine solche Stiftung von einem Bürger, und nicht von einem Adligen gemacht wurde. Aufgabe der Stiftung sollte sein, sowohl die vorhandene Sammlung durch Ver- und Ankauf von Bildern zu erweitern, zu verbessern und den modernen Strömungen der Zeit anzupassen, als auch junge begabte Künstler durch Unterricht und Stipendien zu fördern (unabhängig von Herkunft und Geschlecht!). Als Städel 1816 mit 88 Jahren starb, durfte auch sein Haus am Rossmarkt verkauft werden. So konnten 1817 bereits 90 Bilder aus der Sammlung *Sophie F. Gontard* erstanden werden; über 100 Bilder und Zeichnungen kamen aus der Sammlung *Grambs* dazu. Doch bald taten sich Schwierigkeiten durch die Testamentsanfechtung entfernter Verwandter Städels auf. Dies legte alle Möglichkeiten der Stiftung erst einmal lahm, und fast trauert man noch heute um die dadurch vergebene Chance, die bedeutende Boisserée-Sammlung altniederländischer und deutscher Meister nicht gekauft haben zu können (sie ist in der Münchener Pinakothek zu sehen). Nach 11 Jahren Streit und Prozess setzte ab 1829 mit dem neuen Direktor *Philipp Veit* wieder ein Auf-

☀ *Die **Städelschule** ist zwar eine renommierte Hochschule, die angehende Architekten, Maler und Fotografen ausbildet, bietet jedoch auch Kurse für Laien an, www.staedel-schule.de.*

☀ *Der **Skulpturen-park** des Städels wird bereichert von der 2007 von der Stadt aufgekauften Bronzearbeit »Ascension« von 1929 des Bildhauers Otto Freundlich (1878 – 1943 im KZ Lublin-Majdanek).*

schwung ein, der durch die Berufung weiterer namhafter Künstler und Kunsthistoriker sowie dem Erwerb neuer Werke »das Städel« zu einer Kunstsammlung von europäischem Rang werden ließ.

Um 1900 bekam das Haus neue Schwierigkeiten, die denen heutiger Museumsbetriebe nicht unähnlich sind: Durch immer mehr Sammler, die immer mehr Kunst kaufen möchten, wurden die Preise schließlich so hoch, dass sich die Stiftung keine qualitätsvollen Neuerwerbungen mehr leisten konnte. Daraufhin gründet die Stadtverwaltung 1907 mit Hilfe eines Gönners die *Städtische Galerie,* die es sich zur Aufgabe macht, die Kunst des 19. Jahrhunderts und der Gegenwart zu fördern.

Besonders schlimm wurde die Städelsche Sammlung moderner Künstler (wie *Klee, Kirchner, Hofer, Heckel, Modersohn-Becker, Picasso, Braque, Gauguin, van Gogh* und anderer) durch die Nationalsozialisten und deren groteske Aktion »entartete Kunst« getroffen. Die Bilder und Plastiken wurden beschlagnahmt, ins Ausland verkauft, vernichtet – auch die Beckmann-Sammlung. Dabei war es **Max Beckmann** zu verdanken, dass durch seine Funktion als Leiter der Städelschule und seine Bilder wie der »Eiserne Steg« oder »Die Synagoge« Frankfurts Kunstruhm erstmals aus dem Provinziellen herausragte.

Nach der Kriegs- und Wiederaufbauzeit konnte die Sammlung um (z.T. zurückgekaufte) Arbeiten der klassischen Moderne, des Impressionismus und Expressionismus sowie durch zeitgenössische Werke vervollständigt werden. Der Ankauf wird heute u.a. über den **Städelschen Museumsverein e.V.** ermöglicht, dessen Mitgliedsbeiträge und

 Beckmann *lebte seit 1915 mehr oder weniger ständig in Frankfurt und nahm 1925 die Leitung der Meisterklasse der Städelschule an. Zu jener Zeit war er bereits berühmt, 1932 wurde eigens ein Beckmann-Raum in der Berliner Nationalgalerie eingerichtet. Im April 1933 wurde er von den Nationalsozialisten der »Kunsthurerei« bezichtigt und als »Judenknecht« aus dem Amt gejagt. Nur 2 der geplünderten Werke konnten 1962 zurückgekauft werden, darunter das Saxophon-Stillleben.*

Bronze-Kopf: Max Beckmanns Selbstportrait
© Annette Sievers

Unterm Rasen liegt die Kunst – was allein für sich auch schon Kunst ist: Erweiterungsbau

© Annette Sievers

☀ *Das 52 Mio Euro teure Gesamtprojekt, das neben dem Erweiterungsbau auch die Sanierung des Altbaus beinhaltete, wurde durch die Unterstützung von Unternehmen, Stiftungen und zahlreichen Bürgern zu 50 % aus privaten Mitteln und zur anderen Hälfte aus öffentlichen Geldern finanziert.*

✕ **Holbein's,** Holbeinstraße 1. ✆ 069/660566-66. www.meyerfrankfurt.de. Di – So 10 – 24 Uhr. Schönes Museumscafé und Restaurant in einem lichten Glasbau, im Sommer mit Terrasse. Kaffee-Variationen 2,50 – 4 €, hausgemachtes Eis, Mittagstisch. Das Speisenangebot ist vorzüglich, à la Carte um 30 €, 3-Gang-Menü 43 €, umfangreiches internationales Weinangebot.

Spenden auch dem angeschlossenen ↗ Liebieghaus zugute kommen; www.staedelverein.de.

Das richtige Haus für die Kunst

Durch die Sammelleidenschaft der Frankfurter geriet das Städelsche Kunstinstitut immer wieder in Platznot. 1878 wurde *Oskar Sommers* Bau am Schaumainkai eröffnet, 1921 der Gartenflügel angeschlossen. Eine Neuordnung der Bilder bot sich an: die alten Meister in den alten Trakt, die des 19. und 20. Jahrhunderts in den Neubau. Ein Prinzip, das bis heute fortbesteht: 1990 kam der Anbau des Wiener Architekten *Gustav Peichl* parallel zur Holbeinstraße an der Westseite des Städel-Gartenflügels hinzu. Sein glatter Kubus aus weißem Marmor bietet im Erdgeschoss 600 qm Platz für Wechselausstellungen und im 1. Stock 730 qm für die moderne Sammlung. Es gibt an der Holbeinstraße einen Eingang, ebenso zum ✕ **Restaurant Holbein's.** Doch bald schon brauchte es eine fünfte Erweiterung, da man nun auch Gegenwartskunst dauerhaft

präsentieren wollte; eine Aufgabe, die bis dato dem
↗ MMK zufiel. Anfang 2008 entschied man sich einstimmig für einen Entwurf des Frankfurter Architekturbüros *Schneider + Schumacher,* bekannt durch
die Westhafenbebauung. Ihr Entwurf geht in die Tiefe: Zwischen Sommer- und Gartenbau haben sie unterirdisch 3000 qm Ausstellungsfläche geschaffen
und so das Platzangebot des Städels fast verdop-
pelt. Die stützenfreie Halle besitzt variable Wände
und bekommt von oben indirektes Licht, das gleichzeitig ein Leitsystem zum Treppenzugang bildet. Von
außen stellt sich das als leicht gewellter Rasentep-
pich mit 15 x 15 Reihen flacher Bullaugen dar – das
Bild, wenn sie von unten beleuchtet sind, ist bereits
zum neuen Wahrzeichen des Städels geworden.

Seit der vollständigen Wiedereröffnung des neuen
Städels Anfang 2012 zeigt sich das **Foyer** als groß-
zügiges Entree. Ein viel besuchtes Highlight hier ist
die angeschlossene ⊘**Kunstbuchhandlung:** Der helle, hohe Raum ist ein Stöberparadies für Katalog-
und Bildbandsucher, für Mitbringsel-Jäger und Es-
presso-Durstige. Denn die lange Ladentheke ist
gleichzeitig Cafébar.

*Wie im Wintergarten
sitzt man im Holbein's*
© Annette Sievers

**Museumsshop und
Café,** ✆ 069/
605098-230. Di, Fr – So
10 – 18, Mi, Do 10 – 21
Uhr. Kataloge, Kunstbän-
de, Postkarten, Frankfur-
tensien und jede Menge
Geschenkideen und Sou-
venirs im Zusammenhang
mit der jeweils aktuellen
Ausstellung. Im ange-
schlossenen Café außer
Kuchen auch Sandwiches
und Salate.

Ⓜ⊘🏛 **Städelsches Kunstinstitut und Städtische Galerie,** *Schaumainkai 63 (Museumsufer), 60596 Sachsenhausen.* ✆ *069/605098-0, 605098-200 (Beratung, Anmeldung), www.staedelmuseum.de.*
Bahn/Bus: *Bus 46, Straba 15, 16, 19 Otto-Hahn-
Platz, alle S, U4, 5 Hbf via Holbeinsteg (10 Min Fußweg) oder U1 – 3, 8 Schweizer Platz.* **Auto:** *Parkhäuser u.a. Untermainanlage 1 und Walter-Kolb-Straße
16.* **Rad:** *Main-Radweg.* **Zeiten:** *Di, Fr – So 10 – 18,
Mi, Do 10 – 21 Uhr.* **Preise:** *Di – Fr 12 €, Sa, So, Fei
14 €; Kinder bis 12 Jahre frei, 12 – 17 Jahre 10
bzw. 12 €; Familie (2 Erw, min. 1 Kind) 20 bzw.
24 €, Gruppen ab 10 Pers 10 € pro Person.* **Studien-
saal Graphische Sammlung** *(Vorlage von Zeichnungen und Druckgraphiken) Mi und Fr 14 – 17, Do
14 – 19.* **Bibliothek** *Di, Fr – So 10 – 18, Mi und Do
10 – 21 Uhr,* ✆ *605098-117.*

☀ *Sämtliche Bestände
der Städelbibliothek
können über den Online-
Katalog recherchiert wer-
den.*

Sammlung Alte Meister (1300 – 1800)

*Zu den **Nazare-nern** gehörten gleich 2 Städel-Direktoren: Philipp Veit und Johann David Passavant (Selbstbildnis, 1818), die sich ebenso wie Overbeck, Franz Pforr, Schadow, Schnorr von Carolsfeld, Cornelius und andere mit tief empfundenen Gefühlen der religiösen sowie der Historienmalerei widmeten. Doch stieß etwa »Der Triumph der Religion in den Künsten« von Overbeck wegen seiner dogmatischen Marien-Überhöhung auf Ablehnung bei den eher sachlich orientierten Frankfurtern.*

Der breite **Treppenaufgang** wird von einigen Monumentalgemälden dominiert, auf denen dogmatische Zitate umlaufen. Sie sollen den Diskussionsfaden über Kunst wieder aufnehmen, den die **Nazarener,** jene religiös-romantische Künstlergruppe, zu der auch der erste Städeldirektor *Philipp Veit* gehörte, mit ihren Bildern ausgelöst hatten. Dem jetzigen Direktor, *Max Hollein,* ist es mit der Neugestaltung des Städels, den Sonderschauen und Kooperationen mit anderen Häusern auf jeden Fall gelungen, dass man sowohl über Kunst als auch die Kunstorte (wieder) spricht.

Der Stifter Städel hatte in seinem Testament verfügt, dass durch Wiederverkäufe aus seiner Bildersammlung neue, bessere Werke aufgekauft werden sollen. So hat man es über die Jahrhunderte gehalten. Übrig geblieben sind aus der Ursprungssammlung 100 Bilder, die man jetzt in einer sogenannten **Petersburger Hängung** als Erstes sieht, wenn man die breiten Treppen in das 2. Obergeschoss hinaufkommt.

Durch das mittlere Portal betritt man die **Rotunde** und erschließt sich von hier aus rechts ein Herzstück des Hauses, die Sammlung **niederländischer Malerei** des 15. Jahrhunderts. Es ist die große Stunde der Ölmalerei, die die bisherige, schwer zu beherrschende Tempera-Maltechnik ablöst. Statt die Farbpigmente mit Ei oder Kasein anzurühren, wird das Leinöl mit Harzfirnis versetzt, wodurch Farben akzentu-

Städel original: Petersburger Hängung

© Annette Sievers

244

iert wiedergegeben werden können und eine besondere Tiefenwirkung durch die glänzende Oberfläche entsteht. Fast durchsichtige Tüchlein, Perlen, die wie Tau glänzen, einzelne Barthaare bis in die Spitzen und eine überaus natürliche Darstellung von Licht und Schatten versetzen einen in Staunen. *Jan van Eyck,* gewissermaßen der Begründer der Ölmalerein, der *Meister von Flémalle* oder *Rogier van der Weyden* sind nur drei wichtige Namen hier.

Links der Rotunde ziehen die romanischen Schulen mit den frühen **Italienern des 15. Jahrhunderts** das Publikum mit Namen wie *Modena,*

Bellini, Tizian oder *Tinteretto* an, während die deutsche Abteilung mit sakralen Werken und Portraitmalerei von beispielsweise *Dürer, Altdorfer, Cranach* und *Holbein* glänzt. Publikumsliebling ist allerdings das kleinformatige *Paradiesgärtlein,* das von einem oberrheinischen Meister um 1420 geschaffen wurde. Es zeigt Maria mit verschiedenen Heiligen und dem musizierenden Jesus-Kind in einem abgeschlossenen Klostergarten. Die Heiligen sind mit den für sie typischen Attributen gekennzeichnet – so beweist der kleine ulkige Drache rechts unten, dass einer der Herrn der hl. Georg sein muss.

Zwei Säle sind speziell der holländischen Malerei gewidmet, um Hauptwerke der Holländer *Rembrandt* und *Vermeer* hervorzuheben. Neuzugänge belegen, dass selbst die Sammlung Alter Meister bis heute um wichtige Werke ergänzt wird. Einen Höhepunkt bildet dabei das angekaufte Bildnis von Papst Julius II. von *Raffael* und seiner Werkstatt. Es ist für Kunstwissenschaftler wegen seiner Unterzeichnung so in-

☀ *Die* **Petersburger Hängung** *war eine beliebte Anordnung früherer Privatsammler nach dem Vorbild der St. Petersburger Eremitage: Die Bilder wurden im Salon bis zur Decke dicht an dicht aufgehängt, deshalb oft auch nach Größe ausgesucht und nicht so sehr nach Qualität. Zum Repräsentieren war die Menge wichtiger.*

MUSEEN & GALERIEN

teressant, die dieses Werk als einen Vorläufer weiterer Papst-Bilder Raffaels ausweisen.

Kunst der Moderne (1800 – 1945)

Das Allerwichtigste für die Frankfurter war an der ganzen Neugestaltung die Frage, wo »ihr« Goethe hängen würde. Welch Aufatmen! Da hängt der alte Herr, sodass er beim Betreten des 1. Obergeschosses gleich zu sehen ist, und baumelt mit seinen zwei linken Füßen in der römischen Campagna schöner als zuvor. Gemalt hat es *Johann Heinrich Wilhelm Tischbein* 1787, ans Städel kam es 100 Jahre später als Schenkung der *Baronin Salomon von Rothschild*.

Ansonsten hängen hier von vereinzelten Skulpturen flankiert so viele wunderbare, wichtige und schöne Bilder, dass detaillierte Angaben kaum zu geben sind: Von den Deutschen wie *Hans Thoma, Böcklin, Feuerbach, Leibl* angefangen, über die französischen Impressionisten und deutschen Expressionisten bis zu Werken der Klassischen Moderne. Interessanterweise werden deutsche und französische Künstler nicht mehr getrennt voneinander gezeigt, sondern ergänzen sich thematisch, wie etwa im Brücke-Saal.

Neu hinzugekommen sind Werke der frühen Fotografie, die Seite an Seite mit der Malerei hängen. Lieblinge der Sammlung sind außer Tischbeins Goethe die Bilder von *Renoir* (»Nach dem Mittagessen«), *Monet* (»Das Mittagessen«) und *Franz Marcs* »Liegender Hund im Schnee«.

✴ *Das Depot der Moderne ist so umfangreich, dass einzelne Bilder immer wieder mal ausgetauscht werden.*

Darf in keinem Frankfurt-Buch fehlen: Goethe in der Campagna

© Annette Sievers

Die **Ansichten Frankfurts** und seiner Umgebung, z.B. Die Holzhausensche Öd (*Hans Thoma,* 1883) oder auch Blick auf Frankfurt von der Alten Brücke von Sachsenhausen her von *Gustave Courbet,* das 1858 in dessen Frankfurter Jahr entstanden ist, sind besonders deshalb interessant, da sie ein historisches Abbild des Lebens in Frankfurt im 19. Jahrhundert geben.

Von zentraler Bedeutung für das Frankfurter (Kunst-) Selbstverständnis sind die Werke von **Max Beckmann,** so etwa die *Synagoge von Frankfurt* (1919) und das Stillleben mit Saxophonen von 1926. Der Schriftzug »Bar Afrika« auf dem typischen Jazz-Instrument soll ein Hinweis auf eine Jazzbar in Frankfurt sein, was gut möglich ist, schließlich war Frankfurt damals bereits eine Hochburg der »afro-amerikanischen« Modemusik.

Gegenwartskunst (1945 – heute)

Die Sammlung Gegenwartskunst hat ihren Platz in dem Anfang 2012 vollendeten unterirdischen Erweiterungsbau gefunden. In dem bis zu 8 m hohen Saal sind die Großen der Moderne nach 1945 vertreten: *Georg Baselitz, Jörg Immendorf, Gerhard Richter, CY Twombly, Francis Bacon, A.R. Penck, Blinky Palermo* mit seinen in den 70ern entstandenen Stoffbildern, *Anselm Kiefer, Neo Rauch, Donald Judd, Cindy Sherman* und *Günther Uecker,* der mit Nägeln organische Strukturen entstehen lässt, *Werner Tübke* mit einem Selbstbildnis sowie *Yves Klein* mit einem

MUSEEN & GALERIEN

247

Ganz in Weiß: Die Halle der Gegenwartskunst ist so hell, dass die Kellerlage nicht stört

☀ *Mit der Bezeichnung **Informel** werden die abstrakten Stilrichtungen der europäischen Nachkriegsjahre zusammengefasst.*

☀ *Schon der Stiftungsbrief Johann Friedrich Städels vom 15. März 1815 legte im §2 den Aufbau und die öffentliche Zugänglichkeit einer Kunstbibliothek fest.*

seiner ultrablauen Schwammbilder. Interessant sind die Werke der wichtigsten Vertreter des **Informel** wie die des Katalanen *Antoni Tàpies,* des Franzosen *Jean Fautrier* und des Deutschen *Emil Schumachers.* Der rote Faden, mit dem die Werke zueinander in Bezug gesetzt werden, schließt auch die Sammlung zeitgenössischer **Fotografie** ein. Den Grundstock für diesen neuesten Sammlungsbereich bildet ein Konvolut aus dem Besitz der DZ Bank, das dem Städel 2008 übergeben wurde und Arbeiten von *Thomas Demand, David Hockney, Candida Höfer, Marie-Jo Lafontaine, Thomas Ruff, Katharina Sieverding, Thomas Struth, Hiroshi Sugimoto, Wolfgang Tillmans, Jeff Wall* und *Andy Warhol* beinhaltet.

Und noch …

Bemerkenswert ist die **Graphische Sammlung** des Städels, die sich im Erdgeschoss des Altbaus im linken Flügel befindet und etwa 100.000 Zeichnungen und Druckgrafiken vom Spätmittelalter bis zur Gegenwart bewahrt. Die extrem lichtempfindlichen Papierwerke werden auf Anfrage den Besuchern vorgelegt sowie in wechselnden Präsentationen öffentlich vorgestellt.

Im rechten Flügel, Eingang Holbeinstraße 1, befindet sich die öffentlich zugängliche **Präsenzbibliothek und Mediathek** mit circa 35.000 Bänden zur Kunstgeschichte, Malerei, Plastik, Fotografie und antiken Kunst sowie 500 laufenden Zeitschriften zur Kunstgeschichte. Ergänzt werden sie seit 2009 durch etwa 13.000 Bände aus dem Bestand der Frankfurter Goethe-Universität.

OASEN, PARKS & GÄRTEN

Eine Freude für Auge und Seele: Die Blüten-pracht in Frankfurts Gärten begleitet die Jahreszeiten

© Annette Sievers

FLORA & FAUNA DER TROPEN & WÜSTEN

Neunzig Prozent Luftfeuchtigkeit, alles tropft, auch von der Stirn rinnt es leise. Herrliche Bromelien hängen zwischen meterhohen Palmen, exotische Blumen duften, geheimnisvolle Geräusche schalten die Außenwelt ab. Das Tropicarium des Palmengartens bietet einen Ausflug in den Dschungel für zwei kerosinfreie Fünfer. Aber nicht nur das! Wohlige Wärme und die passenden Tiere dazu obendrein gibt es im Zoo, der sich jüngst noch naturnaher ausgerichtet hat. Mehr Exotik sehen Sie auf keiner Fernreise!

EIN BESUCH IM ZOO

Wer zu Fuß von der City über die Zeil kommt, am *Uhrtürmchen,* dem »Tor zum Ostend«, vorbei durch die Pfingstweidstraße, dem leuchtet schon von weitem das exotisch anmutende *Zoo-Gesellschaftshaus* entgegen. Seine ganze Pracht entfaltet das klassizistische Gebäude bei untergehender Sonne. Nach der Jahrhundertwende war das 1876 errichtete Gebäude oft Ort politischer Kundgebungen. Seit 1956 ist hier unter anderem das ↗ 🇹 *Fritz Rémond Theater* zu Hause. Die **Gründung des Zoos** 1858 geht auf eine Initiative Frankfurter Bürger zurück; später wurde daraus

Südamerikanische Drolligkeit: Tamanduras sind eine Ameisenbär-Art
© Zoo Frankfurt, Foto Michael Leibfritz

die *Zoologische Gesellschaft.* Zunächst noch im ↗ **Westend** untergebracht, fand sich 1874 hier auf der Gemeindewiese ein zum damaligen Zeitpunkt noch ausreichendes Areal, die Pfingstweide. Von 1945 bis 1974 kümmerte sich *Bernard Grzimek* (1909 – 1987, »Kein Platz für wilde Tiere«, 1954, »Die Serengeti darf nicht sterben«, 1959) um den Wiederaufbau der zerstörten Anlage. Seinem zum Teil eigensinnigen Vorgehen ist es zu verdanken, dass die 11 ha große Fläche nach artgerechten Gesichtspunkten neu geordnet wurde. Die Enge der Stadt hat den Zoo in seiner Entwicklung dennoch oft ausgebremst, den Tieren zuliebe hat man beispielsweise die Elefanten im Freigelände des *Opel-Zoos* in Kronberg im Taunus untergebracht. Neue Impulse kamen erst mit Direktor *Manfred Niekisch* ab 2008, der mit neuen Schaugehegen für Großkatzen, Affen & Co. nicht nur den Bedürfnissen der Tiere, sondern auch denen der kleinen und großen Zuschauer entgegenkommt. Sein Motto »Tiere erleben – Natur bewahren« kommt bei inzwischen knapp 1 Mio Besuchern pro Jahr gut an.

Wo soll man anfangen? Kaufen Sie am besten eine Jahreskarte, sonst wird Ihr Besuch zur Hatz! Vom Eingang aus sich links haltend, kommen Sie zunächst zum jüngsten Projekt, dem **Ukumari-Land.** Hier leben seit Juli 2013 Brillenbären und Brüllaffen gemeinschaftlich in einem Freigehege. Im **Katzendschungel** durchstreifen – von den Besuchern nur durch Wassergraben bzw. Glasscheiben getrennt – kleine Rostkatzen, Nebelparder, Löwen und majestätische Sumatratiger ihr Revier. Ihnen so nah beim Fressen zuzusehen, ist ein Erlebnis.

Das nächste Haus ist schon gleich eine der größten Attraktionen des Zoos, das **Grzimek-Nachttierhaus.** Durch einen Trick – helle Beleuchtung bei Nacht und Dämmerlicht bei Tag – kann man nachtaktive Tiere

K Im Spätsommer bietet der Zoo Frankfurt sein eigenes **Open-Air-Kino** an: Ab 20 Uhr werden dort spannende Tier- und Naturdokumentationen gezeigt. Eintritt frei! www.naturschutz-erleben.de.

OASEN, PARKS & GÄRTEN

beobachten, die sich sonst tagsüber nicht sehen lassen. Wer hat jemals schon Borstenhörnchen, Erdferkel, Faultier, Gundi, Kaiserschnurrbart-Tamarin oder Löwenäffchen gesehen? Durchs Nachttierhaus muss man unbedingt langsam und mit Ruhe gehen, denn es dauert eine Weile, bis sich die Augen an die schummrige Beleuchtung gewöhnt haben. Davon profitieren auch Taschendiebe, vor denen am Eingang ausdrücklich gewarnt wird.

Auf dem äußeren Weg bleibend, kommen Sie vorbei an Spielplatz und Labyrinth zu den sehenswerten **Vogelhallen** an der rückwärtigen Seite, wo man sich wie im Urwald fühlen kann. Davor fällt der Blick aufs **Grzimek-Camp,** wo neuseeländische Kiwis und südafrikanische Rappenantilopen Völkerverständigung betreiben. Im Blockhaus wird Vater und Sohn Grzimek gedacht. Schon sind Sie bei den **Affen,** die auch vom **Restaurant Sombrero** aus zu sehen sind. Anziehungspunkt nach der Pause ist das 2010 eröffnete **Bonoboland,** wo Menschenaffen in künstlich erzeugtem Tropenklima in einer grünen Pflanzenwelt leben. Ein Wasserfall plätschert. Wenn Bonobo, Drill, Fischerturako, Gorilla und Orang-Utan hinter den Glasscheiben nicht mehr faszinieren sollten, dann aber die **Erdmännchen,** die von allen Tieren die meisten Paten besitzen! Ihr Gehege musste 2013 neu aufgebaut werden, nachdem ein Erdrutsch 6 Todesfälle verursacht hatte – ein Schock für Frankfurt!

Nicht nur für Kinder ein großer Spaß sind die Fütterungen der Seehunde und Zwergseebären, die von den **Robbenklippen** springen; wie sie dann ins Wasser gleiten, erschließt sich den Zuschauern dank großer Unterwasserfenster in einer Grotte. Auch im **Exotarium** geht es um wasserliebende Tiere: Pinguine, Kofferfische, Krokodile und Rotaugenfrösche, aber auch Insekten, Klapperschlangen und Leguane. Hier wird gerade einiges erneuert.

☀ **Tipp: Fütterung:** Menschenaffen Sommer 16.30, Winter 15.45, Katzendschungel Mi – So Sommer 16.30, Winter 15.30, Robbenklippen (außer Mo) 11 und 15.30 Uhr. Exotarium: Pinguine 10.45 und 15.45, Krokodile Do 15.15, Piranhas Mi, So 11 Uhr jeweils bei Bedarf. Tropengewitter 11.30 und 15.30 Uhr. Im Zoo halten die **Imbiss-Kantine Happy Bär** und im Sommer die **Zoo-Terrassen** Kuchen, Snacks und Speisen zu erhöhten Preisen vorrätig.

Südlich vom **großen Weiher,** auf den man von den Zooterrassen schön blickt, leben Antilopen, Okapis, Trampeltiere und Giraffen. Das **Giraffenhaus** wurde schon 1953 so geplant, dass man den Tieren ganz nahe kommt, es sei denn, sie sind in der Außenanlage, die sie sich mit den seltenen Klippspringern und Fenneks teilen. Im **Streichelzoo** können Kinder mit den Zwergziegen auf Tuchfühlung gehen. Spätestens jetzt müssen Sie wieder kommen…

Mitten in Frankfurt: Sumatratiger im Katzendschungel des Zoos
© Zoo Frankfurt, Foto Michael Leibfritz

🕐 *Zoologischer Garten Frankfurt, Bernhard-Grzimek-Allee 1, 60316 Ostend. ✆ 069/212-33735, 212-36952 (Informationen Zoopädagogik), www.zoo-frankfurt.de. Haupteingang Alfred-Brehm-Platz.*
Bahn/Bus: *U6, 7, Straba 11, 14, Bus 31 bis Zoo.* ***Auto:*** *Parkhäuser: Zoopassage, Grüne Straße 11, City-P Ost, Waldschmidtstraße 43 bzw. Wittelsbacherallee 26, Mousonturm, Waldschmidtstraße 6, Klinik Rotes Kreuz, Königswarter Straße 19.* ***Rad:*** *Durch die Grünanlagen des City-Rings.* ***Zeiten:*** *Täglich Sommer 9 – 19, Winter 9 – 17 Uhr (ab Uhrumstellung). Einlass bis 30 Min vor Schluss. Grzimek-Haus ab 9.30, Exotarium ab 10 Uhr, Tierhäuser schließen 30 Min vor Schluss.* ***Preise:*** *10 €, Gruppe von min. 15 Pers 8 € pro Kopf sowie eine Begleitperson frei, Jahreskarte 60 €; Kinder 6 – 17 Jahre 5 €, Gruppe von min. 15 Pers 4 € pro Kopf sowie eine Begleitperson frei, Jahreskarte 25 €; Familien (2 Erw und Kinder) Tageskarte 25 €, Jahreskarte 90 €; 2 Std vor Schließung wie letzter Sa im Monat Erw 6 €, Kinder 3 €, Jahreskarte Opel-Zoo Kronberg und Zoo Frankfurt Erw 84 €, Kinder 6 – 14 Jahre 36 €.* ***Feierabend Spezial,*** *ein echter Tipp: Täglich 2 Std vor Schließung Erw 6 €, ermäßigt 3 €.* ***Infos:*** *Familienfeiern, Kindergeburtstage ab 6 Jahre, spezielle Angebote für Behinderte, Hunde nicht erlaubt.*

✕ **Sombrero,** Waldschmidtstraße 98, ✆ 069/94942658. www.zoo-frankfurt.de. Täglich 10 – 20 Uhr. Mexikanisches Lokal in der Nordostecke des Zoos mit Bierbänken draußen vor dem Affenfelsen, auch nach Zooschluss. Normale Preise, lockere Atmosphäre.

PALMENGARTEN

Den Grundstock für die sehenswerte Park- und Gartenanlage bildeten 1868 die Pflanzen aus den Wintergärten *Adolphs von Nassau:* Seines Herzogtums durch die Preußen beraubt, musste der Naturfreund seine Sammlung aus dem Wiesbadener Schloss Biebrich notverkaufen. Wohlhabende Frankfurter Bürger gründeten eine Aktiengesellschaft, kauften die wertvolle Botanik auf und ließen sie Stück für Stück aus den Schlossgärten zu dem heutigen Areal schaffen. Das grüne Zepter schwang dabei der Gartenarchitekt *Heinrich Siesmayer.* Herzstück seiner Anlage wurde das **Palmenhaus** mit exotischer Landschaft und Wasserfall, dem sich das im Stil des Historismus erbaute **Gesellschaftshaus** angliedert. Seit der Eröffnung 1871 liebten die Frankfurter »ihren« Palmengarten, das Großbürgertum feierte unter dem Glasdach des Gesellschaftshauses und in seinen Bankettsälen glanzvolle Feste, verliebte Galane ruderten ihre Angebetete über den Teich und damals

Mit kaiserlichem Wappentier: Kronleuchter im wiederhergestellten Gesellschaftshaus
© Palmengarten

wie heute kommen Blumenliebhaber in Scharen zu Sonderschauen, Freiluftkonzerten und Sommerfesten. Die Notzeit der Weltwirtschaftskrise – in den Gewächshäusern wurde Gemüse für die Lazarette des Ersten Weltkriegs angebaut – führte dazu, dass die Stadt 1931 die Federführung übernahm, aus den Aktionären wurden die *Freunde des Palmengartens,* ein Verein zur finanziellen Unterstützung der Oase. Das Gesellschaftshaus, in den 20er-Jahren von *Ernst May* und *Martin Elsässer* im Südflügel im Stil der Klassischen Moderne umgebaut, musste nach dem Krieg einen neuen

Westflügel erhalten und wurde insgesamt im piefigen Geschmack der 50er umgestaltet. 2008 – 2012 wurde das Gesellschaftshaus nach Plänen von David Chipperfield Architects denkmalgerecht Instand gesetzt, modernisiert und erweitert.

Heute gibt es neben dem alten Palmenhaus mehrere große Gewächshäuser mit Spezialsammlungen. Das wie ein Kristall verzweigte **Tropicarium** zeigt Pflanzen und Wachstumsbedingungen verschiedener tropischer Klimazonen. Die *Nebelwüste* hat Sonderöffnungszeiten, Mo 10 – 14 Uhr. In die Pflanzenwelt Patagoniens tauchen Sie im **Subantarktishaus** ein und im 1. Stock des historischen **Eingangsschauhauses** von 1905 sind Fleisch fressende Pflanzen zu bestaunen.

Auf etwa 20 ha **Freifläche** spazieren Sie durch herrliche Schaugärten wie den duftenden Rosengarten oder den Kakteengarten mit seinen bizarren Wüstengewächsen. Schön und lehrreich sind auch Steppenwiese, Staudenbiotop mit Bach, alpiner Gesteinsgarten und die Heidelandschaft. Zwischen gepflegten Blumenbeeten, mannshohen Rhododendren und kostbarem Baumbestand bleibt auch genügend Raum für Entspannung auf Ruhewiese

*Die Familie Goethe besaß an der Grüneburg auf dem Gelände des heutigen Palmengartens und Poelzig-Baus Obstwiesen. Der Palmengarten hat zum Goethejahr 1999 auf einem der ehemaligen Goetheschen Grundstücke einen künstlerisch gestalteten **Goethe-Garten** angelegt.*

Kinderkiosk KiKo, beim Wasserspielplatz am Nordostrand, April und Okt am Wochenende, Mai – Okt täglich 10 – 18 Uhr: kleine Gerichte, Süßigkeiten, Milch, Kakao etc. ↗ **Café-Restaurant Siesmayer.**

OASEN, PARKS & GÄRTEN

255

Die ist echt: Solche knallfarbigen Seerosen kommen nicht nur aus chinesischen Fabriken …

© Palmengarten

oder Ruderteich und Spiel. Wasserspielplatz, Vogelnestschaukeln, Mini-Dschungel, Minigolf und Kleineisenbahn bieten Kindern reichlich Gelegenheit, Sonntagskleidchen schmutzig zu machen.

Der Palmengarten, jährlich Ziel von rund 750.000 Besuchern, fällt immer wieder mit herausragenden **Veranstaltungen** und **Ausstellungen** auf, Themen sind Blumen, aber auch mal Schmetterlinge oder Dinos. Seit 1931 wird das Rosen- und Lichterfest gefeiert. Und schließlich gibt es im Musikpavillon gute ↗ Klassik- und Jazzkonzerte, empfehlenswert ist auch das ↗ Papagenotheater.

🕐 **Palmengarten,** Siesmayerstraße 61, 60323 Westend. ✆ 069/212-36689, 212-33939, www.palmengarten.de. **Bahn/Bus:** Haupteingang Siesmayerstraße: U6, 7 Westend oder U1 – 3, 8 Holzhausenstraße, zu Fuß 5 Min; Eingang Palmengartenstraße: U4, 6, 7, Straba 16, Bus 32, 36, 50 Bockenheimer Warte. **Auto:** Tiefgarage unter dem Eingangshaus in der Siesmayerstraße 63. **Rad:** Von der Alten Oper via Bockenheimer Land- und Siesmayerstraße. **Zeiten: Haupteingang Siesmayerstraße 61** und **Eingang Palmengartenstraße 11** Nov – Jan 9 – 16, Feb – Okt 9 – 18 Uhr, **Eingang Zeppelinallee 18** So, Fei 10 – 16 Uhr. Sprechzeiten **Grüne Schule** Mo, Mi 9 – 11.30, Di, Do 13 – 16.30 Uhr. **Preise:** 7 €; Kinder bis 14 Jahre 2 €; Familien (2 Erw mit eigenen Kindern) 9 €. Gruppen ab 20 Pers 6 €; Ermäßigung mit der ↗ Frankfurt Card. **Infos:** Hunde nicht erlaubt. Jahresprogramm als Faltblatt und im Internet. **Grüne Schule:** ✆ 212-33391, ditmar.breimhorst@stadtfrankfurt.de. Boot fahren im Palmengarten: März – Okt 10 – 18 Uhr. 30 Min 1. Pers 4 €, jede weitere 1 €; 1. Kind bis 14 Jahre 2 €, weiteres 0,50 €. Palmen-Express: April – Okt, 2 €, Kinder 1 €.

🛍 **Shop im Eingangsschauhaus,** Siesmeyerstraße 63, ✆ 069/7411465. Geöffnet wie Palmengarten. Gartenliteratur, Zeitschriften, Sämereien, Erfrischungen.

OASEN IN DER STADT

Mehr als 40 Parks gibt es in der Stadt und laden laden sie zum Spazieren, Joggen, Spielen oder Picknicken ein. Die meisten sind aus den prächtigen Gärten reicher Bürger entstanden, so der Grüneburgpark, Holzhausen- oder Rothschildpark, die mit ihrem alten Baumbestand und herrlichen Blumenbeeten beruhigend wirken. Andere leben vom Wasser, so die Grünanlagen am Main oder die Wasserspielparks.

Grüneburgpark

Der Grüneburgpark bildet zusammen mit dem sich anschließenden ↗ Botanischen Garten und dem ↗ Palmengarten die größte, weitgehend geschlossene Park- und Grünanlage in der Stadt. Die stark befahrene Miquelallee – zugleich die Grenze des Westends – schließt die grüne Lunge nach Nordwesten hin ab. Im Osten liegt der ↗ Campus Westend.

Im Grüneburgpark tummelt sich so ziemlich alles, was sich bewegen kann: ob auf 2 oder 4 Beinen, auf Stelzen, mit Stöcken oder rund, ob schnell oder langsam. Der Park ist auch Ort für Konzerte des Summertime-Festivals, für Open-Air-Kino sowie Theateraufführungen der Dramatischen Bühne.

Gegenüber dem Park-Café liegt der *Koreanische Garten,* ein 1 Mio Euro teures Geschenk Südkoreas, Gastland der Buchmesse 2005. Er ist im Stil eines historischen Gelehrtengartens angelegt. Mit seinem Morgentau-Pavillon und der Pflaumenlaube, den Teichen und der Bepflanzung eignet er sich zur inneren Einkehr und ähnelt damit dem *Chinesischen Garten* im ↗ Bethmann-Park.

Ausgangspunkt der weitläufigen Parkanlage war einst ein burgartiger Gutshof aus dem 14. Jahrhundert, der 1789 in den Besitz der Familie *Bethmann-Metzler* kam. Im Haus »*Zur grünen Burg*« lud die Ban-

✕ Park-Café, August-Sieberst-Straße, Westend. ✆ 069/568969. www.park-cafe.net. Bei schönem Wetter ab 11 Uhr – open end. Im klassizistischen Schönhof-Pavillon. Außer Klassikern wie Milchkaffee und Kuchen auch solche wie Handkäs oder Schnitzel. Diverse Salate, Pizza und Eis.

Ach, war des scheen:
Lieder im Park anno
1989

© Annette Sievers

kiersfamilie zu großen Gesellschaften, an denen auch *Goethe* und die *von Arnims* teilnahmen. 1837 kauften die *Rothschilds* das Anwesen und ließen den Gutshof zu einem kleinen Schloss umbauen. Auf den Fundamenten ihrer Orangerie steht heute eine griechisch-orthodoxe Kapelle. 100 Jahre später wurde das Anwesen unter Naziherrschaft enteignet und vollkommen zerstört.

🕐 **Grüneburgpark,** August-Sieberst-Straße, 60323 Westend. ℂ 069/ 598969, www.gruenflaechenamt.stadt-frankfurt.de. **Bahn/Bus:** U1 – 3, 8 Holzhausenstraße, Bus 32, 75 Grüneburgpark (Nordeingang), Bus 36, 75 Simon-Bolivar-Anlage. **Zeiten:** *Koreanischer Garten Nov – Feb 8 – 17 Uhr, März 8 – 18 Uhr, April, Mai und Aug, Sep 7.30 – 20.30 Uhr, Juni, Juli 7.30 – 21.30 Uhr, Okt 8 – 19 Uhr.*

Holzhausenschlösschen & Park

1398 gehört die Holzhausensche Öde noch dem Schöffen *Arnold Schurge,* seit etwa 1500 ist der gotische Bau, der einsam in der Öde vor Frankfurts Toren lag und damals schon von einem Wassergraben umgeben war, im Besitz der Familie Holzhausen. 1727 wurde es von *Louis Remy de Fosse* für *Johann Hieronymus von Holzhausen* neu gestaltet: Das wohlproportionierte schlichte Wohnhaus des Hofgutes (östlich des Schlosses lagen die Wirtschaftsgebäude) besaß ein Mansarddach, auf dem ein Oberlicht mit Zeltdach saß. Genauso malte es 1880 ↗ *Hans Thoma,* der das von einem großen Park umgebene Haus von seiner Wohnung in der Lersnerstraße sehen konnte; das Bild befindet sich im Städel. Der heutige *Adolph-von-Holzhausen-Park* ist mit der Zeit

✴ *Regelmäßige Kammerkonzerte mit hochkarätigen Solisten und Ensembles.*

wesentlich kleiner geworden, doch immer noch sehr schön. Auf dem Spielplatz können Kinder selbst Wasserburgen bauen, Gräben ziehen und rummatschen und -planschen.

In dem entzückenden Wasserschlösschen hat die Frankfurter Bürgerstiftung ihren Sitz. Konzerte, Lesungen und Kinderveranstaltungen stehen regelmäßig auf ihrem Programm.

🕐 🎵 *Frankfurter Bürgerstiftung im Holzhausenschlösschen,* Clemens Greve (Geschäftsführer), Justinianstraße 5, 60322 Nordend. 📞 069/557791, www.frankfurter-buergerstiftung.de. *Bahn/Bus:* Bus 36 Holzhausenpark, U1 – 3, 8 Holzhausenstraße. *Zeiten:* Büro-Sprechzeiten Mo – Do 8.30 – 17, Fr 8.30 – 14 Uhr; Holzhausenausstellung Mo, Mi, Do 11 – 17 Uhr; Öffnungszeiten der Sonderausstellungen: ↗ Programm. *Infos:* Das Schlösschen kann auch für private Zwecke genutzt werden.

Rothschildpark

Mit dem Bau des ↗ OpernTurms wurden dem angrenzenden Rothschildpark 5500 qm zurückgegeben. Er war früher einmal Teil des Gartens der Villa Rothschild, auf deren Standort eine Steinbank und ein Wappenstein von 1818 am Westzugang hinweisen. 1938 wurden die Rothschilds gezwungen, Palais und Park weit unter Wert zu verkaufen. Das nach dem Zweiten Weltkrieg zerstörte Grundstück wurde 1951 an die Familie Rothschild rückübereignet. Außer einer künstlichen Turmruine von 1832 ist in dem im Stil eines Englischen Gartens mit verschlungenen Wegen angelegten 4,5 ha großen Park eine Skulpturengruppe von ↗ Georg Kolbe sehenswert, der seine Kunst zeitweise dem Geschmack der Nationalsozialisten anpasste und deswegen von diesen sehr geschätzt wurde. Der **Ring der Statuen,** 1939 – 48 entstanden, besteht aus 7 Symbol-Figuren. Sie stellen ein »Junges Weib«, »Hüterin«, »Aus-

Café im Holzhausenpark, Hammannstraße 18, Westend. 📞 0157/77297457. Mo – Fr 11 – 22, Sa, So 10 – 22 Uhr. Rote Café-Kiste aus Holz und Stahl, deren Wände im Sommer einfach zur Seite geschoben werden. 2004 von Studenten der FH Frankfurt entworfen. Schön! Kaffee, Eis und Apfelwein.

✴ *Georg Kolbe* (1877 – 1947), *begann als Maler, bevor er zur Bildhauerei fand. Seine Bronzefiguren sind wegen ihrer jugendlichen Glätte und tänzerischen Bewegtheit berühmt. Während der Nazizeit produzierte er vor allem Kämpfer, was ihn vor der Liste der »entarteten Künstler« bewahrte. Weitere Werke von Kolbe finden sich in Frankfurt im Goethe-Museum (Mädchenakt, 1936), im Rothschildpark (Ring der Statuen, mit 7 überlebensgroßen Figuren, 1927) und auf dem Hauptfriedhof (Adam, 1921). www.georg-kolbe-museum.de, Berlin.*

OASEN, PARKS & GÄRTEN

erwählte«, »Amazone«, einen »Herabschreitenden«, »Stehenden Jüngling« und einen »Sinnenden« dar.

🕐 **Rothschildpark,** *Bockenheimer Landstraße/Reuter-weg, 60323 Westend. www.gruenflaechenamt.stadt-frankfurt.de. 4,5 ha.* **Bahn/Bus:** *U6, 7 Alte Oper.*

Bethmannpark & Chinesischer Garten

Der 3,1 ha kleine Park wurde schon 1783 als »Garten vor dem Tore« angelegt. 1941 »kam er«, wie es in der Stadtchronik lapidar heißt, in städtischen Besitz. Der Park ist heute Treffpunkt von babysittenden Papis und Mamis, Schachspielern, Tai-Chi-Gruppen und vor allem von Blumenfreunden, denn zu jeder Jahreszeit passend werden Stauden und Blumen umgesetzt, sodass hier immer etwas blüht. Fern-

Simon Moritz von Bethmann (1768 – 1826), russischer Staatsrat und Generalkonsul sowie Mitglied der Frankfurter gesetzgebenden Versammlung nach 1815, war ein großer Bankier und Gönner der Stadt. Seiner Diploma-

SIMON MORITZ VON BETHMANN

*tie war es zu verdanken, dass Napoleon seine Truppen nicht geradewegs und plündernder-weise durch die Stadt ziehen ließ. Die Kaufleu-te Bethmann begannen 1754 mit den ersten Anleihegeschäften, entwickelten als erstes Bankhaus das System der Effek-ten, gaben unter anderen Kaiserin **Maria Theresia** große Kredite (bis der Konkurrent Rothschild eine Filiale in Wien eröffnete), mischten kräftig bei Aktiengeschäften mit Dampfschiffen und Eisenbahnen mit und unterstütz-ten Institute, Theater und Schulen. Simon Moritz von Bethmann ließ für seine Frau **Louise Friederike Boode,** die aus der holländischen Kolonie Guayana stammte, an der Mörfelder Landstraße ein Stück Stadtwald in einen Park umwandeln, den er zu ihren Ehren »Louisa« nannte. Sie hatten 4 Söhne, von denen einer früh verstarb. Daran knüpft sich die Legende von den Bethmännchen, einem Weihnachtsgebäck aus Marzipan, dass mit 3 Mandelstücken verziert ist.*

Anders als das Rothschild'sche Bankhaus existiert das Stammhaus der Bethmann-Bank noch, es steht unweit des Römers in der Bethmannstraße.

östliche Kontemplation bietet der 1990 im Bethmann-Park eröffnete **Chinesische Park Himmlischer Frieden.** Der Name erinnert an das Massaker von 1989 auf dem Pekinger Platz des Himmlischen Friedens. Nach taoistischen Prinzipien sind hier Natur- und Kulturräume harmonisch vereint, durch die 7 sorgfältig arrangierten Elemente Himmel, Erde, Wasser, Stein, Haus, Lebewesen und Pflanze. Holz und Marmor wechseln sich dabei ab, eine gezackte Brücke soll Geister in die Irre führen.

Schönster Buddelkasten Frankfurts für die Kleinsten: Im Bethmannpark
© Annette Sievers

🕐 **Bethmannpark,** *Berger Straße, 60316 Nordend.* www.gruenflaechenamt.stadt-frankfurt.de. **Bahn/Bus:** *U4 Merianplatz, Straba 12 Hessendenkmal.* **Zeiten:** *Ganzjährig ab 7, Sa, So, Fei 10 Uhr bis zum Einbruch der Dunkelheit. Chinesischer Garten Dez, Jan Sa, So, Fei 10 – 15.30 Uhr, Feb, März 6.30 – 17 Uhr, April, Mai bis 19 Uhr, Juni, Aug bis 21 Uhr, Sep*

☀ *Zwei Löwen vor dem Eingang des Chinesischen Gartens symbolisieren das dualistische System von Männlich und Weiblich, der linke Löwe trägt eine im Maul geschnitzte Steinkugel, die sich bewegen lässt. Ursprünglich bestand sie aus einem (!) Stück, wurde aber leider beschädigt und musste restauriert werden.*

Park im Park: Der Chinesische Garten zieht immer Besucher an
© Annette Sievers

OASEN, PARKS & GÄRTEN

bis 19.30 Uhr, Okt bis 17 Uhr, Nov bis 16 Uhr. **Infos:** *Der Beratungsgarten im Bethmannpark wurde weggespart, die Gärtner können Sie jetzt nur bei der Arbeit ansprechen.*

»Günni«, der Familientreff

Hier, wo einst die Römer bereits einen Gutshof, eine *villa rustica,* unterhielten, stand die **Borneburg,** die 1490 *Johann von Glauburg* zum Hof umbaute, 1690 vom Gastwirt *Jakob Günther* erworben und 1837 von *Sebastian Rinz* für *Freiherr Carl Mayer von Rothschild* zum **Günthersburg-Schlösschen** samt Parkanlage umgestaltet wurde. Der 4. Rothschild-Sohn lebte eine zeitlang dort und ließ 1864 die Ökonomie Luisenhof, einen großen Gutsbetrieb (später Städtischer Fuhrpark), an der Weidenbornstraße bauen. 1891, nach dem Tod des letzten Bewohners, wurde das Schlösschen abgerissenen und der Park öffentlich zugänglich gemacht.

In dem 7,5 ha großen **Günthersburgpark** tummeln sich im Hochsommer kleine Nackedeis am fantasievollen von Bildhauer *Rainer Uhl* gestalteten **Sprühfeld** und große auf den **Liegewiesen** zum Sonnen. In den großen, alten Bäumen turnen Eichhörnchen und hämmern Grünspechte, auf den Wegen drehen die Jogger von früh bis spät ihre Runden.

Die **Orangerie** am Ostrand des Parks gehörte einst zur Rothschild-Villa und diente als Überwinterungshaus für exotische Pflanzen. Dass der klassizistische Hallenbau an eine Kirche erinnert, nutzte die *Deutsch-Evangelischen-Reformierten Gemeinde* aus, um in der »Gnadenkirche« ab 1945 Gottesdienste abzuhalten. Heute noch werden an hohen Feiertagen vor der Orangerie Freiluftgottesdienste abgehalten. Aber eigentlich wird sie seit 2004 vom *Kinderschutzbund* genutzt. Das passt auch besser, denn nahebei befindet sich ein großer, sehr beliebter **Kin-**

Am westlichen Eingang steht **Der Sämann,** *1915 vom Belgier Constantin Meunier geschaffen, etwas weiter hinten* **Der Stier** *(1912) von Fritz Böhle, der in Frankfurt gelebt hat. Den Sockel des Sämanns ziert die von einem unermüdlichen Sprayer aufgebrachte Parole »Sei frei – immer!«*

Café im Günthersburgpark, Comeniusstraße 39, Nordostrand des Parks. ✆ 069/4691858. Sommer täglich 11 – 23 Uhr, im Winter nur an ganz schönen Tagen geöffnet. Der Kiosk mit WC am Spielplatz bietet Eis am Stiel, Kuchen, Milchkaffee und griechische Snacks. Davor stehen Tische, Stühle und Bänke, an denen auch Mitgebrachtes verzehrt werden darf.

derspielplatz sowie ein 🖼 **Kiosk-Café.**
Im Norden wurde der Günthersburg-park bereits um weitere Wiesenflächen erweitert, auf denen das ➚ STOFFEL stattfindet. Hinter dem Werkstatt-Areal des Grünflächenamtes besteht über einen schmalen, meist

Ach, könnt doch nur immer Sommer sein: Wasserspaß im Günthersburgpark

© Annette Sievers

schmutzigen Weg durch Schrebergärten eine Verbindung zum **Wasserpark** und zum Bornheimer Friedhof. Er wird von Hundebesitzern, Joggern und den Bewohnern des neuen *Waterpark-Viertels* viel benutzt. In dem lauschigen Wasserpark wird der Einstieg ins unterirdische Wasserreservoir von einem Obelisk von 1828 und einem Pumpenhaus aus rotem Sandstein von 1901 markiert.

🕐 *Günthersburgpark, 60389 Nordend, Bornheim. www.frankfurt.de. Bahn/Bus: U4, 5 oder Bus 34, 38, 43, OF 103 bis Bornheim Mitte oder Straba 12 Günthersburgpark. Infos: Hundeverbot, Abenteuerspielplatz Günthersburg für Kinder ab 6 Jahre, Feb – Dez Mo – Fr 11 – 18, Sa 13 – 18 Uhr, in den Sommerferien länger, www.abenteuerspielplatz.de.*

🖼 Am unteren Ausgang des Parks gibt es an der Straßenecke einen **Eissalon.**

Huthpark

Der schöne, 18 ha große und wenig besuchte alte Park unterhalb des Lohrbergs wurde 1911 als Volkspark Auf dem Huth, eine alte Gemarkungsbezeichnung, angelegt. Trotz vorübergehender Nutzung während des Zweiten Weltkrieges als Gemüseanbaufläche und Pferdekoppel besitzt er seinen alten Charme und die von Gartenbaudirektor *Max Bromme* einst angelegte Struktur. So geht man unter al-

OASEN, PARKS & GÄRTEN

➡️ Durch die A661 ist der Huthpark von der direkten Verbindung zum **Bornheimer Friedhof** abgeschnitten, doch theoretisch kann man vom Günthersburgpark über den Huthpark bis zum Lohrberg wandern.

🏠 **Café Bergstation,** Propst-Goebels-Weg 17, ℂ 069/46881499. Im Sommer täglich 10 – 20 Uhr. Helles Café mit vielen Freisitzen. Es gibt Kuchen, kleine Speisen und Mittagstisch. Das öffentliche WC ist von außen zugänglich.

ten Rotbuchen spazieren, dreht eine Runde um die Natur- und Hundewiese oder ertüchtigt sich auf dem schönen Trimmplatz mit Edelstahlgeräten. Der Gartenpavillon im unteren Teil wurde 1929 im Stil der frühen Moderne entworfen und diente ehemals als Unterstand mit Duschen für Sportler und die Kinder der Zentrafenschule nach dem Sportunterricht, war aber dann lange Zeit dem Verfall preisgegeben. Heute kann man im vom Frankfurter Architekten *D.W. Dreysse* entworfenen Anbau aus Glas und auf einer großen Terrasse des 🏠 **Café Bergstation** Platz nehmen. Die Toiletten im Untergeschoss sind öffentlich zugänglich.

🕐 *Huthpark, 60389 Seckbach. www.gruenflaechen-amt.stadt-frankfurt.de. Bahn/Bus: U4 bis Seckbacher Landstraße, über die Autobahnbrücke hinweg, links in die Straße Auf der Ulmenklaue aufwärts gehen. Oder Bus 43 Atzelberg Mitte, Bus 38, 43 Eschweger Straße, von dort durch Eschweger oder Arolser Straße 7 Min leicht bergan gehen. Oder Bus 30 und 69 bis Unfallklinik/B3. Infos: Aktuelle Informationen über das Huthparkcafé und Weiteres unter www.ig-auerweg.de.*

Frische Luft im Frankfurter Osten

Entstanden ist die 32 ha große Anlage zwischen 1907 und 1913 auf dem Gelände eines ehemaligen Mainarms, dem *Riederbruch*. Der große, von Schilf umstandene Weiher im Park war einmal Teil des ursprünglichen Flusslaufs. Wegen der fehlenden Frischwasserzufuhr steht das Gewässer im Sommer heute regelmäßig vor dem ökologischen Kollaps. Gleichwohl ist er Tummelplatz von Schwänen und Gänsen, die unerschrocken die Jogger an sich vorüberziehen lassen. Wo früher politische Parolen skandiert wurden – in den 20er-Jahren war der Ostpark beliebter Sammelort für Gewerkschaftskundgebungen – wird heute auf mehreren Feldern Fußball gespielt. Die Schlappekicker orientieren sich, wenn gar nichts mehr geht, am offiziellen **Elfmeterpunkt.** Das Objekt der Komischen Kunst des Karikaturisten *F.W. Bernstein* ragt auf der Wiese nördlich des Weihers in den Himmel – selbst *Ernst Happel* hätte von dort oben nichts mehr runter geschossen. Dafür fungiert der Park an sich als Treff, die Youngster tun's auf dem großen Spielplatz, die Abi-Jahrgänge treffen sich zu ausufernden nächtlichen Feten und die Oldies zum Flanieren durch die Blumenrabatte des *Bürgergartens.* Am Westende gibt es einen Kiosk, dahinter eine Übernachtungsstätte der Sozialen Heimstätten e.V.

🕐 **Ostpark,** *60386 Riederwald. www.frankfurt.de.* **Bahn/Bus:** *U6, 7, Straba 12, Bus 38, OF103 bis Eissporthalle/Festplatz.* **Auto:** *Parkplatz Eissporthalle/Festplatz.*

☀ **Tipp:** Dem Ostpark direkt gegenüber befindet sich der **Festplatz am Ratsweg.** Hier bauen die letzten großen Zirkusunternehmen regelmäßig ihre Manegen auf. Im Frühjahr und Herbst lädt die beliebte ↗ Dippemess zu einem Besuch ein.

DER BESONDERE TIPP Frankfurter Garten

🕐 Ein unschön brach liegender Platz wird von den Bürgern zurück ins urbane Leben geholt. Wie? Durch einen mobilen Garten! Seit Mai 2013 wachsen auf dem Danziger Platz beim Ostbahnhof Zucchini, Kürbisse, Tomaten, Blumen und Kräuter in hohen Kisten, aufgeschnittenen Milchtüten und aufgehängten Töpfen. Gepflegt werden sie von den Nachbarn und Menschen, denen solch liebenswerte Aktionen wichtig sind. Unterstützt wird die Aktion von u.a. Mainova, Possmann, FES und Fraport. Was geerntet wird, wird mittwochs auf dem Wochenmarkt zum Kauf angeboten. Dann bereichern Stände mit Fisch und Wurst, Grie Soß, Käs', Honig, Gelee und Gegrilltem den Garten, dann ist das Café voll besetzt, es spielen kleine Bands und klicken die Boule-Kugeln. **Frankfurter Garten,** Danziger Platz, 60314 Ostend. www.frankfurter-garten.de. **Bahn/Bus:** U6 Ostbahnhof, Straba 11 Ostbhf/Honsellstraße. **Zeiten:** Täglich. Wochenmarkt Mi 12 – 20 Uhr.

© Annette Sievers

OASEN, PARKS & GÄRTEN

Frankfurts Hausberg: Lohrberg

180 m hoch über Frankfurt hat man einen wunderbaren Aus- und Rundumblick auf die Mainmetropole, das Maintal, den Taunus, die Wetterau, auf Hanau, Offenbach und bis zum Odenwald. Zwischen alten Kastanienbäumen befinden sich Picknick- und Grillwiesen, Spielplatz, Kinderplanschbecken, Fußball- oder Cricketrasenfeld.

Hier oben, am Südhang des Lohrbergs, liegt übrigens der letzte städtische Weinberg innerhalb des Stadtgebiets (der übrige städtische Wein kommt aus Hofheim) sowie in der Nähe eine Beispielobstanlage mit Beratungs- und Verkaufsstelle, das ❂ **MainÄppelhaus.** Zwar gab es auch schon zu Zeiten *Karls des Großen* Obstwein aus Äpfeln, doch hatten die Traubenweine die größere wirtschaftliche Bedeutung. Nicht nur für den höfischen Bedarf wurde produziert, reichlich Abnehmer fanden sich zu den Messezeiten im Frühjahr und Herbst sowie in den umliegenden reichen Klöstern. Erst als sich um 1600 das Klima veränderte und die Temperaturen in den hiesigen Breiten sanken, Kriegszüge nachhaltig das Land verwüstet hatten und schließlich im 19. Jahrhundert auch noch der Mehltau eingeschleppt wurde, gingen die Rebstöcke nach und nach ein und der Apfelwein begann seinen Siegeszug. Kosten können Sie diesen in der Lohrbergschänke, den hiesigen Riesling können Sie in der *Weinstube* am ↗ Römer verkosten und kaufen.

🕐🕐🏠 *Beratungsgarten Lohrberg, MainÄppelhaus Lohrberg Streuobstzentrum e.V., Klingenweg 90, 60389 Seckbach.* ✆ *069/35413, www.mainaeppelhauslohrberg.de. Bahn/Bus: Bus 30 Richtung Bad Vilbel bis Heiligenstock (Restaurant Altes Zollhaus), dann 10 Min zu Fuß durch den Berger Weg Richtung Osten. Bus 43 Bornheim Mitte – Bergen bis Budge-Altenheim hinter Seckbach, dann Fußweg zwischen Altenheim und Buchhändlerschule 10 Min aufwärts*

📙 *Dem Ebbelwoi auf der Spur:* Info-Broschüren plus Wanderkarten zur Hessischen Apfelwein- und Obstwiesenroute können im Internet bestellt werden (circa 7 € plus Porto für ein Paket). Rad- und Wandertouren führen durch Frankfurts Obstbaulandschaft zu Keltereien, Verkaufsstellen, Naturschutzgebieten und natürlich Weinstuben. www.hessische-apfelweinroute.de.

⚔ **Lohrbergschänke,** Auf dem Lohr 9, Seckbach. ✆ 069/90476785. www.lohrberg-schaenke.de. Täglich 11 – 23 Uhr. Das beliebte Ausflugslokal auf Frankfurts Hausberg im Nordosten der Stadt bietet gutbürgerliche Küche zu gemäßigten Preisen und natürlich Ebbelwoi.

der Beschilderung folgen. **Auto:** *Parkplatz am Parkeingang Berger Weg.* **Rad:** *Der Lohrpark ist Teil des Frankfurter Grüngürtels und auf dem um die Stadt führenden Wander- und Radweg zu erreichen oder über Friedberger Landstraße und Heiligenstock.* **Zeiten:** *Beratung jeden Do 14 – 18 Uhr. April – Okt Hofladen und Bistro Di – So 11 – 18 Uhr. Nov – März Bistro Sa, So 11 – 16 Uhr. Hofladen Verkauf von Obst und Obstprodukten Di, Mi, Fr 11 – 15, Do 11 – 18, Sa, So 11 – 16 Uhr. Die Besucher können ihr Obst auch selbst pflücken.* **Infos:** *Viele Veranstaltungen, Naturführungen und besondere Führungen für Kindergärten und Schulklassen.*

AM UND AUF DEM WASSER

Die schönsten Städte liegen am Wasser und zum Glück hat auch Frankfurt seine Ufer wiederentdeckt. So lässt es sich hibbdebach und dribbdebach nicht nur herrlich flanieren und skaten, sondern auch wie am »Nizza« zwischen exotischen Bäumen auf dem Rasen lagern oder beim Dämmerschoppen in den (temporären) Lokalen aufs Wasser schauen. Die schönsten Perspektiven auf die Skyline hat man allerdings bei einer Schiffsfahrt auf dem Main.

OASEN, PARKS & GÄRTEN

Panoramafahrt: Schon die kurzen Fahrten zwischen Ost- und Westhafen machen Spaß
© KD Deutsche Rheinschiffahrt AG

KD Köln-Düsseldorfer Deutsche Rheinschiffahrt AG, Mainkai, www.k-d.com, ☏ 069/285728. Anfang April – Ende Okt. Einstündige Panoramafahrten ab Eiserner Steg täglich 10.30, 12, 13.30, 15, 16.30, 18 Uhr. 8,60 €, Kinder 4 – 13 Jahre 6 €. Familie 2 Erw, 2 Kinder bis 16 Jahre 23 €.

Schiffstouren

Die *Primus-Linie* befährt ganzjährig den Main flussauf- und flussabwärts, im Winter mit ausgedünntem Fahrplan. Abfahrt und Fahrkarten-Kiosk am Eisernen Steg. **Kleine Kreuzfahrt:** Mai – Mitte Okt ab Eiserner Steg Richtung Griesheim täglich 13, 15, 17 Uhr, Juli und Aug auch 11 Uhr, zusätzlich So, Fei 11, 12.30, 14.30, 16.30, 18.30 Uhr; Richtung Gerbermühle täglich 12, 14, 16, zusätzlich So, Fei 11.30, 13.30, 15.30, 17.30, 18 Uhr, 50 Min Erw 8,40 €, Kinder 4,20 €, 100 Min Erw 10,40 €, Kinder 4,20 €.

Auf der Fahrt von Frankfurt nach Aschaffenburg und Seligenstadt halten die Schiffe in Hanau Schloss Philippsruhe, Schloss Steinau und Großauheim.

Primus-Linie, *Frankfurter Personenschiffahrt Anton Nauheimer GmbH, Mainkai 36, 60311 City. ☏ 069/133837-0 (Info und Tickets), 133837-11 (Chartertelefon), Handy 0171/5407559. www.primus-linie.de.* **Bahn/Bus:** *U4, 5 bis Dom/Römer, Straba 11, 12 bis Römer/Paulskirche, jeweils 3 Min zum Eisernen Steg.* **Rad:** *Main-Radweg am gegenüberliegenden Ufer, Eiserner Steg führt direkt zur Anlegestelle.* **Zeiten:** *Fahrkartenkiosk Mainkai Feb – März Mo – Fr 9 – 18 Uhr, ab April täglich 7.45 – 19.15 Uhr. Fahrten ab März Sa, So und Fei, Mai – Mitte Okt Eiserner Steg mainabwärts bis Schleuse Griesheim täglich 11, 13, 15, 17 Uhr, mainaufwärts bis Gerbermühle jeweils 1 Std später, an So, Fei zusätzlich 11.30 – 17.30 sowie 18 und 18.30 Uhr stündlich.* **Preise:** *Ab Eiserner Steg 50 Min 8,40 €, 100 Min 10,40 €; Kinder 6 – 15 Jahre 50 oder 100 Min 4,20 €; Familienticket (2 Erw und 2 Kinder) 50 Min 22,90 €, 100 Min 25,90 €; Gruppenrabatte ab 10 Pers 10 %, ab 30 Pers 15 %, ab 50 Pers 20 %.*

Die Main-Promenaden

Nizza nennt man das subtropisch bepflanzte Mainufer zwischen Friedens- und Untermainbrücke. Zi-
tronen, Feigen, Lorbeer, Zedern und andere süd-
ländische Pflanzen verbreiten beim Flanieren das
richtige Flair.

Zum Flanieren, Skaten, Joggen, Kinderwagen ausführen eignen sich jedoch die Promenaden auf beiden Seiten des Mains. Das war nicht immer so. Dass
eine Stadt am Fluss ein besonderes Flair besitzt,
das als Attraktion zu nutzen ist, hat man jedoch inzwischen verstanden und die Ufer umgestaltet und
bepflanzt. Inzwischen kann man Richtung Osten bis
zur **Weseler Werft,** über die Eisenbahnbrücke auf
Sachsenhäuser Seite wechseln und zur ↗ ✉ **Gerbermühle** wandern. Oder Richtung Westen übers Nizza
hinaus zum ↗ **Westhafen,** über die Main-Neckar-Brücke ans *Niederräder Ufer* wechseln und zum
↗ 🛁 **Licht- und Luftbad** wandern oder am Tiefkai und
dem Museumsufer entlang zum Eisernen Steg zu-
rücklaufen. Der **Eiserne Steg** (↗ Rundgang 1) ist zweifellos der geografische
Mittelpunkt und der Fotostandort für die
Frankfurter Skyline schlechthin. An der
Nordseite des Stegs fahren die ↗ **Aus-
flugsschiffe** ab, an der Südseite liegen
zwei Restaurantschiffe mit Bootsverleih,
↗ **Sachsenhausen.** Im Südbrückenturm
befindet sich zudem das ↗ 🛁 **Café Mainstrand,** im Sommer ein aussichtsreicher
Rastplatz.

⊙ *Nizza, Museumsufer, Deutschherrnufer & Niederräder Ufer,* Länge 4 km.
Rad: Main-Radweg. **Infos:** *Themen-Füh-
rungen unter www.gruenflaechenamt.
stadt-frankfurt,* ✆ 069/212-30269,
*Erw 3 €, Treffpunkt ist der Treppenab-
gang an der Untermainbrücke im Nizza.*

✉ **MainNizza,** Unter-
mainkai 17.
✆ 069/299207510.
www.mainnizza.de. Täg-
lich 11.30 – 1 Uhr. Mit
Blick auf Main und Nizza
genießt man in behagli-
cher Atmosphäre deut-
sche und internationale
Küche zu angemessenen
Preisen. Im Biergarten
am Ufer herrscht Selbst-
bedienung.

*Blumen gibt's in Frank-
furt nur mit Hochhaus:
Nizza am Main*
© Annette Sievers

OASEN, PARKS & GÄRTEN

Frankfurter Botschaft

Outfit und Interieur erinnern bewusst an den Stil von Luxus-Linern aus den 60ern, ein bisschen cooler 007-Look ist auch dabei. Zu genießen gibt es neben ausgefallenen Gourmetkreationen auch den direkten Blick auf den Main.

✉ *AZAK Gastronomie GmbH, Westhafenplatz 6 – 8, 60327 GutleutWesthafen. ✆ 069/24004899, 15342522, www.frankfurter-botschaft.de. **Bahn/ Bus:** Straba 12, 16, 21, Bus 35, 46 Baseler Platz. **Zeiten:** Bar Mo – Sa 10 – 1, So 10 – 15 Uhr, Küche Mo – Sa 12 – 15 und 18 – 22 Uhr, So 10 – 15 Uhr. **Preise:** So Brunch 10 – 15 Uhr 19,50 €, Vorspeisen um 12 €, Hauptgerichte um 25 €.*

Oosten

Aus dem kultigen Sonnendeck-Platz mit Industrie- und Improvisations-Charme wurde im Schatten der **EZB** ein schicker Restaurant-Bar-Lounge-Mix. Reizvoll ist der Kontrast des alten Verladekrans, der zur Hälfte in die überdachte Terrasse integriert ist, zur modernen Glas-Stahl-Architektur à la Bauhaus mit Blick auf Main und Skyline. Vom Frühstück bis zum Abendessen ist man international aufgestellt.

After work: Mit Blick auf Main und Skyline kann der Tag schön ausklingen – egal, ob mit oder ohne getaner Arbeit

© Annette Sievers

✉ 🛏 *Realwirtschaft am Main, Thomas Klüber, Eyssenstraße 4, 60314 Ostend. ✆ 069/949425680, www.oosten-frank-furt.com. **Lage:** Ruhrorter Werft. **Bahn/ Bus:** U6 Ostbahnhof, Straba 11 Ostbhf/Sonnemannstraße. **Auto:** Parkhaus Sonnemannstraße. **Zeiten:** Mo – Do 10 – 24, Fr 10 – 1, Sa 9 – 1, So 9 – 24 Uhr.*

Schwimmclub Schwedler See

Man sitzt rustikal und schaut auf den See – und mit Neid auf die Schwimmclubmitglieder. Denn allein diese dürfen sich auf Wiese und Stege legen und in die grüne Flut steigen. Dennoch ist der Platz eine Radtour wert, schon wegen seiner skurrilen Lage mitten im Osthafengebiet. Dieses hat seine Hoch-Zeiten zwar schon hinter sich, dennoch überrascht es, inmitten der Industrieanlagen diese grüne Oase vorzufinden, in der sich Fische wohl- und Vögel eingeladen fühlen.

Frankfurts einziger Badesee ist eine 1908 im Rahmen des Ausbaus des Osthafens ausgehobene Grube, die jedoch nicht zum Hafenbecken ausgebaut wurde. Sie füllte sich mit Grundwasser und dient seither dem **EFSC 1891** als Trainings- bzw. Clubanlage. 1977 wurde der größte Teil zugeschüttet, um das Gelände für die Lagerhallen an der Lindleystraße zu vergrößern. Geblieben ist ein kleiner Restsee mit dichtem Grün drumherum und einer schmalen Liegewiese.

Erster Frankfurter Schwimmclub von 1891 e.V. (EFSC), Schwedlerweg, 60314 Osthafen. ✆ 069/ 438033, www.schwedlersee.de. Lage: In der Nähe der Hanauer Landstraße. Bahn/Bus: Straba 11 Schwedlerstraße. Auto: Parkplätze nahe Wasserschutzpolizei in der Lindleystraße. Zeiten: Di – Fr, So 12 – 24, Sa ab 20 Uhr, nur für Mitglieder des EFSC. Preise: Monatlich 12,50 €, Schwimmen zzgl. 3 €; Kinder bis 18 Jahre monatlich 9 €, Schwimmen zzgl. 3 €; Familien monatlich 19,50 €, Schwimmen zzgl. 7 €. Infos: Aufnahmegebühr 25 €, Familie 50 €.

Schwedler See, Frankfurt. Hausgebackener Kuchen, Küche abends mit Rinds- oder Kartoffelwurst, Gegrilltes und Salate 6 – 12 €. Im Sommer Partys.

Der See ist nach wie vor in den Händen des Schwimmclubs, wer hier baden möchte, muss Mitglied sein. EFSC 1891, Jahresbeitrag: 150 €, Kinder 108 €, www.efsc.de. EFSC steht für Erster Frankfurter Schwimmclub. Mit 1800 Mitgliedern ist er der größte Schwimmverein der Stadt.

Licht- und Luftbad auf der Maininsel

Ein kleines Stück Wildnis am Main: Ideal für Familien mit Kindern, Grillfreudige und all jene Erholung Suchende, die nach unprätentiösem Sonnenbaden und Durchatmen trachten. Für Aktive stehen Volleyball-

LiLu-Café, Niederräder Ufer 10, Niederrad. © 069/6773653. www.lilu-frankfurt.de. April – Okt täglich ab 11 Uhr, sonst nach Witterung. Von den Werkstätten selbst betriebener Imbiss in einem Ponton-Kubus mit Tischen im Freien und selbstgemachten sowie regionalen Produkten, Currywurst oder Kuchen zu günstigen Preisen.

*Die **Werkstatt Frankfurt e.V.** ist ein Arbeitslosen-Projekt, das vom Recycling bis zur Landschaftspflege eigene Betriebe unterhält und Dienstleistungen anbietet.*

netze und eine Boulebahn zur Verfügung, Bierbänke und Schwenkgrill können ausgeliehen werden. Kinder können den Spielplatz und einen kleinen Sandstrand für sich entdecken.

Um 1900 schon wurde hier, auf der Niederräder Maininsel, von der Stadt Frankfurt ein Strandbad eröffnet, das damals überwiegend von Arbeiterfamilien genutzt wurde. Als einziges öffentliches Bad, das den jüdischen Bürgern nach der Machtübernahme der Nazis noch zur Nutzung offen stand, war es als »Judenbad« verschrien und wurde 1938 von der SA übernommen. Nach dem Zweiten Weltkrieg erholten sich hier Angehörige der US Army. 1949 wurde es ans städtische Sport- und Badeamt übergeben, die Stadt Frankfurt wiederum legte die Pflege und den Ausbau des Licht- und Luftbades 2003 in die Hände der **Werkstatt Frankfurt e.V.** und denkt sogar an eine Erweiterung Richtung Osten. Der Verein betreibt das Gelände mit Langzeitarbeitslosen, die dadurch auf den Arbeitsmarkt zurückgeführt werden sollen.

🕐🍴 *Kombinat GmbH,* Frankfurter Verein Transfer-Werkstatt, Peter Hovermann, Niederräder Ufer 10, 60528 Niederrad. © 069/79405300, www.werkstatt-frankfurt.de. *Bahn/Bus:* Straba 12, 15, 19, 21 Heinrich-Hoffmann-Straße/Blutspendedienst. *Rad:* Main-Radweg. *Zeiten:* April – Sep 10 Uhr – Einbruch der Dunkelheit, max. 22 Uhr. *Preise:* Eintritt frei. *Infos:* WC am Café nur über Treppen erreichbar, ein weiteres in der Mitte der Insel ist ebenerdig, aber wenig gepflegt.

Sommer-Location Maincafé

Sonnenhungrige sitzen auf Bänken, fläzen sich auf Liegestühlen oder machen es sich direkt auf der Liegewiese bequem. Bei schlechtem Wetter und für gelegentliche (Musik-)Veranstaltungen ist ein Innenbereich vorhanden. Hauptattraktion ist aber die schö-

ne Aussicht auf Mainhattan. Das Publikum reicht von alternativ bis hip und leistet sich relativ billigen Äppler, Sandwiches und frischen Kuchen.

Mein-und-Dein-Café: Maincafé

Foto: Daniela Sahling

📧 *Schaumainkai 50, 60596 Sachsenhausen. ℂ 069/ 66169713, www.maincafe.net. **Lage:** Zwischen Holbeinsteg und Untermainbrücke. **Bahn/Bus:** U4, 5, Straba 11, 12 Willy-Brandt-Platz via Untermainbrücke. **Zeiten:** Im Sommer täglich ab 10 Uhr, wetterbedingt.*

Sommer-Location Café Senza Licenza

Unkonventionelles rollendes Theatercafé der *Comoedia Mundi* anlässlich des ↗ Theaterfestivals Tangente. Ausgeschenkt werden in nostalgischen Zirkuswaggons Bier, Sekt, Wein aus ökologischem Anbau, Saft, Kaffee, Tee und heiße Schokolade, daneben werden natürlich auch Eintrittskarten verkauft. Die Einnahmen dienen allein der Finanzierung des Theaters mit seinem Festival im Theaterzelt am Muesumsufer. Im Sommer werden rund um den Caféwagen zusätzlich Bierzeltgarnituren und sogar Liegestühle aufgebaut. Seit 1987 Vorreiter in Sachen lebendiger Stadtkultur wird direkt am Fluss eine Oase der Entschleunigung gegenüber der Frankfurter Skyline geboten.

Comoedia Mundi, 60594 Sachsenhausen. ℡ 09107/997970, Handy 0151/26939781, 0170/4908450. www.comoedia-mundi.de. **Lage:** Standort im Sommer am Tiefkai des Schaumainkais (Museumsufer). **Bahn/Bus:** Bus 46, Straba 15, 16, 19 Otto-Hahn-Platz. **Zeiten:** Ende Juni – Anfang Aug täglich 13 – 1 Uhr. **Preise:** Theateraufführungen und Konzerte 10 – 20 €. **Infos:** Theaterstücke, Konzerte, Chansons, Kindertheater und Lesungen;

*Der 66-jährige **Goethe** hatte sich vom »Frühlingshauch und Sonnenbrand« der Gattin des Bankiers Johann Jakob von Willemer verzaubern lassen. Für die 30-jährige Marianne ein empfindlicher Schmerz: Nach der ersten Begegnung im Oktober 1814 schreibt sie »welch ein Mann und welche Gefühle bewegen mich.« Nach der 2. Begegnung 1815 scheint Marianne entschlossen, sich scheiden zu lassen, doch Goethe weicht aus, obwohl er ihr in seinen Briefen versichert, »dass ich jedes deiner Gefühle doppelt und dreifach erwidere«.*

Gerbermühle

»Von der Isar bis zum Rhein, mahlen manche Mühlen. Doch die Gerbermühl' am Main, ist's wohin wir zielen« schrieb 1815 **Goethe** Marianne von Willemer ins Stammbuch. Der deutsche Dichter hatte seinen 66. Geburtstag in der Gerbermühle gefeiert, was allein schon Grund ist, aus dem Gasthaus einen (Touristen)Magnet zu machen. Seit 2007 ist etwas mehr Schick ins alte Haus gezogen. Aber der schöne Spaziergang vom Eisernen Steg am Fluss entlang bis zu dem Platz unter alten Bäumen ist noch der gleiche.

Deutschherrnufer 105, 60594 Sachsenhausen. ℡ 069/6897779-0, www.gerbermuehle.de. Bahn/Bus: Bus 46 Gerbermühle. **Zeiten:** Warme Küche täglich 11.30 – 16 und 17.30 – 22.30 Uhr; Turmbar So – Mi 17 – 21, Do – Sa 17 – 3 Uhr.

AUSGEHEN & VERGNÜGEN

© Romanfabrik

*Das Kulturleben Frank-
furts ist einer Global
City entsprechend viel-
seitig und niveauvoll*

WO DIE BRETTER DIE WELT BEDEUTEN

1782 hob sich der Vorhang in Frankfurt zum ersten Mal in einem eigens dafür errichteten »Comoedienhaus« für Schauspiel und Oper. 1880 zog das Musiktheater in die heutige Alte Oper, das Schauspiel bekam 1902 am heutigen Willi-Brandt-Platz ebenfalls ein repräsentatives Haus, ganz im Jugendstil errichtet. Mit expressionistischen Inszenierungen erarbeitete man sich einen guten Ruf, mit dem 1933 Schluss gemacht wurde. 1945 war das Jugendstil-Theater Schutt und Asche, die Oper war ausgebrannt. 18 Jahre lang spielte man behelfsmäßig in der Frankfurter Börse für ein nach Ablenkung und geistigem Futter lechzendes Publikum.

Beeindruckend: Medea am Schauspiel Frankfurt

1963 eröffneten Oper und Schauspiel an heutiger Spielstätte. Die Stücke wurden wieder politischer, Arbeiterbewegung und Vietnam spielten eine Rolle. 1972 bis 1981 führte dies zu einem ungewöhnlichen Arbeitsmodell, bei dem bis zu den Souffleusen alle ein künstlerisches Mitspracherecht besaßen. Nach einer Theaterbesetzung durch RAF-Sympathisanten und einer polizeilichen Räumung des Hauses endete diese Phase, in der *Susanne von Borsody, Rosemarie Fendel, Elisabeth Trissenaar, Josef Bierbichler* und

Traugott Buhre, zum Ensemble gehört hatten. Während der Intendanz von *Günther Rühle* kam es 1985 bei der geplanten Erstaufführung von Fassbinders »Der Müll, die Stadt und der Tod« zum Theaterskandal, ↗ Theater ums Theater.

Heute gibt es rund 30 Aufführungsorte in der Stadt, die mehr oder weniger regelmäßig bespielt werden. Vertreten sind alle Sparten, sodass in diesem Buch gar nicht alle genannt werden können. Neben Oper und Schauspiel wichtig sind beispielsweise der *Mousonturm* mit dem Schwerpunkt Tanztheater, die Boulevardbühnen *Fritz Rémond* und *Komödie,* das Kabarett *Die Käs* und das *Neue Theater Höchst* (↗ Höchst), Michael Herls *Stalburg Theater,* das irgendwo dazwischen liegt, sowie die fremdsprachigen Bühnen *English* und *Internationales Theater.*

Als bundesweit vorbildlich gilt die **Frankfurter Theaterallianz,** ein Zusammenschluss aller Häuser mit fester Spielstätte. Gemeinsam bringt man ein Monatsplakat heraus, das in den U-Bahn-Stationen aushängt und den aktuellen Spielplan zeigt, www.theaterallianz.de.

Theater für Kinder finden Sie in *Frankfurt Rhein-Main mit Kindern* von Eberhard Schmitt-Burk ausführlich beschrieben, ISBN 978-3-89859-434-9, pmv, 16 €.

GROSSE & KLEINE BÜHNEN
Schauspiel Frankfurt

Das traditionsreiche Schauspiel Frankfurt ist das größte Sprechtheater in der Rhein-Main-Region und als überregional profilierte Bühne auch deutschlandweit viel beachtet. 30 Schauspielerinnen und Schauspieler gehören zum festen Ensemble und bilden das Zentrum des Spielplans. Namhafte Regisseure inszenieren für 5 feste Spielorte: Schauspielhaus, Kammerspiele, Box und Panorama Bar im Haus sowie Bockenheimer Depot. Pro Saison werden etwa 30 Neuinszenierungen erarbeitet. Als Repertoiretheater verfügt das Schauspiel Frankfurt über ein täglich wechselndes Angebot an Stücken. Ne-

Vielseitig und flexibel: Das Schauspiel Frankfurt hat für jede Altersgruppe was im Repertoire

© Annette Sievers

Nach dem Krieg sorgte Intendant Harry Buckwitz mit seinen Brecht-Aufführungen für kontroverse Diskussionen. 1955, noch im Saal der alten Börse, inszenierte Buckwitz zusammen mit Bertolt Brecht die westdeutsche Erstaufführung des »Kaukasischen Kreidekreises«. Günther Rühle sorgte 1986 mit der Inszenierung von Rainer-Werner Fassbinders Stück »Der Müll, die Stadt und der Tod« für einen handfesten Skandal. Oliver Reese, zuvor in Berlin tätig, führt das Haus seit 2009/2010 zu neuer, großer Beliebtheit.

ben Klassikerinszenierungen stehen auch zahlreiche Ur- und Erstaufführungen auf dem Programm. Unter dem Stichwort **Junges Schauspiel** sind tolle Angebote für Kinder und Jugendliche zusammengefasst, quasi das Theater zum Anfassen.

Ausgesprochen schön ist der Blick aufs nächtliche Bankenviertel von der **Panorama Bar** aus, die vor und nach allen Vorstellungen geöffnet hat und wo Premierenfeiern, Partys oder Lesungen stattfinden.

🅣 *schauspiel frankfurt, Städtische Bühnen Frankfurt am Main GmbH, Neue Mainzer Straße 17, 60311 City. ✆ 069/212-37000, 212-49494 (Kartenverkauf), www.schauspielfrankfurt.de. **Bahn/Bus:** Schauspielhaus, Kammerspiele, Box: U1 – 5, 8 Straba 11, 12 Willy-Brandt-Platz, Bockenheimer Depot: U4, 6, 7 Bockenheimer Warte. **Auto:** Tiefgarage am Theater, Parkhaus Untermainanlage, Parkhaus Kaiserplatz, Parkhaus Ladengalerie Bockenheimer Warte. **Zeiten:** Kartentelefon Mo – Fr 9 – 19 Uhr, Sa, So 10 – 14 Uhr; Vorverkauf Willy-Brandt-Platz Mo – Fr 10 – 18, Sa 10 – 14 Uhr, Abendkasse 1 Std vor Vorstellungsbeginn. **Preise:** 5 Preisgruppen in mehreren Abstufungen: Schauspielhaus 11 – 49 €, Kammerspiele 12 – 33 €, Box 12 €; Schüler, Studenten, Azubis Schauspielhaus, Kammerspiele, Box und Bockenheimer Depot 8 €, Gastspiele, Premieren 10 €; Inhaber Pass, Schwerbehinderte ab 50 % mit einer Begleitperson, Arbeitslose 50 % Ermäßigung auf alle Vorstellungen außer Premieren, Gastspiele, Sonderveranstaltungen. Eintrittskarten gelten auch für den RMV. **Infos:** Theaterpädagogik, ✆ 069/212-37588 oder -47877, theaterpaedagogik@schauspielfrankfurt.de.*

Kellertheater

Das Ensemble der *Jungen Bühne e.V.* zeigt in einem urigen Gewölbekeller jeden Freitag- und Samstagabend eine breit gefächerte Auswahl an Stücken: von Klassikerinszenierungen über Revuen und Kabarett bis hin zu eigenen und weniger oft gespielten Stücken. Jeden letzten So im Monat finden Maleen (Musikalisches, Anderes, Lustiges, Ernstes, Eigenes, Neues) statt.

🄣 *Kellertheater, Junge Bühne Ffm e.V., Mainstraße 2, 60311 City. ✆ 069/288023, www.kellertheater-frankfurt.de. Bahn/Bus: Straba 11, 12 Börneplatz, Bus 30, 36 Schöne Aussicht. Zeiten: Fr, Sa, So. Preise: 12 €, ermäßigt 6 €, Maleen 5 €.*

Landungsbrücken Frankfurt

Für alle, die eine Anlegestelle für ihre Sehnsucht suchen, gibt es das Off-Theater Landungsbrücken Frankfurt. Seit 2004 hat die freie Spielstätte rund 50 Eigenproduktionen und etliche Gastspiele an den Zuschauer gebracht. In der neu hergerichteten Lagerhalle der alten Druckfarbenfabrik *Dr. Milchsack* tobt sich ein junges, motiviertes Ensemble zwischen 24 und 40 Jahren aus der freien Szene aus und bietet ein fantasievolles, reichhaltiges Programm von Heiner Müllers, Anton Tschechows und Sarah Kanes Kreationen über Konzerte, Kurzfilmfestivals bis hin zu Tanz-Performances. Entsprechend findet sich hier eine bunte Mischung aus altem und jungem, studentischem und gesetztem Publikum. Kult ist die Weihnachtsaufführung für Kinder vom »Ritter Rost«.

Angekommen und fest verankert: Die Crew der Landungsbrücken
© Annette Sievers

AUSGEHEN & VERGNÜGEN

*Die **Landungsbrü-cken** und das **Stalburg Theater** haben 2013 fusioniert, um künstlerisch (z.B. Kindertheater) und organisatorisch (z.B. gemeinsames Programmheft) von einander zu profitieren – und um dem Sparzwang der Stadt zuvorzukommen.*

Landungsbrücken, Linus Koenig, Gutleutstraße 294, 60327 Gutleut. © 069/60605972, 25627744, www.landungsbruecken.org. **Bahn/Bus:** Bus 37 Johanna-Kirchner-Altenhilfezentrum. **Preise:** 13 €, Kinder- und Jugendtheater 10 €; Kinder 7 €; ermäßigt 11 €, (Schüler-)Gruppen je 8 € (außer Premieren). **Infos:** Karten gibt's unter karten@landungsbruecken.org, © 60605972. Vorbestellungen bis 1 Std vor Vorstellungsbeginn.

Gallustheater

Spielstätte für freie Gruppen aus Frankfurt und aller Welt mit Schauspiel, Musiktheater, Konzerten, Kabarett und Clownauftritten. Dazu gehören u.a. die Theatercompagnie Tagträumer, Die Tolleranzen, Theater Willy Praml, Ferri, Ensemble 9. November und Theater Tamen The aus Frankfurt oder Confederacy of Fools aus London.

Das Gallustheater ist 1978 aus der Kulturarbeit mit ausländischen Jugendlichen im Stadtteil Gallus hervorgegangen. Der Leiter, *Winfried Becker,* ist stolz, dass es dem Theater stets gelingt, Jugendliche einzubinden. Es ist in dem sehenswerten denkmalgeschützten Klinkerbau der Adlerwerke untergebracht.

Gallustheater, Kleyerstraße 15, 60326 Gallus. © 069/758060-20, 758060-11, www.gallustheater.de. **Lage:** Von der Galluswarte 100 Schritte zu den Adlerwerken, ein altes Industriegebäude. **Bahn/Bus:** S3 – 6, Straba 11, 21 Galluswarte, Bus 52 Kriegkstraße. **Zeiten:** Nicht regelmäßig, Termine auf der Internetseite; Büro Mo – Fr 11 – 17 Uhr. **Preise:** Variiert je nach Stück 15 – 18 €; Kindertheater 5, Erw 7 €; Schüler, Studenten 11 €. **Infos:** Kartenreservierungen telefonisch mit Rückrufnummer.

Hier tritt u.a. auch das epische Wu Wei Theater von Angelika Sieburg und Andreas Wellano auf, www.wuweitheater.de.

Theater Willy Praml in der Naxos-Halle

Die rote Backsteinfabrikhalle der Naxosunion aus der Jahrhundertwendezeit ist der ideale Spielort für die Perfomance-artigen Inszenierungen des Theater-

Professors Willy Praml. Üppige Bilder, strenge Bewegungsabläufe und körperbetonte Aktionen sind die Erkennungsmerkmale seiner Aufführungen.

🅣 **Willy Praml,** Wittelsbacherallee 29, 60316 Ostend. © 069/43054734, www.theater-willypraml.de. **Bahn/Bus:** U4 Merianplatz, Straba 14 Waldschmidtstraße. **Preise:** Halle 18, ermäßigt 14 €; Foyer 16, ermäßigt 12 €; Schüler und Studenten 9 €, 7 € für Pass-Inhaber.

Die Katakombe Frankfurt

Die Katakombe am Zoo ist seit 1960 längst eine Institution in Frankfurt. Es werden vor allem Klassiker wie »Frau Jenny Treibel« und »Der Prinz von Homburg« gespielt, viel Gesellschaftskritisches sowie für Kinder Märchen.

🅣 **Katakombe,** Pfingstweidstraße 2, 60316 Ostend. © 069/491725, Handy 0171/6238789. www.katakombe.de. **Bahn/Bus:** U6, 7, Straba 14, Bus 31 bis Zoo. **Zeiten:** An ausgewählten Tagen 19 oder 20 Uhr. **Preise:** 21 – 29 €, Kindertheater 15 €; Kinder 12 €; Schüler, Studenten, Behinderte 15, Schulgruppen 12 €; Kindertheater: Schulgruppen 9 €. **Infos:** Eintrittskarte inkl. Fahrt mit dem RMV, aktuelles Programm unter www.katakombe.de.

Freies Schauspiel Ensemble

1984 hatten sich einige Theaterschaffende vom Schauspielhaus losgesagt und ihr eigenes Ensemble gegründet. Aufgeführt werden Roman-Inszenierungen von Berthold Brecht und Franz Kafka sowie aktuelle Stücke (z.T. in europäischen Kooperationen) wie die Komödie »Drei mal Leben« von Yasmina Reza oder Chansons.

🅣 **Titania,** Reinhard Hinzpeter und Bettina Kaminski, Basaltstraße 23, 60487 Bockenheim. © 069/ 71913020, www.freiesschauspiel.de. **Bahn/Bus:** U6, 7 Leipziger Straße, Bus 34 Kirchplatz. **Auto:** Parkhaus Grempstraße. **Zeiten:** Kasse Mo, Di, Do, Fr

10 – 14 Uhr sowie 1 Std vor Vorstellungsbeginn; Theater i.d.R. 20 Uhr. Preise: 20 €; Schüler, Studenten bis 30 Jahre, Auszubildende, Schwerbehinderte 10 €; Pass-Inhaber 5 €.

KOMÖDIE & KABARETT

Die Schmiere

Seit 1959 hat Die Schmiere im Kellergewölbe des ↗ *Karmeliterklosters* ihre Spielstätte. Der Name des satirischen Theaters, das 1950 von *Rudolf Rolf*s »erfunden« wurde, ist Programm: Nicht nur Rolf und sein langjähriger Bühnenpartner *Regnauld Nonsens* haben sich beim Publikum eingeprägt.

Auch heute will sich das Ensemble – seit 1990 unter der Leitung von *Effi B. Rolf*s und *Matthias Stich* – nicht mit billigem Spott auf Kosten Prominenter berauschen, sondern spürt lieber das politische Muster im alltäglichen Verhalten auf. Die Stücke heißen denn auch »Reform mich, Baby« oder »Happy End mit Flaschenpfand«, wobei die Erotik bei aller Liebe zum Ernst nie zu kurz kommt.

🅣 *Satirisches Theater & Kabarett seit 1950, im Karmeliterkloster, Seckbächer Gasse 14, 60311 Hist. Zentrum. ✆ 069/281066, www.die-schmiere.de. Bahn/Bus: U1 – 5, Straba 11, 12 Willy-Brandt-Platz. Zeiten: Mi – So ab 19 Uhr, Kasse öffnet 1 Std vor Vorstellungsbeginn. Preise: 1. Kategorie 19,70, 2. Kategorie 17,50, 3. Kategorie 14,20 €; Schüler, Studenten 3. Kategorie 9,20 €.*

☀ **Tipp:** Am Magic Monday wird im Klosterkeller gezaubert!

Die Komödie

Seit 1972 sorgt Theaterprinzipal *Claus Helmer* für gute Unterhaltung. Das Etikett Boulevard findet er nicht störend, sondern im Gegenteil einladend. Alle sollen kommen – und auf die Bühne kamen viele: von *Eva Pflug* über *Walter Giller* bis *Paul Hubschmid*. Auch Musicals werden geboten, mit beispielsweise »My Fair Lady« durchaus beim Thema bleibend.

🍴 **Boulevard-Bistro,** in der Komödie. ✆ 069/21999669. www.diekomoedie.de. Di – Sa 18 – 24, So 16.30 – 23 Uhr. Für den kleinen oder großen Hunger vor und nach den Vorstellungen.

Fritz Rémond Theater

Benannt wurde das bereits 1947 gegründete Theater nach seinem Direktor *Fritz Rémond,* der selbst auch auf der Bühne im ↗ *Zoo-Gesellschaftshaus* stand. Unter seiner Leitung gelangten viele Nachwuchstalente zum

Wunderbare Residenz für ein Theater: Das prächtige Gesellschaftshaus des Zoos
© Zoo. Foto Michael Leibfritz

deutschen Film der Nachkriegsära, der heute noch bekannteste ist *Hans-Joachim Kulenkampff.* Seit 1995 steht das Haus unter der Regie der ↗ Komödie von Theatermann *Claus Helmer.*

Die Käs

Seit 1997 loten *Ayse Aktay* und *Sinsi Dikmen* zumeist mit eigenen Stücken die zwischenmensch-

AUSGEHEN & VERGNÜGEN

lichen Untiefen aus – vor allem die interkulturellen Höhen und Tiefen haben es ihnen angetan. Sie selbst nennen sich »das erste und einzige türkische Kabarett-Theater mit deutschsprachigem Programm«, bei dem die Zuschauer übrigens schon mal vor Lachen von den Stühlen rutschen. Daneben holen sie immer wieder renommierte Kabarettisten auf ihre Bretter, wie *Gerhard Polt, Thomas Freitag* oder *Django Asül.*

🔲 **Kabarett in der City,** Waldschmidtstraße 19, 60316 Ostend. ✆ 069/550736 (Büro), www.die-kaes.com. In der Naxoshalle. **Bahn/Bus:** Straba 14 Waldschmidtstraße, U4 Merianplatz. **Zeiten:** Theaterkasse an allen Vorstellungstagen 17 – 20 Uhr; Mo – Sa Einlass 18.30, Vorstellung 20 Uhr, So Einlass 17.30, Vorstellung 19 Uhr. **Preise:** An der Abendkasse 24 – 30 € je nach Programm; Schüler, Studenten, Azubis, Arbeitslose, Pass-Inhaber, Behinderte (60 %) 20 – 26 €.

Johann Martin Waldschmidt (1650 – 1706) war der erste hauptamtliche Bibliothekar Frankfurts.

Stalburg Theater

Täglich Kabarett, Theater, Jazz und Klassik – auf der Bühne der charmanten Stalburg geht es erstklassig zu! 1988 »entdeckte« der brummelig-scharfzüngige HR-Late-Lounge-Dauergast und Autor *Michael Herl* den ehemaligen Tanzsaal, in dem es schon Mitte des 19. Jahrhunderts hoch hergegangen ist. Daraus machten er und eine vielköpfige Mannschaft eine kultige Spielstätte für anspruchsvollen Nonsens, für Spitzenmusik, Gastspiel-Specials und pro Jahr zwei eigene Produktionen. Mit von der Partie sind z.B. *Frank Wolff, Jo van Nelsen, »Elfriede Hirschmann«, Ilja Kamphues* und *Sabine Fischmann.*

Besonderes Lob gebührt den Stalburg-Machern für das sommerliche Open-Air- – Pardon: Offen-Luft-Programm, das im Günthersburgpark 4 Wochen lang Groß und Klein, Alt und Jung begeistert, ↗ STOFFEL. Zu den Stalburg-Verdiensten gehört übrigens auch

Liebt es STOFFELig: Theatermann »Michi« Herl

© Annette Sievers

die Rückkehr der deutschen Sprache. Wer mehr davon lesen will, sollte den Stalburg Theater Neuigkeitenbrief bestellen.

🎫 🎵 ✂ **Stalburg Theater & STOFFEL,** *Michi Herl, Glauburgstraße 80, 60385 Nordend. ✆ 069/25627744, www.stalburg.de. Büro und Theaterladen: Spohrstraße 39/Nordendstraße.* **Bahn/Bus:** *U5 Glauburgstraße.* **Zeiten:** *Kasse im Büro Mo – Fr 14 – 19, Sa 16 – 19, Abendkasse täglich 19 – 22.15 Uhr, Theaterbeginn 20 Uhr.* **Preise:** *19 €, ermäßigt 16 € und je nach Veranstaltung.* **Infos:** *↗ Apfelweinwirtschaft Stalburg nebenan.*

Die Stalburg Theater Tonträgerei presst und verkauft Aufnahmen eigener Produktionen, so die schmissige Kinderlieder-CD »Zuckerschnecksche, Prinzje & Co« – mit Habbe-wolle-Faktor!

© Stalburg Theater

Theater Rezi*Babbel

Karl Ettlinger, Adolf Stoltze, Paul Quilling, Franziska Zilcher-Opel, Georg Wilhelm Pfeiffer … es gibt neben dem berühmten *Friedrich Stoltze* noch mehr Dichter, die so richtisch Frankforderisch gebabbelt haben. Sie alle kommen hier wieder zu Wort – oder Gesang. Denn Mundart-Rezitator und Theatergründer *Mario Gesiarz* und der Liedermacher und Blues-Gitarrist *Rainer Weisbecker* führen die Tradition fort.

🎫 **Rezi*Babbel,** *Mario Gesiarz, Johann-Sittig-Straße 7, 65931 Sindlingen. ✆ 069/372118, www.rezi-babbel.de.* **Infos:** *Termine für die Gastspiele unter www.rezi-babbel.de.*

Tigerpalast

Bis zu seiner Zerstörung im Zweiten Weltkrieg gehörte das Schumanntheater am Hauptbahnhof zu den bekanntesten Varietébühnen in Deutschland. Seit 1988 gibt es im Tigerpalast eine erfolgreiche Wiederbelebung des klassischen Varietés.
In einem ehemaligen Ballhaus eröffneten *Johnny Klinke* und *Margarete Dillinger* 1988 den Tigerpalast.

📖 Unbedingt hörenswert ist die bereits 5. CD mit hessischen Mundart-Liedern von **Rainer Weisbecker!** Lustig-melancholische Texte im Frankfurter Dialekt werden begleitet vom Akkordeon: *Mainhattan Blueswalzer,* Verlag M. Naumann, ISBN 978-3-934206-12-8, 14 €.

AUSGEHEN & VERGNÜGEN

DER BESONDERE TIPP Open Air Festivals

Summer in the City: Im Rahmen des Sommer-Festivals werden seit 1998 Treffpunkte unter freiem Himmel als Kommunikationsräume genutzt. Summer in the City besteht aus zwei Veranstaltungsreihen: ↗ **Jazz im Museum** im Garten des *Liebiegmuseums* und der **Weltmusik** im ↗ *Palmengarten*.

STOFFEL: Stalburg Theater Offen Luft bietet den ganzen Juli über täglich um 18 und 20 Uhr Programm im Frankfurter↗ *Günthersburgpark* mit Theater, Kabarett, Lesungen und Musik. Nachmittags gibt es das STOFFELchen, also Programm für kleine Leute. Das Geniale: Der Eintritt ist frei, es gibt keinen Verzehrzwang der leckeren Bio-Bratwürstchen. Da aber alle Beteiligten erst am Ende aus dem Topf bezahlt werden, der sich aus Spenden füllt, sollten diese reichlich fließen.

Sommerwerft Theaterfestival am Fluss: Am Nordufer des Mains und weit im Osten bietet *protagon,* ein Verein zur Förderung von freien Theatergruppen, seit 2002 von Ende Juli bis Mitte August täglich ab 17 Uhr kostenlos Tanz, Musik, Performance, Disco, Poetry Slam und Filme. Zwischen den alten Kränen der Werft gibt es eine Open-Air-Bühne, ein Zelt sowie Kunst im Außenbereich. Weitere Anlaufpunkte für hungrige Mägen und trockene Kehlen bieten das Beduinenzelt, Bar und Biergarten. In entspannter Atmosphäre entwickeln sich unterhalb verkastelter Neubauten Freiräume des Denkens. Poesie und Kreativität, wie sie in Frankfurt selten öffentlich werden. Auch hier ist tüchtiges Spenden angesagt, wenn der Hut rumgeht. www.antagon.de, www.sommerwerft.de

Theaterfestival Tangente 8: Von Ende Juni bis Anfang August ist am *Museumsufer* das Fahrende Volk der *Comoedia Mundi* zu Gast. Hier kommen Dichtung und Wahrheit fantasievoll zu Ehren. Musik, Wortakrobatik, Zauberei, Kinderprogramm werden täglich um 15.30 und 20.30 Uhr direkt am Wasser aufgeführt. Trotz der Unterstützung durch das Amt für Wissenschaft und Kunst ist auch hier der Idealismus größer als die Einnahmen; Spenden erbeten. www.comoedia-mundi.de, © 069/6199.

Die Dramatische Bühne: Das Freilichtfestival des 12-köpfigen Ensembles findet von Ende Juni bis Mitte August abends im ↗ *Grüneburgpark* statt. Bei Regen weicht man in die *Exzess-Halle* (Leipziger Straße 91), das Winterquartier, aus. Mit enormer Verwandlungsfähigkeit werden ernste Stücke wie Hamlet oder Romeo und Julia gespielt – und komödiantisch verballhornt. Kann passieren, dass das Publikum selbst entscheiden muss, ob Romeo seine Julia küssen darf und welchen Verlauf das Stück dann nehmen soll. Ein grandioser Spaß, witzig, satirisch, frankforderisch, den sich niemand entgehen lassen sollte – Eintritt 14 €, ermäßigt 12 €, Spenden obligatorisch. www.diedramatischebuehne.de, Verein der Förderer: www.sommernachtstraeumer.de.

Seitdem zeigen Künstler aus aller Welt vor, über und zwischen dem Publikum ihr exzellentes Programm. Die Revue wird durch Chanson-Abende ergänzt. Im historischen Kellergewölbe befinden sich 🏛**Palast-Bistro** und 🎵**Palast-Bar** mit moderner Bistro-Küche bzw. einem großen Cocktail-Sortiment.

🎫🎵✖ *Varieté,* Heiligkreuzgasse 16 – 20, 60313 City. © 069/920022-0, www.tigerpalast.de. *Bahn/Bus:* S1 – 6, 8, 9, U4 – 7, Bus 30, 36, Straba 12, alle Nachtbusse Konstablerwache. *Zeiten:* Vorverkauf täglich 10 – 19 Uhr im Foyer. Vorstellungsbeginn Di – Do 19 und 22, Fr, Sa 19.30 und 22.30, So 16.30 und 20 Uhr. *Preise:* Di – Do und So (ausgenommen Nov, Dez) 58,75 €, Fr, Sa und Nov, Dez 65,50 €.

✳ *Der Freund aus Häuserkampfzeiten, Kaberettist und Mitbegründer des Tigerpalastes Matthias Beltz (1945 – 2002) verkündete die neuen alten Ideale: Liberté, Egalité, Varieté und rief die Pflicht zur Unterhaltung aus.*

🎵 **Palast-Bar,** www.tigerpalast.de. Di – Sa 17 – 1 Uhr. Gewölbekeller für den Absacker nach der Show.

INTERNATIONALE BÜHNEN
The English Theatre

Die New Yorkerin *Judith Rosenbauer* hat das englischsprachige Café-Theater 1979 in der Hamburger Allee aus der Taufe gehoben. Nach mehreren Umzügen, finanziellen Schwierigkeiten und der Neugründung als »English Theatre« handelt es sich heute dank Unterstützung großer Sponsoren wie Commerzbank, Deutsche Bank, die Börsengruppe oder Lufthansa um das größte englischsprachige Theater Europas. Neben Deutschland-Premieren wie »A Picasso« werden auch Klassiker und Musicals aufgeführt. Daneben Lesungen und Poetry Slam.

🎫 *Englischsprachige Bühne,* Gallusanlage 7, 60329 Bahnhofsviertel. © 069/242316-20 (Ticket-Hotline), www.english-theatre.org. box-office@english-theatre.org. *Bahn/Bus:* U1 – 4, Straba 12 Willy-Brandt-Platz. *Zeiten:* Vorstellungen Di – Sa 19.30, So 18 Uhr. *Preise:* Theater 22 – 34 €, Musical 29 – 47 €. Verschiedene Angebote wie 1 Musical und 1 Theaterstück für 70 €; Studenten Theater 14 bzw. 17 €, Musical 21 bzw. 24 €.

☀ **Tipp:** Beim **Internationa- nal Stammtisch** im English Theatre kann man seine Sprach- und Finanzweltkenntnisse auffrischen. Immer 1. Mo im Monat ab 19 Uhr.

🏛 **James the Bar,** Gallusanlage 7. www.english-theatre.org. Di – Sa 18 – 24, So 17 – 23 Uhr. Speisen und Getränke vor und nach den Vorstellungen, Party-Location.

Alt Byblos, Zoo-Passage, ✆ 069/ 94410103. Während Messe täglich 11 – 15 und 18 – 24 Uhr, sonst Mo Ruhetag; Fr, Sa orientalischer Tanz. Libanesische Spezialitäten. Vorspeisen-Mezah: das volle Programm für 2 Pers inkl. Wein 62 €, Kebab 11 – 16 €. Wer eine Theaterkarte vorweist, erhält für 11 € ein kleines Mezah.

Die Forsythe Company plant gemeinsam mit 8 weiteren international renommierten Kultur-, Lehr- und Forschungseinrichtungen auf dem entstehenden ↗ Kulturcampus ein neues Zentrum der zeitgenössischen Künste und Wissenschaften zu bilden.

Internationales Theater Frankfurt

Gastspiele, Lesungen und Musik aus 25 Kulturen in allen Sprachen der Welt. Bei den 150 Aufführungen pro Jahr, die auf der kleine Bühne dargebracht werden, kann man nur voll Achtung sagen: Volles Programm!

T ♫ *Internationales Theater Frankfurt e.V., Hanauer Landstraße 5 – 7, 60314 Ostend. ✆ 069/4990980, www.internationales-theater.de. info@internationales-theater.de. Zoo-Passage.* **Bahn/Bus:** *S 1 – 6, 8, 9, Straba 11, 14 Ostendstraße.* **Auto:** *Parkhaus Zoo-Passage.* **Zeiten:** *Theaterkasse 11 – 16 Uhr.* **Preise:** *8 – 27 €, ermäßigt 6 – 24 €.*

TANZTHEATER
The Forsythe Company

Obwohl sich die Kritiker in ihren Lobeshymnen förmlich überschlugen seitdem der Choreograf *William Forsythe* 1984 die Leitung des Ballett Frankfurts übernommen hatte, konnte sich die Stadt nicht entschließen, das Haus aufrechtzuerhalten. Dass seine Tanz-Perfomances kaum noch etwas mit klassischem Spitzentanz und Tutu zu tun haben, kann dabei im eher konservativen Römer eine Rolle gespielt haben. Gleichwohl ist man froh, dass der Amerikaner mit Weltruf 2005 seine eigene Company gründete, mit der er nun in größeren Abständen im **Bockenheimer Depot** auftritt (seine zweite Hauptresidenz ist Dresden-Hellerau). Obendrein sorgt er mit einem »flexibel organisierten« Ensemble für Gastspiele, Performance-Installationen und multimediale Produktionen.

T *Forsythe Company, Bockenheimer Depot, Carlo-Schmid-Platz 1, 60325 Bockenheim. ✆ 069/212-37586, 1340-400 (Kartenbestellung), www.theforsythecompany.de.* **Bahn/Bus:** *U4, 6, 7, Straba 16, Bus 32, 36, 50 Bockenheimer Warte.* **Preise:** *So – Do 27, Fr, Sa 32 €; Schüler, Studenten, Azubis, Arbeits-*

*lose, Schwerbehinderte, Frankfurt Card-Inhaber
50 % Ermäßigung. **Infos:** Eine Gastspielstätte befindet sich im Gallus im ⚲ LAB, www.frankfurt-lab.de.*

Künstlerhaus Mousonturm

In einer seit 1976 unter Denkmalschutz stehenden
ehemaligen Seifen- und Lichtermanufaktur haben
1989 Kabarett, Theater, Tanztheater und Literatur
Einzug gehalten. Heute stehen in der Fabrik zwei
Bühnen zur Verfügung. Das Hessische Literaturforum, das ebenfalls im Turm sein Domizil hat, lädt regelmäßig zu Lesungen ein und bietet Seminare rund
ums Wort.

Nicht oft genug loben kann man das **Jazz-Engage-
ment** des Mousonturmleiters *Dieter Buroch,* der alljährlich das Sommer-Festival organisiert. Jazz an verschiedenen Stellen in Frankfurt, auch Open Air. Hier-
zu zählen avantgardistische und experimentelle
Jazzfrühschoppen im Hof des Historischen Museums und Dixieland-Frühschoppen im Höchster Burg-
graben (jeweils So ab 11 Uhr).

🆃 🎵 ⊘ *Mousonturm, Matthias Pees, Waldschmidtstraße 4, 60316 Nordend. ✆ 069/405895-0,
405895-20 (Kasse), www.mousonturm.de. Hessi-
sches Literaturforum im Mousonturm e.V.,
✆ 24449941, info@hlfm.de, www.hlfm.de. **Bahn/
Bus:** U4 Merianplatz, Straba 14 Waldschmidtstraße.
Zeiten: Kasse Di – Sa 16 – 19 Uhr; Abendkasse 1
Std vor Vorstellungsbeginn, bei Konzerten 2 Std vorher. **Preise:** Saal 17, Studio 12 €; Saal 8, Studio 6 €;
bei Konzerten keine Ermäßigung. **Infos:** Mit der
f.f.m.-Plus Karte für 75 € kann man alle Veranstaltungen im Mousonturm ein Jahr zum halben Preis
besuchen und wird gleichzeitig Mitglied bei den
Freunden und Förderern des Künstlerhauses Mousonturm; Begleitperson bekommt 50 % Ermäßigung.*

🔀 **Bouhlou im
Mousonturm,** Wald-
schmidtstraße 4, Ostend.
✆ 069/40589520.
www.mousonturm.de.
Di – Sa ab 17 Uhr, So
Brunch 10 – 14.30 Uhr,
Mo nur an Veranstal-
tungstagen. Küche mit
nordafrikanischen und
mediterranen Einflüssen.

AUSGEHEN & VERGNÜGEN

289

ORTE FÜR LITERATUR

In der Stadt der Buchmesse wird natürlich viel gelesen, auch laut und vor anderen. Zeitpunkte dafür sind Lesefeste wie Open Books oder Frankfurt liest ein Buch. Darüber hinaus bieten Buchhandlungen zusammen mit Verlagen Autorenlesungen, so auch die Stadtbibliothek in der Hasengasse. Die Nationalbibliothek, wo jedes deutschsprachige Buch oder Schriftstück archiviert wird, ist zugleich Sitz der Stiftung Buchkunst. Diese Institution prämiert einmal im Jahr die schönsten Bücher, bei der Preisverleihung im MAK kann jeder dabei sein. ↗ Veranstaltungskalender.

Deutsche National-bibliothek, Adickesallee 1, 60322 Nordend. ✆ 069/1525-0, www.dnb.de. Lesesäle, Bücherausgabe, Auskunft Mo – Fr 10 – 22, Sa 10 – 18 Uhr. Jedem 1. Mi im Monat im Wechsel 10.30 bzw. 17 Uhr kostenlose öffentliche Führung ab Rotunde.

Literaturhaus

Der klassizistische Säulenbau an der verkehrsreichen Kreuzung zwischen Ignatz-Bubis- und Flößerbrücke ist auf merkwürdige Weise mit dem Brückenhaus ↗ Portikus verbunden. Die Geschichte ist kompliziert und passt zu jener, die *Thomas Regehly* von der Schopenhauer-Gesellschaft zu erzählen weiß. Aber der Reihe nach:

1820 beauftragte der Senat der seit 4 Jahren wieder Freien Stadt Frankfurt Stadtbaumeister *Friedrich Christian Hess,* der mit seinem Vater schon an der Paulskirche und die Wachhäuser am Affentorplatz gebaut hatte, mit dem Entwurf zu einer Stadtbibliothek. 5 Jahre später konnte der Prachtbau mit Säulenportikus und 2 Seitenflügeln eingeweiht werden. Der Rat stiftete sogar eine lateinische Inschrift für den Giebel. Damit war das ehemalige sumpfige Fischerfeld endgültig in die wachsende Stadt eingebunden. Eine Promenade führte an dem Bau vorbei, von dem nicht weit entfernt *Arthur Schopenhauer* (1788 – 1860) wohnte. Der für seine Griesgrämigkeit bekannte Philosoph hatte natürlich auch gleich etwas zu kritisieren: Die Inschrift hatte in 4 Worten 3 Fehler! *»In ganzem Ernst wäre es wünschenswerth,*

Haus mit Portikus: Literaturhaus

© wikimedia

daß an einem schönen Morgen, in aller Stille, diese [korrigierte] Inschrift an die Stelle der jetzigen geschoben würde, damit nicht ferner jedem Gelehrten, der die Bibliothek besucht, gleich an der Schwelle ein Lächeln oder Achselzucken abgenöthigt werde. Von der Veränderung würde die Stadt 3 Tage klatschen; aber Jahrhunderte hätten danach eine würdige Inschrift vor Augen.« Philosophen ergeht es oft nicht besser als Phropheten, jedenfalls wurde die Inschrift erst 1939 geändert. Sie lautet: *Litteris Recuperata Libertate Civitas* (Nach Wiedererlangung der Freiheit den Wissenschaften gewidmet).

Die Freiheit war da schon längst zu Ende, in den Bombennächten wurde die Bibliothek bis auf den Portikus (und die Inschrift) zerstört. Lange Zeit wusste man nicht, was mit dem Rumpfgebilde, das unter Denkmalschutz stand, zu tun sei, bis der damalige Städeldirektor *Kaspar König* 1987 einen Container hinten dran stellte und darin ungewöhnliche, avantgardistische Kunst präsentierte.

In kurzer Zeit wurde der »**Portikus**« zu einem Begriff in der Kunst- und Kulturszene, sodass man bald von einem »würdigeren« Ausbau sprach – der ist nun in zweifacher Hinsicht gekommen: Der ↗ Portikus hat sein eigenes Domizil auf der Brücke gefunden, die Alte Stadtbibliothek, von Architekt *Christoph Mäckler* inklusive der korinthischen Säulen runderneuert, wurde 2005 wieder der Literatur übergeben.

Das **Literaturhaus Frankfurt,** ein Bürgerverein, veranstaltet hier Lesungen, organisiert Symposien und Vorträge und ist für die Vermietung der Räume zuständig.

Im 1. Stock des Literaturhauses gibt es einen Raum für die **Gesammelten Untertreibungen** des Frankfurter Kabarettisten *Matthias Beltz* (1945 – 2002). Es ist ein Raum des Erinnerns, kein Museum, bewahrt dem mehrfach mit Kleinkunst-Preisen geehr-

☀ *Beltz war Jurist, Mitglied des SDS und der Frankfurter Sponti-Szene, Arbeiter bei Opel, Willy-Brandt-Parodist, Mitglied des Karl Napps Chaos Theaters, trat im Fernsehen und mit eigenen Bühnenprogrammen auf, war Mitbegründer des ↗ Tigerpalastes und trat dort als Conferencier auf – doch wird er vor allem wegen seiner bitterbösen, wortgewandten Satire auf Gesellschaft und Politik gegenwärtig bleiben.*

AUSGEHEN & VERGNÜGEN

Goldmund, Schöne Aussicht 2, Frankfurt. ☏ 069/210859-85. www.gold-mund.de. Mo – Fr 12 – 24, Sa 18 – 24 Uhr. Vorspeisen ab 8 €, Hauptspeisen ab 15 €, Sommergarten zur Wallanlage hin ab 17 Uhr geöffnet.

ten Polit-Satiriker aber einen bleibenden Ort in der Stadt; der Raum kann auf Anfrage besucht werden.

Literaturhaus, Matthias-Beltz-Raum, Schöne Aussicht 2, 60311 City. ☏ 069/756184-0, 756184-19, www.literaturhaus-frankfurt.de. Bahn/Bus: Bus 30, 36 bis Schöne Aussicht oder U6, 7 Zoo, dann Straba 14 Hospital zum Hl. Geist. Zeiten: Di 14 – 17 Uhr, Anmeldung im Sekretariat; genaue Termine im Veranstaltungskalender auf der ↗ Internetseite. Preise: Diverse Reihen wie der Lesezirkel kostenfrei, einzelne Lesungen um 16 €; Kinder frei oder 4 – 8 €. Infos: www.matthiasbeltz.de.

Romanfabrik

Autorenlesungen, Philosophisches Café, Jazz-, klassische Konzerte und Chansonabende. Daneben jeden So Tango-Café und jeden 1. und 3. Fr im Monat Salsa-Abende für all diejenigen, die gern rhythmisch die Beine bewegen.

Romanfabrik, Hanauer Landstraße 186, 60314 Ostend. ☏ 069/4940902, www.romanfabrik.de. Lage: Im Hof der ehemaligen Unions-Brauerei. Bahn/Bus: Straba 11, 12 Schwedlerstraße. Zeiten: Beginn 19.30 oder 20.30 Uhr.

KINO IN FRANKFURT

Es gibt 45 Kinosäle in Frankfurt, von denen einige besonders schön sind oder wegen ihrer engagierten Programmgestaltung genannt werden müssen. Viele Kinos zeigen nachmittags Kinderfilme. Kino-Zentren liegen an der Hauptwache, am Eschenheimer Turm und auf der Mainzer Landstraße.

Manche Kinos auf der Zeil beginnen schon um 10 Uhr mit Vorführungen, die letzten Vorstellungen beginnen gegen 22 oder 23 Uhr.

Multiplex- & Erstaufführungskinos

Cineplex E-Kinos an der Hauptwache, Multiplex-Erstaufführungstheater, ☏ 285205, www.cineplex.de. Täglich ab 13 Uhr. Preise 6 – 7,50 €; Kinder bis 11 Jahre 4 €; Kinotag Di 5 €, Kinder 3,50 €.

Eldorado, Schäfergasse 29, nahe Konstablerwache, ✆ 281348, www.cineplex.de. Preise 7 bzw. 7,50 €; Kinder bis 11 Jahre 5 €; Kinotag Di 5 €. Gehört zwar zum Cineplex-Konzern, bringt aber mehr intellektuelle Filme auf die Leinwand.

CineStar Metropolis, am Eschenheimer Turm, Multiplex-Erstaufführungstheater, ✆ 95506401, 01805/118811 (24 Std, 14 Ct/Min.), www.cinestar.de. Preise 7,90 – 8,90 €; Kinder bis 11 Jahre 5,50 €; Di Kinotag 5 – 6,50 €. Vierstöckiger Komplex mit 12 Sälen. Blockbuster und Mainstream-Filme. Im Erdgeschoss befindet sich eine Bar.

Berger Kino, Stadtteilkino, Berger Straße 177, Bornheim. ✆ 9450330, http://berger-kino-frankfurt-am-main.kino-zeit.de. Preise 9,80 – 11,80 €. Zeigt in 2 kleinen Sälen mal mehr, mal weniger kommerzielle Streifen.

CineStar, Mainzer Landstraße 681, Griesheim. ✆ 38985155, 01805/118811 (Ticket-Hotline), www.cinestar.de. Straba 11 Jägerallee. Preise 7 – 8 €; Kinder bis 11 Jahre 4,50 – 5 €; Di Kinotag 4 – 5,50 €.

Cinema

Wie die ↗ Harmonie **Arthouse-Kino** ohne Werbung, aber viel OmU. Für beide Häuser zusammen gibt es ein »fivepack«: 5 x Kino für 7 €, egal an welchem Wochentag und auf welchem Platz. Eine Begleitung kann auf die Karte mitgenommen werden, mehr als 2 Abschnitte können pro Film jedoch nicht gleichzeitig gelöst werden.

K *Cinema, Rossmarkt 7, 60311 City. ✆ 069/21997855, www.arthouse-kinos.de. Bahn/Bus: S1 – 6, 8, 9, U1 – 3, 6 – 8 Hauptwache. Preise: Mo, Mi 7,50, Do, Fr, So 8,50, Sa, Fei 9 €; Kinder bis 11 Jahre Mo, Mi 7, Do, Fr, So 8 €; Schüler, Studenten, Ermäßigte Mo, Mi 7, Do, Fr, So 8 €. Di Kinotag 6,50 €, außer an und vor Fei.*

Vorbestellungen telefonisch und häufig auch übers Internet, die Karten 30 Min vor Beginn abholen.

 Arthouse-Kinos sind Programmkinos, in denen nichtkommerzielle Filme gezeigt werden. Sie grenzen sich ab von großen Mainstream-Kinos, hier gibt es künstlerisch anspruchsvolles Programm und fremdsprachige Filme, teilweise mit Untertiteln.

AUSGEHEN & VERGNÜGEN

293

Orfeo's Erben

Wunderbares Programmkino mit außergewöhnlichen Filmen, natürlich ohne Werbung. Schönes ↗ Restaurant angeschlossen.

🔲 ✕ *Kino + Kantine, Hamburger Allee 45, 60486 Bockenheim. ✆ 069/70769100 (Hotline), www.orfeos.de. Bahn/Bus: Straba 17 Nauheimer Straße. Zeiten: Vorführungen ab 14.30 Uhr, letzte um 22.15 Uhr. Preise: 9 €; Kinder 4 €; ermäßigt 7 €.*

Pupille — Kino in der Uni

Mit dem Gründungsdatum 1951 ist die Pupille eine der ältesten studentischen Institutionen Frankfurts. Sie zeigt ein abwechslungsreiches Programm von Studenten für Studenten gemacht zwischen Arthouse, Dokus, Raritäten und Klassikern, aber auch vereinzelten Oskar-Preisträgern und Kult-Blockbustern. Hinzu kommt ein Kurzfilmprogramm und der Genuss eines Kinoabends ohne Werbung mit Filmen fast ausschließlich im 35-mm-Format.

☀ *Unterstützung erfährt die Pupille, die heute als gemeinnütziger Verein eingetragen ist, vom AStA der Universität Frankfurt.*

🔲 *Pupille, Mertonstraße 26 – 28, 60325 Bockenheim. ✆ 069/ 79828976, www.pupille.org. Lage: Festsaal des Studentenhauses, 1. Stock. Bahn/Bus: U4, 6, 7, Bus 32, 36, 50, 75, Straba 16 Bockenheimer Warte. Zeiten: Di und Do 20.30 Uhr. Preise: 2,50 €.*

Harmonie

Schönes Programmkino mit zwei Sälen, im Kino 1 mit Balkon. Aktuelle Filme mit gehobenem Anspruch und ohne Werbung!

🔲 *Harmonie, Dreieichstraße 54, 60594 Sachsenhausen. ✆ 069/ 66371836, www.arthouse-kinos.de. Bahn/Bus: Bus 30, 36, Nachtbus, Straba 14 – 16, S3 – 6 Lokalbhf. Preise: Mo, Mi 7,50, Do, Fr, So 8,50, Samstag 9 €; Kinder und Ermäßigte Mo, Mi 7 €, Do, Fr, So 8 €. Di (außer Fei) Kinotag 6,50 €. Infos: Überlängen- oder Balkonzuschlag je 1 €.*

Kino im Deutschen Filmmuseum

Das Kino des Deutschen Filmmuseums wurde 1971 als erstes kommunales Kino gegründet. In dem

2011 renovierten Saal mit den stark ansteigenden Sitzreihen genießt man in intimer Atmosphäre Filmkunst in Dolby-Digital- und dts-Ton- sowie ggf. 3D-Technik. Gezeigt werden Werkschauen und Retrospektiven zu bestimmten Schwerpunkten. Viele Filme laufen in Originalfassung und zeigen im Zusammenhang mit Ausstellungen das Werk eines Regisseurs, einer Schauspielerin etc., die manchmal am Abend selbst anwesend sind. Dann kostet die Vorstellung 2 € mehr, ebenso bei Filmvorstellungen mit Überlänge.

K **M** *Kino im DFM,* Schaumainkai 41, 60596 Sachsenhausen. ✆ 069/961-220220, 961-220222, www.deutsches-filmmuseum.de. *Lage:* Museumsufer, am Brückenkopf der Untermainbrücke. *Bahn/Bus:* Straba 16, Bus 46 Schweizer-/Gartenstraße, U1 – 3, 8 Schweizer Platz, U4, 5, Straba 11, 12 Willy-Brandt-Platz via Untermainbrücke. *Zeiten:* Di – So 18, 20.30, Fr, Sa auch 22.30 Uhr. Klassiker & Raritäten Di 18 Uhr, Film oder Doku mit anschließender Diskussion Mi und Sa 18 Uhr, Kinderkino Fr 14.30, So 15 Uhr. *Preise:* 7 €, Kinderkino für Kinder mit Erw 3,50 €; Schüler, Studenten, Azubis, Arbeitslose 5 €; Vorschulkinder, Schwerbehinderte und Pass-Inhaber 3,50 €; Kinocard Erw 30 €, unter 30-Jährige 20 €, pro Film dann 4, ermäßigt 3 €.

Café Filmriss, Adlerflychtstraße 6HH, Nordend. ✆ 069/5970845. www.malsehn-kino.de. Mo – Do 17.30 – 1, Fr ab 14.30, Sa ab 15.30, So ab 11.30 Uhr. Die Bistro-Gemütlichkeit mit gutem Kuchen und Selbstbedienung wird bei Filmbeginn und -ende sowie bei Kindergeburtstagsfeiern turbulent aufgemischt.

☀ *Empfehlenswert ist der Besuch einer Stummfilmvorführung, die von Klaviermusik begleitet wird; jeden 3. So im Monat. Außerdem tolle Events wie Kino im Städel oder lange Oscar-Nacht. Empfehlenswert!*

AUSGEHEN & VERGNÜGEN

DER BESONDERE TIPP Kino spezial

K **Frankfurter Kinowoche:** Filme an ungewöhnlichen Orten (Tiefgarage, Lagerhalle, U-Bahnstation etc.) und dadurch in einer ungewöhnlichen, das Filmerlebnis intensivierenden Atmosphäre. Spitze z.B. »Tarzan« im Palmengarten, »Rocky« in einem Boxclub, »Zeugin der Anklage« im Schwurgerichtssaal im Landgericht oder »Der Gefangene von Alcatraz« im Polizeigefängnis. 3. Juliwoche, 12 €, ermäßigt 10 €, ↗ Deutsches Filmmuseum, www.deutschesfilmmuseum.de.

K **Städel & Orfeo's Erben:** Die Kooperation führt zu außergewöhnlichen Seherlebnissen. Mal werden zu ausgewählten Bildern im Städel thematisch passende Filme gezeigt oder solche, die scheinbar eine Requisite des Museums benutzen. Mal gibt es Open-Air-Kino auf dem Maulwurfshügelrasen des Erweiterunsgbaus. Termine in der Presse.

K **Kulturbrücke Kino:** Im ↗ Haus am Dom zeigt der Arbeitskreis Kulturbrücke Kino an jeweils 3 Terminen im Jahr Filme, die den Dialog zwischen islamisch und christlich geprägter Welt beleuchten. Eintritt 4, ermäßigt 3 €.

K **Kino auf dem Dach:** Ebenfalls im ↗ Haus am Dom bzw. bei schönem Wetter auf der Dachterrasse (120 Plätze) gibt es den ganzen August über aktuelle oder klassische Filme mit leicht politischem Hintergrund. 20.30 Uhr, 9 €, ermäßigt 6 €, telefonische Reservierung erwünscht. www.hausamdom-frankfurt.de.

Frankfurter Kinowoche: »Gefährliche Liebschaften« (1988, Stephen Frears) mit John Malkovich und Michelle Pfeiffer in passend großartiger Kulisse, den Innenhof des Thurn-und-Taxis-Palais

Quelle: Deutsches Filminstitut (oben links). Quelle: PalaisQuartier GmbH & Co. KG (unten rechts)

MUSIK

KLASSISCH BIS MODERN
Oper Frankfurt

Das Musiktheater, das mit dem ↗ 🆃 *Schauspiel* am Willi-Brandt-Platz in einer Doppelanlage zusammengefasst ist, gehört zu den renommiertesten Opernbühnen Europas. Dreimal schon wurde es als Opernhaus des Jahres ausgezeichnet. Seine Musikdirektoren und Dirigenten lesen sich wie ein Who is Who: *Georg Solti* (1961), *Christoph von Dohnanyi* (1968), *Michael Gielen* (1977), *Gary Bertini* (1987), *Sylvain Cambreling* (1992), *Paolo Carignani* (1999) und schließlich seit 2008 *Sebastian Weigle* als Generalmusikdirektor. Weigle war schon 2003 von der Zeitschrift Opernwelt für seine Inszenierung der *Frau ohne Schatten* an der Oper Frankfurt mit dem Regisseur *Christof Nel* zum Dirigenten des Jahres gewählt worden. 2012 wurde unter seiner Leitung ein international beachteter »Ring des Nibelungen« aufgeführt – und das, obwohl Intendant *Bernd Loebe* mit einem so geringen Etat auskommen muss, dass er während der Pausen schon Tombolas veranstaltet hat.

🎵 ***Oper Frankfurt,*** *Untermainanlage 11, 60311 City. ☏ 069/212-49494 (Kartenbestellung), Abendkasse ☏ 2562-334, www.oper-frankfurt.de.* **Lage:** *Willi-Brandt-Platz.* **Bahn/Bus:** *U1 – 5, 8, Straba 11, 12 Willy-Brandt-Platz, Tickets der Oper schließen Hin- und Rückfahrt mit dem RMV ein.* **Zeiten:** *Karten über die zentrale Vorverkaufsstelle der Städtischen Bühnen, Willy-Brandt-Platz, Mo – Fr 10 – 18, Sa 10 – 14 Uhr; Oper für Kinder ab 6 Jahre Nov – Mai Di 16, Sa 13.30 und 15.30 Uhr; Konzerte für Kinder ab 6 Jahre und Oper für Familien.* **Preise:** *9 – 165 €; Kinder 5 – 18 Jahre Oper für Kinder 6 €, Konzerte für Kinder 7 €; Schüler, Studenten bis 30 Jahre, Azubis, Behinderte, Arbeitslose und Frankfurt Card-Inhaber 50 %; Oper für Familien 1 Erw voll zahlend, 3 Frei-*

🎵 **Astor Film Lounge,** Zeil 112 – 114, City. ☏ 069/928834828 (Karten). www.frankfurt.astor-filmlounge.de. Preise 12 – 14, abends 14 – 16 €, 3D-Vorstellungen 2 € Aufpreis. Live-Übertragungen von Oper- und Ballett-Aufführungen, im Kino eher leichte Kost.

karten für Kinder unter 18 Jahre, Freikarten sind aber ohne RMV-Fahrberechtigung.

Alte Oper

Siehe Rundgang 4 »Durch die City«, Seite 128.

🎵 🎫 *Opernplatz 1, 60313 City. ℗ 069/1340-0, 1340-400 (Ticket-Hotline), www.alteoper.de. Bahn/Bus: U6, 7 Alte Oper. Zeiten: Vorverkaufsstelle Alte Oper Mo – Fr 10 – 18.30, Sa 10 – 14 Uhr, Abendkasse 1 Std vor Konzertbeginn. Preise: Schüler, Studenten und Azubis bis 27 Jahre, Schwerbehinderte 50 % Ermäßigung (außer Junge Konzerte); Ermäßigungsberechtigte und Pass-Inhaber können ab 1 Std vor Vorstellungsbeginn auf Restkarten für 15 € bzw. 16,30 € (bei PRO ARTE-Veranstaltungen) hoffen. Infos: Im Eintritt ist das RMV-Ticket enthalten.*

☀ *Pegasus heißt das neue Programm für Kinder, Jugendliche und Familien, bei dem Klangräume erforscht und Musik aktiv gehört wird.*

Junge Deutsche Philharmonie

Die 100 Musikerinnen und Musiker, die es hierher geschafft haben, sind die Besten der 24 deutschen Musikhochschulen, das Auswahlverfahren für einen Platz in der JDPh ist entsprechend streng.

🎵 *Bundesstudentenorchester, Schwedlerstraße 2 – 4, 60314 Ostend. ℗ 069/943430-51, www.jdph.de. Bahn/Bus: Straba 11 Schwedlerstraße.*

@ Ensemble-Konzerte in Zusammenarbeit mit der Romanfabrik, Termine siehe Webseite.

Institut für zeitgenössische Musik IzM

Das IzM, 2005 gegründet, initiiert interdisziplinäre Projekte und kooperiert mit so wichtigen Institutionen wie dem Ensemble Modern oder dem Staatstheater Wiesbaden. So bietet es nicht nur Musikveranstaltungen sondern auch Performances an.

🎵 *Hochschule für Musik und Darstellende Kunst HfMDK, Eschersheimer Landstraße 29 – 39, 60322 City. ℗ 069/154007-314 (Veranstaltungsinfo), www.hfmdk-frankfurt.de. Bahn/Bus: U1 – 3, 8 Grüneburgweg. Preise: Oft Eintritt frei, sonst 8 €, Angehörige der HfmDK Eintritt frei.*

🎵 **shortcuts:** In dieser Konzertreihe bieten Lernende und Lehrende alle 14 Tage Ausschnitte aus ihrer aktuellen Arbeit.

Frohe Ohren: Das Ensemble Modern

Das Ensemble Modern (EM) wurde 1980 aus einer Studenteninitiative des Bundesstudentenorchesters heraus gegründet und zählt zu den weltweit führenden Ensembles für Neue Musik. Seit 1987 ist das basisdemokratisch organisierte EM eine GbR mit den Musikern als Gesellschafter. Es gibt keinen künstlerischen Leiter; Projekte, Gastmusiker, Koproduktionen und finanzielle Belange werden gemeinsam von den Musikern, die aus der ganzen Welt kommen, entschieden und getragen. Daraus resultiert die einzigartige und unverwechselbare programmatische Bandbreite. Diese umfasst Musiktheater, Tanz- und Videoprojekte, Kammermusik, Ensemble- und Orchesterkonzerte, oft mit außergewöhnlichen Zusammenarbeiten wie mit Heiner Goebbels, Frank Zappa, Bill Viola oder Steve Reich. In der Alten Oper Frankfurt bestreitet das Ensemble Modern seit 1985 eine eigene Abonnementreihe mit 6 Konzerten pro Saison. 1993 startete es seine Reihe von Gesprächskonzerten »Happy New Ears«, die seither 4 x jährlich in der Oper Frankfurt stattfinden. Die Konzerte bestehen meist aus zwei Teilen: Bevor das Stück in Gänze gespielt wird, wird dem Laien mit Hilfe von Erklärungen und Hintergrundinfor-

Haben nichts als spielen im Sinn: Ensemble Modern

© Ensemble Modern, Anna Meuer

mationen ein Zugang zur zeitgenössischen Musik eröffnet. Hörenswert!

🎵 **EM,** *Roland Diry, Schwedlerstraße 2 – 4, 60314 Ostend. ℂ 069/943430-20, Zentrale ℂ 943430-25, www.ensemble-modern.com.* **Bahn/Bus:** *Straba 11 Schwedlerstraße.* **Preise:** *Alte Oper Frankfurt 23,50 bzw. 30,50 €; Happy New Ears Oper Frankfurt 12 bzw. 17 €; ermäßigt 50 %.* **Infos:** *Die Konzerte finden in Zusammenarbeit mit der Oper statt, www.oper-frankfurt.de.*

ROCK, POP & TANZBARES
Zoom

Der alte *Sinkkasten* neu belebt: Freitags und samstags Hip Hop, Indie, Rock, Elektro, House und Partystimmung, sonst Konzerte und zur Buchmesse Lesungen.

🎵 *Brönnerstraße 5 – 9, 60313 City. ℂ 069/ 69713005, www.zoomfrankfurt.com.* **Bahn/Bus:** *S1 – 6, 8, 9, U4 – 7, Bus 30, 36, Straba 12, alle Nachtbusse Konstablerwache.* **Zeiten:** *Konzerte ab 21, Fr, Sa ab 23 Uhr.* **Preise:** *Sa 6 €; Studenten bis 24 Uhr 3 €.*

Tanzhaus West

In einer Industrielagerhalle von 1923 hat sich auf dem ehemaligen Gelände der Druckfarbenfabrik Dr. Milchsack die Disco für Techno, House, Elektro, Drum & Bass, Chillout etabliert.

🎵 *Gutleutstraße 294, 60327 Gutleut. ℂ 069/ 24246121, www.tanzhaus-west.de.* **Bahn/Bus:** *Bus 37 Johanna-Kirchner-Altenhilfezentrum alle 30 Min.* **Zeiten:** *Ab 23 Uhr.* **Preise:** *Je nach Veranstaltung.* **Infos:** *März – Okt Flohmarkt für Langschläfer.*

Das Bett

Seit 2006 etliche Veranstaltungen, quer durch die Bank: Nicht nur Jazz, Blues, Folk, Rock, Pop und Punk sowie Sessions, sondern auch Newcomer-Bands, Indie, Soul, Garage, Elektro, Lesungen. Kon-

☀ **Tipp:** In der **Nacht der Clubs,** jährlich im Sep/ Okt, kann man für einmalig 12 € rund 20 Clubs und Discos per Shuttle-Bus abklappern, von Klassikern wie Cooky's bis zum Schirn Café. www.nacht-der-clubs.de.

Nix für Schlafmützen: Das Bett lässt es ordentlich krachen

© Das Bett

zerthalle mit Platz für 400 Leute, gemischtes Publikum von 20 bis 50 Jahre.

🎵 ⏻ *Schmidtstraße 12, 60326 Gallus. ℂ 069/ 60629873, www.bett-club.de. **Bahn/Bus:** Straba 11, 21, Nachtbus N8 Mönchhofstraße, Bus 34 Schmidt-straße. **Zeiten:** Fr, Sa ab 21 Uhr, So – Do meistens ab 20.30 Uhr – Open End. **Preise:** Bier 2,50, Wein 3, Longdrinks 5, Apfelwein 1,50, Wasser 1,50 €.*

Ponyhof

Singer Songwriter, Indie, Elektro; Konzerte, am Wochenende gemischt.

🎵 *Wolf Heilig und Thomas Winterscheid, Klappergasse 16, 60594 Alt-Sachsenhausen. ℂ 069/97767408, www.ponyhof-club.de. **Bahn/Bus:** Straba 14 – 16, 18, Bus 36 Lokalbhf. **Auto:** Parkhaus Walter-Kolb-Straße. **Preise:** Eintritt 5 – 10 €; Schobbe 2,50 €, Bier 3 €.*

Elfer

Der alte Elfer bei der Batschkapp musste umziehen und bereichert seit September 2013 Alt-Sachsenhausen. Der Club verspricht, dass es weiterhin »schräg-schöne Konzerte und Partys, warmes Bier, kaputte Sitzgelegenheiten, kein Papier am Waschbecken und schief stehende Kicker« geben wird. Al-

AUSGEHEN & VERGNÜGEN

301

les wird gut! Gespielt wird Rock, Alternative, Metal, Punk, je nach Veranstaltung.

🎵 *Music Club 11er, Wolf Heilig und Thomas Winterscheid, Klappergasse 5 – 7, 60594 Alt-Sachsenhausen. © 069/47869559, www.11-er.de. **Bahn/Bus:** Straba 14 – 16, 18, S3 – 6 Lokalbhf/Textorstraße. **Zeiten:** je nach Veranstaltung ab 20 oder 22 Uhr. **Preise:** Eintritt 5 – 14 €; Bier ab 3 €, Schobbe 2,50 €.*

Frankfurt Art Bar (FAB)

Junges Kollektiv in einer ehemaligen Druckerei, bestehend aus 4 Künstlerateliers, Workshops, Möbelladen, Wohnungen und einer Bar, in der mehrmals pro Woche Live-Musik gespielt wird.

🎵 *Janice Young, Ziegelhüttenweg 32, 60598 Sachsenhausen. © 069/63307938, Handy 0160/96283631. www.frankfurtartbar.de. **Bahn/Bus:** S3 – 6, U1 – 3, 8, Straba 15, 16, 19 Südbhf, Straba 14, Bus 61 Oppenheimer Landstraße. **Zeiten:** Mi Konzerte, Lesungen, Performance 20.45 Uhr, jeden 1. und 3. Mi Irish Celtic Session, Fr Live Jazz. Sommerpause Mitte Juli – Mitte August. **Preise:** Meistens Eintritt frei; Handkäs 2,90, Chili con Carne 7, Griechischer Joghurt 5,50 €, Tageskarte. **Infos:** Fassbier von Schlappeseppel aus Aschaffenburg.*

🎵 **Salsa:** Die Schnupperkurse jeden 1. Mi im Monat 21 – 21.45 Uhr kosten 6 € inkl. Eintritt zur Salsa Disco. Wer Lust auf mehr bekommen hat, kann bei Fred Wochenend- oder Abendkurse für 70 bzw. für Paare 130 € besuchen.

Brotfabrik

Kulturzentrum mit der Restaurant-Kneipe kp-21 und der Melo Bar. Viele Kinderveranstaltungen, Theater, gute afrikanische und lateinamerikanische Kultur-Events und viel Live-Musik: Salsa, World Music, Konzertreihen, Jazz, New American Folk, Reggae, Female Voices, Musica de Cabo Verde. Mi ab 21.45 Uhr steigt die bekannte, rauchfreie Salsa Disco von DJ Lobo & Fred. Fred übt vorher mit allen Tanzlustigen die Salsaschritte. Spaß garantiert!

🎵✖ *Bachmannstraße 2 – 4, 60488 Hausen. © 069/24790800, www.brotfabrik.de, www.kp-21.de. **Bahn/Bus:** U6 Fischstein, U7 Große Nelkenstraße. **Zeiten:** Melo Bar Mo – Sa 18 – 1 Uhr, Restaurant-*

DER BESONDERE TIPP Clubkeller

© Annette Sievers

Kultiger kleiner Underground-Club mit Raucherlounge, in dem schnell die Stimmung hochkocht und bis in den Morgen getanzt und gekickert wird. Bei Timo & Co. an der Bar gibt's gute Laune, Zäpfle, GinTonic, Äppler usw. DJs legen Indie, Elektropop, 60's oder Alternativerock auf, ab und zu Live-Musik. Das Publikum ist studentisch jung.

Clubkeller, Textorstraße 26, 60594 Sachsenhausen. ✆ 069/66372697, www.clubkeller.com.
Bahn/Bus: Straba 14 – 16 Textorstraße, S3 – 6, Bus 30, 36 Lokalbhf.
Zeiten: Täglich ab 21.30 Uhr.

Clubkellers Liebling: Timo am Zapfhahn

Kneipe kp-21 Mo – Fr ab 12, Sa ab 18 (Küche mittags und abends bis 23 Uhr), So ab 15 Uhr, Küche 18 – 23 Uhr. **Preise:** Konzerte 10 – 25 €, Disco 6 €, es gibt Ermäßigungen; Essen: Salat mit gebackenem Schafskäse 8,80, Wochenkarte mit viel vegetarischen Gerichten um 10 €. **Infos:** Auch Flamenco-Workshops und anderes.

Batschkapp

Die gute alte Batschkapp in Eschersheim wird platt gemacht – um in der Gwinnerstraße (zwischen Seckbach und Enkheim) Anfang 2014 in einer drei Mal so großen Halle wiederaufzuerstehen. Mensch, das wird schön: Dancing, Partys und Konzerte satt.

Frankfurter Kulturzentrum e.V., Ralf Scheffler, Maybachstraße 24, 60433 Eschersheim. ✆ 069/95218410, www.batschkapp.de. **Bahn/Bus:** U1 – 3, 8 und Nachtbus Weißer Stein, S6 Eschersheim. Ab 2014 U4, U7 Gwinnerstraße.

Nachtleben, Kurt-Schumacher-Straße 45, City. ✆ 069/20650. www.konstabler.com.
Mo – Mi 10.30 – 2, Do – Sa 10.30 – 4, So 19 – 2 Uhr. Das Frankfurter Kulturzentrum ist Träger des **Nachtlebens** in unmittelbarer Nähe der Konstablerwache. Dort gibt's seit 1993 (schwul-lesbische) Indie-Parties, Britpop und Electroclash, regelmäßig aber auch Hardcore- bzw. Gothic-Discos.

AUSGEHEN & VERGNÜGEN

King Kamehameha Club

Schicke, moderne Discothek und Bühne für diverse Musik-Acts im ehemaligen Kesselhaus der Frankfurter *Traditionsbrauerei Union.* Etwa ein Mal im Monat moderner Jazz oder Mainstream. Der allwöchentliche Live-Auftritt der Hausband *King Kamehameha Club Band* hat längst Kultstatus. Deren musikalische Bandbreite umfasst Funk, Soul und House-Neuheiten. Disco- und Rock-Klassiker live dürfen bei Party-Atmosphäre nicht fehlen. Donnerstags treten Live-Bands auf, freitags wird HipHop, RnB und Soul gespielt, samstags House.

Die schönste Art zu feiern, ist seit Sommer 2013 das **King Kamehameha Club Boat.** Nach 3 Std legt die Yacht wieder an – Zeit genug, um auf den 3 Decks auf Liebesfang zu gehen.

🎵📅➡ *Hanauer Landstraße 192, 60314 Ostend.* ℗ *069/ 48009610, www.king-kamehameha.de.* ***Bahn/Bus:*** *Straba 11, 12 Schwedlerstraße.* ***Zeiten:*** *Do 21 – 4, Fr, Sa 22 – 5 Uhr.* ***Preise:*** *8 – 10 €. Mi Rock the Boat, Abfahrt 20 Uhr, 12 €, Do – So Night Cruise 15 € inkl. Club-Eintritt am gleichen Abend*

⬛ **Kameha Suite*,** Taunusanlage 20, City. ℗ 069/4800370. www.kamehasuite.com. Tagescafé ab 7 Uhr, Atrium-Café/-Bar ab 17 Uhr, Atrium Restaurant ab 12 Uhr. Vorspeisen ab 10, Hauptgerichte ab 20 €, Sa, So 10 – 15 Uhr American Breakfast. Imposantes Treppenhaus, mit einem Michelin-Stern ausgezeichnetes Restaurant im 2. Stock.

DER BESONDERE TIPP Glück ist jetzt Club

🎵 Was ist denn das? Ein Hippi-VW-Bus im Baumweg markiert den Wohnzimmerclub, jeder ist willkommen. Hauptsache die *good vibrations* stimmen. Ganz ernsthaft geht es hier um *happiness.* Schön. Schön verrückt.

1. Sa im Monat 15 – 18 Uhr **designer.FROH.markt,** bei dem jeder mit seinen Prototypen, Unikaten, Kunst, Kulinaria oder Dienstleistungen gegen 10 % vom Umsatz mitmachen kann. Nur schön muss es sein!

1. Sa im Monat ab 19 Uhr **GLÜXXXXXXXXFEST** mit Live-Musik, Lachbar und »Büffee«.

3. Sa im Monat **Glück.ist.Jazz** im Beat Club ab 20 Uhr, 7 €. Der Beat Club wird vom Switchboard, Alte Gasse 20, zu Gunsten der Aidshilfe Frankfurt e.V. im Stil der heißen 70er betrieben.

Jan von Blümmerling, Baumweg 20, dem Happy Germany Platz, 60316 Nordend. ℗ 069/94340394, Handy 0163/6622059. www.glueckistjetzt.de. **Zeiten:** Do – Sa 15 – 19 Uhr.

JAZZ IN FRANKFURT
Jazzfestival Frankfurt

Seit 1953 sind einmal im Jahr Jazzmusiker in Frankfurt zu Gast, die zu den Besten der Besten gehören. Und nicht nur das: Das Frankfurter Jazzfestival ist weltweit das älteste, kontinuierlich ausgetragene Jazzfestival (allerdings zwischendurch im 2-jährigen Turnus). Gegründet wurde es von einem der ganz Großen der Frankfurter Musikpromiszene: **Horst Lippmann,** selbst Schlagzeuger und nimmermüder Jazz-Propagandist, holte 2 Jahre später einen anderen Musik-Enthusiasten an Bord, mit dem zusammen er nicht nur das Festival, sondern gleich eine der größten Konzertagenturen aufbaute, nämlich mit *Fritz Rau.*

Das Festival bringt alte Jazzprofis in neuen Formationen zusammen und dient jungen Musikern als Sprungbrett in die Welt. Begleitet und aufgezeichnet werden alle Konzerte vom Hessischen Rundfunk.

🎵 *hr-Sendesaal, Bertramstraße 8, 60320 Nordend. ✆ 069/155-2000, www.hr-ticketcenter.de. Zeiten: Do – Sa im Oktober, Beginn jeweils 19 Uhr; Tickets beim hr Mo – Fr 14 – 19 Uhr. Preise: Tageskarte 37,50, Kombiticket 95,50 €. Infos: Das Festival ist im Video-Livestream beim hr und bei ARTE zu sehen.*

hr-Big Band

Stark: 17 Weltklasse-Musiker begleiten andere Weltklasse-Musiker. Eigene Produktionen wie das Projekt »Meeting of the Spirits«, für das die Musik des Mahavishnu Orchestra von *Colin Towns* kongenial eigens für die hr-Bigband arrangiert wurde. Das Live-Konzert gab es dann zusammen mit Mahavishnu-Drummer *Billy Cobham.* Veranstaltungsorte variieren, sind oft beim HR im Hörfunkstudio oder in der Musik-Hochschule.

🎵 *Hessicher Rundfunk, Bertramstraße 8, 60320 Nordend. ✆ 069/155-3019, 155-2000 (Ticket-Hotline),*

☀ *Lippmann+Rau:* ***Horst Lippmann*** *(1927 – 1997) spielte in den 40er-Jahren in der von den Nazis verbotenen Hotclub Combo mit* ***Carlo Bohländer*** *(↗ Jazzkeller) und* ***Emil Mangelsdorff*** *– nichts konnte ihn also von der Musik fernhalten. Der Jurist* ***Fritz Rau*** *ist am 19. Aug 2013 mit 83 Jahren gestorben. Zusammen haben sie alles, was in der Jazz-, Rock- und Pop-Geschichte Rang und Namen hat, nach Deutschland geholt. 2012 wurden Lippmann und Rau in die Blues Hall of Fame aufgenommen.*

HI JAZZFANS!

Kennt Ihr noch diese Jazz-Clubs in Frankfurt: **Schumanntheater, Althoff-bau, Jazzkneipe, Jazzhaus, Künstlerkeller,** *oder* **Down by the Riverside?** *Erinnert Ihr Euch noch an Orte wie das* **TAT-Café, Earl's Jazz Soul Saxo-phon, Sound Depot, La Bohème, Train-Ing** *oder* **Jazz Life Podium?** *Diesen Jazzbühnen und noch etlichen mehr sind 2 Dinge gemeinsam: 1991, als ich das erste Mal für diesen Reiseführer über Jazz schrieb, gehörten sie noch als pulsierende Trabanten zum Universum der »Jazzstadt Frankfurt« – heute sind sie von der Bildfläche verschwunden. Diese untergegangenen Arenen der Matadore von Blue-Note und Off-Beat, Swing und improvisier-ter Musik inspirierten in der Folge Jazz-Aktivisten und Gastronomen zur Eröffnung einer beachtlichen Vielzahl von Bühnen in Cafés, Kneipen, Dis-cotheken, Theatersälen und anderen »Locations«, die seither den »Sound of Frankfurt« erzeugen. Konkurrenz belebt das Geschäft, heißt es in der Gas-tronomie. Hoffen wir, dass sich die vielen Veranstalter nicht gegenseitig das Wasser abgraben und sich die Gemeinde der Jazzfans nicht in mikrosko-pisch winzige Grüpplein diversifiziert, die sich im Labyrinth der Jazzszene unserer geliebten Hauptstadt der Synkopen und der Blue Notes verlieren. Die* **Geschichte des Jazz in Frankfurt** *ist wahrlich alt: Bereits Ende des 19. Jahrhunderts füllten die frühen Formen des Swing Frankfurts Vaudeville-Theater und Varietés. Die »Negermusik« wurde manchmal noch als Gag eingesetzt, doch spätestens ab den 1920er-Jahren hottete die Jugend in vieler-lei Tanzsälen und -Cafés vorzugsweise nach Jazzrhythmen. Am* **Hoch'schen Musikkonservatorium** *gab es bereits eine Jazzklasse. Vor den NS-Schergen mussten dann die Platten der als »entartet« klassifizierten Musik versteckt werden. Manche Jugendliche ruderten mit ihren Grammo-phonen auf den Main hinaus, um weiter amerikanische Platten hören zu können.*

Nach dem Krieg war es vor allem der Jazz, der die Ära vom Aufbruch in Demokratie und Wiederaufbau musikalisch begleitete. Ganz vorne dabei die Frankfurter Jazzmusiker, die hier in der amerikanischen Besatzungszo-ne breite Unterstützung fanden. Ihre Musik wurde im Ausland bald als »Frankfurt Sound« bezeichnet. Der Frankfurter »Hot-Club« um **Carlo Boh-länder, Horst Lippmann** *und* **Emil Mangelsdorff** *markiert jenen Jazz der Stunde Null (↗ Jazzkeller). Mit der Gründung des* **Deutschen Jazzfestivals**

*1953 sind in Verbindung mit Frankfurt weitere große Namen zu nennen, wie **Albert Mangelsdorff, Günter Boas, Joki Freund, Vera Sauer, Wolfgang Sauer, Heinz Sauer, Christof Lauer** und **Michael Sagmeister.** Der Hessische Rundfunk, dem die Leitung des Festivals heute untersteht, gehört mit seiner **hr Big Band** selbst zu den Wegbereitern des Jazz.*

Blue Note Altmeister: Altsaxophonist Lou Donaldson während eines Auftritts im Jazzkeller

Foto: Marthy Fandel

*Die Liste der **Veranstaltungsorte für Jazz** heute ist lang, länger als wir sie hier im Buch alle aufnehmen können, denn beispielsweise wird auch in den Hotels Jazzpiano gespielt, und in den Vororten gibt es ebenfalls engagierte Veranstalter.*

*Und was hat sich sonst noch so geändert seit den guten alten 90ern? Alle Clubs (bis auf ganz ganz wenige) haben sich mit eMail-Adresse und eigener Webseite auf das Zeitalter der Vernetzung eingelassen und sind somit universal, ubiquitär und **all the time online.** Super für alle Jazz-Interessierten! Kompliment an alle Veranstalter und Clubs, die im Zeitalter der leeren Kassen – zum größten Teil ohne Subvention aus dem städtischen Kulturbudget und allein aus Liebe zum Jazz – für das reichhaltige Jazzprogramm der Mainmetropole sorgen. Und **last but not least** Verbeugung vor allen Jazzmusikern, die mit ihrem unermüdlichen Drang zum Spiel auf der Live-Bühne ihre Fans am Main beglücken und damit beweisen: Der Star Jazz in Frankfurt strahlt aus sich selbst heraus und braucht für seine Kunst keinen Zuschuss. **L'art pour l'art** – und: **do ut des!***

Viel Spaß beim Start ins Frankfurter Jazz-All wünscht Euer Mischi, Jazzlokal Mampf

mampf

Als Frankfurt Sound bezeichnete man in den 80er-/90er-Jahren auch den neuen Techno-Sound aus Aggrepo, New Beat und Acid, den die Frankfurter DJs kreierten.

@ Ausführliche Informationen über Stilrichtung, Größe, technische Ausstattung und vieles mehr, was Jazz-Live-Bummler und Jazzmusiker interessieren könnte, bietet der Wegweiser Jazz des **Jazzinstituts Darmstadt,** auf dessen Webseite zudem umfassendes Adress- und Veranstaltungs-Infomaterial abgerufen werden kann: www.jazzinstitut.de

www.jazz-frankfurt.de

www.hr-bigband.de. *Bahn/Bus: U1 – 3, 8 Miquel-/Adickesallee/Polizeipräsidium. Zeiten: Ticketcenter Mo – Fr 14 – 19 Uhr. Ticket-Hotline Mo – Fr 9 – 19 Uhr, Sa 9 – 15 Uhr.*

Jazzinitiative Frankfurt am Main e.V.

Die Jazzinitiative Frankfurt wurde 1991 von Musikern mit dem Ziel gegründet, dem modernen Jazz in Frankfurt bessere Präsentationsmöglichkeiten zu schaffen. Unterstützung bekam sie nicht nur von ihren Mitgliedern, sondern von Beginn an auch von der Stadt Frankfurt sowie anderen Sponsoren.

So können jährlich circa 30 eigene, zusammen mit den Kooperationspartnern durchschnittlich 70 Konzerte angeboten werden. Im Rahmen der Jugendförderung gibt es die »Open Jazzcard«, dazu Workshops und das Newcomer-Festival »young spirit«.

🏠ℹ️ *Rendeler Straße 11a, 60385 Bornheim. © 069/956348-48, www.jazz-frankfurt.de. Bahn/Bus: U4 Bornheim Mitte. Preise: Open Jazzcard: preiswertes Jahresabonnement für alle Veranstaltungen.*

Musik im Palmengarten

Im Juli und August liegt im Palmengarten allerlei Musik in der Luft: Unter der künstlerischen Leitung der Jazzinitiative Frankfurt finden große **Jazzkonzerte** internationaler Künstler statt, 7 x Do, 19.30 Uhr, 10 €, ermäßigt 5 €.

Unter dem Motto **Summer in the City** organisiert der Mousonturm ungewöhnliche, von Begeisterung getragene Musikereignisse der Weltmusik. 5 x Di, 19.30 Uhr, 14,20 €, an der Abendkasse 16 €, Kombiticket mit Palmengartenbesuch ab 9 Uhr für 19 €. Die **Kammeroper** tritt ebenfalls mehrfach im Musikpavillon auf oder wird durch ein internationales Ensemble vertreten. Der Preis liegt bei 29 €, ermäßigt 15 €, zuzüglich Vorverkaufsgebühr. Daneben Mai –

© Annette Sievers

Sep **Promenadenkonzerte** der Philharmonischen Gesellschaft um 15.30 Uhr und weitere Angebote wie
»Blues im Palmengarten«.

🎵 *Siesmayerstraße 61, 60323 Bockenheim. ℂ 069/
212-33939, www.palmengarten.de. **Bahn/Bus:**
↗ Palmengarten; Musikpavillion nahe Eingang Süd
(Palmengartenstraße). **Zeiten:** Einlass zum Jazz, zur
Weltmusik und zur Kammeroper 1 Std vor Beginn.
Preise: Im Vorverkauf beim Palmengarten, Mouson-
turm Ermäßigung. **Infos:** Alle Konzerte finden im Mu-
sikpavillon und bei jedem Wetter statt.*

Jazzlokal Mampf

Seit 1972 wird hier Jazz aufgelegt und live gespielt.
Für Jazzfreunde gehört es einfach zu einem Muss,
Bands aus Frankfurt und dem Rhein-Main-Gebiet,
oder (2 x im Jahr) internationale Jazzmusiker im

Das Lokal ist Sitz des Vereins Jazz & Maus e.V., der von hier aus seinen Feldzug gegen die Katzenmusik führt, unter anderem mit der jährlichen Veranstaltung »Jazz for fun«.

www.jazzguide.de von Wolfgang Dohl, Uli Gildemeier und Wolfgang Kurth ist ein Leitfaden und Diskussionsforum rund um Stile, Platten, CDs.

kleinsten Livejazz-Schuppen der Stadt zu hören, vor allem, wenn man guten, preiswerten Äppler und plakatübersäte Wände in Szenekneipen liebt. Wichtig zu wissen: Die Konzerte finanzieren sich über Spenden und einen minimalen Kulturbeitrag! Wirt Mischi hat sich über die Jahre zu einem tollen Koch gemausert, Schmalzbrot gibt's aber nach wie vor auch. Die »Schänke der Dichter und Denker« ist klein, manchmal recht laut (ab 23 Uhr auch verraucht) und auf jeden Fall sehr skurril und liebenswert.

Jazz & Maus e.V., Michael Damm, Sandweg 64, 60316 Nordend. ✆ 069/448674, www.mampf-jazz.de. Bahn/Bus: U4 Merianplatz. Zeiten: So – Do 18 – 1, Fr, Sa 18 – 2 Uhr; Konzerte 20.30 – 23 Uhr. Preise: Konzerte 3 € Kulturbeitrag, Spenden erbeten; Chili con Carne 5,50, Haasse Worscht 3, Vesperplatte 4,50, Mampfjäger 2 €, Pils 1,60 – 4,30, Äppler 2 €. Aber Vorsicht: Im Mampf heißt der Euro »Mak«, wer »Euro« sagt, zahlt 1 Mak! Infos: 3 x pro Woche Jazz live, auch Folk und Blues. Sa, So Live-Übertragungen mit Premiere Sport.

Mosaik

Seit 2003 finden hier mehrmals im Monat Jazz- (alle Stilrichtungen), Blues- und Chansonabende statt.

Ansonsten werden Latino Musik und Blues zu Cocktails und Tapas aufgelegt.

🎵 ✅ *Jazz-Bar, Freiligrathstraße 57, 60385 Bornheim.*
*© 069/48981684, www.mosaik-jazzbar.de. **Lage:***
*Freiligrath-/Fechenheimer Straße. **Bahn/Bus:** U4*
Bornheim Mitte, Bus 38, N5, Straba 12 Saalburg/
*Wittelsbacher Allee. **Zeiten:** Mo – Sa 17 – 3 Uhr.*
***Preise:** Suppe 4,90, Tapas 10,90, gefüllte Paprika*
10,90 €, Pils 2,50, Cocktails 7, Wein 3,80 €.

Balalaika

Nahe dem Affentorplatz bietet Anita Bohländer in ihrem Club Mainstream, Blues und Folk live und natürlich zu später Stunde ihren obligatorischen Auftritt an der Gitarre, seit der Gründung 1968! Wenn sie dann »Summertime« zu wispern beginnt, erstirbt jedes Geräusch in der gemütlich-dunkelgrünen Pinte mit dem New Orleans Charme.

🎵 ✅ *Anita Bohländer, Schifferstraße 3, 60594 Sachsen-*
*hausen. © 069/612226. **Bahn/Bus:** Bus 30, 36,*
Nachtbus Affentorplatz, Straba 14 – 16, S3 – 6 Lo-
*kalbhf. **Zeiten:** So – Do 20 – 1, Fr, Sa 20 – 3 Uhr.*
***Preise:** Reichhaltige Getränkekarte, Nothappen zur*
späten Stunde.

Dreikönigskeller

Seit 1989 betreibt Alex Bundorf dieses kleine Szenelokal, auf dessen Bühne alle Frankfurter Newcomer hüpfen, um sich zusammen mit den anderen, bereits etablierteren Musikern in die Ohren und die Gunst ihres Publikums zu jammen. Oft krankt die gastronomische Ausnutzung des Tresens am Missverhältnis der Anzahl von Musikern und Gästen, die wegen der vielen Instrumente nur noch am Ausgang auf der Treppe einen bescheidenen Platz finden können.

🎵 ✅ *Färberstraße 71, 60594 Sachsenhausen. © 069/*
*6612-9804, www.dreikoenigskeller.net. **Bahn/Bus:***
*Bus 30, 36, 46 Schulstraße. **Zeiten:** Täglich ab 21*
*Uhr, Fr, Sa bis 5 Uhr, Konzertbeginn 22 Uhr. **Preise:***
. Do manchmal Getränke zum halben Preis bis Mitter-

🎵 **Radio X,** Schützen-
straße 12, Frankfurt, © 069/29971222.
www.radiox.de. Werbefreies Stadtradio auf fm
91.8 Antenne bzw. fm
99,85 Kabel. Seit 1997
24 Std on air. Das Programm wird von rund 90
ehrenamtlichen Redakteuren zusammengestellt, es geht um Musik
jeder Art, Politik, Kunst, Popkultur etc. aus und für
die Region Rhein-Main.
Jeden 1. und 3. Mi ab
21, Do und Fr ab 12 Uhr
Jazz.

nacht. **Infos:** *Live-Konzerte mit bekannten Stars und ausgewählten Newcomern aus den verschiedenen Musikrichtungen, Mo Jazzsession »Blue Monday«, Di »club exotica« mit 50's/60's Trash, Mi Kuch 'n' Roll mit Rock und Kuchen.*

Spritzehaus

Im rummeligen Alt-Sachsenhausen eine der wenigen Adressen, wo man fast immer gute Musik zu hören bekommt. Rock 'n' Roll, Blues, Hard-Rock, Jazz-Rock, Soul-Funk.

🎵 💄 *Große Rittergasse 41 – 43, 60594 Sachsenhausen. ℅ 069/614336, www.spritzehaus.de.* **Bahn/Bus:** *Bus 30, 36, Nachtbus Affentorplatz, Straba 14 – 16, S3 – 6 Lokalbhf.* **Zeiten:** *So – Do 19 – 2, Fr, Sa 19 – 3 Uhr, Konzerte täglich ab 21 Uhr.* **Preise:** *Eintritt frei, außer bei Sonderveranstaltungen, Getränkepreise mit 3,20 € fürs Bier und 2 € für Äppler sehr zivil.*

Summa Summarum Musikkeller

Circa 1 – 2 Mal die Woche traditioneller Jazz, Mainstream, moderner Jazz im ältesten Steinhaus Alt-Sachsenhausens.

🎵 💄 *Klappergasse 3, 60594 Sachsenhausen. ℅ 069/ 626800, Handy 0173/1685674. www.facebook.com/Summa.Summarum.Musikkeller.* **Lage:** *Im »Steinern Haus«.* **Bahn/Bus:** *Bus 30, 36, Nachtbus Affentorplatz, Straba 14 – 16, S3 – 6 Lokalbhf.* **Zeiten:** *Di – Sa 20 – 1 Uhr, Veranstaltungen ab 21 Uhr, Juli – Aug Sommerpause.* **Preise:** *Eintritt frei.*

Südbahnhof Musiklokal

🎵 Jeden Sa 30+ Party, 7 €.

Jeden So Live-Musik und davon 1 – 2 Mal im Monat traditioneller Jazz, moderner Jazz und Konzerte des »hr-Big-Band-Labor« im Bahnhof am Diesterwegplatz.

🎵 *Thomas Schlegel, Hedderichstraße 51, 60594 Sachsenhausen. ℅ 069/623201, 0700/22783253 (Tickets), www.suedbahnhof.de.* **Bahn/Bus:** *S3 – 6, U1 – 3, 8, Straba 14 – 16, 19 Südbhf.* **Zeiten:** *So 12 – 15.30 Uhr.* **Preise:** *12 – 18 €, im Vvk billiger.* **Infos:** *Sa 30+ Partys ab 21 Uhr, 7 €.*

FESTKALENDER

Der Frankfurter – zu fast 40 % aus der weiten Welt stammend – feiert gern, ausgiebig, ausgelassen und mit großer Regelmäßigkeit. Einige Feste sind ausgesprochen typisch für Frankfurt. So zum Beispiel die Dippemess im Frühjahr und im Herbst, der traditionelle Wäldchestag, die Bernemer Kerb, das Mainuferfest, das wegen seiner schönen Kulisse so beliebt ist – und auch das Museumsuferfest, das im Sommer mit großem Pomp und Kostenaufwand veranstaltet wird.

Straßenfeste, die von Interessensgemeinschaften der Geschäfte oder von Stadtteilinitiativen veranstaltet werden, gibt es häufig im Früh- oder Spätsommer. Die Termine liegen nicht fest, sondern werden über Zeitungen und Plakate bekannt gegeben.

@ Alle aktuellen Termine unter www.frankfurt.de.

Februar / Fastnacht

Obwohl Frankfurt protestantisch ist, feiert man auch hier Fassenacht (Karneval). In der ganzen Stadt finden Feiern und Sitzungen statt, immer begleitet vom Hessischen Rundfunk. Di-nachmittag sind alle Geschäfte und Büros geschlossen.

Straßenkarneval: Sehenswert sind die *Erstürmung des Römers* durch die Frankfurter Garden und das närrische Frankfurter Prinzenpaar mit der *Schlüsselübergabe* auf dem Römerberg am Sa 15.11 Uhr, der *Große Umzug* am Sonntag durch Frankfurts historische Innenstadt, bei dem Kamellen nur kriegt, wer *Helau* ruft, und vor allem der Fastnachtszug am Di durch *Klaa-Paris,* Heddernheim.

Quartier Latin: Für junge Leute interessantes Narrenfest, das seit 60 Jahren im Hörsaalgebäude der Goethe-Universität in Bockenheim stattfindet. Mehrere DJs, Live-Bands. Fastnacht Fr, Sa 22 – 5 Uhr, 16 €, Studenten, Schüler, Azubis 12 €. www.bschneider.de/quartier.

März

Ende März/Anfang April: Dippemess. Die erste große Kirmes nach dem Winter wird von den Frankfurtern besonders heiß ersehnt und gefeiert. 2 Mio Besucher zählt man in den 4 Wochen auf dem Festplatz am Ratsweg. Damit ist sie das größte Volksfest in Rhein-Main. Außer Hightech-Loopings, Riesenkettenrad und Geisterbahn gibt es hier tatsächlich *Dippe* und *Dippchen* zu kaufen, Töpfe und Steingut. Denn ihren Ursprung hat die Kirmes im 14. Jahrhundert als *Maamess* am Main für Haushaltswaren. Mit Festzelt, Familientagen, Rosa Montage, Trachtennächten, Abschlussfeuerwerk. Mo – Do 14 – 23, Fr, Sa 14 – 24 Uhr, So, Fei 12 – 23 Uhr. www.dippemess.de.

Musikmesse: Gut 1000 Live-Auftritte von Bands und Solo-Künstlern gibt es während der internationalen Leitmesse der Musikinstrumenten-Branche auf dem Messegelände und in der Stadt, daneben Musikpreisverleihungen, Workshops, Musik zum Mitspielen für Kinder, Jam-Sessions für Schulen etc. Ein wunderbarer Ort zum Mit-Jammen zu dieser Zeit ist der ↗ Jazzkeller. http://musik.messefrankfurt.com.

Manche große Messe trägt ihre Events in die Stadt, so zum Beispiel die Buch- und die Musikmesse.

April

Mitte April: Luminale. Alle 2 Jahre stattfindendes Festival der Lichtkultur im Rahmen der Messe Light & Building mit über 140.000 Besuchern. Die Biennale für Lichtskulpturen und -installationen. Kostenloser Shuttle-Bus zwischen Messe und Stadt.

Frankfurt liest ein Buch: Das größte Lesefest Frankfurts. In der ganzen Stadt wird in Schulen, Vereinen, Buchhandlungen, Cafés, Straßen und Plätzen ein bestimmtes Buch gelesen, das Frankfurt zum Thema hat. www.frankfurt-liest-ein-buch.de

Sa April/Mai: Nacht der Museen. Rund 50 Museen und Ausstellungshäuser in Frankfurt, Höchst und Of-

fenbach öffnen ihre Pforten 19 – 2 Uhr. Abwechslungsreiches Rahmenprogramm mit Live-Musik, Be-
nefizaktionen, kostenloser Bus-Shuttle-Service. Ticket für alles 12 €, mit Museumsufer-Card Eintritt
frei. www.nacht-der-museen.de.

Mai

1. Mai: Rund um den Finanzplatz Eschborn-Frankfurt,
als »Rund um den Henninger-Turm« Tradition gewor-
denes Radrennen auf einer Strecke von 190 km
rund um die beiden Städte und durch den Taunus.
Für Profi-, Nachwuchs- und Hobby-Radler. Mit musi-
kalischem und sportlichem Rahmenprogramm.
www.eschborn-frankfurt.de.

Mitte Mai: Wolkenkratzerfestival. 18 Hochhäuser öffnen ihre Türen – für die Besucher, die das Glück haben, im Internet eine Karte aus dem festen Kontingent zu erhaschen. Findet unregelmäßig statt,
www.wolkenkratzerfestival.de.

Grüne Soße-Festival: 7 Tage lang (wie die 7 Kräuter in
der Soße) wetteifern auf dem Roßmarkt 7 Gastronomen um den 1. Platz für die beste *Grie Soß,*
www.gruene-sosse-festival.de.

2. Woche: Maifest auf dem Liebfrauenberg. 12 Tage
lang Essen und Trinken unterm Maibaum. 11 – 22
Uhr.

Dienstag nach Pfingsten: Wäldchestag! Frankfurts lo-
kalpatriotischer Feiertag, an dem spätestens ab Mittag Büros, die Ämter und Betriebe der Stadtverwaltung sowie traditionsbewusste Geschäfte schließen
und die Menschen in den Stadtwald am Oberforst-
haus pilgern, um dort zwischen den Kiefern auf die
Kirmes zu gehen und bis Mitternacht Bier und Apfelwein, Bratwurst und Handkäs in großer Geselligkeit
zu konsumieren. Die Brauereien organisieren nicht
selten wirklich gute Live-Bands, die die Leute aufs
Tanzparkett treiben oder, wenn's hoch hergeht, auf

*Auch der Peter
Meyer Verlag feiert
gern. Wann und wo Sie
mitfeiern können, erfah-
ren Sie auf unserer Inter-
net- oder Facebook-Seite
oder über den Neuigkei-
tenbrief »Lesen und Aus-
fliegen«.*

AUSGEHEN & VERGNÜGEN

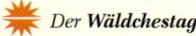 *Der **Wäldchestag** ist der »höchste Pfingstfeiertag« in Frankfurt. Schon vor Jahrhunderten zog das Volk mit Picknick und Fidel in den Wald am Oberforsthaus, um es sich gut gehen zu lassen. Ab 1372 wird das allmählich amtlich: Bis dahin gehörte der Wildbann Dreieich dem Kaiser. Doch der verschuldete Karl IV. musste den Königsforst zur Tilgung seiner Schulden an die Stadt abtreten. Seitdem war es den Frankfurtern an diesem Tag offiziell erlaubt, im Wald Holz für den Winter zu sammeln.*

Angebot: Der Peter Meyer Verlag hält die Tradition gern hoch und schließt sein Büro am Wäldchestag gegen Mittag – aber nur, wenn Sie mit in den Wald kommen. Anmeldung unter info@ PeterMeyerVerlag.de.

Tisch und Bänke! Zu dem Massen-Picknick finden sich außer Frankfurtern gern die *Eingeplackten* ein, denn hier sind alle gleich; ob im Anzug aus dem Bankhaus samt asiatischen Geschäftsfreunden oder im T-Shirt aus dem Schuhgeschäft, ob Schüler oder Oma und Opa – hier sitzen alle einträchtig beieinander. Die Kirmes mit Riesenrad, Kartoffelsackrutsche und Bunjee-Geräten dauert Sa, So 12 – 1, Mo, Di 12 – 24 Uhr. Dann fährt die VGF Sonderschichten: Vom Südbhf Bus 61, ab Hbf Straba 21 Richtung Stadion sowie alle Einsatzwagen bis Schluss ist, www.vgf-ffm.de. Wertsachen zu Hause lassen, flache Schuhe sind am praktischsten.

Juni

Anfang Juni: Fressgassfest; organisiert von den Gastronomen, Bäckern und Metzgern der Großen Bockenheimer Straße. Man schlemmt und trinkt an gedeckten Tischen oder genießt im Stehen an den Buden bis 23 Uhr alle Köstlichkeiten der Welt zu gesalzenen Preisen.

Mitte Juni: Berger Straßenfest. Das beliebteste Straßenfest in der Mainmetropole findet auf der Unteren Berger Straße zwischen Bethmannpark und Höhenstraße statt. 2 Tage Livemusik auf mehreren Bühnen, etliche Verkaufsstände, viel dreht sich ums Essen und Trinken, besser gesagt ums Saufen.

3. So: Schweizer Straßenfest. Zwischen Garten- und Textorstraße feiern die Sachsenhäuser 11 – 24 Uhr. Eins ihrer schönsten Feste mit Live-Musik und Feinkost-Buden unter länderspezifischem Motto, Kinderspielwiese und Autokorso.

3. Wochenende: Opernplatzfest. 11 Tage lang Edel-Snacks, lateinamerikanische Rhythmen und Klaviermusik von der Bühne.

Mitte Juni: Rosen- und Lichterfest im Palmengarten. 3 Tage lang werden 12.000 Rosen in herrlichen Arrangements gezeigt, von Kinderbelustigung und Veranstaltungen begleitet und am Sa ab 20 Uhr mit Musik und Tanz gekrönt. Verkaufsstände bieten Rosenöl, Rosensenf und Rosendüfte. www.palmengarten-frankfurt.de.

Parade der Kulturen: Der bunte Umzug durch die Innenstadt, organisiert vom Frankfurter Jugendring, demonstriert das friedliche Miteinander der verschiedenen in Frankfurt lebenden Kulturen. Mit Bazar, Live-Musik und Kinderprogramm. Start 12 Uhr am Untermainkai. www.parade-der-kulturen.de.

JP Morgan Chase Corporate Challenge: Größtes Laufereignis der Welt. 75.000 Menschen laufen unter dem Motto Jogging gegen Mobbing auf 5,6 km um die Wette. www.jpmccc.de.

Mitte Juni – Mitte Juli: Höchster Schlossfest. Das längste Stadtteilfest Frankfurts, nämlich 4 Wochen lang wird mit Kultur, Kleinkunst und Konzerten rund ums Schloss sowie Orgelkonzerten in der Justinuskirche dem Leben gehuldigt.

Juli

4 Wochen lang: Stalburg Theater Offen Luft, kurz STOFFEL. Täglich Musik, Theater, Kabarett und Lesungen bei freiem Eintritt und fast jedem Wetter im ↗ *Günthersburgpark,* der Liebling unter allen Freiluftangeboten. ↗ Theater, www.stalburg.de.

1. So: Ironman European Championship. Populärer Triathlon mit mehr als 2000 Teilnehmern, die 3,8 km Schwimmen im Langener Waldsee, 180 km Radfahren Richtung Taunus und Wetterau und 42,2 km Laufstrecke an beiden Mainseiten Frankfurts absolvieren. www.ironmanfrankfurt.com.

Ende Juli: Christopher Street Day, CSD. Rund um die Konstablerwache gibt es ein lesbisch-schwules Mega-Event mit Party, politischer Demonstration, Bühnenprogramm und Freiluft-Disco. Sa quietsch-

 Der weltweit stattfindende **CSD** *erinnert an das erste bekannt gewordene Aufbegehren der Homosexuellen gegen Polizeiwillkür in der New Yorker Christopher Street am 27. Juni 1969.*

AUSGEHEN & VERGNÜGEN

bunte Parade durch die Innenstadt ab Römer, der von Regenbogenfahnen umweht wird, bis zur Konstablerwache. Anschließend wird in Bars und Discos weitergefeiert. www.csd-frankfurt.de.

August

Anfang August: Mainfest. Als am 23. Juli 1340 die Dreikönigskirche am südlichen Mainufer geweiht wurde, dankten die Mainfischer ihrem Fluss mit Wein in Strömen, Ochs am Spieß und Volksbelustigungen wie Gänserupfen, Entenangeln und Fischerstechen. Auch heute wird 3 Tage lang dem Fluss mit Buden, Karussells, Riesenrad am Untermainkai und Spektakel gehuldigt: Traditionelle Eröffnung mit Wein aus dem Gerechtigkeitsbrunnen auf dem Römerberg am Fr-Abend und So 16 Uhr Fischerstechen. Sa 12 – 1, So, Mo 12 – 24 Uhr. Feuerwerk am Mo, das vom Mainufer, den Brücken oder vom Boot aus toll anzusehen ist.

Mitte August: Afrikanisches & Karibisches Kulturfest. Buntes Festival im ⚲ Rebstockpark mit angesehenen Künstlern, afrikanischem Markt, Kinderprogramm, Salsa und Reggae zum Tanzen und vielen exotischen Essständen der Vereine. Tageskarte ab 11 Jahre 3 €, Kinder 1 €, www.afro-karibik.de.

Apfelweinfestival: Die Frankfurter feiern ihr Nationalgetränk mit einem eigenen Fest. 10 Tage lang gibt es auf dem Roßmarkt traditionelle Apfelweinsorten und neu kreierte Gerichte mit Apfelwein, z.B. gebrannte Apfelweinmandeln und Cocktails mit Apfelwein, vorgestellt von den Apfelweinköniginnen. Die folkloristischen und mundartlichen Darbietungen sind keineswegs nur was für Traditionalisten! So – Do 11 – 23, Fr – Sa 11 – 24 Uhr.

2. Wochenende: Bernemer Kerwe. Die Kirmes im »lustigen Dorf« rund um die Johanniskirche feierte 2007 ihr 400-jähriges Bestehen. Herausragend sind das

Kerwebaum-Aufstellen und der *Kerwefestzug* durch das alte, festlich geschmückte Bornheim am Fr, und am letzten Festtag der *Bornheimer Mittwoch* mit *Gickelschmiss* (Hahnenschlagen, so was wie Dippeschlagen; wer den Topf zerhauen kann, gewinnt einen lebenden Hahn) und *Lisbethverbrennung,* der Festtagspatronin aus Stroh. Genaue Termine gibt der *Schellebittel* laut rufend wie ein mittelalterlicher Herold bekannt. www.bernemer-kerb. de.

3. Wochenende: Antoniterfest. Die Interessengemeinschaft Töngesgasse macht mit diesem Straßenfest auf die ansässigen Geschäfte aufmerksam und sammelt nebenbei für soziale Projekte der Kapuzinermönche der benachbarten Liebfrauenkirche. www.toengesgasse.de.

Ende August, Fr – Mo: Sachsenhäuser Brunnenfest
auf dem Paradiesplatz in Alt-Sachsenhausen. Die Brunnenfeste stammen aus der Zeit, als man sein Wasser noch aus einem öffentlichen Brunnen holen musste. Dieses Fest wurde 1490 erstmals urkundlich erwähnt. In den Bezirken, die sich einen Brunnen teilten, wechselten sich die Bewohner mit der Aufsicht und der Reinigung des Brunnens ab. Einmal im Jahr musste der Brunnen-Wächter in den Brunnen hinabsteigen, um den angesammelten Dreck herauszufischen. Sehr eklige Angelegenheit. Zum Ausgleich veranstalteten die Bezirke dann ein großes Straßenfest, bei dem man, grad wie heut', an langen Tischen und Bänken die Schoppen zu Hauf' petzte. Heute außerdem Brunnenbegehungen, Kerwe-Feier und Kinderfest. Am Mo endet die Kerwe mit dem *Gickelschmiss* und der Verbrennung der Kerbesymbole *Balzer unn Babett,* ⌁ Bernemer Kerb. http://brunnenfest-sachsenhausen.de.

Letztes Wochenende im August: Museumsuferfest
auf beiden Mainseiten. Das 1988 von den Museen als Tag der offenen Tür konzipierte Fest hat sich zu

Im Laufe der Jahrhunderte wurde aus der Antonitergasse (Anthonier gaszin) die Tonitergasse (Thonies gasse), die Thonnesgass, Tönnesgasse und schließlich die heutige **Töngesgasse.**

einem europaweit bedeutenden Kulturereignis aus-
geweitet, das an 3 Tagen über 3 Mio Besucher an-
zieht! Auf gut 30 Bühnen wird Musik gemacht, ge-
trommelt und getanzt, gelesen, Theater gespielt und
im Chor gesungen. Es gibt Lagerfeuer, Discos, Mit-
machaktionen und sogar die Kirchen öffnen bis spät
in die Nacht ihre Türen. Überall geht es multikuturell
zu: Musik, Kleinkunst und Kunsthandwerk aus allen
Ländern der Welt und natürlich bieten auch die zahlreichen Essenstände Leckeres aus fast allen Kü-
chen der Stadt, in der immerhin Menschen aus über
180 Nationen zu Hause sind. Für Kinder gibt es spezielle Angebote und der Abenteuerspielplatz Riederwald sorgt für spannende Unterhaltung. Judo-Kids
und Turnerinnen der Sportvereine zeigen, was sie
können, das Drachenbootrennen auf dem Main
sorgt für Gaudi und das obligatorische Riesenfeuer-
werk zum Schluss für viel Applaus. Fr 15 – 1, Sa
11 – 1, So 11 – 24 Uhr. Freier Eintritt in allen teil-
nehmenden Museen. www.museumsuferfest-frank-
furt.de.

2. Sa nach den Sommerferien: Rotlintstraßenfest.
Nachbarschaftsfest der Grünen und familiärer Flohmarkt im ehemaligen Wahlbezirk *Joschka Fischers.*

September
Ende Aug/Anfang Sep: Rheingauer Weinmarkt. Kurz
vor Frankfurt beginnt am Mainunterlauf der Rheingau. Und mit dem städtischen Rest-Weinberg auf
dem ↗ Lohrberg beweist Frankfurt allemal seinen
Weinsachverstand. Wenn Sie dazugehören wollen,
können Sie eine Woche lang ab Mi 18 Uhr auf der
Fressgass rund 600 Weine und Sekte verkosten und
mit den Erzeugern direkts ins Gespräch kommen.
Gesellige Atmosphäre, täglich 11 – 23 Uhr.

1. Wochenende: Berger Markt mit Stadtschreiberfest,
Stadtteil Bergen-Enkheim. Hier wird Literatur zum

Volksfest. Zum Auftakt des Bergen-Enkheimer Stadt-
teilfestes Berger Markt wird ein mit 20.000 € dotier-
ter Literaturpreis verliehen. Diesen Preis gibt es seit
1974 und war damals der erste im deutschsprachi-
gen Raum. Wer diesen Titel erhält, darf zudem ein
Jahr lang kostenfrei im Stadtschreiberhäuschen An
der Oberpforte 4 wohnen. www.berger-markt.de.

2. So: Lauf für mehr Zeit. 5 km langer Lauf durch die
Frankfurter Innenstadt. Mitlaufen kann jeder, das
Startgeld geht an den Förderverein der AIDS-Hilfe
Frankfurt. **Infos:** www.lauf-fuer-mehr-zeit.de.

2. Woche: Herbst-Dippemess. 10 Tage auf dem Festplatz am Ratsweg mit Kirmes, Dippe-, Haushalts-
und Kleidermarkt. Mo – Do 14 – 23, Fr, Sa 14 – 24,
So 12 – 23 Uhr. Halbe Fahrpreise am Do (Familien-
tag) und Rosa Montag mit Travestie um 20 Uhr im
Festzelt.

Oktober

Ende Sep/Anfang Okt: Jüdische Kulturwochen. Durch
Konzerte, Lesungen, Filme und Ausstellungen sollen
Neugierde am Judentum geweckt und der Dialog ge-
fördert werden. Die Führungen über die jüdischen
Friedhöfe und durch die Westend-Synagoge sind
sehr aufschlussreich und beliebt. Im Jüdischen Gemeindezentrum kann man dann Jiddpop live erleben
und koscher kochen lernen. www.jg-ffm.de.

Frankfurt Marathon: Ältester City-Marathon Deutschlands. Den Startschuss vor den Werkstoren der
Hoechst AG gab 1981 der Dreifach-Olympiasieger
von 1952, die »tschechische Lokomotive« *Emil Zato-
pek* für 3169 Läuferinnen und Läufer, heute rennen
16.000, um den Zieleinlauf in der Frankfurter Festhalle mitzuerleben. www.bmw-frankfurt-
marathon.com.

Open Books: Während der Frankfurter Buchmesse im
Oktober finden in der Altstadt Lesungen und Bücher-

 *Der **Berger Markt**
ist ursprünglich ein
Viehmarkt, der vermut-
lich schon in der Zeit
nach dem Westfälischen
Frieden zwischen 1650
und 1670 stattgefunden
hat. Noch heute bietet
das Fest Gelegenheit,
Landluft zu schnuppern.
Denn neben Karussell
und Schießbude sind
Kühe, Pferde, Hasen,
Hühner und Schafe zu
sehen.*

feste statt. Eintritt kosten nur die Eröffnungsveran-
staltung im Schauspiel Frankfurt und die Party im Literaturhaus. www.openbooks-frankfurt.de.

November

November 3 Wochen lang, Kinder- und Jugendbuch-
ausstellung **Frankfurter LeseEule** im Römer. Eintritt
frei.

Dezember (Advent)

Ende Nov – Weihnachten: Weihnachtsmarkt mit allerhand Buden und Weihnachtszauber in der Neuen
Kräme, auf dem Paulsplatz und unter einer statt-
lichen Tanne auf dem Römerberg. Dort fand schon
im 14. Jahrhundert ein Markt mit ausschließlich
Frankfurter Handwerkskunst statt. Den Weihnachtsmarkt Frankfurter Künstler und Künstlerinnen findet
man heute in der Paulskirche und in den Römerhal-
len. Vor der festlich beleuchteten historischen Kulisse des Römers macht der Einkauf von weihnacht-
lichen Kleinigkeiten aus Holz und Keramik oder größeren Geschenken noch richtig Spaß, wobei die
Essbuden auch hier überhand nehmen. Statt Glühwein trinkt der gelehrige Tourist heißen Äppler.
Mo – Sa 10 – 21, So 11 – 20 Uhr.

Großes Frankfurter Stadtgeläut: An 4 Tagen im Jahr
erschallt Frankfurts tiefe Festtagsstimme, wenn die
50 Glocken aus 10 Kirchen nach einer bestimmten
Konzeption nach und nach einen einzigen, volltönen-
den Klangteppich erzeugen. Unvergleichlich und
sehr harmonisch. Verbürgt für 1347, erneut für
1830 durch die Dotationsurkunden und wieder eingerichtet 1954. Die beteiligten Kirchen sind Karme-
liter- und Dominikanerkloster, Alte Nikolai, Dreikö-
nigs-, St. Bartholomäus- (Dom), Liebfrauen-, Pauls-,
Peters-, St. Katharinen- und St. Leonhardskirche.

*Weihnachtsmarkt:
3 x täglich Glo-
ckenspiel der Nikolaikir-
che; 6. Dez Auftritt des
Nikolauses außerdem
Advents- und Weih-
nachtslieder, Turmbla-
sen, Adventskonzerte.*

**Termine Großes
Stadtgeläut:** Sa vor
dem 1. Advent 16.30 –
17 Uhr; Heiliger Abend
17 – 17.30 Uhr; Sa vor
Ostern (Karsamstag)
16.30 – 17 Uhr; Sa vor
Pfingsten 16.30 – 17
Uhr.

FRANKFURT À LA CARTE

Die Botschaft: Zum Schoppen sitzt der Frankfurter am liebsten draußen, egal wie kalt

© Annette Sievers

RUND UM DEN EBBELWOI

Wie zur Toskana der Chianti und zu Schottland der Whisky, so gehört zu Frankfurt der Apfelwein. In seiner Bedeutung für lokale Kultur prägt das Stöffche, wie die Frankfurter liebevoll ihren Obstwein nennen, seit 4 Jahrhunderten das Bild der Stadt. In einem Ebbelwoi-Lokal trifft sich Jung und Alt, sitzt der Arbeiter neben der Akademikerin, und die typisch deftige Frankfurter Küche ergänzt den Umtrunk optimal.

Das preiswerte Volksgetränk enthält organische Fruchtsäuren, Mineralien, Polyphenole, natürliche Aromastoffe, maximal 5,8 % Alkohol, kein Fett, wenig Kohlehydrate und nur rund 360 Kalorien pro Liter. Apfelwein regt die Verdauung und den Stoffwechsel an und soll sich insgesamt positiv auf den Organismus auswirken.

Aus der Not geboren

Ei, wenn da nur e gude Drobbe drin wär: Beim Apfelweinfest auf dem Rossmarkt bleibt der Riesenbembel im Riesenfaulenzer trocken

Hier soll nicht bei Adam und Eva angefangen werden. Doch die Geschichte des Obstweins geht immerhin bis in die Antike zurück. *Herodot* und *Plinius* kennen und beschreiben die Herstellung ausführlich – lange vor der Existenz Frankfurts. Erst ↗ *Karl*

der Große, mit dem fast alles in Frankfurt angefangen hat, legt in einer Verordnung fest, dass es Fachleute geben muss, die für die Qualität des Apfelweins verantwortlich sind. Bis zum 16. Jahrhundert jedoch war Frankfurt noch – bedingt durch seine wirtschaftliche Bedeutung und die umliegenden Klöster, die besonders große Abnehmer waren – ein bekanntes Anbaugebiet für **Traubenweine.** Durch die klimatische Verschiebung um 1600 sank die Temperatur in hiesigen Breiten, und die Rebstöcke gingen nach und nach ein. Ersetzt wurden sie hauptsächlich durch Birnen- und Apfelbäume. Durch Ratsedikt von 1641 wurde die Herstellung von Apfelwein versteuert und kurze Zeit später auch das Ausschenken, das Verzapfen. Anhand der ständigen Erneuerung und Verschärfung der Besteuerung lässt sich aus heutiger Sicht erkennen, wie gut den Frankfurtern und dem Fiskus das Stöffche geschmeckt haben muss.

Im **18. Jahrhundert** boomte das Frankfurter Nationalgetränk: Laut Rechnungsbuch des Bürgermeisters von Bergen wurde 1749 zehnmal soviel Apfelwein wie Traubenwein getrunken. 1750 soll der Verbrauch bei 1 Mio Liter gelegen haben. Es entstand der Typus der Heckenwirtschaften, die nichts anderes waren, als leer geräumte Wohnstuben, in denen Schiffer, Handwerker oder Gärtner durch den Ausschank dazuverdienten. Der Frankfurter Rat beauftragte Wissenschaftler mit Qualitätsuntersuchungen, um Panschern, die schon damals mit Chemie und Wasser die Mengen streckten, das Handwerk zu legen.

1817 gründeten die Gebrüder *Freyeisen* die »Erste Frankfurter Apfelweinkelterei«, die sogar den Sultan des Osmanischen Reichs beliefert haben soll.

Die Zentren des Genusses lagen jedoch damals wie heute in **Bornheim, Sachsenhausen** und **Seckbach.** Ganz Frankfurt pilgerte zum **Berger Markt** und verschönte sich den Heimweg mit ein paar Schoppen.

Der Volksmund empfiehlt:
Trink Äppelwoi zu jeder Stund,
dann lebst Du lang und bleibst gesund.
Dein Herz wird froh,
Dein Kopf bleibt klar,
weil es ein guter Schoppe war!

Ein Rest des Frankfurter Traubenweinbergs ist auf dem ↗ Lohrberg erhalten.

Aus dem 17. Jahrhundert stammt auch die Vorschrift, den öffentlichen Ausschank durch Heraushängen eines Fichtenkranzes mit einem Apfel in der Mitte zu kennzeichnen. Später wurde der Apfel oft durch einen Bembel ersetzt.

Goethe trank ihn wahrscheinlich, *Friedrich Stoltze* sowieso und auch *Bismarck* besuchte gerne, als er 1858 als Abgeordneter des Bundestages in Frankfurt weilte, die einschlägigen Apfelweinwirtschaften.

Im **Ersten Weltkrieg** war das Keltern von Äpfeln verboten. Es entstanden Logen, deren Mitglieder heimlich Äpfel kauften, kelterten und im Verborgenen tranken. Nach dem Krieg und der Aufhebung des Verbots lösten sich diese Geheimbünde wieder auf.

Die Nationalsozialisten förderten durch eine Reichsverordnung die Herstellung von Säften zur »gesunden Ernährung des Volkskörpers«. Dies bedeutete eine drastische Reduzierung von vergorenen Obstweinen, erlaubt war nur noch Süßmost. Infolge dessen sowie der Zerstörungen, konnten viele Lokale nach dem Krieg nicht mehr öffnen.

Heute sind im *Verband der Hessischen Apfelwein- und Fruchtsaft-Keltereien e.V.* 61 Betriebe Mitglied, 55 Betriebe keltern ihren Apfelwein selbst. Zu den Großkeltereien gehören *Possmann, Heil, Nöll, Rapp's,* die älteste Familienkelterei Hessens *Höhl* und der Bioweinhersteller *Matsch & Brei.* Pro Jahr werden in Hessen 50 Mio Liter Ebbelwoi produziert, allein im Frankfurter Raum 30 Mio Liter. Obwohl er nicht in ganz Hessen so beliebt ist, liegt der Pro-Kopf-Verbrauch dort bei 10 Liter im Jahr – genauso viel wie die Finnen und Briten an Cidre vertilgen (Gesamtdeutsch-

Geschichte des Apfelweins: Ein Wandfries im Hof des Römers erzählt davon

© Annette Sievers

land: 1 Liter pro Kopf). Die Frankfurter aber schlucken gut und gerne 50 Liter ihres **Göttertroppens** pro Jahr!

Die rund 45.000 Tonnen Äpfel, die für die Produktion benötigt werden, kommen bei den kleineren Keltereien überwiegend aus dem Frankfurter Raum, dem Taunus, der Wetterau, dem Maintal und dem Odenwald – vorzugsweise von Streuobstwiesen.

Herstellung & Sorten

Im 18. Jahrhundert war die Herstellung noch recht arbeitsintensiv. Notwendig waren eine Mahlgangkelter und eine Presse. Bei der Mahlgangkelter lief ein Stein in einem Trog um einen zentralen Pfosten. Später wurde der Mahltrog eingeführt, bei dem die Äpfel entweder von Hand oder per Wasser- bzw. Pferdekraft zermahlen wurden. Anschließend wurde der Trester durch Strohschichten getrennt in der Presse übereinander geschichtet und ausgepresst. Die Rückstände, Maische genannt, wurden – wie heute auch – als Wildfutter verwendet.

Das Verfahren ist bis heute das gleiche geblieben, bloß in mechanisierter Form. Man benötigt 150 kg Äpfel, um 100 Liter Apfelwein zu erhalten. Grundsätzlich werden die Apfelsorten gemischt; der Kelterapfel muss festes Fleisch und die rechte Mischung von Zucker und Säure haben. Der frisch gewonnene Saft heißt **Süßer;** er ist besonders ab Mitte September bei Ausflügen ins Grüne sehr beliebt, weil er noch alkoholfrei ist und sehr erfrischend schmeckt. 2 Wochen gelagert entsteht der **Rauscher,** der in etwa dem Federweißen beim Wein entspricht. Er schmeckt süßer als der fertige Apfelwein und ist in seiner Wirkung für die schnelle Verdauung von Vorteil – er wird auch *Hoseschisser* genannt. Nach insgesamt 4 – 6 Wochen Spaltung des Fruchtzuckers, der Gärung, ist der **Ebbelwoi** fertig. Er zeichnet sich durch seine feine

Es is e wahrer Göttertroppe, so Reweblut von Äppelbääm.

Friedrich Stoltze

Über die Schreibweise – ob Äpfel- oder Apfelwein, Ebbelwoi oder neudeutsch Äppler – ist man uneins. Am besten man sagt gleich »einen Schoppe, bitte«.

@ Lustiges und Interessantes rund ums Stöffche: www.stoeffche.de. www.apfelwein.de.

Fruchtsäure aus und besitzt durchschnittlich 5 – 6 % Alkohol.

Das *Stöffche* wird aus dem **Bembel** bei 11 – 14 Grad ausgeschenkt und von Kennern pur getrunken. Bei Apfelweinwirten absolut verpönt ist das Verdünnen mit Limonade, als *süß gespritzt* bezeichnet (für Anfänger von außerhalb oft die einzig trinkbare Art, lässt sich durch Bestellen einer zusätzlichen Limo erschleichen). *Sauer gespritzt,* mit Mineralwasser gemischt, steigt er nicht so schnell zu Kopfe und ist im Sommer besonders erfrischend. Im Winter gibt's **Haaße** zum Aufwärmen.

Apfelwein wird normalerweise nicht aus modernen Apfelsorten hergestellt, da diese zu viel Fruchtzucker enthalten. In der Kelterung greift man auf die säurehaltigen älteren Sorten aus dem Streuobstanbau zurück. **Speierling** ist ein mit Speierlingssaft versetzter Apfelwein. Der Speierling ist mit den Ebereschen verwandt. Die noch nicht ausgereiften Früchte werden dem gärenden Apfelwein zugesetzt und machen das Stöffche säuerlich und damit länger haltbar. Manche Hersteller verwenden den sogenannten Holz- oder Viezapfel und mischen diesen mit etwas süßeren Sorten. Traditionell gibt es keinen Jahrgangswein, doch in seinem Kelterjahr heißt der Apfelwein *Neuer,* im Gegensatz zum *Alten* aus dem Vorjahr.

Die Zeiten, in denen *Heinz Schenk* und *Lia Wöhr* sich unnachahmlich mit Bembel und Gerippten durch die deutschen Wohnstuben babbelten und für einen guten Apfelweinabsatz sorgten, sind lange vorbei. Die ❶**Hessischen Wirtshauskelterer** beklagen einen gewissen Rückgang des Apfelweinkonsums. So wird heute versucht, mit immer neuen Kreationen verlorenen Apfelweinboden wieder gut zu machen: Es gibt alkoholfreien, fertig gespritzten oder mit Cola gemischten Apfelwein, selbstverständlich Brände und Schnäpse. Naja, und da muss doch von *Adam und*

Haaßer (Glühwein)
125 ml Wasser
60 g Zucker
Zimtstange
3 Gewürznelken
2 Scheiben Biozitrone
mit Wasser aufkochen,
30 Min ziehen lassen.
Dann durch ein Sieb in
1 l Apfelwein
gießen und alles zusammen vorsichtig bis kurz
vor dem Siedepunkt erhitzen.

❶ **Hessische Wirtshauskelterer e.V.,**
Eisenacher Straße 24,
Ehrenberg-Seiferts.
✆ 06683/96340.
www.hessische-wirtshauskelterer.de.

Eva gesprochen werden, denn so heißt ein rosé farbener *Ebbelschämp*, also Apfelschampus.

Das magische Dreieck: Bembel, Geripptes & Deckel

Im **Bembel** befindet sich das Stöffche. Die getöpferten Krüge werden bei einer Temperatur von bis zu 1250 Grad gebrannt. Anschließend wird Salz in die Feuerstelle geschüttet, wobei das Natrium des Salzes sich mit dem Tonquarz verbindet und so den Krug abdichtet (salzglasiert). Die graublauen Bembel werden mit Blaumalerei, bevorzugt Pflanzenmotive, verziert.

Das **gerippte Glas** stammt ursprünglich aus den Glashütten des Spessarts, wo Glasmacher seit dem Mittelalter Holzasche und kieselsauren Sand bei 1000 bis 1400 Grad miteinander verbinden und in eine Form blasen, wobei sich die inwendig angebrachten Vertiefungen auf das Glas übertragen. Das Gerippte des Glases hat den Vorteil, dass es einem trotz fettiger Finger (was beim ↗ Handkäsessen schnell passiert ...) nicht aus der Hand rutscht. Aber vor allem: Im Gerippten bricht sich das Licht und der Inhalt erscheint klar.

Der **Apfelweindeckel,** der älteste ist von 1887, gibt den Fachleuten heute noch Rätsel auf. Benutzt wird dieser hölzerne Dekordeckel zum Abdecken des Glases. Böse Zungen behaupten, er schütze vor neidischen Tischnachbarn, die einem gern ins Glas spucken würden. Jedenfalls ist er praktisch, wenn der Schoppen draußen unter Bäumen gepetzt wird.

Kunstvoller Bembel: Verziert mit einem Motiv nach Lino Salini, dem »Zille von Sachsenhausen«

© Annette Sievers

Sauberes Stöffche direkt vom Kelterer gibt es auf dem ↗ **Erzeugermarkt,** z.B. bei *Willi Stranz* oder vom *Obsthof Andreas Schneider.* Do 10 – 20, Sa 8 – 17 Uhr, www.erzeugermarkt-konstablerwache.de.

✳ *Handkäs:* Zu den Ärmsten gehörten außer den Bauern auch Schuster und Leineweber. Sie konnten sich kein Fleisch leisten, sondern mussten mit dem handlichen Magerkäse vorlieb nehmen, der deswegen als Schusterschnitzel verspottet wurde.

DIE FRANK-FURTER KÜCHE

Zum Apfelwein schmeckt am besten die traditionelle Frankfurter Küche: Rippchen bzw. Haspel (gepökelte Schweinshaxe) mit Sauerkraut, Fleischwurst, Rindswurst, Frankfurter Würstchen oder Grüner Soße. Die **Grie Sooß** wird oft als Beilage zu Ochsenfleisch, Kartoffeln oder Fisch gereicht. Sie besteht aus 7 frischen Kräutern: Schnittlauch, Sauerampfer, Kresse, Petersilie, Borretsch, Kerbel und Pimpernelle. Die Kräuter werden zerhackt und mit Essig, Öl, Salz und Eiern angemacht. Wird bevorzugt im Frühling gegessen, wenn die Kräuter noch zart und vitaminreich sind.

Beliebt und eine Probe wert ist der **Handkäs mit Musigg.** Der Handkäs ist ein sehr fettarmer gerollter Bauernkäse aus Milchquark, der mit Kümmel, Zwiebelhack, Essig und Öl verfeinert wird. Handkäs wird nur mit einem Messer serviert. Der Gast muss versuchen, den Käse in Scheiben zu schneiden und aufs Brot zu balancieren. Wer auf die Musik wartet, wird sie spätestens beim Heimweg, der vielen Zwiebeln wegen, selbst spielen.

Weltruf haben sich die **Frankfurter Würstchen** verschafft. 1852 legte die hiesige Metzgerinnung die Rezeptur für die würzigen Brühwürstchen aus reinem Schweinefleisch fest. So bezeichnen dürfen sich nur jene Frankfurter, die einen knackigen, über Buchenholz geräucherten Saitling aus Schafdarm besitzen und in Frankfurt oder der unmittelbaren Umgebung hergestellt worden sind.

»Die anmutigen Süßigkeiten sind glücklich ange-kommen, und was merkwürdig ist, haben Sie durch die obere Schicht eine frühere Geschmackslust Ihres bejahrten Freundes wieder aufgeregt«, schrieb *Goethe* 1832 an ↗ *Marianne von Willemer*. Mit den »anmutigen Süßigkeiten« war »ein Kistchen mit ganz frischen Pfeffernüssen und Brenten« gemeint, das die junge Bankiersgattin dem alternden Dichter nach Weimar gesandt hatte. **Brenten** sind wie ↗ *Bethmännchen* eine Frankfurter Spezialität aus Marzipan. **Pfeffernüsse** werden auch *Haddekuche* genannt – was jeder gleich versteht, der unbedarft in die handtellergroßen rautenförmigen Lebkuchen beißt. Man bekommt sie in der Adventszeit beim **Brezzelbub** oder der **Brezzelfraa,** die mit ihren großen Körben voller Brezeln, Käsestangen, Mohnzöpfen und Makrönchen durch die Gaststätten ziehen, mit der Fahrradklingel auf sich aufmerksam machen und ihr Gebäck verkaufen. Selbstverständlich darf dieses an Ort und Stelle verzehrt werden.

Ebenfalls typisch ist der **Frankfurter Kranz.** Kreiert hat ihn im Jahre 1735 ein unbekannter Meister zu Ehren Frankfurts als Krönungsstätte des Deutschen Reiches. Mit ihrem Biskuitteig, den mehrfachen But-

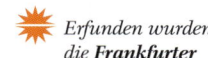

*Erfunden wurden die **Frankfurter** 1805 in Wien von einem fränkischen Fleischer namens Johann Georg Lahner (1772 – 1845), der seine Kreation zu Ehren der Stadt taufte, in der er seine Lehrjahre verbracht hatte: Frankfurt.*

Gehören zum Ebbelwoi-Ensemble: Brezelfraa und Brezelbub, hier das Bornheimer Original
© Annette Sievers

tercreme-Konfitüre-Schichten und ihrem Krokant-
mantel ist die Torte eine echte Herausforderung für
Hobby-Konditoren – und empfindliche Mägen. Die
gut und gerne 420 Kalorien pro Stück lassen sich ja
dann vielleicht doch mit einem Apfelweinschnaps
besser verdauen …

DIE SCHÖNSTEN APFELWEINKNEIPEN

Zur schönen Müllerin

Bereits über 100 Jahre alte Traditionsgaststätte
zum Drinnen- und Draußensitzen. Hier kocht der Chef
selbst – und zwar nur Leckeres! Die regionalen Spezialitäten wandelt er schon mal etwas modern ab,
sodass einem das Essen nie schwer im Magen liegt.
Lustige Kreationen wie Herrenpuffer machen neu-
gierig – für 6,50 € riskieren Sie nichts. Theaterleute,
Stadtteilbewohner, männliche Liebespaare und Ver-
einsgruppen ergeben ein buntes Völkchen, das auf
den Bierbänken draußen auch zusam-
menrutscht.

*Frankfurter Gemütlich-
keit mit Künstler-Touch,
wunderbares Essen in
großen Portionen und
ein topfittes Service-
Team – nur die schöne
Müllerin selbst hält sich
versteckt*

© Zur schönen Müllerin

✉ *Thorsten Dornberger, Baumweg 12,
60316 Nordend-Ost.* ✆ *069/432069,
Handy 0172-6108697. www.schoene-
muellerin.de. Bahn/Bus: U4 Merianplatz.
Zeiten: Täglich 16 – 24 Uhr, Küche bis
22.30 Uhr. Preise: Spundekäs 4,60 €,
Frankfurter Haspel 13,70 €, Grüne Soße
8,50 €, mit Äpfeln gefülltes Hessenschnit-
zel 13,80 €; Schoppe 1,50 €.*

Malepartus

»So, rutscht mal zusammen, damit das
Mädel do noch hi passt« – schwupp,
saß ich fremde Kröte mitten zwischen
echten Frankfurtern. Allein wegen dieser Herzlichkeit, die heute wie damals
in den 80ern die gleiche ist, ist mir die-

se typische Ebbelwoikneipe einen Tipp wert. Mit Sommergarten im Hof.

✉ *Bornheimer Landwehr 59, 60385 Bornheim. ✆ 069/447910, www.malepartus-frankfurt.de.* **Lage:** *Ecke Wittelsbacher Allee.* **Bahn/Bus:** *Straba 14 Freiligrathstraße.* **Zeiten:** *Mo – Sa 16 – 24 Uhr, So, Fei 12 – 23 Uhr.* **Preise:** *Frankfurter Küche.*

Blauer Bock

Typisch traditionelle Apfelweinkneipe mit Frankfurter und saisonalen Speisen. Das Interieur ist unverändert wie bei den alten Wolfs aus der Mitte der 50er-Jahre, doch die Stammgäste haben sich verjüngt. Die Alteingesessenen zieht es eh hierher. Die große Freifläche draußen ist der einzige Pluspunkt auf einem ansonsten leeren Platz.

✉ *Gaststätte Weida, Saalburgstraße 36, 60385 Bornheim. ✆ 069/453536,* **Bahn/Bus:** *U4, Straba 12, Bus 34, 43 Bornheim Mitte.* **Zeiten:** *Täglich 17 – 23 Uhr.* **Preise:** *Handkäs mit Musik 2,90 €, Rippchen mit Kraut und Brot 9,90 €, Apfelwein 1,50 €.*

Zur Sonne

Angeblich die zweitälteste Apfelweinwirtschaft in Frankfurt, auf jeden Fall aber mit über 300 Jahren schon sehr alt! Selbst Gekelterten und Frankfurter Spezialitäten genießt man am besten in dem großen Garten, wo auch der Brezel-Bub regelmäßig vorbeischaut. In Schlecht-Wetter-Zeiten rutscht man in den wirklich urigen Gasträumen der beiden Fachwerkhäuser auf die Holzbänke. Eine der schönsten Gartenwirtschaften Frankfurts! Gekocht wird hier seit Jahren strikt regional.

✉ *Darko Stojisavljevic, Berger Straße 312, 60385 Bornheim. ✆ 069/459396, www.zursonne-frankfurt.de. Berger Straße 800 m aufwärts.* **Bahn/Bus:** *U4, Bus 34, 38, 43, 103, 103N, Straba 12 Bornheim Mitte.* **Zeiten:** *Mo – Sa 17 – 24, So, Fei 12 – 23 Uhr.* **Preise:** *Frankfurter Gerichte aus (Bio-)Produkten der Region, Hauptgericht um 15 €.*

🔒 **Kaufhaus Hessen,** Berger Straße 288, Bornheim. ✆ 069/ 36601917. www.kaufhaushessen.de. Mo – Fr 10 – 20, Sa 10 – 16 Uhr. Produkte aus Hessen für Hessen: Von Ahle Worscht über Seife bis zu Lederwaren und Büchern zu Hessen.

💥 *Probieren Sie die vegetarische Sauerkraut-Lasagne!*

💥 *Die **Stalburg** war einst im 15. Jahrhundert Sommersitz der Familie von Stalburg, die wie die von Holzhausen, reiche Patrizier und Kaufleute waren und ein Gut außerhalb Frankfurts Stadtmauern unterhielten. Doch die Stalburgs verarmten, das Haus verfiel und wurde 1888 als »Wertschaft« wieder aufgebaut.*

Zur Stalburg

In dem hohen Raum herrscht zwischen den schlanken Säulen das Flair alter Zeiten. Im großen Apfelweingarten mit Baumbestand und knallroter Bestuhlung herrscht Selbstbedienung, was nichts macht, wenn der Bembel mit selbst Gekeltertem nur groß genug ist. Es gibt Frankfurter Spezialitäten und Deftiges wie Fleischwurst mit Püree. Etwas überteuert, aber die Theaterbesucher, Medienleute, 68er Nordendler zahlen's gern, ist die **Stalburg** doch die Apfelweinbastion des Viertels.

✉ *Fritz Reuter, Glauburgstraße 80, 60318 Nordend. ☎ 069/557934, www.stalburg.de. **Bahn/Bus:** U5 Glauburgstraße. **Zeiten:** Mo – Sa 17 – 1, So 16 – 24 Uhr; Küche 17 – 23 Uhr.*

SG Bockenheim

In Bockenheim sind die Apfelweinwirtschaften rar, aber hier ist's nett. Mit seiner Grie Soß hat *Robert Staffetius* bereits am Grüne-Soße-Festival teilgenommen. Im Sommer mit Biergarten.

✉ *Robert Staffetius, Ginnheimer Landstraße 37, 60487 Bockenheim. ✆ 069/7894353, www.sg-bockenheim.de. **Bahn/Bus:** Straba 16 Frauenfriedenskirche, U6, 7 Kirchplatz. **Zeiten:** Di – Fr 14 – 1, Sa, So 11 – 1 Uhr. **Preise:** Handkäs mit Musik 4,50 €, Rumpsteak mit grüner Soße 14,80 €.*

Zu den drei Steubern

Uriges, über 100 Jahre altes Apfelweinlokal mit kleinem Biergarten – nur, dass es dort kaa Bier net gibt. Aber 1a selbst gekelterten Schoppen. Typisch frankforderische Gerichte zu günstigen Preisen.

✉ *Wolfgang Wagner, Dreieichstraße 28, 60594 Alt-Sachsenhausen. ✆ 069/622229, **Bahn/Bus:** Straba 14, 18 Frankensteiner Platz. **Zeiten:** Di – Fr 17 – 1 Uhr. **Preise:** Apfelwein 0,3 l 1,50 €, Rippchen mit Kraut 6,80 €.*

☀ *Wegen des modrigen Untergrunds nahe am Fluss musste das Haus mit 3 Stecken (Steubern) stabilisert werden. Daher der Name des urigen Lokals.*

Zum Eichkatzerl

Eine der ältesten Apfelweinkneipen in Sachsenhausen, vermutlich aus dem Jahre 1880. Mit großem Sommergarten und typischer Küche.

✉ *Helmut Böhm, Dreieichstraße 29, 60594 Alt-Sachsenhausen. ✆ 069/617480, www.eichkatzerl.de. **Bahn/Bus:** Straba 14, 18 Frankensteiner Platz. **Zeiten:** Mo – Fr 17 – 1, Sa, So, Fei 16 – 1 Uhr. **Preise:** Apfelwein 0,3 l 1,70 €, Handkäs mit Musik 3,20 €, Eichkatzerl Platte für 5 Pers 72,50 €.*

Lorsbacher Thal

Versteckt in einem ruhigen Hinterhof sowohl über die Klappergasse als auch den historischen Frankengang zugänglich, befindet sich diese Traditions-Äppelwoiwirtschaft. Man ist stolz auf die lange Familientradition, die bis 1803 zurückreicht. Die beachtliche Bembel-Sammlung hinterm Tresen konnte also über eine lange Zeit hinweg aufgebaut werden!

✉ *Familie Dorn, Große Rittergasse 49 – 51, 60594 Alt-Sachsenhausen. ✆ 069/616459, www.lorsbacher-thal.de. **Bahn/Bus:** Straba 14, 18 Frankenstei-*

*Als im Mittelalter die Bauern und Hirten durch das südöstliche Stadttor zu ihren Feldern und Herden gingen, sprachen sie noch schnell ein Ave Maria, denn man konnte wegen der Räuber nicht sicher sein, lebend durch das Tor zurückzukehren. Daraus entstand das »Ave-Tor« bzw. auf Frankfurterisch das »Affe-Tor«. Es wurde durch die napoleonischen Truppen im Jahre 1809 zerstört. Die beiden heute bekannten Häuser, die das **Affentor** bilden, sind erst viel später entstanden.*

ner Platz. **Zeiten:** *Mo – Sa 16 – 24, So, Fei 12 – 24 Uhr.* **Preise:** *Schoppen 1,60 €; hessische Küche, z.B. grüne Soße 8,80 €, Haspel 11 €, Schäufelchen 14,50 €, von der Wochenkarte bis 15 €.*

Affentorschänke

Ebbelwoi-Kneipe am Rande von Alt-Sachsenhausen, die schon 1760 schriftlich Erwähnung fand. Entsprechend rustikal ist die Einrichtung, sehenswert sind die bemalten Fassdeckel. Die Außenterrasse liegt hinterm **Affentorplatz,** das Publikum besteht überwiegend aus jungen Touristen und genießt dort gutbürgerliche, hessische Kost.

✉ *Neuer Wall 9, 60594 Alt-Sachsenhausen.* ✆ *069/ 627575, www.affentor-schaenke.de.* **Bahn/Bus:** *Bus 30, 36, Nachtbus Affentorplatz, Straba 14 – 16, S3 – 6 Lokalbhf.* **Zeiten:** *So – Fr 12 – 24, Sa 16 – 24 Uhr.* **Preise:** *Handkäs mit Musigg 3 €, Rippchen mit Sauerkraut und Püree 10,50 €, Schnitzel Frankfurter Art 12 €, Schweinelendchen mit Champignon-Rahmsoße 15,50 €; Schoppe 1,70 €; Mittagsgerichte ab 6,50 €.* **Infos:** *Platz für Gruppen mit max. 95 Pers.*

Fichtekränzi

Wenn urig irgendwo zutrifft, dann hier in der etwas versteckt liegenden Apfelweinwirtschaft von 1849

Der Fichtenkranz mit dem aufgehängten Bembel in der Mitte signalisiert: Hier wird Apfelwein ausgeschenkt. Heute definieren sich die traditionellen Apfelweinwirtschaften über das Grün.

Schwenkt den Faulenzer noch im Schlaf: Klaus vom Fichtekränzi
© Annette Sievers

mit dem Fichtenkranz. Viel Gediegenheit mit langen Holztischen und -bänken und an den Wänden ein umlaufendes Öl-Fresko, das Milieu-Studien zeigt. Das Publikum ist sehr gemischt, eher jung, die Atmosphäre locker. Kleiner Garten.

*Klaus Borsch, Wallstraße 5, 60594 Alt-Sachsenhausen. © 069/612778, www.fichtekraenzi.de. **Bahn/Bus:** Bus 30, 36, Nachtbus Affentorplatz, Straba 14 – 16, S3 – 6 Lokalbhf. **Zeiten:** Täglich 17 – 24 Uhr, Küche bis 23.30 Uhr. **Preise:** Frankfurter Küche unter 12 €, internationale Tageskarte bis 14 €, Bier vom Fass, Elsässer Schnäpse; Schoppen 1,70 €. **Infos:** In 2 Räumen laden 14 große Tische zum Verweilen und Genießen ein. Wenn Sie mit einer großen Gruppe (mehr als 6 Pers) dabei sein wollen, dann empfiehlt sich eine Reservierung: © 612778.*

Atschel

Große Kugellampen mit Messingbeschlag, lange Holztische auf Holzdielen, Holzstühle, alte Holztafeln … Motto: »Zurück zur alten Apfelweinwirtschaft«. Ruhig, gediegen, gemischtes Publikum aus Jung und Alt. Mit kleinem Innenhof.

*Stefan Kaden, Wallstraße 7, 60594 Alt-Sachsenhausen. © 069/619201, www.apfelweinwirte.de/mitglieder. **Bahn/Bus:** Bus 30, 36, Nachtbus Affentorplatz, Straba 14 – 16, S3 – 6 Lokalbhf. **Zeiten:** Täglich 12 – 24 Uhr. **Preise:** Frankfurter und mediterrane Küche, Hauptgerichte 6,40 – 16,50 €; Schoppen 1,50 €.*

Wagner

Typische Frankfurter Speisen und ein guter Schoppen ziehen viele Einheimische und noch mehr Fremde an, große Gruppen sollten sich daher vorher ankündigen. Für die Wagnersche Grie Soß gab's beim Grüne-Soße-Festival 2013 den 3. Platz.

Töpferei Maurer, Wallstraße 5, Sachsenhausen. © 069/616340. www.keramik-maurer.de. Mo – Fr 9 – 18, Sa 9 – 13 Uhr. Becher, Bembel, »Mickedekelche« aus Holz mit eingearbeiteter Keramik, Aschenbecher etc. aus dem typischen graublauen Steingut, auch mit Motiven.

Atschel bedeutet auf Frankforderisch »Elster«.

Zur typischen Ebbelwoi-Atmosphäre im Wagner tragen nicht zuletzt die Wandgemälde des Frankfurter Malers Lino Salini (1889 – 1944) bei, die im zentralen Innenraum zu sehen sind

DIE KANONESTEPPEL

Waren zwei Kanonesteppel,
strenzte nächtlich aanstens Äppel,
abbe se im Rohr versteckt,
bis der Haaptmann des entdeckt.
Der sescht grimmisch:
Ihr Nixnutzer,
nemmt gleisch den Kanoneputzer
unn schafft mer des Zeusch enaus.
Äppel sinn fer misch en Graus.
Also stieße se ins Rohr –
plötzlisch quoll en Strom hervor!
Alles staunte ob em Wunner
unn hielt rasch de Bescher unner.
Selbst der Hauptmann fand ihn fein:
Erfunne war der Äppelwein!

Hier werden die guten,
alten Traditionen lustig
hoch gehalten: Schreiber
Heyne

✉ *Schweizer Straße 71, 60594 Sachsenhausen.* ✆ *069/612565, www.apfelwein-wagner.com.* **Bahn/Bus:** *U1 – 3, 8 Schweizer Platz.* **Zeiten:** *Durchgehend warme Küche 11 – 24 Uhr.* **Preise:** *Schoppe 1,80 €, Rippche & Co. bis 14 €.*

Kanonesteppel

Frankfurter Spezialitäten in typischer Wirtschaft mit langen Holztischen. Es gibt selbst Gekelterten zum Mitnehmen, Flaschen mitbringen. Ein »Kanonesteppel« war zu Zeiten, als auch der Krieg noch Handarbeit war, ein Bub, der die Kanonen zu reinigen und mit Schießpulver zu stopfen hatte.

✉ *Petra Weck, Textorstraße 20, 60594 Sachsenhausen.* ✆ *069/ 66566466, www.kanonesteppel.de.* **Bahn/Bus:** *S3 – 6, U1 – 3, 8, Straba 14 – 16, 19 Südbhf.* **Zeiten:** *Mo – Sa 11 – 24 Uhr.* **Preise:** *Schnitzel ab 10,80 €, Frankfurter Spezialitäten; Schoppen 1,80 €.*

© Annette Sievers

Schreiber Heyne

Hinterm Südbahnhof geht's weiter: Eingeklemmt in eine spitze Straßengabelung liegt diese alte Gartenwirtschaft, die zwar nur einen kleinen Garten hat, aber umso wohler fühlt man sich hier. Drinnen geht es warm und gemütlich zu, grad richtig für einen heißen Äppler im Winter. Alte und Junge, Eintracht-Fans und gute Freundinnen hocken auf Stühlen und Bänken eng beisammen.

✉ *Tanja Dinges und Roman Schmidt-Peccolo, Mörfelder Landstraße 11, 60598 Sachsenhausen.* ✆ *069/ 623963, www.schreiber-heyne.de.* **Bahn/Bus:** *S3 – 6, U1 – 3, 8, Straba 14 – 16, 19 Südbhf, Bus 61 Wendelsplatz.* **Zeiten:** *täglich ab 17 Uhr.* **Preise:** *Handkäs mit Musigg 2,50 €, Kartoffelwurst mit Kraut und Püree 6,90 €, Schnitzel mit Grüner Soße 9,80 €; Schoppe Rothenbücher 1,50 €.*

DER BESONDERE TIPP Ebbelwei-Express

➔ Stadtrundfahrten mit dieser poppigen Straßenbahn gehören zum folkloristischen Frankfurt – und können unter Umständen sehr amüsant sein. Der Ebbelwei-Express der Verkehrsgesellschaft Frankfurt fährt in einer einstündigen Fahrt in einem historischen Straßenbahnwagen die wichtigen Sehenswürdigkeiten ab und spendiert dabei Apfelsaft oder -wein für jeden Fahrgast. Witzige Webseite für Liebhaber alter Bahnen mit Fahrgeräusch.

Stadtwerke Verkehrsgesellschaft Frankfurt am Main mbH (VGF), VGF-Kundenzentrum, Kurt-Schumacher-Straße 8, 60311 City. ✆ 069/213-22425, www.ebbelwei-express.com. **Bahn/Bus:** Zustieg zwischen Zoo – Hbf – Südbhf – Zoo an allen Punkten möglich. **Zeiten:** Sa, So, Fei ab 13.30 – 18.35 Uhr etwa halbstündlich (Nov – März stündlich), Fahrplan im Internet. **Preise:** 7 €; Kinder bis 14 Jahre 3 €, im Preis enthalten sind ein Getränk und eine Tüte Brezeln, Fahrkarte beim Schaffner, Reservierung nicht möglich; Charter pro Std: Motorwagen (22 Sitzplätze, 8 Stehplätze) Mo – Do 106 €, Fr – So 117 €, mit Beiwagen (insg. 44 Sitz- und 16 Stehplätze) Mo – Do 176 €, Fr – So 194 €, mit 2 Beiwagen (insg. 66 Sitz- und 24 Stehplätze) Mo – Do 233 €, Fr – So 256 €, jeweils plus MwSt, Mindestmietzeit 2 Std.

© Annette Sievers

CAFÉS, KNEIPEN & RESTAURANTS

Der Übergang von »Café« zu »Kneipe« ist oft fließend, in nahezu allen Cafés kann auch zu Mittag oder Abend gegessen werden, oft in hervorragender Qualität. Auch die Abgrenzung von »Kneipe« zu »Restaurant« ist oft nicht einfach. Zum Inder geht man des Essens wegen, doch die »Eintracht«, wo man nach dem Sport beim Bier hockt, bildet schon wieder die berühmte Ausnahme.

Um Ihnen die Suche nach etwas Passendem zu erleichtern, sind die Adressen hier nach Stadtteilen und Tageszeiten sortiert- Zunächst werden Cafés für Frühstück und Kaffeezeit genannt, dann folgen Restaurants und schließlich Bars und Kneipen, wo man überwiegend wegen der Geselligkeit hingeht. Selbstverständlich ist die Auswahl nicht vollständig, sondern stellt nur meine Empfehlung für verschiedene Geschmäcker und Gelegenheiten dar.

Schreiben Sie mir, wenn Sie mit einer Zuordnung nicht einverstanden sind oder einen Tipp vermissen! Die Liste ↗ Cafés & Restaurants im Register nennt alle gastronomischen Betriebe, die hier oder auf den Vorseiten bei den Rundgängen etc. genannt sind.

Ein Café, eine Bar, ein Weinkeller, eine Kneipe – also eher etwas, wo man zum Trinken hingeht.

Restaurant oder Kneipe mit Schwerpunkt Essen.

Kneipe oder Bar, oft mit Live-Musik.

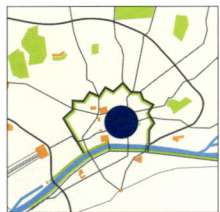

HISTORISCHES ZENTRUM & CITY

 Café Karin

Café-Kneipe unweit des Goethe-Hauses und dadurch nicht nur beim Frankfurter Szene-Publikum beliebt, sondern auch für ausgelaugte Touristen ein Lichtblick im Besichtigungs-Programm. Empfehlenswert vor allem für Frühstück-Fans.

*Großer Hirschgraben 28, 60311 City. © 069/ 295217, www.cafekarin.de. **Bahn/Bus:** U1 – 5, 8, Straba 11, 12 Willy-Brandt-Platz. **Zeiten:** Mo – Sa 9 – 24 Uhr, So 10 – 19, Frühstück bis 18 Uhr.*

Empório VidaBio

Ein familiäres Café mit Ladengeschäft speziell für meine Brasilienfan-Freunde: Die Köchin heißt Schmidt und ist Brasilianerin – so ist Frankfurt. Sie serviert Bio-Kaffee, Küchlein, Snacks und Säfte mit so geschmeidig klingenden Namen wie ihr eigener Vorname Nivea: Pão de Queijo, Salgadinhos und Feijoada. Auch Catering und Veranstaltungsservice.

*Nivea Schmidt, Hasengasse 2, 60311 City. ☏ 069/96866739, www.vidabio.de. **Bahn/Bus:** U4, 5 Dom/Römer, Straba 11, 12 Römer/Paulskirche. **Zeiten:** Di – Fr 11 – 18, Sa 10 – 18 Uhr.*

Café Mainkai 15

Kleines, hell und freundlich eingerichtetes Café zwischen Altstadt und Main, das vom Ehepaar *Cura* von sehr persönlicher Hand geführt wird. Durchgehend Frühstück, saisonale Gerichte und Mittagstisch, Kuchen, Torten und ein leckeres Tiramisu, das die Chefin *Dilek* selbst herstellt.

Die vertical gallery im Café bietet Künstlern einen zur Galerieszene alternativen öffentlichen Auftritt.

*Dilek Cura, Mainkai 15, 60311 Hist. Zentrum. ☏ 069/26097565, www.mainkaicafe.de. **Lage:** Direkt am Main, Ecke Zum Pfarrturm. **Bahn/Bus:** Straba 11, 12, U4, 5 Dom/Römer. **Zeiten:** Mo – Fr 10 – 20.30, Sa, So 9 – 20.30 Uhr.*

Bitter & Zart

Der stylische Gegenentwurf zu Coffee to go heißt Bitter & Zart – so sind die Eigenkreationen von Pralinen mit Bembel-Applikation, Mandeln im Kakaomantel und der Schokolade mit Chili oder Rosenblättern. Süße Kuchen genießt man hier noch mit dem Kännchen Kaffee (oder Tee).

*Braubachstraße 14, 60311 Hist. Zentrum. ☏ 069/94942846, 96869816, www.bitterundzart.de. **Bahn/Bus:** U4, 5 Dom/Römer. **Zeiten:** Chocolaterie Mo – Fr 10 – 19, Sa 10 – 16 Uhr; Salon Mo – Sa 10 – 19, So 11 – 18 Uhr.*

Café am Liebfrauenberg

Echtes Plüschcafé von 1893, herrlich für eine heiße Schokolade im Winter! Kuchen und Torten aus ei-

Das Eis, Hasengasse 1/An der Kleinmarkthalle, ☏ 069/74731409. www.da-seis.eu. Mo – Fr 12 – 18, Sa 10 – 18, So 13 – 17 Uhr. Viele ungewöhnliche Sorten Eis, Sorbets, Frozen Yoghurts, alle bio, oft laktose- oder glutenfrei, vegan und aus Fairtrade-Zutaten.

Weiß, womit sie Gäste verwöhnen kann: Dilek Cura vom Café Mainkai 15

© Annette Sievers

Bitter & Zart, Katharinenpforte 6, City. ☏ 069/21995255. Sommer Mo – Fr 12 – 18, Sa 12 – 16 Uhr.

gener Konditorei, preiswerter Mittagstisch und Pfann-
kuchenvariationen.

 *Janusch Nawenstein, Liebfrauenberg 24, 60313
City. © 069/287380, www.cafe-liebfrauenberg-
frankfurt.de.* **Bahn/Bus:** *U4, 5 Dom/Römer, Straba
11, 12 Römer/Paulskirche.* **Zeiten:** *Mo – Sa 8 – 22,
So, Fei 9 – 20 Uhr.*

Café LSKH

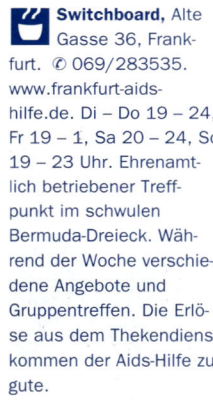

Switchboard, Alte Gasse 36, Frankfurt. © 069/283535. www.frankfurt-aids-hilfe.de. Di – Do 19 – 24, Fr 19 – 1, Sa 20 – 24, So 19 – 23 Uhr. Ehrenamtlich betriebener Treffpunkt im schwulen Bermuda-Dreieck. Während der Woche verschiedene Angebote und Gruppentreffen. Die Erlöse aus dem Thekendienst kommen der Aids-Hilfe zugute.

Seit 1991 finden Lesben und Schwule hier ein offenes Forum, um sich auszutauschen und Spaß zu haben. Es ist ein Zentrum abseits der kommerziellen Szene und offen für vielseitige Ideen. Trägervereine sind *emanzipation e.V.* (schwul/lesbisch) und *LLL e.V.* (Lebendiges Lesben Leben). Unterstützt vom *Frauenreferat* der Stadt Frankfurt am Main und Spenden. Zum Dach-Verein gehören verschiedene Gruppen wie die *Aids-Hilfe Frankfurt (AHF),* der *Frankfurter Lederclub (FLC),* der schwule Männerchor *Mainsirenen* sowie die *Liederlichen Lesben,* das *Gay Bankers Network* und die Theatergruppe *Theater unterm Regenbogen.* Zu jeder dieser Gruppen kann die Kontaktadresse über den Verein erfragt werden.

Jeden So findet das **Lescafé** für Frauen statt, wo Billard, Doppelkopf und Anderes gespielt wird. Außerdem etwa 5 Frauendiscos im Jahr. Darüber hinaus gibt es offene Spieleabende, Männertreff 40+ und Treffen der Anonymen Alkoholiker.

*LLL e.V. Lebendiges Lesben Leben, Klingerstraße
6, 60313 City. © 069/977296, www.lskh.de.*
Bahn/Bus: *S1 – 6, 8, 9, U4 – 7 Konstablerwache.*
Zeiten: *Bürozeiten Mi 18 – 19.30 Uhr, Lescafé ab
15.30 Uhr.* **Infos:** *Jeden So Brunch für Lesben.*

Brückenkeller

Traditionsreiches Lokal, der Gewölbekeller existiert seit 1652, ideal, um alten Wein zu schlürfen. Natürlich tat dies hier auch schon dieser eine große

Dichter, weswegen ein Raum »Goethekeller« heißt. Mancher hat unchristlich gesoffen, deswegen gibt es auch einen »Lutherkeller«. Für Events also der ideale Ort. Das Essen? Feine, internationale Küche.

✉ *Schützenstraße 6, 60311 City. © 069/2980070, www.brueckenkeller.de. **Bahn/Bus:** Straba 14 Hospital zum Hl. Geist. **Zeiten:** Nur auf Anfrage geöffnet, Reservierung notwendig. **Preise:** Gehobene Preise.*

Lalibela

Äthiopische Spezialitäten, die mit Hilfe des hausgemachten, leicht säuerlich schmeckenden Fladenbrots Injera mit der (rechten) Hand aufgenommen werden. Dazu African-Music im Hintergrund.

✉ *Mesfin Woldamlak, Klingerstraße 2 – 4, 60311 City. © 069/293831, www.lalibelafeelgoodfood.de. **Bahn/Bus:** S1 – 6, 8, 9, U4 – 7, Bus 30, 36 Konstablerwache, Straba 11, 18 Börneplatz/Stoltzestraße. **Zeiten:** So – Do 12 – 1, Fr, Sa 12 – 2 Uhr, Küche bis 22.30 Uhr. **Infos:** Für Gruppen Tischreservierung empfohlen.*

Main Tower Restaurant & Lounge

187 m Höhe, 53. Etage: Hier liegt eine der beliebtesten Adressen zum Ausführen und Ausgeführtwerden, denn man sitzt direkt am Fenster und schaut auf das grandiose nächtliche Stadtpanorama. Restaurant mit internationaler Küche, abends 3- bis 5-Gang-Menü 75 – 120 €.

→ **Aussichtsplattform,** Neue Mainzer Straße 52 – 58, © 069/ 9132-01. www.maintower.helaba.de. Außenplattform Ende März – Okt Mo – Do, So 10 – 21, Fr, Sa 10 – 23 Uhr, Nov – März Mo – Do, So 10 – 19, Fr, Sa 10 – 21 Uhr, bei schlechtem Wetter und stürmischem Wind geschlossen. 6,50 €, Kinder 6 – 12 Jahre 4,50 €.

Foto: Daniela Sahling

Von der Aussichtsterrasse der 200 m hohen Landesbank Hessen-Thüringen (HeLaBa), dem Main Tower, blickt man auf die Stadt und das Bankenviertel, Dom und den Main mit seinen vielen Brücken. Man sieht bis zum Taunus, Spessart und Odenwald

FRANKFURT À LA CARTE

✉ *Main Tower, Neue Mainzer Straße 52 – 58, 60311 City. ℅ 069/3650-4777, www.maintower-restaurant.de. Bahn/Bus: S1 – 6, 8, 9 Taunusanlage. Zeiten: Restaurant Di – Do 12 – 15 und 18 – 24, Fr 12 – 15 und 18 – 1, Sa 18 – 1 Uhr. Lounge Di – Do 21 – 24, Fr, Sa 21 – 1 Uhr.*

Bollys Chillys

Spezialitäten aus Nord- und Südindien, Tandoori- und vegetarische Gerichte in einer Ecke, wo es nicht so viele anständige Lokale gibt. Mittags reservieren.

✉ *Bethmannstraße 19, 60311 Hist. Zentrum. ℅ 069/27135756, 27135980, www.bollyschillys.de. Zeiten: Mo – Fr 11 – 14.30 und 18 – 22 Uhr, Sa, So 17 – 22 Uhr.*

Margarete

Restaurant-Café mit modernem Ambiente und junger Crew. Für die Kreationen werden Zutaten aus der Region verwendet. Preise gehoben und nicht immer angemessen. Es dient dem **Börsenverein des Deutschen Buchhandels** und Verlagen oft als (Literatur-)Veranstaltungsort.

✉⌨ *Raffaela Schöbel und Simon Horn, Braubachstraße 18 – 22, 60311 Hist. Zentrum. ℅ 069/13066500, www.margarete-restaurant.de. Bahn/Bus: U4, 5 Dom/Römer, Straba 11, 12 Römer/Paulskirche.*

📖 **Haus der Buches,** Braubachstraße 16, City. ℅ 069/1306-0. www.boersenverein.de. Seit 2012 hat der **Börsenverein des Deutschen Buchhandels** im Haus des Buches seinen Sitz.

Zeiten: Café & Bar Mo – Fr ab 11, Sa, So ab 10 Uhr; Restaurant Mo – Fr 12 – 14.30 und täglich ab 18 Uhr. Preise: Mittags 3-Gang-Menü 25 €, wechselndes Stammessen 9,50 €; abends Hauptgericht ab 12,50 €, Tapas ab 4,80 €.

Liebfrauenberger

Gemütliches Restaurant mit stets frischen und überwiegend deutschen Speisen zu gehobenen Preisen. Mit seiner Grie Soß hat das Restaurant schon erfolgreich am Grüne-Soße-Festival teilgenommen.

🏠✉ *Marcel Pickel, Liebfrauenberg 37, 60313 City. ✆ 069/92881815, www.liebfrauenberger.de. Bahn/Bus: Straba 11, 12 Dom/Römer, U 1 – 3, 8 Hauptwache. Zeiten: Mo – Sa 11 – 23 Uhr. Preise: Bauernomelette mit Salat 10,50 €, Rinderfilet 26,50 €; Täglich wechselnder Mittagstisch.*

Tiger-Gourmetrestaurant *

Das Gourmetrestaurant im ↗ **1 Tigerpalast** trägt seit 1997 einen Michelin-Stern. Bekannt ist Küchenchef *Andreas Krolik* für seine »Küche der Aromen«, was hier leichte französische Küche bedeutet. Die umfangreiche Weinauswahl von »rund 1000« exklusiven Weinen wird durch die Sommelière *Anke Hartmann* präsentiert. Das charmante Ambiente versetzt einen in die Artistenwelt.

✉ *im Tigerpalast, Heiligkreuzgasse 16 – 20, 60313 City. ✆ 069/920022-0, www.tigerpalast.de. Bahn/Bus: S1 – 6, 8, 9, U4 – 7, Bus 30, 36, Straba 1 – 6, 8, 9, 12, 18. Zeiten: Di – Sa 19 – 24 Uhr. Preise: Hauptgerichte ab 44 €, 4-Gang-Menü ab 85 €, 5-Gang-Gourmet-Menü um 200 €.*

Der Grieche Taverna

Griechische Spezialitäten zu zivilen Preisen. Besonders familienfreundlich, denn: Kinder bis 7 Jahre essen gratis, wenn die Erwachsenen bestellen. Jeden Do legt ein DJ auf und sorgt für einen »Tanz auf den Tischen«.

☀ *Die meisten der von mir ausgewählten Lokale setzen auf Zutaten aus der Region, allein schon um Frische zu garantieren. Förderung hiesiger Bauern und weniger Transportkilometer sind angenehme Nebeneffekte.*

FRANKFURT À LA CARTE

✉ 🎵 *Central Park Gastronomiebetriebe GmbH, Kaiser-hofstraße 12, 60313 City.* ✆ *069/91396147, www.der-grieche-frankfurt.de.* **Zeiten:** *Mo – Fr 12 – 15 und 17 – 2, Sa 14 – 2, So 17 – 22 Uhr.* **Preise:** *Kalte Vorspeisen 3,20 € pro Portion, gebratene Sardinen 9,80 €.*

Opéra

Feinschmeckerrestaurant in feudaler Architektur. Im Sommer auch draußen auf dem Balkon der ↗ **Alten Oper.** Die Samstagsjause bietet ein Buffet mit bayrischen Spezialitäten wie Weißwürstel und gekochte Rinderschulter mit Meerrettich. Der Sonntagsbrunch bietet saisonale warme Speisen wie Tagliatelle mit Trüffeln oder Spargel.

✉ 🍴 *Gerd Käfer & Roland Kuffler GmbH & Co, im Alten Foyer, Opernplatz 1, 60313 City.* ✆ *069/1340-215, www.opera-restauration.de.* **Zeiten:** *Mo – Fr 12 – 15 und ab 18 Uhr, Sa 11 – 15 Uhr Bayerische Jause für 22 €, So Brunch 11 – 15 Uhr für 33 € je mit 1 Glas Prosecco.* **Preise:** *Hauptspeisen 20 – 40 €.*

Ein Ort für besondere Gelegenheiten: Opéra in der Alten Oper

© Annette Sievers

🎵 Centro Cultural Gallego

Einziges galicisches Lokal in Frankfurt. Typisch-spanische, bodenständige 70er-Jahre Kneipenatmosphäre, die Männer spielen oder gucken Fußball. Als galicisches Restaurant sind Fischspezialitäten, vor allem Stockfisch in allen Variationen, ein Muss, als spanisches natürlich Tapas.

🎵 ✉ *An der Staufenmauer 14, 60311 City.* ✆ *069/ 219958-40, www.cc-gallego.de.* **Bahn/Bus:** *S1 – 6, 8, 9, U4 – 7, Bus 30, 36, Straba 12 Konstablerwache.* **Zeiten:** *Di – So 12 – 24 Uhr.*

Long Island Summer Lounge

Edel-extravagante Sommer-Destination mit den Koordinaten 50° 05 Min, 56 Sek Nord, 8° 49 Min 29 Sek Ost: maritime Atmosphäre garantiert! Entspannen unter Segeltuch oder unter freiem Himmel am knietiefen Pool, Besprechungen mit Blick auf die Skyline oder das sehr gute Essen genießen – das Szene-Publikum spielt hier mit Hingabe Long Island.

🎵 🍴 *Sommer-Location, Kaiserhofstraße 12, 60313 City.* ✆ 069/91396147, www.longislandsummer-lounge.de. **Lage:** *Parkhaus Börse, Parkdeck 7, Zugang über Meisengasse und Kaiserhofstraße.* **Bahn/Bus:** *S1 – 6, 8, 9, U1 – 7 Hauptwache.* **Zeiten:** *Mo – Fr 16 – 1, Sa, So 14 – 1 Uhr.* **Preise:** *»Anker-platz« 5 €; Tischreservierung ab 10 Pers, Mindestverzehr dann 35 € pro Pers.* **Infos:** *Bei unbeständigem Wetter Internetseite konsultieren, ob geöffnet ist.*

Club Voltaire

Intellektuelle Studentenkneipe mit anhaltender 68er Tradition (genau genommen: 1962 gegründet), monatlichem Programm (Veranstaltungen, Lesekreis, Frauendiskussionsabend, Treff kritischer Betriebsräte); im 1. und 2. Stock Gruppenräume. Jeden 4. Samstag Disco, jeden 2. Samstag RAP, jeden 4. Freitag JAZZ. Tageskarte mit kleinen Gerichten. Nicht nur aus Solidaritätsgründen sehr empfehlenswerte Kneipe.

🎵 Jeden 3. Fr im Monat stellt der Club seine Bühne für die lokale Musikszene zur Verfügung – jeder kann mitmachen, Stilrichtung ist egal.

🎵 🍴 🚭 *Kleine Hochstraße 5, 60313 City.* ✆ 069/292408, 21999311 (Kneipe), www.club-voltaire.de. **Bahn/Bus:** *U6, 7 Alte Oper.* **Zeiten:** *Mo – Sa 18 – 1, So 18 – 24 Uhr, keine Veranstaltungen am So und im Sommer.* **Infos:** *Multikulti-Programm, 1 – 2 Mal im Monat Mainstream, Modern Jazz, Blues.*

Moloko

Lässiger Retro-Stilmix in Braun und Orange ermöglicht entspanntes Zurücklehnen im loungigen Moloko, dessen Name an Alex & Co. Lieblingsgetränk in Stanley Kubriks Kultfilm »Clockwork Orange« erinnert.

🎵 🍴 *Kurt-Schumacher-Straße 1, 60311 City.* ✆ 069/13886932, www.moloko-am-meer.de. **Bahn/Bus:** *Bus 30, 36 Schöne Aussicht.* **Zeiten:** *So – Do 10 – 1, Fr, Sa 10 – 2 Uhr, Frühstück Sa, So bis 16 Uhr.*

The place to be

Etwas verstecktes, kleines gemütliches Café, das sich abends zur (Cocktail-)Bar mausert. Im Sommer steht auch schon mal ein Sofa als Sitzgelegenheit draußen, im Winter ist der Fensterbankplatz optimal, um sich an einer heißen Milchschokolade aufzuwärmen.

🎵📧 *Daniela Gottschalk, Weißadlergasse 3, 60311 City.* ✆ *069/297245-45, www.theplacetobe.at.* ***Bahn/Bus:*** *S1 – 6, 8, 9, U1 – 3, 6 – 8 Hauptwache.* ***Zeiten:*** *Mo – Sa 12 – 2 Uhr.*

Die Rote Bar

Ein szeneübergreifendes Publikum zwischen jung und älter zieht es vor allem wegen des stilvollen 50er-/60er-Jahre-Ambientes, der zuvorkommenden Bedienung, der ausgewählten Musik und nicht zuletzt wegen der ausgesprochen guten Cocktails (6 – 12 €) in diese etwas versteckt liegende Bar.

🎵📧 *Mainkai 7, 60311 City.* ✆ *069/293533, www.rote-bar.com.* ***Bahn/Bus:*** *U4, 5, Straba 11, 12 Dom/Römer.* ***Zeiten:*** *So – Do 21 – 1, Fr, Sa 21 – 2 Uhr.*

Oscar's

Essen, snacken, trinken in lockerer Star-Atmosphäre und zu Live-Pianomusik. Bei schönem Wetter laden die große Terrasse im Ehrenhof sowie die Bistro-Terrasse im Pariser Stil auf dem Kaiserplatz zum stilvollen Verweilen ein.

🎵📧✗⬆ *im Steigenberger Frankfurter Hof, Am Kaiserplatz , 60311 City. www.steigenberger.com.* ***Bahn/Bus:*** *U1 – 5, 8, Straba 11, 12 Willy-Brandt-Platz.* ***Zeiten:*** *Mo – So 11 – 1 Uhr.*

Mosaiic-Bar

Auf kleinen Hockern und Sitzkissen sitzend, lässt sich hier günstig leckeres orientalisches Essen genießen. Daneben können hier noch Shishas geraucht werden. Oft voll und dadurch sehr eng, junges Publikum.

✗ Mehr Warmes gibt es in der Suppenküche **Souper** direkt nebenan, www.souper.de.

He Chem, Töngesgasse 7, 60311 City. ✆ 069/
21995763, www.mosaiic-bar.de. **Lage:** In der Nähe
von Konstablerwache und Kleinmarkthalle.
Bahn/Bus: S1 – 6, 8, 9, U4 – 7, Bus 30, 36, Straba
12, alle Nachtbusse Konstablerwache. **Zeiten:** Mo –
Do 18.30 – 1.30, Fr, Sa bis 2.30, So, Fei 19.30 –
1.30 Uhr. **Preise:** Hauptgericht um 7,50 €.

BAHNHOFSVIERTEL, GUTLEUT & GALLUS

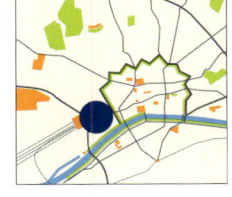

Café Bistro Weingeist

Ansprechend modern und hell sind die hohen Räume,
das Essen ist gut, das Preisniveau durchschnittlich.
Frühstücksbuffet und verschiedene Teesorten,
Paninis und Weinkarte. Angeschlossener Laden
»ARTigkeiten« mit Geschenkartikeln.

Uschi March-Loser, Hufnagelstraße 29, 60326
Gallus. ✆ 069/75089975, www.bistro-weingeist.de.
Lage: In der Nähe der Frankenallee. **Bahn/Bus:** S3 –
6, Straba 11, 21, Bus 52 Galluswarte. **Zeiten:** Mo –
Fr 8.30 – 24 Uhr. **Preise:** Täglich wechselnde Mit-
tagskarte mit günstigen Preisen 11.30 – 15 Uhr.

Plank

Tagsüber Café mit Kuchen und Snacks, ab 18 Uhr
Bar mit Alkoholausschank und zu jeder Zeit eine ruhige Anlaufstelle im mitunter stressigen Bahnhofsviertel.

Cafe – Bar – Studio, Schmid & Macias GbR, Elbe-
straße 15, 60329 Bahnhofsviertel. ✆ 069/
26958666, www.barplank.de. **Bahn/Bus:** U4, 5,
Straba 11, 12, 16, 17, 20, 21, S1 – 9 Hauptbahnhof, Straba 11, 12 Weser-/Münchener Straße.
Zeiten: Mo – Do 11 – 1, Fr, Sa 11 – 2 Uhr.

Tandoori Taj

Lokal ohne jede orientalische Folklore. Fisch und
Fleisch werden z.T. im Tandoor, einem Lehmofen,

gegrillt (ab 20 €). Vegetarisches ab 15 €. Große Auswahl an Cocktails, Whiskys und Cognacs.

✉ *Kaiserstraße 34, 60329 Bahnhofsviertel. ℗ 069/ 272279-81, www.taj-taj.com.* **Bahn/Bus:** *alle S, U4, 5, Straba 11, 16, 17, 21 Hbf.* **Zeiten:** *Täglich 11 – 15 und 18 – 24 Uhr, Mittagsmenü.* **Preise:** *Gehobenes Preisniveau.*

Kabuki

Seit 1989 eine verlässliche Adresse für moderne japanische Küche. Immer wieder aufregend: Die Zubereitung der frischen Gerichte vor den Augen des Gastes. Sehr freundliche Bedienung, es empfiehlt sich, einen längeren Aufenthalt einzuplanen und sich ein Menü auf der Zunge zergehen zu lassen.

✉ *Tetsuya Yamahara, Kaiserstraße 42, 60329 Bahnhofsviertel. ℗ 069/234353, www.kabuki-restaurant.com.* **Lage:** *25 Min bis zur Messe.* **Bahn/Bus:** *alle S, U4, 5 Hbf.* **Zeiten:** *Mo – Fr 12 – 14 und 18 – 22 Uhr, Sa, So, Fei nur abends. Küche jeweils bis 22.30 Uhr.* **Preise:** *Preiswerte Mittagskarte ab 12 €, Menü 35, 5-Gang-Abend-Menü ab 66 €.*

L'Emir

Libanesisches Restaurant im *Ramada-Hotel,* angenehme Atmosphäre in einem großen, orientalisch anmutenden Raum. Köstliche Vorspeisen, Sie können mit der Hand essen. Für weniger Abenteuerlustige gibt es internationale Gerichte – und Besteck.

✉🏠 *Weserstraße 17 (im Ramada Hotel), 60329 Bahnhofsviertel. ℗ 069/2400868-6, www.lemir.de.* **Bahn/Bus:** *alle S, U4, 5, Straba 11, 16, 17, 21 Hbf.* **Zeiten:** *Täglich 7 – 15 und 18 – 24 Uhr.* **Preise:** *Vorspeisen um 8 €, Hauptspeisen um 20, Menü bis 50 €, preiswerter Mittagstisch.*

My Sushi

Hier gibt's das angeblich längste Sushi-Laufband der Welt! Sehenswert ist auf jeden Fall allein die Webseite, über deren Warenkorbfunktion man sich Sushi direkt nach Hause bestellen kann.

☒ *V-Do it food & more GmbH, Mainzer Landstraße 73, 60329 Bahnhofsviertel. ✆ 069/24247201, 24246833, www.my-sushi.com. Lage: Platz der Republik. Bahn/Bus: S1 – 6, 8, 9 Taunusanlage. Zeiten: Mo – Do 11.30 – 23, Fr bis 24, Sa 16 – 24, So, Fei 14 – 23 Uhr. Preise: 0,90 – 4 € pro Portion; Täglich ab 18 Uhr 10 Sushi-Teller für 18,90, 15 Teller 22,50 €, Kinder bis 10 Jahre 6 Teller 12,90 €, unter 4 Jahre 3 blaue Teller kostenlos.*

Im Herzen Afrikas

Ein Event-Konzept, das aufgeht: »Im Herzen Afrikas« sitzt man z.T. (auf dem Boden) im Sand und isst mit den Händen, umgeben von Afrika-Accessoires, viel Kerzenschein, Düften und Klängen. Das Herz sitzt übrigens am »rechten Fleck«, nämlich in Eritrea. Das Publikum ist gemischt, das Preisniveau o.k. Das Mobiliar steht etwas eng und ist nichts für Menschen mit Rückenbeschwerden.

🎵 Nebenan gibt es einen gleichnamigen **Club,** der Sa und So geöffnet hat, inkl. Bar und DJ.

☒ *Asmorom Teckie, Gutleutstraße 13, 60329 Bahnhofsviertel. ✆ 069/24246080, www.im-herzen-afrikas.de. Lage: In der Nähe von Theater/EZB. Bahn/Bus: U1 – 5, Straba 11, 12 Willy-Brandt-Platz. Zeiten: Täglich 18 – 1 Uhr. Infos: Bitte reservieren.*

African Queen

Hinter den Butzenscheiben verbirgt sich ein lebhaftes afrikanisch-äthiopisches Restaurant. Viel Fleisch, aber auch Vegetarisches, was man am besten beim Bestellen kombiniert. Gegessen wird mit den Fingern (wer will) mit Hilfe von Injera, dem gesäuerten Fladenbrot.

Einfach mal probieren!
© Annette Sievers

☒ *Stuttgarter Straße 21, 60329 Gutleut. ✆ 069/ 232990, Lage: Baseler Platz. Bahn/Bus: Straba 12, 16, 17, 20, 21 Baseler Platz. Zeiten: 11 – 24 Uhr.*

🎵 Casablanca Bar

Cocktails, Drinks und Piano-Livemusik im englischen Club-Stil – weit entfernt von Casablanca ganz nah dran. Raucherbar.

🎵 **Jazz A'Casa** zwischen Sep und Juni immer Di und So Jazz-Musik ab 21 Uhr, Eintritt frei.

im Hotel Le Meridien Parkhotel, Wiesenhüttenplatz 28 – 38, 60329 Bahnhofsviertel. ✆ 069/2697886, www.casablancabar.de. Zeiten: Täglich 17 – 2 Uhr. Infos: Programminformation auf der Webseite.

Gute Stute

Außer dem ↗ *Mampf* die einzige Kneipe, in der noch in Mark gerechnet wird. Qualitätsmerkmal aber ist das lange Bestehen der Guten Stute, wo jeder ein Zuhause findet, den der Blues überfällt. Live-Bands spielen denn auch genau das.

Pilsstube, Kölner Straße 42, 60327 Gallus. ✆ 069/ 7306814, www.gute-stute.com. Bahn/Bus: Straba 11, 21 Speyerer Straße. Zeiten: Mo – Sa 15 – 1 Uhr.

WESTEND

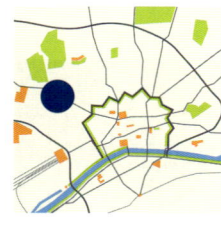

Caféhaus Siesmayer

Eine Mischung aus Wiener Kaffeehaus und West-end-Klassik mit deutschem Apfelkuchen, herrlichen Torten und französischer Patisserie. Frühstück, saisonal abwechslungsreiche Speisen, im Sommer schön auf der zum **Palmengarten** hin gelegenen Terrasse. Perfekt für diverse (auch arrangierte) Feiern.

 im Palmengarten, Eingang Siesmayerstraße 59, 60323 Westend. ✆ 069/90029-200. Bahn/Bus: U6, 7 Westend. Zeiten: Täglich 8 – 19 Uhr, warme Küche 11 – 18 Uhr.

Restaurant Lafleur *

Das Gourmetrestaurant im Gesellschaftshaus des **Palmengartens** bietet gehobene französische Küche mit Einflüssen aus Österreich, der Heimat des Küchenchefs *Alfred Friedrich*. 2012 wurde das Lafleur bereits kurz nach der Eröffnung mit einem Michelin-Stern ausgezeichnet.

im Gesellschaftshaus Palmengarten, Palmengarten-straße 11, 60325 Westend. ✆ 069/90029-100,

90029-0, *www.restau-*
rant-lafleur.de. **Bahn/**
Bus: *U6, 7 Westend,*
U4, Straba 16 Bocken-
heimer Warte. **Zeiten:**
Di – Fr 12 – 15 und
18.30 – 24, Sa
18.30 – 24 Uhr.
Preise: *Hauptgerichte*
ab 48 €, 4-Gang-Menü
ab 115 €; Di – Fr Busi-
ness Lunch 3-Gang-
Menü ab 42,50 €.

Erno's Bistro *

Französisch-mediterrane und mit einem Michelin-
Stern ausgezeichnete Küche in einem kleinen rustikal, aber geschmackvoll eingerichteten Bistro. Einer
der beständigsten Frankfurter Gourmettreffs. Kleine Terrasse, sympathischer Service.

Neue Blume im Palmen-
garten: Lafleur lockt
allein schon durch seine
Farben die Gäste an

✉ *Eric Huber, Liebigstraße 15, 60323 Westend.*
℗ 069/721997, www.ernosbistro.de. **Lage:** *20 Min*
zur Messe. **Bahn/Bus:** *U6, 7 Westend, Bus 36, 75*
Niedenau. **Zeiten:** *Mo – Fr 12 – 14 und 19 -22 Uhr,*
Sa, So und Fei außer zu Messezeiten geschlossen.
Preise: *Hauptgerichte um die 40 €.*

Knoblauch

In Bistro-Atmosphäre bekommt man Französisches
von der Tageskarte zwischen 15 und 30 €. Viel frischer Fisch. Geschmackvoll-gemütlich eingerichtet.
Im Garten sitzt man lauschig an kleinen Tischen.

✉ *Dorit Jaeger und Dominique Heintz, Staufenstraße*
39, 60323 Westend. ℗ 069/722828, www.restau-
rantknoblauchfrankfurt.de. **Bahn/Bus:** *U6, 7, Bus*
36, 75 Westend. **Zeiten:** *Mo – Fr 12 – 14 und*
18.30 – 22.30 Uhr. **Preise:** *Muscheln 13,50 €, Ente*
zum Hauptgang um 20 €, Abendmenü 40 €.

Reuter's

Das schicke Ecklokal in Campus-Nähe wird gern von
der intellektuellen alten Toskana-Fraktion besucht.

FRANKFURT À LA CARTE

Es überzeugt durch mediterrane Küche mit saisonalen Akzenten, guten Weinen und Käse aus dem Piemont und der Toskana. Aufmerksamer Service. Höhere Preisklasse.

Franco Scavazza, Reuterweg 104, 60323 Westend. ✆ 069/95517719, Handy 0172/9171400. www.reuters-frankfurt.de. ***Bahn/Bus:*** *U1 – 3, 8 Grüneburgweg, Bus 36 Holzhausenstraße.* ***Zeiten:*** *Di – Fr 12 – 14 und Di – So ab 18 Uhr.*

Da Romeo

Preiswerte Pasta und Steinofen-Pizza zum Mitnehmen, einige Tischchen gibt es auch. Kleine Terrasse.

Mendelssohnstraße 81, 60325 Westend. ✆ 069/749501, ***Bahn/Bus:*** *Bus 50 Kettenhofweg.* ***Zeiten:*** *Mo – Fr 10 – 22 Uhr.*

Isoletta

Zwei Filialen: *Casa Isoletta,* Sachsenhausen, Babenhäuser Landstraße 1, ✆ 069/681698, und in Bad Homburg.

Beständiger, bodenständiger und gut besuchter Italiener im höheren Preisbereich; angenehme Einrichtung und schöner kleiner Garten. Im allgemeinen freundliche Bedienung.

Mario Cavallo, Feldbergstraße 31, 60323 Westend. ✆ 069/174770, www.isoletta.de. ***Bahn/Bus:*** *Bus 36, 75 Feldbergstraße.* ***Zeiten:*** *Täglich 12 – 14.30 und 18 – 23.30 Uhr.*

Weinsinn *

Im vielfach gelobten, 2013 mit einem Michelin-Stern ausgezeichneten Lokal gibt es nicht nur hervorragende Weine und Champagner, sondern ebenso gute internationale Gerichte, delikat arrangiert. Interieur in kühlem Anthrazit zu hellem Holz, mit Terrasse. Größte Auswahl an deutschen Weinen in der Flasche ab 30 €, südeuropäische ab 40 €.

Restaurant/Weinbar & Catering, Fürstenbergerstraße 179 (Ecke Leerbachstraße), 60322 Westend. ✆ 069/56998080, www.weinsinn-frankfurt.de. ***Bahn/Bus:*** *Bus 36 Bremer Platz, U1 – 3, 8 Holzhausenstraße.* ***Zeiten:*** *Di – Sa ab 18.30 Uhr, Fei ge-*

*schlossen. **Preise:** Hauptgerichte ab 28, 3-Gang-Menü ab 48 €.*

Jimmy's

Der Klassiker des Frankfurter Nachtlebens befindet sich in der Nähe der Messe – daher zu (Buch-)Messe-Zeiten besonders voll – sollte aber auch Nicht-Messianern keinesfalls entgehen. In den tiefen Ledersesseln von Jimmy's Bar kann Ihnen der Großstadt-Dschungel nichts mehr anhaben: Kultivierte Menschen pflegen Small-Talk, softe Jazzpiano und perfekt gemixte Drinks lassen alles Schwere abdriften.

*📷🎵🏠 im Hotel Hessischer Hof, Friedrich-Ebert-Anlage 40, 60325 Westend/Messe. ℂ 069/7540-0, www.hessischer-hof.de/de/restaurant/jimmys. **Bahn/Bus:** U4, Straba 16, 17, Bus 32, 50 Messe/Festhalle. **Zeiten:** Täglich 20 – 4 Uhr, Küche bis 3 Uhr. **Infos:** Live-Pianomusik täglich 22 – 3 Uhr.*

Gediegenheit und Professionalität: Im Jimmy's kann man sich entspannt zurücklehnen

© Jimmy's

BOCKENHEIM

🍵 Café Albatros

Freundliches Studentencafé und Kneipe mit Terrasse und guter, kleiner Tageskarte zu zivilen Preisen. Seit 25 Jahren prima ist das Frühstück, über dem schon so manche Vorlesung ausgefallen ist.

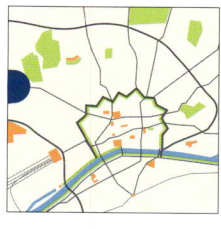

*📷✉ Kiesstraße 27, 60486 Bockenheim. ℂ 069/7072769, www.cafe-albatros.de. **Lage:** 12 Min zur Messe. **Bahn/Bus:** U4, 6, 7, Bus 32, 36, 50, Straba 16 Bockenheimer Warte. **Zeiten:** Mo – Sa 9 – 24, So, Fei 9 – 19 Uhr. **Preise:** großer Milchkaffee 2,80 €, Äppler 1,50 €, Knobibaguette 2 €, großer Salat 6,50 €, Tageskarte. **Infos:** 1. Sa im Monat 9 – 13 Uhr Frühstücksbuffet für 8 €, So, Fei 9 – 14.30 Uhr Brunch für 11 €, Kinder pro Lebensjahr 0,50 €.*

Café Plazz

Freundliche Café-Kneipe. Frühstück, leckeres Essen mit orientalischem Einschlag. Viel Platz zum Draußensitzen auf dem Kirchplatz von Alt-Bockenheim.

🍴🍽 *Kirchplatz 8, 60487 Bockenheim.* ✆ *069/ 774827,* **Bahn/Bus:** *U 6/7 Kirchplatz.* **Zeiten:** *Täglich 10 – 24, Küche bis 23 Uhr.*

 Orfeo's

Beliebter Treff nicht nur für Besucher des integrierten 🎬 *Kinos,* sondern generell für Medienleute, Buchmesse-Besucher, Politiker (vorzugsweise linker Couleur) und Lebenskünstler. Abendkarte mit mediterranem Touch, kulinarisch vom Feinsten, hervorragende Weinauswahl in einem offenen Raum mit hoher Decke und warmen Farbe.

🍽🎵🎬 *Hamburger Allee 45, 60486 Bockenheim.* ✆ *069/70769100, www.orfeos.de.* **Lage:** *10 Min zur Messe.* **Bahn/Bus:** *Straba 16 Nauheimer Straße.* **Zeiten:** *Mo – Fr 12 – 15 und 18 – 1 Uhr, Sa 18 – 1 Uhr, So 18 – 22 Uhr.* **Preise:** *Vorspeisen 3 – 8,90 €, Salate und Pasta um 15 €, Hauptspeisen um 20 €.* **Infos:** *Reservierung dringend empfohlen.*

☀ **Tipp:** Auch für einen Drink gut.

Da Cimino

Eigentlich bloß ein Imbiss, aber mit den besten Steinofen-Pizzen westlich des Anlagenrings, sagt man. Aber da ist die Auswahl eh begrenzt. An warmen Tagen im Hinterhof Bierzeltgarnituren.

🍽 *Gabriele & Naji, Adalbertstraße 29, 60486 Bockenheim.* ✆ *069/771142, www.pizzeria-cimino.de.* **Bahn/Bus:** *Straba 16, Bus 36 Adalbert-/Schlossstraße.* **Zeiten:** *Täglich 11 – 1 Uhr.* **Preise:** *Pizza und Pasta 4,50 – 8 €, Scaloppine 10 €, Tiramisu 4 €.*

Namaste

Inder, bei dem das Preis-Leistungs-Verhältnis stimmt: Zwar nicht günstig, aber scharf und sehr lecker. Tolle Curries. Die Einrichtung stilvoll, nicht verkitscht. Mit Sommergarten.

*Jordanstraße 19, 60486 Bockenheim. © 069/ 701287, www.frankfurt-namaste.de. **Bahn/Bus:** U4, 6, 7, Bus 32, 36, 50, 75, Straba 16 Bockenheimer Warte. **Zeiten:** 11.30 – 15 und 17.30 – 23 Uhr. **Preise:** Mittagsmenü 6 – 9 €, Hauptgericht um 16 €.*

Taverna Omikron

Lebensbejahendes Kellerrestaurant, das die klassischen griechischen Spezialitäten auf moderne Weise offeriert. Große Auswahl an griechischen Weinen, die auch verkauft werden, aber nur wenige im offenen Ausschank. Griechische Live-Musik, die nicht selten zum Tanz aufspielt.

*Konstantinos Tsapakidis, Schlossstraße 94, 60486 Bockenheim. © 069/706624, www.taverna-omikron.de. **Bahn/Bus:** Straba 16, Bus 36 Adalbertstraße/Schlossstraße. **Zeiten:** Fr, Sa ab 19, während Messen täglich ab 18 Uhr, Küche bis 3 Uhr. **Preise:** Vorspeisen um 6 €, Fisch und Garnelen um 17 €, Souvlaki 10,50 €, Lamm vom Grill um 15 €, 0,5 l Retsina Malamatina 9 €. **Infos:** Bei Live-Musik erhöhte Preise.*

Ban Thai

Gutes und beliebtes thailändisches Lokal. Hier geht es schnell und professionell zu. Große Auswahl an Speisen. Manche Gerichte sind höllisch scharf.

*Leipziger Straße 26, 60487 Bockenheim. © 069/ 772675, www.banthairestaurants.de. **Bahn/Bus:** U4, 6, 7, Bus 32, 36, 50, 75, Straba 16 Bockenheimer Warte. **Zeiten:** So – Do 12 – 15 und 18 – 24, Fr, Sa bis 1 Uhr. **Preise:** Thai Curry ab 10 €. **Infos:** Mit Fast-Food-Bereich an der Straße.*

La Tabla Rasa

Spanische Küche. Tapas und Wein. Do frischer Fisch, z.B. gegrillte Dorade. Klein, gemütlich und gut besucht. Im Sommer draußen ein paar Tische.

*Juliusstraße 22, 60487 Bockenheim. © 069/ 97783538, www.tablarasa.de. **Bahn/Bus:** U6, 7 Leipziger Straße. **Zeiten:** Mo – Do 18 – 1, Fr, Sa 18 – 2 Uhr.*

Was ist Spundekäs? Eine Spezialität aus Rheinhessen, bestehend aus Frischkäse, angemacht mit Paprika, Kümmel und Kapern, serviert mit Salzbrezeln und Brot

Foto: Daniela Sahling

La Cigale

Südtiroler-mediterrane Küche und ausgewählte europäische und Südtiroler Weine. Die kleine »Grille« hat nur 24 Plätze: Reservierung erwünscht!

✉ *Martin Kofler, Falkstraße 38, 60487 Bockenheim.* ℰ *069/704111, www.lacigale-restaurant.de.* **Bahn/Bus:** *U6, 7 Leipziger Straße, Straba 16 Juliusstraße, Bus 36 Bockenheimer Warte.* **Zeiten:** *Di – Sa 18 – 24, Mi, Do 12 – 24 Uhr.* **Preise:** *Hauptgericht um 25 €.*

Andalucia

Der Name ist Programm: Speisen und Weine aus der südlichsten Region Iberias. Geschmackvoll schlicht eingerichtet, die Wände in einem warmen Orangeton gestrichen, sitzt man hier ruhig und familiär. Die Tapas liegen preislich im mittleren Bereich, sodass man sich ruhig mehrere gönnen kann.

✉ *Konrad-Broßwitz-Straße 41, 60487 Bockenheim.* ℰ *069/773730, www.restaurante-andalucia.de.* **Bahn/Bus:** *U6, 7 Kirchplatz, Bus 34 Sophienstraße.* **Zeiten:** *Mo – Sa 18 – 1 Uhr, Küche bis 24 Uhr.* **Preise:** *Tapas um 7 €, Lammgerichte ab 14 €, gegrillte Gambas 17 €, Paella für 2 Pers 27 €.* **Infos:** *Wechselnde Wochenkarte.*

Arche Nova im Ökohaus

Oasenhaftes Café-Restaurant am Westbahnhof auf mehreren Ebenen, die von hellem Holz und viel Grün geprägt sind. Hier sitzen nicht nur die Mitarbeiter aus dem Mabuse-Verlag, sondern auch Workshop-Teilnehmer, Vereinsstammtische und Menschen mit multikulturellem Hintergrund.

✉ *im Ökohaus, Christoph Sterl, Kasseler Straße 1a, 60486 Bockenheim.* ℰ *069/7075859, www.arche-nova.de.* **Bahn/Bus:** *S3 – 6, Bus 36 Westbahnhof.* **Zeiten:** *Mo – Sa 12 – 24, Küche bis 23, So 12 – 18 Uhr.* **Preise:** *Reichhaltige vegetarische Auswahl von Knobibaguette für 2,80 über Bombay Biryani zu 9,80 bis Kaspischem Topf zu 11,80 €. Flammkuchen ab 8,50, persische Grillspezialitäten ab 12 €.*

💥 *Das Haus mit der auffallenden, begrünten Architektur geht auf einen ungewöhnlichen Tausch zurück: Der Kommunistische Bund Westdeutschland »verkaufte« Mitte der 80er sein Domizil ML 147 an die Commerzbank, die dafür ein integratives Bürohaus nach ökologischen Gesichtspunkten bauen musste. Offensichtlich hat der Bank das gefallen: Der Commerzbankturm beherbergt noch mehr Grün.*

Infos: Buffet-Service für Gruppen ab 30 Personen, 3,50 €/Pers.

Villa Merton **

Das Restaurant Villa Merton wurde 2012 mit dem zweiten Michelin-Stern ausgezeichnet – allein das ist ein Alleinstellungsmerkmal in Frankfurt. Das, was die Küche so besonders macht, ist der Fokus auf saisonale und regionale Zutaten, und zwar mit solcher Ausschließlichkeit, dass sich das Bewusstseins-Bekenntnis zur »Haltung« gesteigert hat. *Matthias Schmidt,* »Frankfurter Eigengewächs«, mariniert Lamm in Rainfarnessig, macht die Grüne Soße zur Eierlikörsoße, verarbeitet Hühnerherzen ebenso wie den in der feinen Küche eher seltenen Kohlrabi – selbstverständlich ohne Meersalz und Limonensaft.

✉ *im Union International Club, Am Leonhardsbrunn 12, 60487 Bockenheim. ℂ 069/703033, www.villa-merton.de. **Bahn/Bus:** U6 Leipziger Straße, Straba 16 Juliusstraße, Bus 32 Dietmarstraße. **Zeiten:** Mo – Fr 12 – 14 und 18 – 22 Uhr, Sa, So nach Absprache. **Preise:** 4-Gang-Menü vegetarisch ab 92, mit Fisch oder Fleisch ab 98 €.*

 Volkswirtschaft

Lustige Studentenkneipe mit Fußballübertragungen, zeitweise Fotoausstellungen. Bier, Apfelwein, Whiskys, aber auch viele verschiedene Teesorten und nicht-alkoholische Kaltgetränke.

🎵🖥 *Jordanstraße 13, 60486 Bockenheim. ℂ 069/ 776400, www.vowi.net. **Bahn/Bus:** U4, 6, 7, Bus 32, 36, 50, 75, Straba 16 Bockenheimer Warte. **Zeiten:** Mo – Fr 18 – 2 Uhr, Sa 15 – 2, So 15 – 24 Uhr. Fei und in fußballfreier Zeit 19 – 1 Uhr. **Preise:** Bier 1,50 €, Portion Spaghetti Bolognese 5,80 €.*

Bockenheimer Weinkontor

Gemütlicher alter Weinkeller mit Kamin. Die Sitzmöglichkeiten bestehen aus alten Weinkisten, auf die sich nicht nur zu Messezeiten die Leute zu zweit quasi quetschen. Reichhaltige Weinkarte und Häppchen, Selbstbedienung. Im Sommer mit Garten.

 *Schlossstraße 92 (Hinterhof), 60486 Bockenheim.
✆ 069/702031, www.bockenheimer-weinkontor.de.
Bahn/Bus: Straba 16, Bus 36 Adalbert-/Schloss-
straße. **Zeiten:** Mo – Do 19 – 1, Fr, Sa bis 2 Uhr.
Preise: Apfelwein 1,80 €, Wein ab 3,50 €.*

Weinstube S.

Ein Stübchen, eine lauschige Laube davor – perfekt
zum Weingenuss nach dem Essen. Betonung auf
»nach«. Denn hier dreht sich alles um das goldene
oder rote Nass. Hier treffen sich Alternative mittleren
bis fortgeschrittenen Alters.

*Weinhandel, R. Hausmann und K. Rukwied-Heil,
Konrad-Broßwitz-Straße 12, 60487 Bockenheim.
✆ 069/774132, 25712118, www.weinstube-s.blog-
spot.de. **Bahn/Bus:** U6, 7, Bus 34 Kirchplatz.
Zeiten: So – Do 19 – 1, Fr, Sa 19 – 2 Uhr*

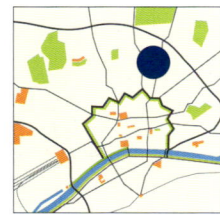

NORDEND

Harvey's

Die barocke Pracht, kitschig-modern, und die hohen
Fenster lassen den hohen Raum größer wirken. Die
Lokalterrasse am verkehrsberuhigten Friedberger
Platz lädt mit ihren vielen Tischen zum Frühstück à
la carte (!) ein. Das Nordendpublikum sieht über die
leicht überhöhten Preise gern hinweg.

*Bornheimer Landstraße 64, 60316 Nordend.
✆ 069/48004878, www.harveys-ffm.de. **Bahn/Bus:**
Straba 18, Bus 30 Friedberger Platz. **Zeiten:** Mo – Fr
10 – 1, Sa 10 – 2, So 10 – 24 Uhr, Frühstück 10 –
16, Lunch 12 – 15, Dinner 18 – 23 Uhr.*

Rotlint Café

Gemütlicher Studententreff mit 68er Vergangenheit,
heute Nordend Kiezkneipe im Bistro-Stil. Frühstück
bis zum Nachmittag, Kuchen, kleine Speisekarte.

Arief Imanuwarta, Rotlintstraße 58, 60316 Nordend. © 069/57707335, www.rotlint-cafe.de. **Bahn/Bus:** *Straba 12 Rothschildallee, Bus 30 Rohrbach-straße/Friedberger Landstraße.* **Zeiten:** *Mo – Sa ab 9, So, Fei ab 10 Uhr.*

Strandcafé

Leute mit Kindern, Kino-Heimgänger und Sonntags-zeitungsleser aus dem Nordend genießen frisch zu-bereitete Suppen und Salate sowie wechselnde Ta-gesgerichte wie Arabisch gewürzte Lammwürste mit Auberginenmus unter 15 €.

Judith Ott, Koselstraße 46, 60318 Nordend. © 069/24145495, www.strandcafe-frankfurt.de. **Bahn/Bus:** *U5 Musterschule, Straba 12, 18 Fried-berger Platz.* **Zeiten:** *Mo – Fr 9 – 24, Sa 9 – 18, So, Fei 10 – 18 Uhr.*

Exil

Kleines, aber feines Restaurant mit Sommergarten und italienisch-mediterran inspirierter Küche. Täg-lich wechselnde Abendkarte. Viele Zweiertische.

Beate Hüller und Frank Küppers, Mercatorstraße 26, 60316 Nordend. © 069/447200, www.exil-frank-furt.de. **Bahn/Bus:** *Straba 12, Bus 30 Hessendenk-mal.* **Zeiten:** *Mo – Fr 11.30 – 14.30, Di – Sa ab 18 Uhr.* **Preise:** *Hauptgerichte um 16 – 25 €.*

Mi Casa Tu Casa

Nettes, spanisches Ecklokal für den Abend zu zweit. Das Gazpacho (6,80 €) kommt im heißen Stadt-sommmer besonders gut, aber auch Tapas, Paellas & Co. aus Andalusien und Valencia munden (Haupt-gericht um 20 €). Viel Vegetarisches. Rustikal-mo-derne Einrichtung, große Außenterrasse, Garten.

Restaurant & Tapas Bar, Claudia Lüttig, Günthers-burgallee 25, 60316 Nordend. © 069/20012411, www.micasa-tucasa.de. **Bahn/Bus:** *Straba 12, 18 Friedberger Platz, U 4 Höhenstraße.* **Zeiten:** *Täglich 18 – 24 Uhr.*

 *Sand ist in dem Ecklokal keiner zu sehen, aber Leute, die ihn einst unterm Pflaster gesucht haben. Das hei-melige Café wurde in den frühen 70ern von Tigerpalastkönig* **Jonny Klinke** *mitbegründet, und mindestens die Weltrevolution wurde hier bei viel Zigaretten-qualm geplant.*

Zu einem echten Freizeittreff hat sich der **Freitagsmarkt** *auf dem* **Friedberger Platz** *entwickelt. Doch was als Nachbarschafts-Schwatz begann, hat sich im Laufe der Zeit zu einem Ärgernis für Marktbetreiber und Anwohner entwickelt. Die Massen, die sich hier inzwischen regelmäßig einstellen, erzeugen ganz schön Lärm und hinter-lassen massenweise Unrat jeglicher Art. Nun kehrt punkt 22 Uhr ein Besenwagen der FES den Platz leer – die Herde zieht zum Luisenplatz weiter … (künftig soll sie zum Odeon wandern).*

Shishandis, Nibelungen Allee 3, ✆ 069/95507848. Mo – Do 13 – 2 Uhr, Fr 13 – 4, Sa 15 – 4, So 16 – 2 Uhr. Cocktail- und Shisha-Bar.

Schandis

Gute persische Küche. Man kann (draußen) am Tisch sitzen, aber auch auf dem Boden hocken.

Nordendstraße 2, 60318 Nordend. ✆ 069/ 90558987, 557337, www.schandis.de. Bahn/Bus: Bus 30, 32 Nibelungenallee/Deutsche Bibliothek. Zeiten: Mo – So 12 – 23 Uhr.

Unter den Linden

Empfehlenswertes Restaurant, das mit Zutaten von bewährten regionalen Erzeugern und Lieferanten arbeitet. So kann man sich *Peter Waidmanns* Schnitzel mit Waldpilzsoße für 12,90 € gut schmecken lassen. Allerdings finden sich auch unter den Rubriken Vorspeise, Pasta und Salat nur wenige vegetarische Gerichte. Gründerzeiteckhaus, schmale Terrasse.

Eckenheimer Landstraße 71, 60318 Nordend. ✆ 069/592174, www.unter-den-linden.net. Bahn/ Bus: U5 Glauburgstr. Zeiten: Di – So 17 – 24 Uhr.

Little India

Nettes, kleines Lokal mit engagierten Wirtsleuten, die nordindische Spezialitäten wie Tandoori-Chicken und Lamm Tikka Masala zu guten Preisen servieren. Bietet auch Lieferservice an. Empfehlenswert.

Ajit Pal Sandha, Glauburgstraße 6, 60318 Nordend. ✆ 069/42694725, 42694637, www.littleindiares-

taurant.de. **Bahn/Bus:** Straba 12 Rohrbachstraße/
Friedberger Landstraße. **Zeiten:** So – Fr 11 – 14.30
und 17.30 – 23, Sa 17.30 – 23 Uhr. **Preise:** Lassi
ab 2,50 €.

Quan Van

Traditionell vietnamesische Speisen wie frittierte
Krabbenpaste, Krebsscheren und Wraps. Im Sommer mit kleinem Garten. Recht beliebt.

✉ Schwarzburgstraße 74, 60318 Nordend/Holzhau-
senviertel. ✆ 069/599723. **Lage:** Ecke Eckenheimer Landstraße. **Bahn/Bus:** U5 Glauburgstraße.
Zeiten: So – Fr 12 – 15, 18 – 24, Sa 18 – 24 Uhr.

Café Größenwahn

Lauter nette bis liebenswerte Geistes-Größenwahn-
Sinnige, viel Stammpublikum, aufmerksamer Service. Seit 1983 sehr gute Küche (deutsch, mediterran, thailändisch) mit angemessenem Preis-Leistungs-Verhältnis. Motto der Kneipe: »Die Welt soll
wärmer und weiblicher werden«. Das bleibt unwi-
dersprochen.

👆✉ Lenaustraße 97, 60318 Nordend. ✆ 069/
599356, www.cafe-groessenwahn.de. **Bahn/Bus:** U5
Glauburgstraße. **Zeiten:** 16 – 1 Uhr. **Infos:** Ab Grün-
donnerstag gibt es die traditionelle Grüne Soße.

☀ *Das Motto des Grö-
ßenwahns ist Pro-
gramm: »Die Rechte von
Frauen und Schwulen in
einer Gesellschaft sind
ein Gradmesser der Frei-
heit, die eine Gesellschaft
allen Bürgern bietet.«*

*Das Beste kommt zum
Schluss: Buchmesse-
ausklang mit pmv-
Freunden im Größen-
wahn(sinn)*

© Annette Sievers

 **Odyssee Kulturcafé**

Seit 2001 bietet *Michael* in seiner Eckkneipe den Intellektuellen des Nordends eine Plattform für den Gedankenaustausch über Musik, Literatur und (Klein-)Kunst. 1 – 2 Mal im Monat moderner und zeitgenössischer Jazz oder Blues. Der Sonntagsbrunch ist mit hausgemachten Salaten und allerlei Käsesorten stets frisch und beliebt (15 €).

🏠❌🎵 *Michael Kubala, Weberstraße 77, 60318 Nordend. ✆ 069/90500995, www.odyssee-frankfurt.de.* **Lage:** *Weber-/Schwarzburgstraße.* **Bahn/Bus:** *U5 Glauburgstraße.* **Zeiten:** *Täglich 10 – 24, So Brunch 10 – 14.30 Uhr.* **Infos:** *Sa Veranstaltungen, aktuelles Programm unter www.odyssee-frankfurt.de.*

Eintracht

Wenn Sie Ihre Fußballfreunde überraschen wollen: Ein indisches Lokal in einem Frankfurter Vereinsheim mit angeschlossener Turnhalle und der typisch altdeutschen Einrichtung! Authentisch, scharf, von einem stets gut gelaunten Chef serviert. Es gibt auch Schnitzel, grüne Soße und Apfelwein. Kleiner Biergarten vorhanden.

🎵❌ *Oeder Weg 37, 60318 Nordend. ✆ 069/558435,* **Bahn/Bus:** *Bus 36 Bornwiesenweg.* **Zeiten:** *Mo – So 17 – 24 Uhr, Mo – Fr zusätzlich Mittagstisch 11 – 15 Uhr.* **Preise:** *Indisches Hauptgericht um 16 €.*

Niewo

Eckkneipe mit Bistro-Ambiente und Nostalgie-Charme. Kleine Speisen wie gratinierter Ziegenkäse mit Salat (um 8 €) oder Hauptspeisen wie Wild mit Rotkraut und Knödeln (um 18 €) kommen den Jahreszeiten angepasst auf die Tageskarte. Gehwegplätze, nahe Günthersburgpark.

🎵❌ *Dietrich Wichert, Günthersburgallee 93, 60389 Nordend. ✆ 069/4692382,* **Bahn/Bus:** *Straba 12 Günthersburgpark.* **Zeiten:** *Täglich ab 18 Uhr.*

Moksha

Formidabler Brunch, reichhaltiges Buffet – so kann der Tag beginnen. Der Koch kümmert sich persönlich um den Nachschlag und das appetitliche Aussehen der Speisen. Auch die Crew der großzügig gestalteten Stadtteilkneipe umsorgt einen sehr nett.

Café & Bar, Mehran Alvani, Rotlintstraße 28, 60316 Nordend. © 069/48005575, www.moksha-frankfurt.de. Bahn/Bus: Straba 12, 18 Rohrbach-straße/Friedberger Landstraße. Zeiten: Mo – Do 12 – 1, Fr 12 – 2, Sa 18 – 2, So 10 – 16 Uhr; Buffet Mo 18.30 – 22.30, Brunch So 10 – 15 Uhr. Infos: Mi alle Cocktails 5 €.

Feinstaub

Funk, Soul, Indie, Jazz Rock live und per DJ – die junge Musikkneipe mit Sommergarten im Hof füllt hier in der Nähe der Fachhochschule nun schon seit 2005 eine Ausgehlücke im Nordend.

 Friedberger Landstraße 131, 60318 Nordend. © 069/15394240, www.dasfeinstaub.de. Bahn/Bus: Straba 12, Bus 30 Rohrbachstraße/Friedberger Landstraße. Zeiten: Täglich 19 – 2 Uhr.

UNTERE BERGER STRASSE

Buchladen & Café Ypsilon

(Frühstücks-)Café. Mit angegliedertem links-orientierten Buchladen. Entsprechend das (lesende) Publikum. Multikulturell, d.h. hier liegen nicht bloß fremdsprachige Zeitungen aus, sondern es ist ein beliebter internationaler Treff. Im Sommer übt man sich im Freien im Savoir vivre. Außer Kuchen auch kleine bis größere Speisen. Buchladen und Café veranstalten oft Lesungen, dann wird das Regalmodul zwischen Gastraum und Laden zur Seite geschoben, sodass bis zu 100 Besucher Platz haben.

Berger Straße 18, 60316 Nordend-Ost. © 069/ 448738 (BuLa), 447989 (Café), www.y-buch-

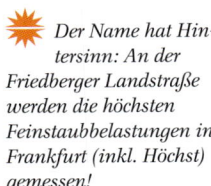 Der Name hat Hintersinn: An der Friedberger Landstraße werden die höchsten Feinstaubbelastungen in Frankfurt (inkl. Höchst) gemessen!

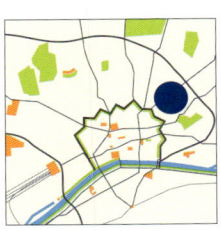

Ypsilon, Berger Straße 18, Nordend-Ost. www.y-buchladen.de. Mo – Fr 9.30 – 19.30, Sa 9.30 – 18 Uhr. Vom Feierabendkrimi bis zum philosophischen Fachbuch, Bücher zum Zeitgeschehen, Klassiker in Neuübersetzung, Kinderbücher und – ganz wichtig – alle pmv-Titel.

Erste Anlaufstelle an der unteren Berger: Café und Buchladen Ypsilon

© Annette Sievers

🎵 Einmal im Monat Jazz, Chanson, Blues live im Café Kante.

laden.de. **Bahn/Bus:** *U4 Merianplatz.* **Zeiten:** *Café Mo – Sa 7.15 – 24, So 9.30 – 24 Uhr; Buchladen Mo – Fr 9.30 – 19.30, Sa 9.30 – 18 Uhr.*

Café Kante

Café mit angeschlossener Vollkorn-Bäckerei und Kaffee Wacker-Verkaufsstelle, was es zu einer hervorragenden Frühstücksadresse macht. Besonders empfehlenswert ist neben den verschiedenen Kuchen der Griechische Joghurt mit Honig, Mandeln und frischen Früchten. Drinnen herrscht Intellektuellen-Café-Charme und -Lärm. Kleiner Vorgarten.

🏠🕐 *Kantstraße 13, 60316 Nordend-Ost. ✆ 069/ 4990083,* **Bahn/Bus:** *U4 Merianplatz.* **Zeiten:** *Mo – Fr 7 – 20, Sa 7 – 19, So 8.30 – 19 Uhr.*

Kleines Café Schneider

Torten, Teilchen, Kaffeestücksche, Teegebäck und Pralinen – alles was das Schlemmermaul begehrt. Sonnige Frühstücksterrasse.

🏠🕐 *Pia Pirathapan, Heideplatz 1, 60316 Nordend-Ost. ✆ 069/281447, www.kleines-cafe-schneider.de.* **Bahn/Bus:** *U4, Bus 32 Höhenstraße.* **Zeiten:** *Mo 10 – 18, Di – Fr 9 – 18.30, Sa, So bis 19 Uhr.*

Bäckerei-Konditorei Klein

Leckere Kuchen und Torten aus eigener Herstellung, gute Dinkel- und Vollkornbrote, ganz normale Brötchen ohne Bärlauch-Klimbim. Mit Mini-Café und Tischen draußen. Die selbst-backende-Bäcker-Bastion! Hier stehen die Bornheimer gern Schlange.

🏠🕐 *Berger Straße 120, 60316 Nordend-Ost. ✆ 069/ 437838,* **Bahn/Bus:** *U4, Bus 32 Höhenstraße.* **Zeiten:** *Mo – Fr 6.30 – 19, Sa bis 17, So 13 – 17 Uhr.*

 **Suvadee**

Sehr gutes thailändisches Restaurant mit routiniert-professioneller Bedienung.

⌧ *Baumweg 19, 60313 Nordend-Ost. ℂ 069/4940764, www.suvadee.de.* **Bahn/Bus:** *U4 Merianplatz.* **Zeiten:** *Di – Fr 12 – 15 und 18 – 23 Uhr, Sa, So 12 – 23 Uhr.* **Preise:** *Hauptspeisen ab 15 €.*

☀ **Tipp:** Nicht vergessen, auch bei den Ebbelwoi-Wirtschaften nachzuschlagen, sonst verpassen Sie noch was!

Rucola

30 Variationen an Holzofen-Pizza (auch zum Mitnehmen) und ebenso viele Pasta-Gerichte sind neben den guten Scaloppine nur ein paar gute Gründe, hierher zu kommen. Andere könnten der aufmerksame flinke Service, die günstigen Preise oder die jenseits des Üblichen liegenden Tagesgerichte sein.

⌧ *Bistro Pizzeria Gabriele & Naji, Berger Straße 15, 60316 Nordend-Ost. ℂ 069/40590689, www.rucola-frankfurt.de.* **Bahn/Bus:** *U4 Merianplatz.* **Zeiten:** *Täglich 11 – 23 Uhr.* **Preise:** *Pizza und Pasta 3,70 – 7,50 €, Scaloppine 10 €, Tiramisu 3,70 €.*

☀ **Tipp:** Der nahe ⭧ Bethmannpark bietet sich zum Pizza-Picknick an.

Tierra Verde

Spanisch-orientalischer Senkrechtstarter auf der Berger. Gute Tapas, besonders die »Runzelkartoffeln« sind zu empfehlen! Gutes Preis-Leistungsverhältnis.

⌧ *Berger Straße 116, 60316 Nordend-Ost. ℂ 069/48006035,* **Bahn/Bus:** *U4, Bus 32 Höhenstraße.* **Zeiten:** *Mo – Fr 8 – 23, Sa, So 9 – 23 Uhr.*

Knossos

Exzellenter Grieche in moderner Atmosphäre. Tadellose Salate, frisch gekräutertes Zicklein und ausgefallenere vegetarische Gerichte erfreuen die Fans der griechischen Küche.

⌧ *Stavros Liakos, Luisenstraße 7, 60316 Nordend-Ost. ℂ 069/444796, Handy 0151/50433359. www.knossos-frankfurt.de.* **Bahn/Bus:** *U4 Merianplatz.* **Zeiten:** *So – Do 17 – 1, Fr, Sa 17 – 3 Uhr.* **Preise:** *Gehobeneres Preisniveau.*

Nr. 16

Exzellente sardische Küche, gewöhnungsbedürftiges Drumherum: Hier ist's klein und eng, zusammenrutschen kann man nach Meinung des quirligen Wirts aber immer noch. Also ducken Sie sich unter die Knoblauchstränge und die sardischen Mitbringsel, die von den Wänden und der Decke hängen. Auch wenn's teuer ist – es lohnt sich!

 Nr. 16, Luigi und Luana Dessi, Wiesenstraße 52, 60316 Nordend-Ost. ℱ 069/464591, Bahn/Bus: Straba 12 Günthersburgpark. Zeiten: 18 – 1 Uhr, So auch 11.30 – 14.30 Uhr. Preise: Vorspeisen um 10 €, Hauptgerichte ab 20 €. Infos: Reservieren!

Toffis

Rockige Kneipe, immer gemütlich, viel Stammpublikum, leckeres Essen in großen Portionen und mit studentischen Preisen, patente Wirtin.

Nanette Pilatus, Berger Straße 30, 60316 Nordend-Ost. ℱ 069/432498, www.toffis.de. Bahn/Bus: U4 Merianplatz. Zeiten: Mo 10 – 24, Di – Do 9 – 24, Fr, Sa 9 – 2, So 9 – 22 Uhr.

Café Schopenhauer

Schwulen- und lesben-freundliche Café-Kneipe mit Terrasse, die sich sonntags zum Frühstücksbrunch füllt und auf der abends noch bis spät in Decken gehüllte Menschen sitzen. Billardtisch im Nebenraum.

Schopenhauerstraße 7, 60316 Nordend-Ost. ℱ 069/497166. Bahn/Bus: U4, Bus 32 Höhenstraße. Zeiten: Mo – Sa 17 – 2, So 9.30 – 24 Uhr.

BORNHEIM & OBERE BERGER STRASSE

Café Wacker

Der Duft zieht einen unwiderstehlich hinein, und siehe da, in dem kleinen Laden im Art-Déco-Stil gibt es

Bistrotischchen für den frischen Kaffee- und Teegenuss. Der Kuchen ist gut, die Atmosphäre intim.

Berger Straße 185, 60385 Bornheim. © 069/46007752, www.wackers-kaffee.de. Lage: Am Uhrtürmchen. Bahn/Bus: U4, Bus 34, 38, 43, 103, 103N, Straba 12 Bornheim Mitte. Zeiten: Mo – Fr 8 – 19, Sa 8 – 18, So 9 – 18 Uhr.

Café Klatsch

Das Café Klatsch ist für seine große Frühstücksauswahl bekannt. Aber auch zu anderen Mahlzeiten hat die Speisekarte viel zu bieten – und das zu günstigen Preisen. Beispielsweise indonesische Gerichte, dem Inhaber sei Dank, und erfrischende Milchoder Joghurt-Shakes. Was fürs Auge gibt's auch: orientalisches Styling.

Ronny und Marianne Imron, Mainkurstraße 29, 60385 Bornheim. © 069/4909709, www.cafe-klatsch-frankfurt.blogspot.de. Bahn/Bus: U4, Bus 34, 38, 43, 103, 103N, Straba 12 Bornheim Mitte. Zeiten: Täglich 10 – 1 Uhr.

Café Süden

Bunt gestreifte Tische samt Korbsesseln auf dem Bürgersteig betonen den Unterschied zu den hippen Nachbarkneipen. Das winzige Café kommt künstlerisch-alternativ daher. Es gibt von allem etwas: Frühstück, Mittagstisch, Kuchen, Tapas, Vegetarisches. Sogar die Pizzen von »Dick und Doof« gegenüber dürfen hier bestellt und konsumiert werden.

Berger Straße 239, 60385 Bornheim. © 069/95633300, Bahn/Bus: U4, Bus 34, 38, 43, 103, 103N, Straba 12 Bornheim Mitte. Zeiten: Mo – Fr 8.30 – 24, Sa 10 – 24 Uhr. Preise: Preiswert.

 Klabunt

Sehr gute, originell abgewandelte hessische Küche in unprätentiös-familiärer Atmosphäre. Auf den Holzbänken draußen, mitten im Feierabendgeschehen

Hauptgeschäft am Kornmarkt und Filiale im Mittelweg 47 (Sachsenhausen).

Als hauseigene Spezialität werden verschiedene Sorten »Fisch in der Dose« angepriesen, am Tresen auch käuflich zu erwerben, genauso wie Karaffen und Weingläser aus Frankreich oder gerösteter Mais aus Spanien.

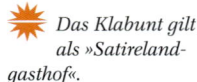
Das Klabunt gilt als »Satireland-gasthof«.

der oberen Berger, lässt es sich bei Apfelwein prächtig aushalten, drinnen gibt es häufig Lesungen, vorzugsweise von Redakteuren der Titanic-Redaktion. Karikaturen der NFS an den Wänden verkürzen eventuelle Wartezeiten.

✕🍴🍷 *Junge Frankfurter Küche, Satire und Schnaps, Berger Straße 228, 60385 Bornheim. ✆ 069/ 94598140, www.klabunt-frankfurt.de.* **Bahn/Bus:** *U4, Bus 34, 38, 43, 103, 103N, Straba 12 Bornheim Mitte.* **Zeiten:** *Täglich 18 – 3 Uhr.*

Chairs
Kneipe, die außer wegen ihrer Mojitos vor allem aufgrund ihrer Bestuhlung bemerkenswert ist: Gäste nehmen drinnen wie draußen auf Designerstühlen von Tournet bis Corbusier Platz. Wer seinen Stuhl lieb gewonnen hat, kann ihn kaufen. Speisen sind saisonal und regional ausgewählt.

✕🍴 *Gronauer Straße 1, 60385 Bornheim. ✆ 069/ 48446922, www.chairsffm.de.* **Bahn/Bus:** *Bus 38, 43, 103, 103N Prüfling.* **Zeiten:** *Täglich ab 18 Uhr.*

Schöneberger
Große Kneipe mit Außenterrasse auf der Berger und schönem Garten im Hinterhof. Innen modern-rustikal, sehr laut, denn Gespräche und Musik hallen von den Wänden. Auch draußen geht es sehr quirlig zu, da im Sommer häufig rappelvoll: Das trendige Publikum schätzt die großen Essensportionen.

✕🍴 *Orfeo's Erben bhKG, Berger Straße 237, 60385 Bornheim. ✆ 069/945066-11, www.schoene-berger.de.* **Bahn/Bus:** *U4, Bus 34, 38, 43, 103, 103N, Straba 12 Bornheim Mitte.* **Zeiten:** *Mo – Do 12 – 1, Fr 12 – 2, Sa 10 – 2, So 10 – 1 Uhr, Hinterhof nur bis 22 Uhr.*

Bernemer Fass
Urige Bierkneipe, gelegentlich Live-Musik- und Karaoke-Veranstaltungen. Überträgt alle Spiele der Eintracht live. Schnitzel ab 6,80 €, Vierer Bembel 5 €.

🎵❌ *Ralf Stendel, Ringelstraße 23, 60385 Bornheim.*
℗ 069/433192, www.bernemer-fass.de. **Bahn/Bus:**
U4 Bornheim Mitte, Straba 12 Saalburg-/Wittelsba-
cher Allee. **Zeiten:** *Mo – Fr 16 – 24, Sa 13 – 24 Uhr,*
So nur bei Eintracht-Spiel geöffnet. **Preise:** *Bier*
1,40 €, Handkäs' mit Musik 2,70 €, Schnitzel ab
6,80 €.

Blueberry Hill

Kreolische Gerichte werden begleitet von stim-
mungsvollen Klavierklängen. Es finden regelmäßige
Veranstaltungen mit namhaften Künstlern aus der
Jazz-, Soul- und Blues-Szene statt.

❌🎵 *Restaurant und Piano-Lounge, Arnsburger Straße*
70, 60385 Bornheim. ℗ 069/90437005,
www.blue-berryhill.com. **Bahn/Bus:** *U4 Bornheim*
Mitte. **Zeiten:** *Di 18 – 24, Mi – Fr 18 – 1, Sa 18 – 2*
Uhr. **Preise:** *Apfelwein 2,90 €, Kokos-Curry-Suppe*
4,50 €. **Infos:** *1. und 3. So 11 – 16 Uhr Gospel*
Brunch 35 € pro Pers; 1. und 3. Do Jazz Jam Night,
Eintritt frei.

Sugar

Zu sanften House- bzw. Trip-Hop-Klängen, an den
weit geöffneten Fenstern auf Bänken oder Hockern
sitzend, lassen sich hier im minimalistischen Ambiente stilvoll Bier oder Cocktails genießen. Dazu
werden kleine Schalen mit Nüssen serviert. Äppler
sucht man auf der Karte allerdings vergeblich.

🎵 *Berger Straße 235, 60385 Bornheim.*
℗ 069/56803976, www.sugar-bar.de. **Bahn/Bus:**
U4, Bus 34, 38, 43, 103, 103N, Straba 12 Born-
heim Mitte. **Zeiten:** *So – Do 19 – 2, Fr, Sa 19 – 3*
Uhr.

Weinkellerei Dünker

Frankfurt hat nur neue Häuser? Dann steigen Sie
mit Ihrem Besuch von außerhalb in diesen urigen
Weinkeller hinab, um ihm die andere Seite Frankfurts zu zeigen. In dem Gewölbekeller riecht es nach
dem, was hier reichhaltig ausgeschenkt wird: Wein.
Sonst nichts.

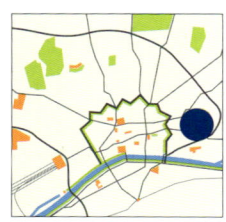

☀ *In einem nur 6 m breiten Haus in der Schnurgasse in der Frankfurter Altstadt eröffneten 1894 Karl Gref und seine Frau Wilhelmine Völsing das Stammhaus der Gref-Völsings, jener Brühwurst aus 100 % Rindfleisch, die sich damals besonders bei den Juden der Stadt großer Beliebtheit erfreute, durften diese doch keine Wurst aus dem als unkoscher geltenden Schweinefleisch essen.*

⬤ **Gref-Völsing,** Hanauer Landstraße 132, Ostend. ✆ 069/433530. www.gref-voelsings.de. Mo 7 – 14, Di – Fr 7 – 18, Sa 7 – 13 Uhr. Wiege der legendären Rindswurst, Metzgerei und Imbiss mit ständig wechselnder Mittagskarte. Auch in der ✏ Kleinmarkthalle vertreten.

♫ *Christoph Dünker, Berger Straße 265, 60385 Bornheim. Handy 0172/9881088. www.weinkellereiduenker.de. Bahn/Bus: U4, Bus 34, 38, 43, 103, 103N, Straba 12 Bornheim Mitte, 700 m aufwärts gehen. Zeiten: Mo – Do 14 – 1, Fr, Sa 14 – 3, So 18 – 24 Uhr. Preise: Ausschank 0,2 l ab 2,50 €.*

OSTEND

✗ Das Leben ist schön

Italien auf der Hanauer! Schöner Saal, italienisch dekoriert. Ausgezeichnete Pasta und freundliche Bedienung. Im Sommer mit Terrasse.

✗⛶ *Andreas Euchner, Hanauer Landstraße 198, 60314 Ostend. ✆ 069/43057870, www.dasleben-istschoen.de. Bahn/Bus: Straba 11 Schwedlerstraße. Zeiten: Küche Mo – Sa 11.30 – 23, So 12 – 21, Fr, Sa Pizza bis 24 Uhr. Preise: Platte Antipasto 9,50 €, Pasta ab 6,50 €, Rinderfilet al Balsamico 23,50 €.*

Halle der Helden

Behagliches Restaurant und Lounge mit ungewöhnlichem Namen für außergewöhnliche Menschen – für jeden von uns. Zusammengebracht wird man an langen Holztischen.

✗⛶ *Acelya Harp, Hanauer Landstraße 192, Union Gelände, 60314 Ostend. ✆ 069/48002660, www.hallederhelden.de. Bahn/Bus: Straba 11 Schwedlerstraße. Zeiten: Mo – Fr 12 – 15, Mo – Mi auch 18 – 1, Do – Sa ab 19 Uhr.*

Frankfurter Küche

Restaurant, Bar und (Ebbelwoi-)Kneipe in einem, Publikum ebenso durchmischt. Essensauswahl zwischen Handkäs und ausgefallenem Tagesgericht zu angemessenen Preisen. Die Atmosphäre ist entspannt bis gemütlich. Ausgefallene Themenabende, z.B. Italo- oder Elvis-Memorial-Abend.

✗⛶♫ *Hanauer Landstraße 86, 60314 Ostend. ✆ 069/43056878 (ab 17 Uhr), www.restaurant-*

frankfurter-kueche.de. **Lage:** *Ecke Sonnemann-straße.* **Bahn/Bus:** *U6, Straba 11, Bus 32 Ostbahnhof.* **Zeiten:** *Mo – Fr 11.30 – 15 und 18 – 24, Sa 18 – 24, So 9 – 15 und 18 – 23 Uhr.* **Preise:** *So 9 – 15 Uhr Brunch für 9,90 €.* **Infos:** *Reservieren!*

Mera Masala

Vorzügliches indisches Tandoori-Restaurant mit liebenswürdigem Wirt und manchmal etwas verwirrter Bedienung. Stilvoll und authentisch.

✖ *Sandweg 56, 60316 Ostend.* ✆ *069/94340150, www.meramasala.de.* **Bahn/Bus:** *U4 Merianplatz.* **Zeiten:** *Di – So 17 – 24 Uhr.*

🌟 *Der Tandoor-Ofen ist ein traditionell indischer Holzkohleofen, in dem Speisen gegart werden. Früher wurde er nur zum Brotbacken genutzt.*

Sandbar

Mit weinrot gestrichenen Wänden, industriell anmutenden blanken Rohren an den Decken, Lichtinstallationen und einer halbrunden, stählernen Bar mit weinroten Barhockern davor sehr hip eingerichtet. Sitzbänke auch draußen. Wein und Cocktails.

🎵 *Sandweg 6, 60316 Ostend.* ✆ *069/49083695, www.sandbar-frankfurt.de.* **Bahn/Bus:** *U6, 7, Straba 14 Zoo.* **Zeiten:** *So – Do 18 – 2, Fr, Sa 18 – 3 Uhr.* **Preise:** *Cocktails ab 6 €.*

Mosebach

Mit hellem Holz vertäfelte, gemütliche und nette Esskneipe mit guter international-bürgerlicher Küche. Im Sommer sitzt man auf Bierbänken im Hinterhof.

🎵✖ *Sandweg 29, 60316 Ostend.* ✆ *069/4930396,* **Bahn/Bus:** *U4 Merianplatz.* **Zeiten:** *Täglich 17 – 23 Uhr.* **Preise:** *Mittelpreisig.*

Trinkhalle

Visuell ansprechende 60er-/70er-Jahre Designerkneipe, auf deren Karte neben Bier und »Herrengedeck« auch Kultgetränke wie Caprisonne, Kaba und Karamalz stehen. Junges, kreatives Publikum. Im Winter trägt ein Kamin zur Gemütlichkeit bei.

🎵 *Obermainanlage 24, 60314 Ostend. Handy 0177/ 5533323. www.trinkhalle-frankfurt.de.* **Bahn/Bus:**

S1 – 6, 8, 9, Straba 12, 14, Bus 31 Ostendstraße.
Zeiten: *Mo – Do 18 – 1, Fr, Sa 18 – 2 Uhr.* ***Preise:***
Cocktails um 8 €.

Das Nord

Was für Nordlichter: Schrammelige Bar. Gilt als »Wohnzimmer im Stil der 70er-Jahre«. Allerdings Raucherkneipe, deshalb Eintritt erst ab 18 Jahre.

 Die Jazzkneipe ♪ **Mampf** liegt diekt daneben. Auch dort wird ab 23 Uhr gequalmt.

🎵 ***Das Nord,*** *Sandweg 64, 60318 Ostend. ℂ 069/ 40562244, www.dasnordhochzwei.de.* ***Bahn/Bus:*** *U4 Merianplatz.* ***Zeiten:*** *Do 18.30 – 1, Fr 18.30 – 3, Sa 18.30 – 3 Uhr (bei Bundesligaspielen ab 15 Uhr).*

SACHSENHAUSEN

 ## Lese-Café

Nettes, helles Café im Hinterhof, nahe Schweizer Platz. Gute Kuchenauswahl, ruhige Atmosphäre, Wintergarten und Hofterrasse ab dem Frühjahr. Bücher und Spiele auch leihweise im Café.

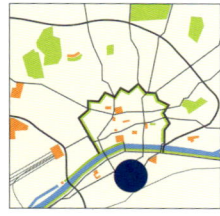

☕🕮 *Diesterwegstraße 7 (im Hinterhof), 60594 Sachsenhausen. ℂ 069/622523, www.mon.de/rm/lesecafe.* ***Bahn/Bus:*** *U1 – 3, 8 Schweizer Platz.* ***Zeiten:*** *Café Mo – Fr 8.30 – 18.30, Sa, So 10 – 18.30 Uhr; Buchladen Di – Fr 10 – 18.30, Sa 10 – 14 Uhr.*

🕮 **Buchhandlung Lesecafé,** Diesterwegstraße 7. ℂ 069/ 621428. Ausgewählte, gute Bücher zum Verschlingen nebenan im Café.

Die Brücke

Großartiges Frühstück, feine Kuchen und herzhafte Tartes, alles Bio. Etwas karg eingerichtet.

☕ *Café Bar Restaurant, Beimfohr & Karp del Vecchio, Brückenstraße 19, 60594 Sachsenhausen. ℂ 069/ 611304. www.diebruecke-frankfurt.de.* ***Bahn/Bus:*** *Straba 14 – 16, 18, S3 – 6 Lokalbhf/Textorstraße.* ***Zeiten:*** *Di – Fr 15 – 1, Sa 10 – 1, So 10 – 18 Uhr.* ***Preise:*** *Frühstück ab 2,50 €.*

 ## Lobster

Das langjährig beliebte Bistro war einst ein Milchladen, doch von unschuldigen Flüssigkeiten keine Spur mehr. In den Regalen an den Wänden lagern edle Tropfen, manch später Gast kauft bloß 2 Flaschen, während an den alten Holztischen noch geschwafelt wird. Gepflegtes französisches Essen, eher bodenständig. Das Publikum aus Kunst und Kommerz ist mitgewachsen und fühlt sich in der familiären Atmosphäre sichtlich wohl.

✉ ⏱ *Thomas Valk, Wallstraße 21, 60594 Alt-Sachsenhausen. ℂ 069/612920, www.lobster-wein-bistrot.de.* **Bahn/Bus:** *S3 – 6, Straba 14 – 16 Lokalbhf.* **Zeiten:** *Mo – Sa 18 – 1 Uhr.* **Preise:** *Etwa 25 offene Weine ab 2 €/0,1 l und z.T. hochpreisige Flaschenweine.* **Infos:** *Täglich wechselnde Speisekarte.*

Gioia

Man sitzt an schweren Eichentischen, an der Wand hängen Bilder aus der Heimat und einige Antiquitäten tragen ihr Übriges zum italienischen Charme bei. Der Service ist freundlich, die Preise human. Unbedingt sollte man die Pizza probieren!

✉ *Paradiesgasse 67, 60594 Alt-Sachsenhausen. ℂ 069/61995004, www.gioia-frankfurt.de.* **Bahn/Bus:** *Bus 30, 36, Nachtbus Affentorplatz, Straba 14 – 16, S3 – 6 Lokalbhf.* **Zeiten:** *Mo – Mi 11 – 24, Do bis 1, Fr, Sa bis 4, So 12 – 24 Uhr.* **Preise:** *Pizza ab 5 €, Tiramisu 3,50 €, Äppler 1,70 €; Business Lunch 6 – 9 €.*

Jasper's

Charmantes Jugendstil-Restaurant, versteckt in einem hübschen Hinterhof. Interieur und Küche sind vom französischen Brasserie-Stil geprägt, die Weine kommen z.T. aus dem Elsass. Die Speisen sind von den Tortelloni bis zur Salatsauce selbst gemacht und frisch angerührt aus überwiegend regionalen Zutaten.

✉ *Michel Bodemann, Schifferstraße 8, 60594 Sachsenhausen. ℂ 069/614117, www.jaspers-restaurant.de.* **Bahn/Bus:** *S3 – 6, Straba 14 – 16 Lokalbhf, Bus 30, 36 Affentorplatz.* **Zeiten:** *Mo – Sa ab 19 Uhr.* **Preise:** *Gehobene Preisklasse.*

🔒 **Apfelweinkontor,** Wallstraße 13 (im Hof Getränkemarkt Schluckspecht), ℂ 069/90756100. www.apfelweinkontor.de. Mo – Fr 13 – 18.30 Uhr. Selbstgekelterter und Apfelweinprodukte aus Streuobstäpfeln aus der Region.

Bombay Palace

Nicht überteuertes nordindisches Essen in geschäftsmäßiger, seriöser Atmosphäre.

✉ *A. Kumar Ahluwalla, Darmstädter Landstraße 6, 60594 Sachsenhausen.* ✆ *069/629310, 613294, www.bombaypalace.de.* **Bahn/Bus:** *Bus 30, 36 Affentorplatz, Straba 14 – 16, S3 – 6 Lokalbhf.* **Zeiten:** *Mo – Fr 12 – 14.30 und 18 – 23 Uhr, Sa, So, Fei 18 – 23 Uhr.* **Preise:** *All you can eat Mo – Fr 12 – 14 Uhr 10,90 €.*

León Garcias

Restaurant mit spanischen Spezialitäten, Tapas-Bar. Atmosphärisch sehr schön, ruhiger Außenbereich, jedoch ist das Essen nicht immer gut und der Service etwas launisch. Dependance in Offenbach.

✉ *Walther-von-Cronberg-Platz 1, 60594 Sachsenhausen.* ✆ *069/60329877. www.leongarcias.de.* **Lage:** *Am Main Plaza.* **Bahn/Bus:** *Straba 14, 18 Frankensteiner Platz.* **Zeiten:** *Täglich ab 12 Uhr.* **Preise:** *Tapas 4,80 – 8,90 €, Hauptspeisen um 16,50 €, Flasche Wein ab 21 €.*

Maaschanz

In der »Mainschanze« – oder wie der Elsässer *Bruno Lauffenburger* sagt »ma chance« – zwischen dem Eisernen Steg und Alt-Sachsenhausen am Platz der Dreikönigskirche gelegen, gibt es in ruhiger Bistro-Atmosphäre französische Gerichte der feinen Art. Dabei wechseln jeden Monat die Regionen, aus denen die Rezepte kommen, sodass ein Besuch in der Maaschanz zu einer kulinarischen Frankreichreise wird. Vorspeisen 10 – 15 €, Fisch und Fleisch ab 20 €, alles frisch zubereitet, aber wenig vegetarische Auswahl. Auf dem Kirchplatz gilt eine Sommerkarte mit Flammkuchen oder Tagliatelle bis 13 €.

 Jeden Sa Candle-Light-Dinner mit Live-Musik.

✉ *Bruno Lauffenburger, Färberstraße 75, 60594 Sachsenhausen.* ✆ *069/622886, www.maaschanz.de.* **Bahn/Bus:** *Bus 30, 36, 46 Schulstraße, U4, 5, Straba 11, 12 Dom/Römer und über den Eisernen Steg nach links gehen.* **Zeiten:** *Mo, Mi – Sa ab 17,*

Was für Experimentierfreudige: Die Karte ist nicht nur auf Englisch, sondern auch mit zahlreichen ghanaischen Begriffen durchsetzt, sodass es durchaus spannend bleibt, was man letztlich serviert bekommt. »Fufu« mag zwar allein der Konsistenz wegen nicht jedermanns Geschmack treffen, Fisch mit Soße – komplett mit Kopf und Schwanz in einer Salatschüssel serviert – ist jedoch sehr zu empfehlen. Die Ghanaer essen es geschickt mit einer Hand. Der Service ist nicht perfekt, aber herzlich. Wie Ghana eben. Gartenstraße 167, 60596 Sachsenhausen. ✆ 069/24246284. Südlich der Friedensbrücke. **Bahn/Bus:** alle S, U4, 5, Hbf, Bus 33, 35, 37, 46 Baseler Platz, Straba 17 Pforzheimer Straße. **Zeiten:** Di – So 13 – 1 Uhr.

© Annette Sievers

So ab 15.30 Uhr, warme Küche bis 24 Uhr, im Sommer mit Terrasse. **Preise:** Hauptgericht ab 20 €.

Burger Meister

Burger mit verschiedenen Schärfegraden einfach oder als Doppeldecker, mit Rinder- oder Schweinefleisch, Salat oder kross gebratenem Speck. Abwechslung kommt durch neue Kreationen à la Neuseeland-Burger oder Chili con Carne aufs Tablett.

Matthias Auhl, Dreieichstraße 20, 60594 Sachsenhausen. ✆ 069/66113666, www.burgermeister-frankfurt.de. **Lage:** Ecke Große Rittergasse. **Bahn/Bus:** Straba 14, 18 Frankensteiner Platz. **Zeiten:** Mo – Do 12 – 23, Fr, Sa 12 – 2, So 12 – 21 Uhr. **Preise:** Burger ab 4,80 €.

Manitou

Vermutlich Deutschlands einziges indianisches Restaurant. Hier stehen exotische Gerichte wie Kak-

Interpretationshilfe bei der Speiseauswahl kann der pmv-Reiseführer *Ghana* von Jojo Cobbinah liefern, gibt's auch in Bibliotheken – aber nach einem Besuch im Roots wollen Sie vielleicht ohnehin nach Ghana. Siehe auch facebook.com/GhanaReise.

Man rühmt sich der besten Burger der Stadt, Meister eben.

tussteak, Klapperschlange und Krokodil neben dem gemischten Insektenteller auf der Speisekarte. Darauf haben die echten Männer Frankfurts gewartet.

✖ *Native American Restaurant, Pacome Barantin, Seehofstraße 6, 60594 Sachsenhausen. ℰ 069/66127738, Handy 0162/4043462. www.manitourestaurant.com. **Bahn/Bus:** Straba 14, 18 Frankensteiner Platz. **Auto:** Parkhaus Colosseo. **Zeiten:** Mi – So ab 18 Uhr.*

Moti Mahal

Preiswertes indisches Restaurant, große Speiseauswahl aus dem Punjab, nicht so scharf, bietet auch Lieferservice an.

✖ *Dreieichstraße 37, 60594 Sachsenhausen. ℰ 069/43058223, www.motimahal-frankfurt.de. **Bahn/Bus:** Straba 14, 18 Frankensteiner Platz. **Zeiten:** Mo – Fr 11 – 14.30 und 17 – 22.45, Sa, So, Fei 17 – 22.45 Uhr. **Preise:** Mittagsgerichte 6,50 – 8,50 €.*

Ristorante Carmelo Greco *

Dem Carmelo Greco wurde 2012 zum zweiten Mal der Michelin-Stern verliehen. Gäste können sich hier mit klassisch italienischen Gerichten verwöhnen lassen, die vom Chefkoch verfeinert und neu interpretiert werden.

✖ *Carmelo Greco, Ziegelhüttenweg 1 – 3, 60598 Sachsenhausen. ℰ 069/606 089 67, www.carmelo-greco.de. **Bahn/Bus:** U1 – 3, 8 Südbhf, Straba 14 Oppenheimer Landstraße. **Zeiten:** Mo – Fr 12 – 14 und 18.30 – 22, Sa 18.30 – 22 Uhr. **Preise:** Hauptgerichte ab 29 €, Menü ab 82 €.*

Gusto

Bei Chefkoch *Dario Cammarata* gibt es Gerichte aus seiner italienischen Heimat Sizilien. Die Kombination aus Tradition, Kreativität und Farben garantiert Genuss auf hohem Niveau.

✖🗋♠ *in der Villa Kennedy, Kennedyallee 70, 60596 Sachsenhausen. ℰ 069/717121200, www.gusto-*

*restaurant.de. **Bahn/Bus:** Straba 12, 16, 20, 21 Stresemannallee/Gartenstraße. **Zeiten:** Restaurant Mo – Fr 6.30 – 22.30, Sa, So, Fei 7 – 22.30 Uhr; JFK's Bar täglich 9 – 1 Uhr. **Preise:** Mo – Fr 2- oder 3-Gang Business Lunch für 18 bzw. 25 €, Sa, So 7 – 14.30 Uhr Frühstücksbuffet inkl. Prosecco für 32 €.*

🎵 Lokalbahnhof

Das Angebot ist Frankforderisch, der Look modern. Es gibt außer Schoppen Fassbier. Man sitzt eng beieinander an kantigen Holztischen, was den trendigen Mitdreißigern nichts auszumachen scheint.

🎵✕ *Good Food Lokalbahnhof GmbH, Darmstädter Landstraße 14, 60594 Sachsenhausen. ✆ 069/ 36602966, www.lokalbahnhof.info. **Bahn/Bus:** S3 – 6, Straba 14 – 16 Lokalbhf. **Zeiten:** So – Do 9 – 1, Fr, Sa 9 – 2 Uhr. **Infos:** Ein Treffpunkt für Kinogänger, da es nahe der Harmonie liegt.*

Alte Liebe

Kneipe mit DJ und teilweise Live-Musik. Alle Eintracht-Spiele werden übertragen, sonntags trifft man sich hier zum gemeinschaftlichen Tatortschauen. Mit Raucherraum.

🎵 *Ralf Busch, Fritschengässchen 5, 60594 Sachsenhausen. www.alteliebe-frankfurt.de. **Bahn/Bus:** Straba 14 – 16 Textorstraße. **Zeiten:** Di – Do 19 – 1, Fr, Sa 19 – 4, So bis 24 Uhr; bei Eintracht-Spielen 1 Std vor Spielbeginn geöffnet.*

Stereobar

Bar mit DJ-Tanzprogramm. Funk, Clubjazz, Disco, Boogie & House und entsprechende Partys in einem Kellergewölbe mit abgefahrenem Stil. Getränke haben normale Preise.

🎵 *Wolf Heilig und Thomas Winterscheid, Abtsgässchen 7, 60594 Alt-Sachsenhausen. ✆ 069/47869559, www.stereobar.de. **Bahn/Bus:** Straba 14 – 16 Textorstraße, Straba 14 – 16, 18, S 3 – 6 Lokalbhf. **Zeiten:** Fr, Sa ab 22 Uhr. **Preise:** Eintritt 5 €; Äppler, Bier 3 €.*

 Villa Kennedy, Kennedyallee 70, Sachsenhausen. ✆ 069/ 717120. www.villakennedy.com. Extravagante Zimmer und Suiten gibt es ab 550 € aufwärts. Der Spa-Bereich lädt zum Entspannen ein. Tagungsräume sowie ein großer Ballsaal bieten viel Platz für verschiedene Veranstaltungen. Hier trifft man prominente Gäste wie die Deutsche Nationalelf.

Textor 38

Als einfache Kneipe eingerichtet. Nouvelle cuisine, große Cocktail-Auswahl, YUP um die 30.

🎵✖ *Textor 38,* Textorstraße 38, 60594 Sachsenhau- sen. ✆ 069/622299, www.textor-ffm.de. *Bahn/Bus:* S3 – 6, U1 – 3, 8, Straba 19 Südbhf, Straba 14 – 16 Brücken-/Textorstraße. *Zeiten:* Mo – Do 11.30 – 1, Fr, Sa 10 – 2, So 10 – 1 Uhr. *Preise:* 18 – 19 Uhr alle Cocktails 6,50 €.

St. Clichy

Loungeartig-minimalistisch, mit Lichtprojektionen an den Wänden und Lederhockern an der Theke. Am Wochenende DJs, meist House.

🎵 *Darmstädter Landstraße 7 – 9, 60594 Sachsenhau- sen. ✆ 069/60605950, Handy 0157-73736644. www.saintclichy.org. Bahn/Bus: S3 – 6, Straba 14 – 16 Lokalbhf. Zeiten: Mo – Do 12 – 1 Uhr, Fr, Sa 18 – 2 Uhr.*

Weinstube

Hohe Fensterfront, klassische Einrichtung, diskutierfreudiges Publikum um die 40 und ein kostengünstiges Servicemodell: Hier herrscht Selbstbedienung! Kein Wunder, dass die Theke bis zum Schluss der Kontaktpunkt des Bistros ist.

🎵 *Brückenstraße 35, 60594 Sachsenhausen. ✆ 069/ 66129744, www.weinstube-frankfurt.de. Bahn/Bus: S3 – 6, U1 – 3, 8 Südbhf, Straba 15, 16 Brücken-/ Textorstaße, Bus 36 Elisabethenplatz. Zeiten: Täg- lich 18 – 1 Uhr, Küche bis 23 Uhr. Preise: Glas Wein aus Europa 2 – 5,20 €, Probieren inklusive. Infos: Viele deutsche Weißweine (Riesling), Rotweine aus Südeuropa, Bioweine, keine Überseeweine.*

☀ *Pariser Laissez faire in hippdebach und drippdebach.*

🎵 **Weinstube im Nord- end,** Eckenheimer Landstraße 84, U5 Mus- terschule, Nordend. ✆ 069/90501887. www.weinstube-frank- furt.de. Täglich 18 – 1 Uhr. Große Auswahl offe- ner Weine. Kleine Spei- sen selbst zubereitet. April – Okt mit Sommer- garten.

Skyline-Blick 2013:
Jedes Jahr wächst ein
neuer Turm

© Annette Sievers

PRAKTISCHE INFORMATIONEN

Nicht nur Touristen, sondern jedem, der Frankfurt mal von vorn bis hinten erkunden will, empfiehlt sich der Kauf der Frankfurt Card. Mit ihr gibt es an 1 bzw. 2 Tagen lohnende Vergünstigungen und man hat die RMV-Fahrkarte gleich dabei.

Frankfurt Touristinformation

Zimmervermittlung, Stadtrundfahrten und Einzelführungen, kostenlose Broschüren und Infos zu Veranstaltungen.

ℹ️ **Frankfurt Touristinformation Römer,** *Römerberg 27, 60311 Hist. Zentrum. ✆ 069/212-38800, 212-37880, www.frankfurt-tourismus.de.* **Lage:** *Im hist. Haus Frauenstein, von der Paulskirche kommend rechts an der Ecke zum Römerberg.* **Bahn/Bus:** *U4, 5 und Straba 11, 12 Dom/Römer.* **Rad:** *Main-Radweg.* **Zeiten:** *Mo – Fr 9.30 – 17.30, Sa, So, Fei 10 – 16 Uhr; am 1. Jan sowie 25. und 26. Dez geschlossen.* **Frankfurt Card:** *1-Tageskarte 8,70, 2-Tageskarte 12,50 €, Gruppen bis 5 Pers 15 bzw. 24 €. Freie Fahrt auf allen RMV-Strecken im Stadtgebiet Frankfurt inklusive Flughafen, 15 % Ermäßigung bei der Oper Frankfurt und beim schauspielfrankfurt; 20 % Ermäßigung auf Tagesfahrten der Nauheimer*

Der Blick in die Sterne ist nicht nötig, um ein Hotelzimmer zu finden: Die Tourist-Information hilft weiter

© Annette Sievers

Schifffahrtsgesellschaft und auf planmäßige Schiffs-
touren der KD auf Rhein und Mosel; 25 % Ermäßi-
gung auf Stadtrundfahrten in Frankfurt sowie 50 %
bei 20 Frankfurter Museen, Palmengarten, Zoo und
der Flughafen-Besucherterrasse. Außerdem zahlrei-
che Vergünstigungen in Restaurants, Cafés und Ge-
schäften, die in einem Gutscheinheft aufgelistet
sind. Erhältlich ist die Franfurt Card in allen Tourist-
informationen, dem Info-Pavillon der Verkehrsgesell-
schaft an der Hauptwache und am Flughafen, im
Internet, in Reisebüros und bei allen beteiligten Insti-
tutionen sowie vielen Hotels. Anfragen und Bestel-
lungen auch über © 212-30808, Fax -30776.
***Infos:** Online sind Veranstaltungen zu finden unter*
www.rhein-main-net, www.journalportal.de, www.
frankfurt-tourismus.de und www.frankfurt.de, Infos
für Smartphones unter www.frankfurt.mobi.

🛈 ***Touristinfo Frankfurt Hauptbahnhof,** 60329 City.*
© 069/212-38800, www.frankfurt-tourismus.de.
***Lage:** In der Eingangshalle. **Zeiten:** Mo – Fr 8 – 21,*
Sa, So, Fei 9 – 18, Heiligabend und Silvester 8 – 13
Uhr, am 1. Jan sowie 25. und 26. Dez geschlossen.
***Bahn/Bus:** ↗ Verkehrsinfos.*

Bürgerberatung

Sehr hilfreiche Stelle: Hier gibt es für Frankfurts Bürger jede Menge kostenlose Informationen und Broschüren über ihre Stadt, deren Geschichte und Ämter. Hier werden Anregungen, Wünsche und Be-
schwerden angenommen sowie bei Problemen mit
Ämtern Lösungen gesucht.

🛈 *Presse- und Informationsamt, Römerberg 32, 60311*
Hist. Zentrum. © 069/212-40000 (Römertelefon),
*www.frankfurt.de. **Bahn/Bus:** ↗ Touristinfo Frankfurt,*
*Römer. **Zeiten:** Mo – Mi 10 – 16.30, Do 10 – 18, Fr*
10 – 14 Uhr; telefonisch schon ab 9 Uhr erreichbar.

🛈 **Behindertenbeauf-**
tragte der Stadt
Frankfurt am Main, Berliner Straße 33 – 35, City.
© 069/212-35771.
www.frankfurt-
handicap.de. Online-
Stadtführer (oder als
Ringbuch erhältlich), Portal zu Webseiten für Men-
schen mit Behinderung.

STADTFÜHRUNGEN

Allgemeine Stadtrundgänge sowie Rundgänge zu
speziellen Themen wie historische, architektonische

und literarische Führungen können individuell für Gruppen bis max. 25 Personen gebucht werden.

❯ **Stadtrundgang,** *Frankfurt Touristinformation Römer, Römerberg 27, 60311 Hist. Zentrum.* ✆ *069/212-38953, www.frankfurt-tourismus.de.* **Bahn/Bus:** *U4, 5, Straba 11, 12 Dom/Römer.* **Zeiten:** *14.30 Uhr, Dauer 2 Std.* **Preise:** *12 €; Schüler, Studenten 10, Behinderten-Begleitperson 6 €.*

Hop On-Hop Off Stadtrundfahrten mit dem roten Doppeldecker-Bus

Die Dauer der Rundfahrt beträgt eine Stunde. Sie ist in zehn verschiedenen Sprachen möglich. Start und Endpunkt ist die Haltestelle Paulskirche/Römer. Alle wichtigen Punkte werden angefahren, ein- und aussteigen ist nach Belieben möglich, um die Stadt zu erkunden. Es gibt drei Touren: Bei der City Tour werden die wichtigsten Sehenswürdigkeiten gezeigt, die Skyline Tour informiert über die Architektur der Hochhäuser und die Stadtentwicklung. Die Frankfurter Altstadt kann während einer Walking Tour mit Gästeführer erkundet werden.

❯ **Stadtbesichtigung mit dem Bus,** *Frankfurt Touristinformation Römer, Am Römerberg 27, 60311 Hist. Zentrum.* ✆ *069/212-38800, www.frankfurt-tourismus.de.* **Bahn/Bus:** *U4, 5, Straba 11, 12 Dom/Römer.* **Zeiten:** *City Tour täglich 10 – 17 Uhr alle 60, 30 oder 20 Min; Skyline Tour mehrmals täglich; Walking Tour täglich 14 Uhr.* **Preise:** *19 €; Kinder 4 – 12 Jahre 9 €.*

Geführte Stadtbesichtigungen

Thematische Stadtbegehungen (z.B. »Das IG-Farben-Haus – Der Poelzigbau und seine Vergangenheit« oder »Frankfurt bei Nacht – Von Nachtwächtern und Kettenesein«), Stadtführungen in historischen Kostümen, Kinderführungen, Stadtfahrten, Diovorträge, kulturell ausgerichtete Rahmenprogramme oder Betriebsausflüge.

Ganzjährig öffentliche Führungen zu bestimmten Themen ohne Voranmeldung 1,5 – 2,5 Std Dauer, 8 –
10 €, Treffpunkt je nach Führung.

➲ *Kulturothek Frankfurt, Sabine Mannel, An der Kleinmarkthalle 7 – 9, 60311 City. ✆ 069/2810-10,
www.kulturothek.de. Bahn/Bus: U4, 5 und Straba
11, 12 Dom/Römer. Zeiten: Mo – Fr 10 – 18, Sa
10 – 15 Uhr, Dauer der Führung 2,5 Std. Preise:
Gruppen bis 25 Pers 95 – 155 €, über 25 Pers
130 – 190, Abendführungen ab 21 Uhr und kostü-
mierte Führungen mit Aufschlag, Museumseintritte
zuzüglich; Schüler, Studenten und Schwerbehinderte
zahlen ermäßigte Preise, 10er-Karte 65 €.*

Stadtführungen der VHS

Die Volkshochschule Frankfurt bietet preiswerte
Stadtführungen zur Stadtgeschichte und -entwick-
lung an und gewährt Einblicke in bekannte Institutionen (Brauerei, Tapetenmanufaktur). Es gibt verschiedene Wanderungen und Exkursionen in die Region.

➲ *Volkshochschule Frankfurt, Sonnemannstraße 13,
60314 Ostend. ✆ 069/212-43355 (Stadtführungen), 212-71501 (Info-Telefon), www.vhs.frank-
furt.de. Bahn/Bus: Straba 11, 14, S1 – 6, 8, 9 Ostendstraße. Zeiten: Mo, Mi 13 – 18, Di 10 – 13, Do
10 – 19 Uhr; Info-Telefon Mo – Do 9 – 16, Fr 9 – 13
Uhr. Preise:; Schüler, Studenten, Azubis mit Erst-
wohnsitz in Frankfurt 20%, Frankfurt Card-Inhaber,
Arbeitslose 50%. Infos: Anmeldung meist am jeweiligen Treffpunkt möglich, Gesamtangebot unter
www.vhs.frankfurt.de.*

Stadtführungen mit dem Freundeskreis

Der *Freundeskreis Liebenswertes Frankfurt e.V.* begleitet Sie oder Ihre Gruppe durch Frankfurt (auch in
Fremdsprachen). Die Mitglieder des Vereins arbeiten ehrenamtlich und unentgeltlich und zeigen aus
Liebe zu ihrer Stadt interessierten Menschen »Schön-
heiten und Merkwürdigkeiten«; besonders geeignet
für Neu-Bürger; Spenden erwünscht.

○ *Freundeskreis Liebenswertes Frankfurt e.V.,* *Claus-Dieter Pestinger, Postfach 640126, 60355 Bockenheim. ✆ 06101/12112, www.frankfurt-liebenswert.de.* *Zeiten:* *Jeden 2. Di 17 Uhr offener Treff in Städt. Weinstube Haus Limpurg am Römerberg; 3. Sa im Monat 14 Uhr 2-stündige Begleitung, Startpunkt Café Hauptwache.*

VERKEHRSINFOS
Verkehrsanbindung nach Frankfurt Hbf

🚊 *Straba 11, 12, 16, 17*

Ⓤ *U4, 5*

Ⓢ *S1 – 6, 8, 9 Hauptbahnhof.* *S1* *Rödermark – Ffm – Höchst – Wiesbaden,* *S2* *Dietzenbach – Ffm – Niedernhausen,* *S3* *Darmstadt – Langen – Ffm – Bad Soden,* *S4* *Darmstadt – Langen – Ffm – Kronberg,* *S5* *Ffm – Bad Homburg – Friedrichsdorf,* *S6* *Ffm – Friedberg,* *S7* *Ffm – Groß-Gerau – Riedstadt-Goddelau,* *S8* *Hanau – Ffm – Flughafen – Rüsselsheim – Mainz – Wiesbaden,* *S9* *Hanau – Ffm – Flughafen – Rüsselsheim – Mainz-Kastel – Wiesbaden.*

🚆 *ICE- und IC-Knotenpunkt; RB- und RE-Verbindungen u.a. von Fulda, Aschaffenburg, Gießen, Limburg, Koblenz, Wiesbaden, Mainz, Saarbrücken, Mannheim und Heidelberg.*

🛣 *A5* *Ausfahrt 18 Nordwestkreuz Ffm, 19 Westkreuz Ffm, 20 Westhafen, 21 Ffm-Niederrad, 22 Ffm-Flughafen Nord; A661 Ausfahrt 7 Eckenheim, 8 Preungesheimer Dreieck, 9 Friedberger Landstraße, 14 Ffm Ost, 15 Kaiserlei, 16 Offenbach-Taunusring;* *A3* *Ausfahrt 51 Ffm-Süd, 52 Offenbacher Kreuz;* *A66* *Ausfahrt 18 Eschborner Dreieck, 19 Nordwestkreuz Ffm, 20 Landmannstraße, 21 Miquelallee.*

🚲 *Main-Radweg Offenbach – Seligenstadt und Hochheim – Mainz-Kastel; Nidda-Radweg in die Wetterau und den Vogelsberg; durch südhessische Wälder nach Langen und Darmstadt.*

VGF Verkehrsgesellschaft Frankfurt a.M.

Die Verkehrsgesellschaft Frankfurt am Main, kurz VGF, ist das Frankfurter Verkehrsunternehmen und

➔ **Taxi-Zentrale:** ✆ 069/230001, 230003, *Main Taxi* 069/733030, www.taxi-frankfurt.de.

ⓘ **Fundbüro,** Hauptwache-Passage, B-Ebene, ✆ 069/213-22258. Mo – Fr 7 – 18 Uhr.

der Verkehrsdienst-leister der Stadt. Kurzstrecken sind Strecken von maximal 2 km Länge, die Ziele werden jeweils an den Haltestellen angegeben. Eine Gruppentageskarte gilt für maximal 5 Personen, lohnt sich aber schon ab 2 Erwachsenen. Die Tageskarten gelten bis

Betriebsschluss, inklusive der Nachtbusse. Alle Fahrkarten gelten im gesamten Stadtgebiet, ausgenommen ist der Flughafen.

Speziell zu Großveranstaltungen wie dem Weihnachtsmarkt empfiehlt sich die Anreise mit ÖPNV

© Congress + Marketing Frankfurt

> *VGF-Kundenzentrum, Stadtwerke Verkehrsgesellschaft Frankfurt am Main, Kurt-Schumacher-Straße 8, 60311 Frankfurt. © 069/19449, 213-22493 (Automatenstörung), www.vgf-ffm.de. Bahn/Bus: Kundenzentrum Mo – Fr 8 – 17 Uhr. Zeiten: Einzelfahrt 2,60, Kurzstrecke 1,60 €, Tageskarte 6,40 €, Gruppentageskarte 9,50 €. Preise: Kinder 6 – 14 Jahre 1,55 €, Kurzstrecke 0,95 €, Tageskarte 3,85 €.*

RMV

Regionalverkehr, darin eingebunden ist die Rhein-Main-Region von Wiesbaden bis Fulda und von Marburg bis Darmstadt. Hier gilt ein gemeinsames Tarifsystem, die Fahrkarten selbst gelten in allen für die gelöste Strecke genutzten Verkehrsmitteln. Für Frankfurt gilt das Tarifgebiet 50 – aufpassen: Der Flughafen ist darin nicht enthalten! Sehr praktische elektronische Verbindungsauskunft.

> *RMV – Rhein-Main-Verkehrsverbund GmbH, Alte Bleiche 5, 65719 Hofheim am Taunus. © 06192/294-0, 01801/7684636 (Hotline, 3,9 ct/Min), www.rmv.de.*

> Für Nachtschwärmer gibt es unter www.nachtbus-frankfurt.de den **Nachtbus-Linienfahrplan** einzusehen. Von der Konstablerwache aus können Ausgehfreudige am Wochenende und vor Feiertagen im Halbstunden-Takt damit in sämtliche Frankfurter Stadtteile gelangen. Siehe auch Info-Pavillon TraffiQ an der ↗ Hauptwache.

INFO & VERKEHR

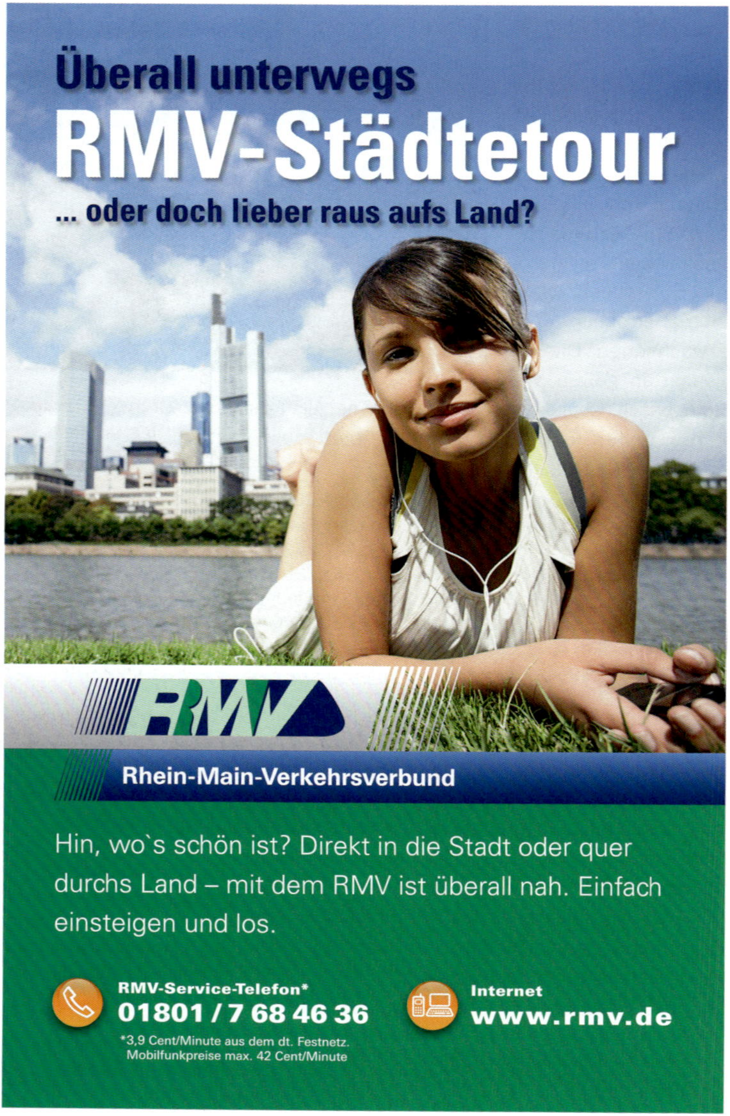

Überall unterwegs
RMV-Städtetour
... oder doch lieber raus aufs Land?
RMV
Rhein-Main-Verkehrsverbund
Hin, wo`s schön ist? Direkt in die Stadt oder quer durchs Land – mit dem RMV ist überall nah. Einfach einsteigen und los.
RMV-Service-Telefon*
01801 / 7 68 46 36
*3,9 Cent/Minute aus dem dt. Festnetz. Mobilfunkpreise max. 42 Cent/Minute
Internet
www.rmv.de

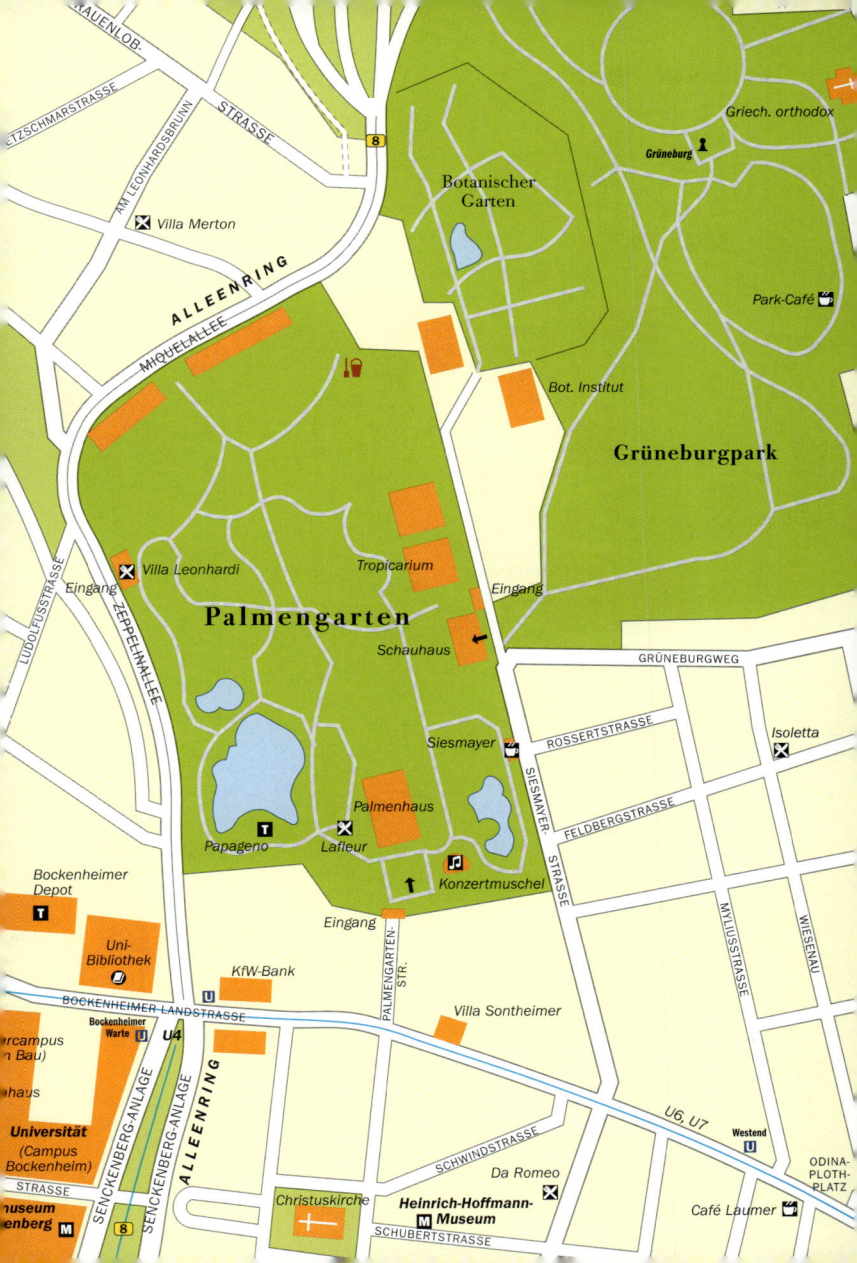

RAUENLOB-

LETZSCHMARSTRASSE

STRASSE

AM LEONHARDSBRUNN

✕ Villa Merton

ALLEENRING

MIQUELALLEE

Botanischer
Garten

Grüneburg

Griech. orthodox

Park-Café

Bot. Institut

Grüneburgpark

LUDOLFUSSTRASSE

ZEPPELINALLEE

Eingang

✕ Villa Leonhardi

Palmengarten

Tropicarium

Eingang

Schauhaus

GRÜNEBURGWEG

ROSSERTSTRASSE

Isoletta

Siesmayer

SIESMAYER STRASSE

FELDBERGSTRASSE

Papageno

Lafleur

Palmenhaus

Konzertmuschel

MYLIUSSTRASSE

WIESENAU

Bockenheimer
Depot

Uni-
Bibliothek

Eingang

KfW-Bank

Villa Sontheimer

BOCKENHEIMER LANDSTRASSE

ercampus
n Bau)

Bockenheimer
Warte

U4

haus

SENCKENBERG-ANLAGE

PALMENGARTEN- STR.

Universität
(Campus
Bockenheim)

ALLEENRING

SENCKENBERG-ANLAGE

STRASSE

useum
enberg

M

SCHWINDSTRASSE

U6, U7

Westend

ODINA-
PLOTH-
PLATZ

Christuskirche

Da Romeo

Heinrich-Hoffmann-
Museum

Café Laumer

SCHUBERTSTRASSE

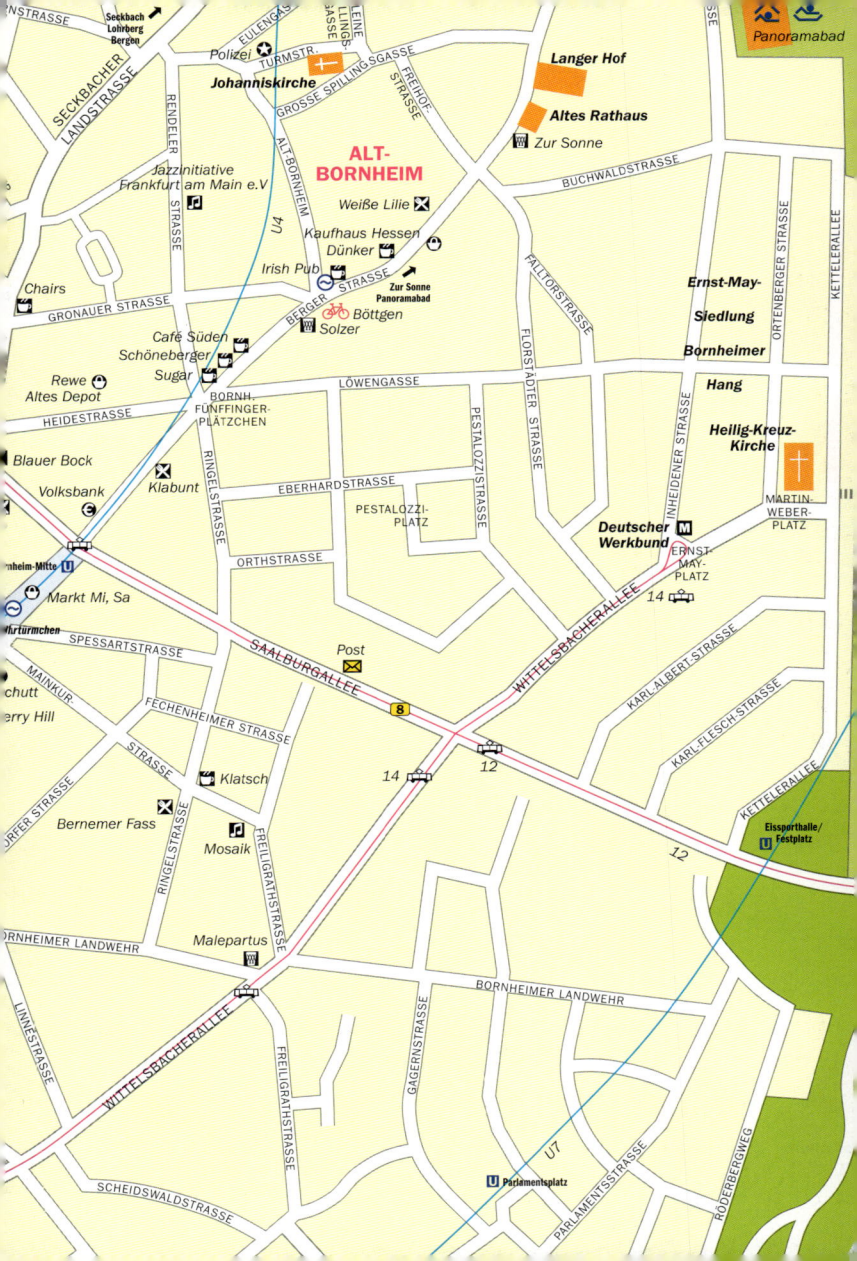

U4

Jewel of India

FRIEDRICH-EBERT-ANLAGE

Congress Center
Maritim
Eingang Congress Center

Halle 5

Halle 6

Messeturm
U Festhalle/Messe
Eingang City

Jimmy's
Hess. H

Festhalle
(Halle 2)

Forum
»Brasilien«

Kastor

Mediterraneo

Messe
Agora

Halle 1

PLATZ
DER
EINHEIT

Pollux

HBF

Halle 4

Shuttle-Bus
Messe Parkhaus

Tower 185

BRÜSSELER STRASSE

Dependance

Halle 3

Tor
Ost

DEN HAAGER STR.

Mövenpick

Skyline
Plaza

OSLOER STRASSE

P

HOHENSTR.

Mosch Mosch

Skyline Plaza
P Parkhaus

EUROPAALLEE

EUROPAVIERTEL

WARSCHAUER STRASSE

GÜTER-
PLATZ

Gute Stute

KÖLNER STRASSE

LIA-
WÖHR-
PLATZ

P

MAINZER LANDSTRA

HAFENSTRA

KOBLENZER STRASSE

SPEYER STRASSE

GUTENBERGSTR.

FRANKENALLEE

STRASSE

Calabria

Commerzbank

GALLUSVIERTEL

GALLUSVIERTEL

Rimon Kosher

S-Bahn
Werkstatt

FAZ
FNP

N

HELLERSTRASSE

1 cm
75 m

11, 21

© pmv PETER MEYER VERLAG

Bahnhofsviertel & Messe

396 / 397

S Galluswarte

Gallustheater
Ginger
Ordnungsamt
Ausländerbehörde

alluswarte

CAMBE

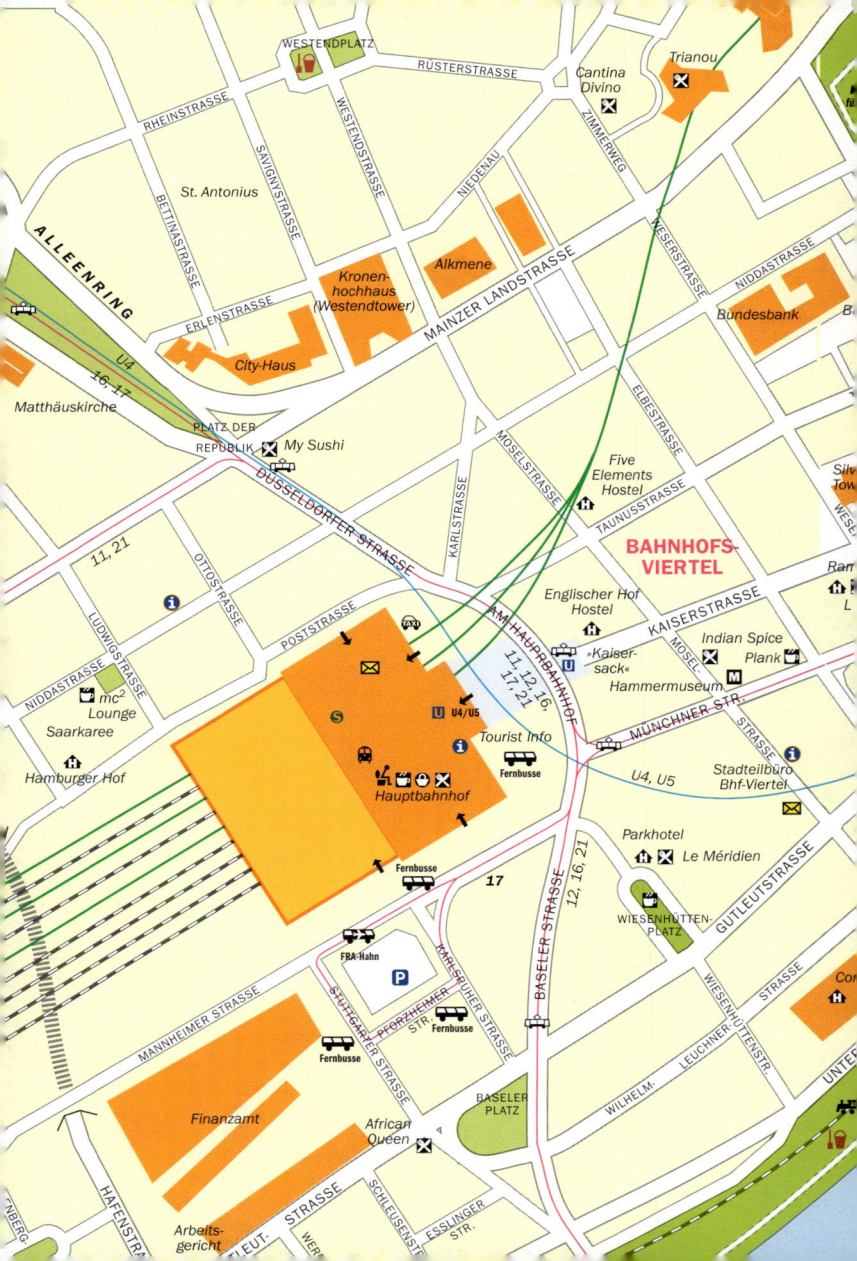

Schnellbahnplan

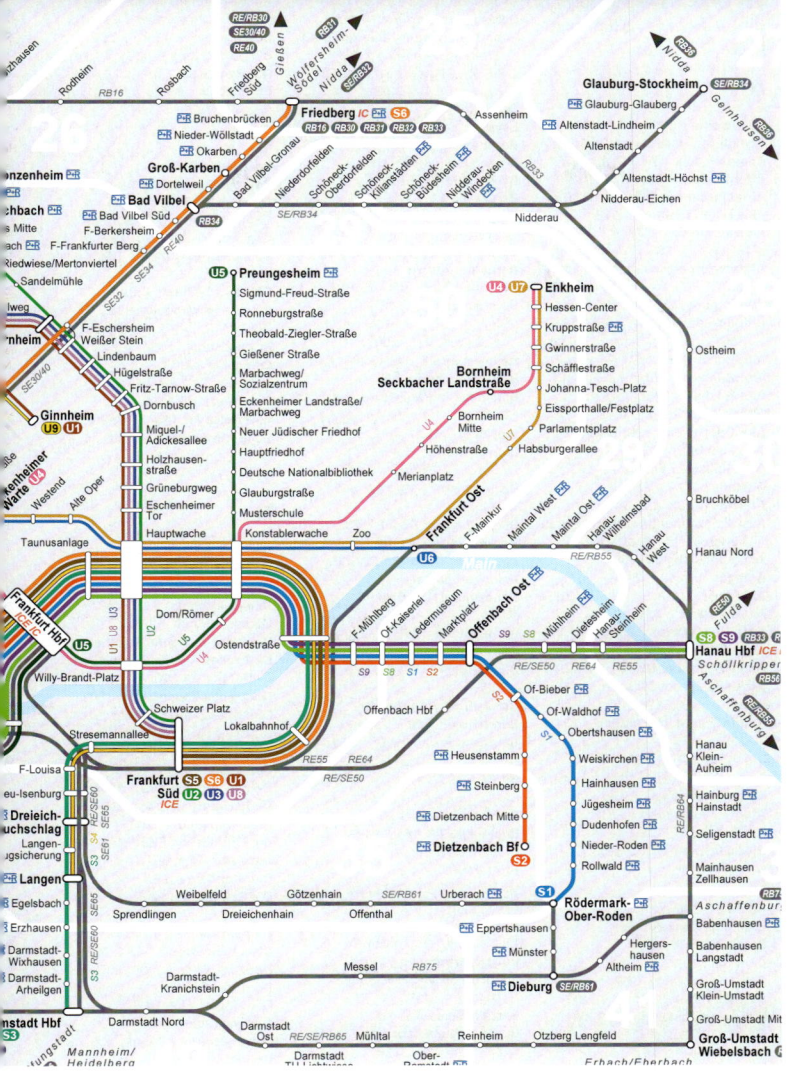

KARTEN & REGISTER

REGISTER
der Orte, Sehenswürdigkeiten, Adressen, Stichworte, Feste, Personen

Cafés, Restaurants, Bars & Clubs

KARTEN & REGISTER

mampf

Seit 1972 Jazz & Blues

- Täglich ab 18 Uhr geöffnet
- warme und kalte Speisen & Getränke
- Mittwoch, Samstag, Sonntag live Jazz, Blues, Folk ... 20.30 – 23 Uhr
- Internet-Veranstaltungskalender Jazz & Literatur Rhein-Main

Sandweg 64 (parallel zur Berger Straße), 60316 Frankfurt-Ostend.
Fon 069 44 86 74. www.mampf-jazz.de

Seit 1952 Weltstars hautnah

geöffnet nur bei Veranstaltungen:
- jeden Mittwoch Jam Session mit wechselnden Gastgebern, ab 21 Uhr
- jeden Donnerstag und Samstag Konzerte, 21 Uhr (Einlass 20 Uhr)
- jeden Sonntag Konzert, 20 Uhr (Einlass 19 Uhr), siehe Programmkalender
- jeden Freitag Swingin'-Latin-Funky DanceNite, 22 – 3 Uhr

Kleine Bockenheimer Straße 18a (zwischen Goethestraße u. Fressgasse).
60313 Frankfurt-City. Fon 069 28 85 37. www.jazzkeller.com

**BERLIN UND UMGE-
BUNG MIT KINDERN**
1001 Aktivitäten und Aus-
flüge mit S & U
Ina Kalanpé, Wolfgang
Kling

So umfassend, gründlich
und anregend wurden Ber-
lin und seine Umgebung
für Kinder und Familien
bislang noch nicht vorge-
stellt. Allein 210 Adres-
sen und Aktivitäten zu
Berlin vom Strandbad bis
zum multikulturellen Kin-
dertheater!

»Der pfiffige Freizeitführer
für die ganze Familie.«
Berliner Rundfunk 91.4

ISBN 978-3-89859-436-3
320 Seiten; 16 Euro

Besuchen Sie uns auf
[f] PeterMeyerVerlag

**77 BESTE PLÄTZE
BERLIN**
Streifzüge, Sehenswertes
& Museen.
Mit 250 Adressen zum
Entspannen & Vergnügen
Wolfgang Kling

Der neue pmv-Reiseführer
»77 beste Plätze Berlin«
bietet eine gelungene
Mischung aus Stadtrund-
gängen, Sehenswürdigkei-
ten und kulinarischen
Genüssen, gespickt mit
wertvollen Tipps und Hin-
tergrundwissen.

»Allein die Anekdoten,
Zusatztipps, Internetlinks
und Adressen am Rande
sind eine Fundgrube für
jeden Streifzug durch die
Hauptstadt.«
Oranienburger General-
anzeiger

ISBN 978-3-89859-201-7
304 Seiten; 18 Euro

HARZ MIT KINDERN
500 spannende Ausflüge
und Aktivitäten rund ums
Jahr
Kirsten Wagner

Rund um den Brocken
gibt es mehr zu entde-
cken als Teufelsmauer
und Rabenklippe: Schnee-
ballschlachten im Som-
mer, Glasbläser bei der
Arbeit, Burgverliese und
Köhlerhütten, Falkner mit
ihren Greifvögeln und Lok-
führer, die auf ihre historische Eisenbahn einladen.

»Das alles macht Spaß
und ist zudem interessant.
Die Texte sind so ge-
schrieben, dass Kinder
selbst ihre Lieblingsziele
aussuchen können und
die Eltern hinterher trotzdem sicher den Weg dort-
hin finden.« DIE ZEIT

ISBN 978-3-89859-419-6
320 Seiten; 16 Euro

77 SCHÖNSTE ORTE HOLLAND
Schlösser, Parks und sehenswerte Orte
Monika Diepstraten

Unser Nachbar Holland steckt voller Überraschungen und toller Ideen: Mit diesem Reiseführer verpassen Sie keine davon. Er zeigt, was es jenseits von Windmühlen, Grachten und Sanddünen zu entdecken lohnt. Übersichtlich und kompakt werden Orte und Sehenswürdigkeiten mit allen Reiseinfos sowie besonderen Einkehr- und Unterkunfttipps vorgestellt.

»Pointierter Holland-Reiseführer. Tolle Empfehlungen.« Amazon

ISBN 978-3-89859-180-5
256 Seiten; 18 Euro

HOLLANDS KÜSTE MIT KINDERN
400 spannende Aktivitäten für Ferien und Freizeit
Monika Diepstraten

Mit Rückenwind die Küste entlang, von Seeland bis zu den Inseln! Das Land hinter den Deichen ist bereit für Entdeckerkinder. Mit diesem pmv-Ferienführer im Gepäck ist ein Regentag nicht schlimm, denn 400 spannende Aktivitäten sind zu entdecken.

»Und wer dachte, dass man an Hollands Küsten nur im Sand spielen oder im Meer baden kann, wird sehr überrascht sein.« Literatur-Report

ISBN 978-3-89859-439-4
256 Seiten; 16 Euro

199 KM MOSEL
Sehenswertes, Ausflüge & Einkehr von Trier bis Koblenz
Annette Sievers (Hrsg.)

Jährlich zieht das weinselige Moselland 2 Mio Besucher an. Wer mit diesem Reiseführer aufbricht, erlebt Freizeitgenuss pur. Von der Porta Nigra bis zum Deutschen Eck werden die schönsten Fachwerkorte, Sehenswürdigkeiten, Winzerhöfe und Wanderwege vorgestellt. Ansprechend gestaltet, bietet das Buch Ausflüglern und Touristen Anregungen und praktische Informationen zuhauf, Übernachtungsmöglichkeiten inklusive.

»So viel Genuss auf 256 Seiten ist kaum zu überbieten.« Literatur-Report

ISBN 978-3-89859-310-6
256 Seiten; 18 Euro

 pmv PETER MEYER VERLAG

WALDWANDERN HESSEN

33 Premiumwege und Traumpfade durch Hessens schönste Wälder. Mit GPS-Angaben und Karten
Dr. Wolfgang Seidenschnur, Hessen-Forst

Wer kennt den Wald besser als die Förster? Bald sind auch Sie Experte, denn dieser neuartige Wanderführer gibt echtes Insider-Wissen wieder. 33 Rundwege von 2 bis 5 Stunden Länge, 33 Karten, genaue Wegbeschreibungen und 186 Zusatztipps in den Randspalten machen Sie schlauer und Ihre Wanderung schöner.

»Hessens Förster verraten Wandertipps.«
Bild Frankfurt

**ISBN 978-3-89859-307-6
256 Seiten; 16 Euro**

DIE BELIEBTESTEN WANDERWEGE DER HESSEN

30 Touren zwischen Reinhardswald und Odenwald. Das Buch zur Sendung des hr-fernsehens

30 Wanderungen führen zum Urwaldsteig am Edersee, durch das Märchenland Rheinhardswald oder durch die Weinberge von Rheingau und Odenwald-Bergstraße. Mit 3 – 5 Stunden sind die Wanderungen für Familien ebenso geeignet wie für Naturliebhaber und passionierte Wanderer. Zudem gibt es interessante Hintergrundinformationen zum Naturschutz und zu Fauna und Flora des Waldes. Außerdem zahlreiche Einkehrtipps und die Anfahrt mit öffentlichen Verkehrsmitteln.

**ISBN 978-3-89859-327-4
224 Seiten; 18 Euro**

WEITWANDERN HESSEN

Die 10 schönsten Trekkingtouren. Mit Einkehr, Unterkunft & Bahntransfer
Michael Schnelle

Wandern, einkehren und übernachten: Gründlich recherchierte Mehrtagestouren für Wanderer, Naturfreunde, aktive Entdecker und Hessenliebhaber, die gern mal ein bisschen länger durch Hessens schönste Regionen unterwegs sind.

»Darauf haben Hessen-Liebhaber gewartet!«
Wiesbadener Kurier

**ISBN 978-3-89859-306-9
256 Seiten; 16 Euro**

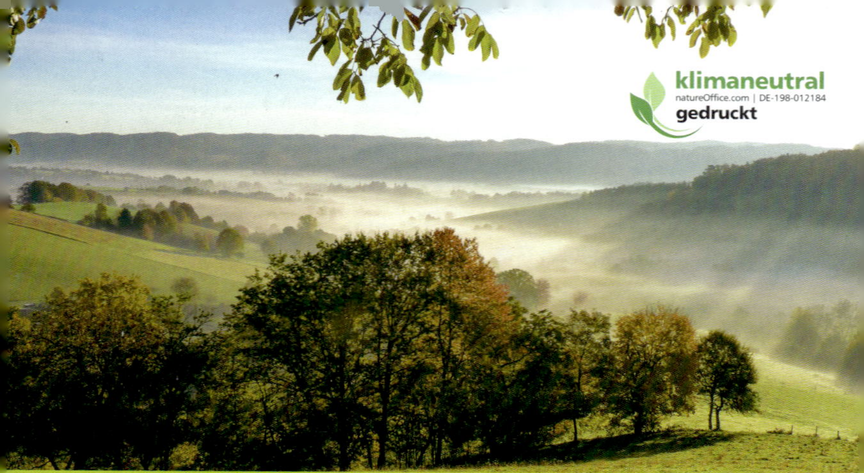

Näher reisen

Egal, ob in Hessen oder Holland, ob in der Stadt oder auf dem Land: Wer für Urlaub und Wochenende eine gute Idee sucht, greift zu den praktischen Reiseführern von pmv. Hunderte von Ausflügen, Wanderungen und Einkehrtipps garantieren naturnahes und abwechslungsreiches Freizeiterleben. In Deutschland und im nahen Ausland.

Natürlich pmv: Umweltfreundlich näher reisen.
Klimaneutral in Deutschland hergestellt.
Treffen Sie uns: www.PeterMeyerVerlag.de.